Les politiques minières de la République de Guinée

Permanence de l'extractivisme face aux dynamiques de redistribution de la rente minière

Oumar Totiya BARRY

Les politiques minières de la République de Guinée

Permanence de l'extractivisme face aux dynamiques de redistribution de la rente minière

L'Harmattan
Guinée

5-7, rue de l'École-Polytechnique – 75005 Paris

www.harmattan.fr

ISBN : 978-2-336-53551-7
EAN : 9782336535517

RÉSUMÉ

Cette thèse ambitionne de comprendre les mécanismes qui travaillent les logiques de l'extraversion et de captation de la rente en œuvre dans la trajectoire historique et socio- économique de la Guinée. Elle met en lumière, à partir d'analyses empiriques, les différentes formes de redistribution de la rente minière, en portant un regard attentif sur les rapports de pouvoir et les transformations sociales induites par l'extractivisme. En s'appuyant sur l'historicité de la région de Boké, notre « terrain minier » éclaire les formes variées de captation de la rente qui ont contribué à inscrire durablement la structure sociale et économique de la région et de la Guinée dans une dépendance pernicieuse aux revenus générés par l'extractivisme. La thèse étudie la succession, dans la région de Boké, de continuités et de ruptures dans les formes d'intervention de l'Etat, allant d'un système d'État providentiel, centralisé et intégré dans la gestion des revenus miniers à une délégation de la question du développement des territoires miniers sous le prisme de la RSE. Cette dernière se présente ainsi comme une réponse sociale, infrastructurelle et politique des entreprises minières, aux demandes des communautés, tout en restant indissociable à des enjeux stratégiques et géopolitiques plus contemporains.

L'analyse part du concept « d'extractivisme » comme paradigme politique et économique fondé sur le prélèvement de plusieurs formes de rente, à partir de l'exploitation et de l'exportation intensives des ressources naturelles et minières peu ou pas transformées d'un État (Gudynas, 2016). Cette notion est confrontée à celle du « développementisme », vu à la fois sous ses traits idéologiques, politiques et économiques. Elle désigne, en effet, un mode particulier d'intervention de l'État en matière de conduite du développement des territoires en lien avec l'exploitation des ressources minières et naturelles. Par ailleurs, elle peut être lue comme le produit de la convergence entre, d'une part, le paradigme extractiviste, une primarisation de l'économie, la constitution d'enclaves exportatrices et, de l'autre, le retour de l'État interventionniste (redistribution), rajeuni par des notions mondialisées comme la RSE et le développement durable (Svampa, 2011).

Mots clés : extractivisme, extraversion, rente, RSE, pouvoir, infrastructures, développement, redistribution, revenus miniers, environnement, compensation, dépossession des terres, stratégie, Guinée, Afrique.

ABSTRACT

This thesis aims to understand the mechanisms that work the logic of extroversion and rent capture at work in the historical and socio-economic trajectory of Guinea. It highlights, based on empirical analyses, the different forms of redistribution of mining revenue, taking a close look at power relations and the social transformations induced by extractivism. By relying on the historicity of the Boke region, our "mining terrain" sheds light on the varied forms of rent capture which have contributed to sustainably inscribing the social and economic structure of the region and of Guinea into a pernicious dependence to income generated by extractivism. The thesis studies the succession, in the Boke region, of continuities and ruptures in the forms of State intervention, ranging from a welfare State system, centralized and integrated in the management of mining revenues to a delegation of the question of the development of mining territories under the prism of CSR. The latter thus presents itself as a social, infrastructural and political response from mining companies to the demands of communities, while remaining inseparable from more contemporary strategic and geopolitical issues.

The analysis starts from the concept of "extractivism" as a political and economic paradigm based on the extraction of several forms of rent, by intensively exploiting and exporting the natural and mineral resources with little or no processing of a State (Gudynas, 2016). This notion is compared to that of "developmentalism", seen in its ideological, political and economic aspects. It designates, in fact, a particular mode of State intervention in the management of territorial development linked to the exploitation of mining and natural resources. Furthermore, it can be read as the product of the convergence between, on the one hand, the extractivist paradigm, a primarization of the economy, the constitution of exporting enclaves and, on the other, the return of the State interventionist (redistribution), rejuvenated by globalized notions such as CSR and sustainable development (Svampa, 2011).

Key words: extractivism, extroversion, rent, CSR, power, infrastructure, development, redistribution, mining revenues, environment, compensation, land dispossession, strategy, Guinea, Africa.

« Posséder les métaux ferreux et non ferreux est donc une question de vie ou de mort pour les Nations grandes et petites qui s'industrialisent et aspirent à un standard de vie élevé. D'où les luttes très vives, sournoises ou ouvertes, pour la production et la distribution de ces matières premières, qui détiennent le secret de la puissance et du confort. »

HENRY PEYRET, ***La Stratégie du Fer*****, Que sais-je ?**
PUF, 1960.

SOMMAIRE

Remerciements

J'exprime d'abord ma gratitude à Frédéric Caille pour avoir accepté de diriger ce travail, pour ses conseils avisés et sa rigueur dans le travail. Frédéric, comme vos pairs, vous êtes très exigeant. Je remercie l'Institut d'Études Politiques de Lyon et le laboratoire Triangle-ENS Lyon (UMR 5206) d'avoir soutenu ce projet de thèse.

Mes remerciements vont également à l'endroit de ma famille, de mes amis, de mes collaborateurs d'Action Mines Guinée, pour leur soutien moral et matériel sans cesse.

Je dédie ce travail à feu mon père Boubacar Biro Barry, ingénieur géologue. L'éducation de tes enfants était ta priorité et j'aurais souhaité te voir présent à cette soutenance pour te dire merci pour tout le sacrifice consenti pour notre épanouissement. Cet aboutissement est également le résultat des sacrifices consentis par ma mère, Fatoumata Barry, je prie Dieu qu'il l'accorde santé et longévité.

Enfin, je rends hommage à mon épouse, Aissatou Sony Barry, pour la patience et son amour, alors que je rédigeais cette thèse, nos destins se sont croisés et cela m'a ouvert un nouvel horizon de bonheur.

Listes des sigles et abréviations

ALCOA : Aluminium Company of America
AGE : Agence guinéenne de l'Environnement
AMR : Alliance minière Responsable
APP : Analyse des Politiques Publiques
AFD : Agence française de Développement
ADL : Agent de Développement Local
ANAFIC : Agence Nationale de Financement des Collectivités
ARCCL : Autorité de Régulation et de Contrôle du Contenu Local
ALCAN : Aluminium Company of Canada
BNE : Bureau national d'Expertise
BRGM : Bureau de Recherche Géologique et Minière
BSD : Bureau de Stratégie et de Développement
BCRG : Banque Centrale de la République de Guinée
BP : Budget Participatif
BAS : Budget d'Affectation spéciale
CCLM : Comité de Concertation dans les Localités minières
CTRN : Comité Transitoire de Redressement national
COBAD : Compagnie des Bauxites et Alumine de Dian-Dian
CPD : Conseil Préfectorale de Développement CAGF : Comité d'Appui à la Gestion du FODEL
CEDEAO : Comité Economique des États de l'Afrique de l'Ouest
CBK : Compagnie des Bauxites de Kindia
CARG : Comité d'Aménagement Régional de la Guinée
CFP : Centre de Formation Professionnelle
CPDS : Comité préfectoral de Développement de Siguiri
CECI : Centre d'Étude et de Coopération internationale
CDL : Contribution au Développement Local
CGES : Comité de Gestion Environnementale et Sociale
CSR : Corporate Social Responsability
CBG : Compagnie des Bauxites de Guinée
CGA : Comité de Gestion Autonome
CPDM : Centre de Promotion et de Développement minier
DRSP : Document de Stratégie de Reduction de la pauvreté
DP : Diagnostic Participatif
EGA : Emirates Global Aluminium RDC :
ENAM : École Nationale des Arts et Métiers

ENELGUI : Entreprise d'Électricité de Guinée
EDG : Électricité de Guinée
EMAS : Système de Management environnemental et d'Audit
EIES : Étude d'Impact environnemental et social
FODEL : Fonds de Développement Economique Local USAID : Agence Américaine de Développement international
FIV : Fonds d'Investissement Villageois
FNDL : Fonds National de Développement Local
FAPA : Ferme Agropastorale d'Arrondissement
GAC : Guinea Alumina Corporation
GIE : Groupement d'Intérêt Economique
GRI : global Reporting Initiative
GES : Gouvernance Economique et Sociale
HRW : Human Right Watch
ICMM : Conseil International des Mines et Métaux
ISR : Investissement Socialement Responsable
IDE : Investissement Direct Etranger
IBA : Association Internationale de la Bauxite
IRIS : Institut des Relations Internationales Stratégiques
MMG : ministère des Mines et de la Géologie
MARG : Mission d'Aménagement Régional de la Guinée
MATD : Ministère de l'Administration du Territoire et de la Décentralisation
MRNE : ministère des Ressources Naturelles et de l'Énergie
NRE : Nouvelle Régulation Economique
OMC : Organisation Mondiale du Commerce
OMD : Objectifs du Millénaire pour le Développement
OCDE : Organisation pour la Coopération et le Développement Economique ONU : Organisation des Nations Unies
PAGSEM : Programme d'Appui à la Gouvernance du Secteur minier
PNUD : Programme des Nations Unies pour le Développement
PGES : Plan de Gestion Environnementale et Sociale
PDL : Plan de Développement Local PAI : Plan annuel d'Investissement
PTF : Partenaire Technique et Financier
PAGL : Programme d'Appui à la Gouvernance locale
PANAFIC : Programme Nationale de Financement des Collectivités PAS : Programme d'Ajustement Structurel
PRL : Pouvoir Révolutionnaire Local
PACV : Programme d'Appui aux Collectivités villageoises

RDC : République Démocratique du Congo
RMDI : Ressources minières et Développement industriel
SRLCL : Service de Relation Communautaire et de Contenu Local
SFI : Société Financière Internationale
SOGUIPAMI : Société guinéenne du Patrimoine minier
SAG : Société Aurifère de Guinée
SMB : Société Minière de Boké
SEG : Société de Eaux de Guinée
SPD : Service préfectoral de Développement
SEP : Suivi Évaluation participatif
SAPR : Système d'Alerte Précoce et de Réponse
UA: Union Africaine
UMS: United Mining Supply
VMA: Vision Minière Africaine
WCS: Winning Consortium Simandou
WANEP: West Africa Network for Peacebuilding

INTRODUCTION GÉNÉRALE

La Guinée est classée parmi les plus grands pays miniers d'Afrique, voire du monde, relativement à la diversité et à l'importance de ses ressources naturelles. Son sous-sol recèle, en effet, les plus importantes réserves mondiales de bauxite. À cela, s'ajoutent les plus riches gisements de minerai de fer non encore exploités dans le monde qui font l'objet du grand projet d'exploitation en cours de développement dans le Simandou, au sud-ouest du pays.[1] Le pays dispose également de gisements de diamant de très haute qualité dans la zone de Banankoro, d'importantes réserves d'or dans les savanes en Haute Guinée et d'une grande variété d'autres ressources minérales. Mais ce pays d'Afrique francophone est surtout connu pour son potentiel bauxitique exceptionnel, qui concentre sur son territoire les 2/3 des réserves mondiales de bauxite identifiées. Ce minerai de base de l'industrie de l'aluminium se révèle de plus en plus comme une ressource stratégique pour le développement de l'aéronautique, de l'armement, et il s'impose comme une alternative pour les « technologies environnementales » et la sobriété énergétique. Le développement économique de la Guinée est largement dépendant de sa production et de sa commercialisation : le secteur minier représente près de 80 % des recettes d'exportation du pays et 30 % des recettes publiques.[2] Les capacités d'investissement dans les infrastructures sociales et économiques dépendent des ressources générées par l'industrie extractive, notamment celle de la bauxite qui représente près de 65 % des recettes minières du pays.[3]

---

[1] GESLIN, Dominique (Dir.), « *ANAIM, un outil prometteur* », in Jeune Afrique Plus, France, page 43, 1998.

[2] Source : ITIE 2018.

[3] Bulletin statistique du MMG 2023.

Contexte

En Guinée, la bauxite est la ressource la plus exploitée avec une production de près de 103 millions de tonnes en 2022[4]. Selon Campbell, c'est la matière première d'une industrie dont l'essor remonte à 1945, celle de l'aluminium, et elle demeure incontournable dans le processus actuel de la transition énergétique[5]. Au rythme de la production actuelle, les réserves identifiées permettraient d'approvisionner le marché mondial pour des siècles. La particularité avantageuse de cette ressource minière est liée à sa constitution en gisement, de surface facilement exploitable, à ciel ouvert, en carrière, de gros tonnages. Mais on note aussi, et surtout, la forte concentration des gisements le long du littoral, notamment dans la région côtière de Boké, près d'importantes sources d'énergie hydroélectrique. Cette position géographique facilite naturellement l'évacuation du minerai par la construction de grands ports miniers sur les nombreuses voies navigables (le Rio Nunez, le Rio Pongo, le Cogon) qui traversent la région et bordent des gisements de bauxite. La valorisation de cette ressource minière à travers une stratégie d'exploitation et de transformation industrielle intégrée, inclusive et durable, a toujours été une préoccupation nationale. Ce souci ne cesse de resurgir dans les discussions politiques et académiques sur le développement socio-économique de la Guinée.

Pendant les premières années de l'indépendance, dans un contexte de rupture avec l'ancienne puissance coloniale, la France, le gouvernement guinéen de l'époque a élaboré une politique de développement des ressources naturelles basée sur l'appropriation nationale. Bonnie Campbell associe cette option politique de développement des ressources naturelles aux stratégies mises en avant, à l'époque, par les multinationales de l'aluminium[6]. Cette politique postulait une participation de l'État guinéen en coopération avec

---

[4] Annonce du Ministère des Mines et de la Géologie lors du « Symposium Mines » organisé en novembre 2022 à Conakry.

[5] CAMPBELL, Bonnie. « Le secteur de la bauxite en République de Guinée : ajustement structurel et restructuration internationale de l'industrie de l'aluminium ». In : *Tiers-Monde*, tome 34, n°133, 1993. pp. 187-208. https://www.persee.fr/doc/polaf_0244-7827_1984_num_14_1_3717_t1_0140_0000_2.

[6] CAMPBELL, Bonnie. Le secteur de la bauxite en République de Guinée : ajustement structurel et restructuration internationale de l'industrie de l'aluminium. In : *Tiers-Monde*, tome 34, n°133, 1993. pp. 187-208. https://www.persee.fr/doc/polaf_0244-7827_1984_num_14_1_3717_t1_0140_0000_2.

d'autres acteurs privés ou étatiques pour la constitution de sociétés d'économie mixte. C'est dans ce cadre, et en dépit des orientations socialistes du régime et de sa proximité avec les pays du bloc de l'Est que des négociations sont entreprises avec une petite société américaine de Californie, Harvey Aluminium Company. L'objectif était de mettre en valeur les immenses réserves bauxitiques de la région de Boké, au nord-ouest du pays. À noter que ces réserves étaient déjà à l'époque les plus importantes au monde. C'est au terme de ces négociations que fut créée la Compagnie des Bauxites de Guinée (CBG), la plus grande société minière du pays jusqu'en 2015 (Barry, 2019).

Il faut rappeler cependant que la France a été la première puissance à projeter en Guinée une stratégie globale de développement de la filière bauxite-aluminium, associée à la mise en valeur du potentiel hydroélectrique de la Guinée. En souvenir de la triste expérience de la vulnérabilité géostratégique du territoire de la France pendant la guerre, l'État français projeta ainsi de délocaliser en Guinée des industries sensibles relevant des secteurs de la défense et de l'aéronautique, tout en profitant du triple avantage de trouver au même endroit des facteurs de compétitivité et de sécurité : la matière première, l'énergie hydroélectrique, et la profondeur stratégique. C'est dans cette dynamique que la société minière française Bauxite du Midi qui, en 1920, avait entamé l'exploration géologique du territoire, a commencé l'exploitation de la bauxite dans les îles de Loos au large de Conakry. Le succès de ce premier projet entraina une intensification de la prospection géologique à l'intérieur du pays, avec des résultats prometteurs. Cela permit de mettre en évidence le potentiel immense en bauxite de la région de Boké au nord-ouest du pays. La société canadienne ALCAN racheta Bauxite du Midi et entreprit un ambitieux projet intégré de barrage hydroélectrique et de construction d'une raffinerie. L'indépendance du pays en 1958, suivie d'une rupture politique avec la France, a entrainé la fin de ce projet. De nouveaux acteurs géoéconomiques se lanceront alors dans la conquête des ressources minières de la Guinée. Les Soviétiques et les Américains convoitant les ressources bauxitiques de la Guinée, le pays s'est retrouvé au cœur des enjeux géopolitiques de la guerre froide en Afrique, marqués par la conquête des zones d'influence politique et l'accès sécurisé à des matières premières stratégiques (Barry, 2019)[7].

[7] BARRY, Oumar. *Enjeux stratégiques et gouvernance des ressources minières en Afrique : cas de la compagnie des bauxites de Guinée (CBG) de 1963-2016*, Jean Moulin, 2019.

Depuis 1973, la CBG présente en Guinée a exporté plus de 600 millions de tonnes de minerai[8]. À partir de 2015, l'arrivée de sociétés chinoises dans le secteur de la bauxite a fortement modifié le paysage minier de la Guinée. Elle a augmenté considérablement la production de bauxite du pays de 19 millions de tonnes en 2010 à 90 millions de tonnes en 2021. Le nombre de sociétés en production est passé de 6 en 2010 à 25 en 2020[9]. La reconfiguration du paysage minier de la Guinée s'est traduite par des bouleversements importants sur le plan des institutions, de la réglementation et des politiques publiques. Les répercussions de l'explosion du nombre de sociétés et de la production minière touchent également les communautés et l'environnement dans lequel elles vivent[10]. Une étude de la Banque Mondiale (2019) indique que plus de 62 % de la superficie de la région de Boké est occupée par des concessions minières[11]. La superposition de divers types de propriétés foncières (coutumières et juridiques) sur des domaines faisant l'objet d'attribution de concessions minières met à jour des problématiques structurelles complexes qui traversent les sociétés africaines postcoloniales. Les concessions minières attribuées à des sociétés minières sont également des domaines qui appartiennent à des communautés qui y pratiquent l'agriculture et l'élevage[12]. Le code minier qui régule l'activité minière reste flou sur les processus d'indemnisation et de compensation des populations affectées par l'activité minière. Les retombées financières de ce « boom minier » ont été gérées sous forme de mécanisme de redistribution reposant sur les critères d'impact et de démographie. Ces initiatives ont vite connu des limites de nature politique et institutionnelle.

Or, le développement de l'activité minière suscite des attentes sociales et économiques souvent insatisfaites qui engendrent des frustrations et des tensions dans les zones minières. Le pays est d'ailleurs toujours classé comme l'un des plus pauvres et l'un des plus

---

[8] Cette quantité de bauxite produite a permis la production de 150 millions de tonnes d'aluminium au coût moyen de 3,9 milliards de dollars américains. *Voir*, MEDIAPART, 2 juin 2019, par Michel Mazzoleni.

[9] Chiffres communiqués par le Ministère des Mines et de la Géologie lors du symposium Mines tenu à Conakry en novembre 2022.

[10] La région de Boké occupe une superficie de 31 186 km2, soit l'équivalent de la région de la Normandie ou de la région Hauts-de-France.

[11] Rapport du PAGSEM, Stratégie de développement durable de Boké, 2019.

[12] Le code minier proclame que l'État est le propriétaire des ressources du sous-sol, mais cette propriété n'éteint pas la propriété coutumière sur le foncier.

corrompus au monde par les organismes internationaux[13].[13] La dépendance marquée de l'État aux rentes versées par les entreprises minières réduit les possibilités de développement des autres potentialités dont regorge le pays (agriculture, élevage, tourisme)[14].

Par ailleurs, on peut remarquer que l'État et les entreprises minières multiplient les initiatives pour la formulation ou l'adhésion à des normes d'encadrement de l'activité minière. La diversité des entreprises sur le terrain, en provenance d'horizons culturels et politiques différents, occasionne des stratégies d'influence et de conquête de l'opinion à travers leurs politiques de responsabilité sociétale (RSE). Si la RSE est une norme stratégique de responsabilisation de l'entreprise en rapport aux questions de droits de l'homme, et d'environnement, les entreprises en font un outil de conquête des « cœurs » et de projection de valeurs sociales et politiques des pays d'origine des entreprises minières. Elles transforment ainsi un instrument de développement destiné à une meilleure exploitation des ressources naturelles au bénéfice de « tous » en armes « géopolitiques » et « géoéconomiques ».

De ce constat, il découle que la valeur stratégique et économique de la bauxite pour les entreprises présentes sur le terrain se double d'une stratégie internationale concertée des grandes firmes industrielles de l'aluminium. On observe que celles-ci se constituent en oligopoles concentrant la production mondiale de l'aluminium primaire. Le positionnement de ces oligopoles dévoile une compétition et des rivalités entre les grands pays producteurs du métal pour le contrôle des sources d'approvisionnement. Les entreprises américaines (ALCOA), russes (RUSAL), chinoises (SHANDONG WEIQIA, CHALCO), émiraties (EGA), indiennes (ASHAPURA) canadiennes (ALCAN) sont toutes présentes dans la même région minière de Boké pour l'exploitation de la bauxite. Cette ruée des multinationales de l'aluminium sur la bauxite guinéenne soulève des interrogations sur l'efficacité des politiques de responsabilité sociétale (RSE) qu'elles déploient sur le terrain. Elle suscite en outre les inquiétudes face aux risques et enjeux environnementaux, et la multiplication des

---

[13] https://hdr.undp.org/sites/default/files/Country-Profiles/fr/GIN.pdf. L'indice de développement de 2020 classe la Guinée au 178e rang sur 189 pays.

[14] Les statistiques avancées par le Ministère de l'Agriculture indiquent que le pays dispose de 13,7 millions d'hectares de terre arables. Voir ; https://apip.gov.gn/agriculture.

protestations et violences collectives dans les zones d'extractions minières[15].

Au-delà de ces considérations globales importantes pour pouvoir cerner l'évolution ultérieure de la politique minière de la Guinée, il est particulièrement intéressant de dégager les grands traits de l'exploitation minière dans le pays. L'observation du bilan d'un demi-siècle de politique de coopération dans l'exploitation des ressources naturelles et sa répercussion sur la vie des populations révèle des résultats très mitigés par rapport aux attentes fixées dans les conventions d'exploitation que l'État guinéen a signé avec les sociétés minières. Dans toutes les zones minières du pays se posent avec acuité les questions des enjeux socio-économiques, la persistance de la conflictualité, la maitrise de la gouvernance politique locale, la prise en compte des défis environnementaux. La zone minière de Boké est régulièrement le théâtre de violentes manifestations des communautés qui réclament une meilleure redistribution des richesses minières. Ces populations locales manquent d'eau, d'électricité, de services sociaux de base, de routes, et sont négativement affectées par la pollution, la destruction de l'environnement et le développement du crime organisé. Les violences répétées dans la zone minière de Boké ont entrainé la destruction d'édifices publics, de matériel, d'engins lourds, ainsi que des violences physiques sur les travailleurs des sociétés et de l'administration publique.

Les réponses fournies par l'État et les entreprises minières pour la résolution des défis soulevés ci-dessus semblent inadaptées au regard de nos observations de terrain dans le cadre de cette recherche. Elles ont reposé d'abord sur des paiements fiscaux et (ou) des transferts infranationaux en faveur des collectivités abritant des installations minières. Ces contributions financières au développement local imposées aux entreprises minières n'ont pas été articulées à une politique de renforcement de la capacité des institutions de gouvernance locale. Dans un contexte de libéralisation forcée des États dans les années 1990, on a plutôt assisté à un retrait massif de l'État dans la formulation des politiques de médiation sociale. Les déceptions constatées à la suite de la faiblesse des résultats ont entrainé un mouvement de « responsabilisation » des entreprises minières dans la

[15] De juillet 2015 à mai 2016, 34 mouvements de grèves et de violences ont secoué la zone de Boké. Sept (7) autres remous sociaux accompagnés de destruction de biens, de matériel et de pertes en vie humaine. *Voir,* mosaiqueguinée.com, le 8 octobre 2019, *article publié par l'analyste des questions minières* DIALLO Akoumba.

conduite du développement local. Le mouvement de « désétatisation » imposé par le contexte de libéralisation et de mondialisation des économies est remplacé par la « privatisation » aux entreprises minières de la responsabilité du développement local.

Dans la zone de Boké, la fin du régime socialiste avec son système d'État providence en 1984 est immédiatement suivie des premières politiques de « projets sociaux » de la CBG en 1987. Un montant de 500 000 $ est rendu disponible par l'entreprise pour financer des projets sociaux et d'infrastructure en faveur des collectivités de sa zone d'opération. La multiplication des entreprises minières sur le terrain complexifie les questions sociales et environnementales. Plus de 28 entreprises minières se « bousculent » sur un espace exigu équivalent à la superficie de la Normandie ou de la région des Hauts de France. Cette dispersion aggrave les impacts sur l'environnement et multiplie les revendications sociales pour l'accès aux services sociaux de base. Les violences sociales qui ont secoué la zone de Boké ces dernières années traduisent cette inadéquation des réponses politiques contre les effets pervers de l'exploitation minière.

Pendant ce temps, les entreprises minières ont combiné dans leurs stratégies des réponses économiques (paiements de la redevance à la collectivité) à des démarches qui s'apparentent à une prévention contre les « risques réputationnels [16]» (adhésion à des normes de RSE). Le volume des paiements des entreprises minières aux collectivités abritant l'exploitation minière est de plus en plus important (20 millions de dollars en 2020), sans véritable incidence sur l'amélioration des conditions de vie des populations. Les tensions sociales et les scènes de violences qui y sont associées sont loin de cesser également.

Pour se prémunir contre les risques liés à la détérioration de leurs images, les entreprises minières multiplient l'adhésion à des normes

---

[16] Le cabinet CSR Consulting définit le risque de réputation comme *« le risque financier qu'encourent des entreprises suite à un scandale qui contribuerait à ternir l'image de marque de l'entreprise, ou encore la conséquence d'une mauvaise gestion des autres risques, liés notamment à une défaillance en matière de conformité aux règles sanitaires, sociales et environnementales »*. Cette notion est de plus en plus convoquée dans les études sur la RSE des entreprises minières. C'est un concept qui apparait dans les années 1960, mais son étude académique commence véritablement dans les années 1990 (Kresp, 1990 ; Tirole, 1993) dans le secteur de la finance et des banques. Cité par GAULTIER-GAILLARD Sophie, PRATLONG Florent « Le risque de réputation : le cas du secteur bancaire », *Management & Avenir*, 2011/8 (n° 48), p. 272-288. DOI : 10.3917/mav.048.0272. URL : https://www.cairn.info/revue-management-et-avenir-2011-8-page-272.htm.

internationales de « responsabilité sociétale et environnementale » comme une forme de réponse aux défis posés par les tensions sociales persistantes dans les zones minières. L'État joue également cette carte des « normes » pour apparaitre aux yeux des institutions internationales de financement du secteur privé (SFI, MIGA, Banques privées) comme une destination idéale des « fonds d'investissement ». Plusieurs entreprises minières opérant dans cette zone minière de Boké revendiquent qu'elles appliquent au cours de leurs opérations minières les normes de performance sociale et environnementale de la SFI, les principes directeurs de l'ONU, les normes de l'OCDE et les principes de la Vision Minière Africaine (VMA). Les normes de RSE s'imposent de plus en plus dans une triple dimension stratégique, symbolique et philanthropique

Problématique de la thèse

À ce jour, aucune étude spécifique n'a été menée sur les stratégies, concertées et participatives ou non, adoptées par les entreprises minières et l'État pour le développement des communautés riveraines de ces zones d'exploitation. L'impact de l'activité minière sur l'environnement de vie de ces populations est également une source d'interrogations faiblement investie par la recherche. L'historicité des logiques de captation de la rente et d'exportation des ressources naturelles en œuvre, et connues ailleurs sous le nom d'extractivisme, reste méconnue et peu étudiée. Notre thèse s'inscrit dans ce contexte et vise à questionner le rapport entre l'exploitation minière et l'amélioration durable des conditions de vie des populations. Elle veut s'efforcer de suivre trois grandes lignes de problématisation :

- Quels sont les freins liés à la redistribution des revenus issus de l'exploitation de la bauxite dans la zone de Boké ?
- Quels cadres de régulation favorisent un encadrement et une gestion durable et inclusive de l'exploitation minière en Guinée ?
- Quels sont les grands défis à résoudre pour garantir l'avenir d'une industrie minière qui intégrerait les préoccupations environnementales et sociétales ?

Pour aborder ces trois grandes lignes de problématisation, nous postulons que la distorsion entre l'abondance et l'intensité de l'exploitation minière et la faiblesse des conditions de vie des populations en Guinée s'explique, d'abord, par l'inscription et la perpétuation des principales structures sociales et économiques du pays dans une double logique d'extraversion et de captation de la rente. Ensuite, les mécanismes de redistribution des revenus miniers, jusque-là, en œuvre sont essentiellement dominés par des stratégies de domination politique et de rivalités de pouvoir entre les principaux acteurs en jeu. Enfin, la résurgence de la question de l'autochtonie et la multiplication des conflits dans les zones d'extraction minière participe à la redéfinition des rapports de pouvoir en place, tout en contribuant à la perpétuation des logiques de captation de la rente et de domination politique comme finalité de l'extraction des ressources minières. Cette recherche s'appuie sur notre connaissance culturelle et sociale de la zone concernée et l'expérience de terrain capitalisée au cours d'études. Elle mobilise également les résultats de travaux scientifiques et d'études sur les modalités ou processus d'encadrement et de rationalisation de la production des entreprises, et plus spécifiquement des industries extractives. Pour clarifier les différents enjeux liés à l'exploitation minière dans la zone de Boké, nous utiliserons ainsi la littérature scientifique concernant des expériences d'extractivisme dans des contextes variés, notamment au Tchad, en Asie du Sud-Est, au sud de la France, dans le Var, en RDC. Ce socle théorique contribuera à valoriser la richesse des entretiens de terrain qui constitue la base de données principale de cette thèse.

L'extractivisme en Guinée : un champ de recherche à explorer

D'un point de vue conceptuel, la question de « l'extractivisme » et son rapport à la notion de « développementisme » sont aujourd'hui à resituer dans le contexte militant et académique latino-américain et nord-américain[17]. Les travaux de (Gudynas, 2009 ; Svampa, 2011 ;

[17] Selon EDUARDO Gudynas, l'extractivisme désigne l'exploitation et l'exportation de « ressources » naturelles pas ou peu transformées, dans le contexte d'économies peu diversifiées (Gudynas, 2009). Au sens de Maristella Svampa (2011), le développementisme désigne à la fois une idéologie et un modèle économique de production et de transformation des structures sociales et politiques en perpétuelle mutation. Dans ce travail, nous n'entrerons pas en détails dans les débats idéologiques et politiques sur la notion de développementisme et d'extractivisme en cours en Amérique latine.
Voir à ce sujet : SVAMPA, Maristella. « Néo- « développementisme » extractiviste, gouvernements et mouvements sociaux en Amérique latine », *Problèmes d'Amérique latine*, 2011/3 (N° 81), p. 101-127.

Bednik, 2019 ; Harvey, 2004 ; Acosta, 2012 ; Fast, 2014 ; Allain, 2021 ; Fournis & Fortin, 2015 ; le Gouill & Boyer, 2019 ; Arboleda, 2020 ; Bebbington, 2015 ; Rosser, 2006) sont, à ce titre, d'une grande pertinence épistémologique et empirique. La définition la plus connue de l'extractivisme nous vient de l'Uruguayen Eduardo Gudynas, qui le considère comme « une forme particulière d'extraction de ressources minières et naturelles, marquée par une forte intensité d'extraction (en volume), des richesses majoritairement destinées à l'exportation et peu (ou pas) transformées au moment d'être exportées ». Gudynas s'intéresse ici particulièrement aux activités minières, mais y inclut aussi l'exploitation pétrolière, les monocultures d'exportation, la pêche intensive, soit une visée très large « d'exploitation industrielle de la nature liée à la globalisation économique »[18].

Cette conception extensive et multidimensionnelle de l'extractivisme est à inscrire dans la longue histoire de l'Amérique latine largement dominée par la conquête des mines d'or et d'argent par les conquistadors et l'exploitation des terres agricoles par des esclaves venus d'Afrique. De ce point de vue, les processus d'accumulation et de prédation de rentes observées dans la région de Boké entre le XVIIIe et le XXIe siècle peuvent être désignés comme de l'extractivisme, un extractivisme dont les ressorts et les modalités de fonctionnement sont encore en activité à Boké dans le régime actuel des mines de bauxite.

Le concept de « *Consensus des commodities* » porté par Maristella Svampa (2013) désigne par ailleurs le « nouvel ordre économique et politico-idéologique » associé à l'extractivisme contemporain, censé se substituer à celui du « Consensus de Washington », un ordre désormais basé sur « l'exportation de matières premières à grande échelle, sous contrôle de quelques grands groupes nationaux et surtout multinationaux »[19]. Les débats contemporains sur l'extractivisme sont

---

DOI : 10.3917/pal.081.0101. URL : https://www.cairn.info/revue-problemes-d-amerique-latine-2011-3- page-101.htm.

[18] GUDYNAS, Eduardo. "Extracciones, extractivismos y extrahecciones: un marco conceptual sobre la apropiación de recursos naturales", Observatorio del desarrollo, N°18, Montevideo, www.extractivismo.com/documentos/GudynasApropiacionExtractivismoExtrahec (consulté le 11-1- 2024).

[19] FRANCK, Gaudichaud. « Ressources minières, « extractivisme » et développement en Amérique latine : perspectives critiques », URL : http://journals.openedition.org/ideas/1684 ; DOI : https://doi.org/10.4000/ideas.1684.

dominés par la volonté de dépasser ce cadre économique et politique marqué par le « mal développement » et suscitant des mouvements de résistance sociale mis en débats aussi bien dans le monde scientifique par Alain Mathilde (2016) que celui militant par Anna Bednik (2019)[20]. Les guerres de prédation de la rente et les conflits miniers qui secouent le Rio Nunez depuis le XIXe siècle sont autant de manifestation et de perpétuation d'une logique de pouvoir entre des acteurs dominants et des groupes dominés[21].

En France, les débats sur l'extractivisme ont surtout été vulgarisés par les travaux collectifs dirigés par Miriam Lang et Dunia Mokrani (2014) et en Angleterre par les travaux de Kalowatie Deonandan and Michael L. Dougherty (2016)[22]. Ils mettent en exergue le concept de « post-extractivisme » comme alternative à la double crise de la croissance et des ravages sociaux-environnementaux. Pointant les crises écologiques, énergétiques et climatiques, ces travaux questionnent la notion de « développementisme » à partir des expériences et des luttes « éco-territoriales » des communautés indigènes, notamment en lui opposant des pratiques ancestrales et des notions comme celles du « droit de la nature », du « bien-vivre » ou de « l'éthique biocentrique », tels que développés notamment par Acosta et Gudynas (2015)[23]. Les politiques redistributives des rentes minières sont, à ce titre, considérées comme des formes « d'alternatives au développement » sous le prisme du « néo- développementisme », face aux critiques contre l'extractivisme et la prédation des ressources par des entreprises multinationales au détriment des communautés

[20] MATHILDE, Allain. *Défendre le territoire : la construction de solidarités internationales par les organisations paysannes colombiennes.* Science politique. Université de Bordeaux, 2016 ; BEDNIK, A. (2019). Extractivisme. Lyon : Le Passager Clandestin.

[21] RIVIERE, Claude. *Notes et découvertes le long des côtes de Guinée avant la phase coloniale*, facultés des Sciences Sociales, Conakry, Guinée.

[22] Voir : MIRIAM Lang ET DUNIA Mokrani (dir.). « au-delà du développement », *critiques et alternatives latino-américaine*, Paris, Ed. Amsterdam, 2014; KALOWATIE Deonandan AND MICHAEL
L. Dougherty (Éds.), Mining in Latin America: critical approaches to the new extraction, London, Routledge, 2016.

[23] Voir ACOSTA, Alberto. "El Buen Vivir, una oportunidad por construir", Ecuador Debate, Quito, 75, 2008,
pp. 33-47 et GUDYNAS, Eduardo. Derechos de la naturaleza. Ética biocéntrica y políticas ambientales, Buenos Aires, Argentina, Editorial Tinta Limón, 2015.

(Svampa, 2013)[24]. Cette notion de néo-développementisme est définie par Gudynas (2009) comme « le produit de la convergence entre, d'une part, un paradigme extractiviste, une primarisation renouvelée de l'économie et la constitution d'enclaves exportatrices et, d'autre part, une conception néolibérale dont le trait dominant reste le productivisme à peine rajeunis d'un usage toujours opportun et volatil de certaines notions mondialisées (développement durable, RSE, gouvernance). À une telle convergence, nous donnons le nom de 'néo-développementisme' extractiviste qui caractérise la conjoncture latino-américaine »[25]. Cependant, si la dimension inaugurale du processus d'extractivisme et de captation de la rente dans un registre conceptuel est à situer en Amérique latine, les pratiques et les stratégies associées à ces cadres d'analyse sont également présentes dans l'historicité de la région de Boké et les différentes politiques redistributives de la rente, instituées par l'État guinéen.

L'extractivisme dans le contexte de la région de Boké se révèle comme un mode historique d'appropriation économique, d'intégration des régions reculées et enclavées aux grands circuits commerciaux mondiaux et comme un facteur structurant les relations de pouvoir entre acteurs. Les travaux de Géraud Magrin sur les trajectoires rentières et les dynamiques territoriales en Afrique sont, à ce titre, d'une grande pertinence pour saisir les rapports entre les « territoires » et la logique de rente en œuvre dans les régions dotées en ressources naturelles[26]. L'exploitation des ressources minières est une activité économique inscrite dans des « territoires » dont elle participe à la reconfiguration des rapports sociaux. L'approche sémantique de la rente de Géraud Magrin comme étant un « *flux de ressources déconnectées d'activités de production* »[27] permet de saisir les transformations sociales et politiques induites par l'exploitation minière dans les territoires et au sein des institutions. La profondeur de son analyse à partir des

---

[24] SVAMPA, M. Néo- « développementisme » extractiviste, gouvernements et mouvements sociaux en Amérique latine, dans *Problèmes d'Amérique latine* 2011/3 (N° 81), pages 101 à 127, éditions ESKA.

[25] GUDYNAS, E. « Diez tesis urgentes sobre el nuevo extractivismo », dans *Extractivismo, Política y Sociedad*, Quito, coéd. CAAP et CLAES, novembre 2009b, pp. 187-225.

[26] MAGRIN, Géraud. *Voyage en Afrique rentière, une lecture géographique des trajectoires du développement*, Paris, publications de la Sorbonne, coll. Territoires en mouvements, 2013.

[27] Compte rendu d'ouvrage de Catherine Fournet-Guérin à propos de l'ouvrage de G. Magrin, *voir* https://doi.org/10.4000/espacepolitique.2846.

expériences singulières d'extractivisme au Sénégal et au Tchad donne à voir l'ancrage historique de « l'extraversion »[28] des économies africaines.[29] La perpétuation de cette situation est perceptible au moment des indépendances à travers différentes formes de rentes (foncière, situation, migratoire, minière). La rente nourrit une « élite » en rupture avec les aspirations des peuples, aboutissant, dans des situations extrêmes, à des conflits meurtriers dans certaines régions d'Afrique (RDC, Tchad, Soudan, Nigéria).

La transformation des territoires induite par l'introduction des logiques de rente s'opère notamment par le truchement de la maitrise par les entreprises étrangères du pouvoir infrastructurel. La détention de ce pouvoir infrastructurel offre aux entreprises minières la capacité d'influer sur les relations sociales et politiques dans les territoires d'extraction. La thèse de Jacques Larrue offre, à cet effet, une analyse d'anthropologie juridique sur les rapports complexes entre des acteurs divers dans un projet industriel de grande envergure[30]. Ingénieur, il a travaillé au service de la Mission d'Aménagement Régional de la Guinée (MARG). C'est une structure créée en 1956 par l'administration coloniale française pour développer le complexe industriel d'alumine à FRIA en Guinée. Le projet FRIA initié en 1954 par le groupe minier français Pechiney a mobilisé près de 400 millions de dollars pour la construction d'une raffinerie d'alumine. Une seconde phase du projet envisageait la construction d'un barrage hydroélectrique sur le Konkouré et une fonderie d'aluminium de 200 000 tonnes.[31] Le projet a réuni, sous le leadership de Pechiney, un consortium d'entreprises internationales (USA, Allemagne, Suisse, France) évoluant dans l'industrie de l'aluminium. La réussite d'un tel projet exigeait des politiques publiques fortes pour le développement d'infrastructures sociales d'appui au projet. L'implication des pouvoirs publics français dans le projet a permis de mobiliser plus de 300 000 000 de dollars pour

---

[28] Mot emprunté chez Magrin pour caractériser les territoires dont l'activité économique est largement ouverte à l'extérieur. Elle repose essentiellement sur l'extraction et l'exportation des matières premières brutes.

[29] MAGRIN, Géraud. Rentes, territoire et développement. Que tout change pour que rien ne change ? (Rents, territories and development : permanence and change). In : Bulletin de *l'Association de géographes français*, 87e année, 2010-1. 1960- 2010 : 50 ans d'indépendances africaines. pp. 56-68.

[30] LARRUE, Jacque. *FRIA en Guinée, première usine d'alumine en terre d'Afrique*, Kartala, Paris, 2000, 411 p.

[31] Les capacités estimées du Konkouré se situaient au tour de 700 MW. Voir ; https://www.ambaguineerome.org/potentiel-guineen.

financer les équipements nécessaires à la réussite du projet industriel. La MARG a été créée comme « organisme parapublic » réunissant des acteurs publics et privés pour mobiliser les fonds et programmer les investissements requis (routes, ponts, voiries, énergie, eau, écoles). C'était une amorce d'intégration de l'industrie minière à une stratégie de développement régional. Les expériences postérieures de développement industriel sont surtout marquées par une désarticulation entre investissements publics et investissements miniers.

L'ouverture des pays africains riches en ressources minières aux valeurs du néo- libéralisme portées par les institutions financières internationales a profondément déséquilibré les rapports de pouvoir entre l'Etat et les entreprises minières. La manifestation la plus évidente de ce déséquilibre s'observe dans l'affaiblissement des capacités institutionnelles et économiques de l'Etat à répondre aux demandes sociales et le pouvoir de négocier un régime fiscal et régulatoire profitable. La thèse de Mamoudou Barry est un travail fondateur dans l'analyse de ces politiques d'ouverture des États africains sur le terrain de l'exploitation minière, dans les années 1980, pour stimuler l'investissement étranger. Le chercheur guinéen, très tôt décédé, démontre le caractère précieux des mesures fiscales et douanières, et note avec clairvoyance les mécanismes de corruption qui ne favorisent pas une amélioration des recettes publiques[32]. L'examen des textes législatifs et réglementaires institués dans le sillage des politiques d'ouverture met en évidence des limites notoires. Les estimations régulièrement annoncées par le département des mines situent les pertes autour de 300 millions de dollars par an à cause des pratiques d'exonérations fiscales et les prix de transfert[33]. Les codes miniers de 1995 et 2013 se sont inscrits dans la même logique d'incitation de l'investissement dans le secteur minier à travers des allègements fiscaux et douaniers.

Les politiques de libéralisation du secteur minier se sont révélées par la suite antinomiques aux processus de transformations démocratiques annoncées en Afrique après la chute du mur de Berlin. L'analyse des

---

[32] BARRY, Mamoudou. *Politiques fiscales et douanières en matière d'investissements étrangers en Afrique francophone : Le cas du secteur des ressources naturelles extractives,* thèse de doctorat soutenue le 27/06/2019 à l'école doctorale Droit-Normandie.

[33] Annonce du Conseiller fiscal du Ministère des Mines et de la Géologie, Yakouba Kourouma, dans une émission consacrée au secteur minier sur FIM « le grand gisement », juin 2022.

rapports entre extractivisme et conflictualité d'une part et entre extractivisme et démultiplication des sphères de décision en ce qui a trait à la gestion de la rente minière, de l'autre, sont autant d'enjeux poussés par le vent du libéralisme. Les approches théoriques de Timothy Mitchell sur le rapport entre la nature des régimes politiques et les sources d'énergie permettent de saisir les transformations politiques introduites par la rente minière en Guinée. Pour ce pays, les revenus miniers ont longtemps servi à faire vivre une oligarchie politique et à la clientélisation politique des communautés minières[34]. Dans la même logique, Erik Bruyland nous fait découvrir la trame de l'Histoire minière du Congo. Son ouvrage intitulé *Cobalt blues, la sape d'un géant. Congo 1960-2020* est une enquête sur les réseaux nationaux et internationaux d'exploitation « criminelle » des ressources minières du Congo. Alliant la description des enjeux géopolitiques à celle des réseaux locaux de trafic, il explicite la « main basse » sur les ressources du Congo qui participe à l'alimentation d'une des plus longues et terribles guerres civiles sur le continent africain[35]. La diversité des terrains d'étude (Guinée, Tchad, RDC) mises en lumière par Magrin (2010), Bruyland (2021) et Barry (2019) offre l'avantage de comparer des expériences différentes d'extractivisme et leurs implications en matière de politiques publiques de développement. Notre démarche a la particularité de s'inscrire aussi bien dans une profondeur historique et contextualisée que dans une perspective holistique.

La corruption et les luttes politiques qui travaillent le secteur minier en Guinée ne sont pas indépendantes des enjeux géopolitiques associés à ce secteur. Akoumba Diallo, en 2020, est l'un des premiers chercheurs à avoir pris en charge la question dans un ouvrage au titre révélateur[36]. Son étude porte sur l'épineuse question des minerais de fer de Simandou, c'est-à-dire le plus grand projet mines et infrastructures actuellement en développement dans le monde. Ce projet est à l'origine d'une série de batailles judiciaires et politiques aux États-Unis, en Suisse et en France, qui opposent le géant mondial des mines Rio Tinto,

[34] MITCHELL, Timothy. *Carbon Democracy, le pouvoir politique à l'ère du pétrole*, la découverte, Paris, 2017, 391 p.
[35] BRUYLAND, EriK. *Cobalt blues, la sape d'un géant. Congo 1960-2020*, Racine, Nur, 2021, 320 p.
[36] DIALLO, Akoumba. *Dans l'arène de Simandou, de la diversion politique à la comédie des suspects de la République*, EDILIVRE, 328 p.

la multinationale brésilienne VALE et le groupe BSGR de l'Israélien Benny Steinmetz[37].

Le paradigme dominant de l'exploitation minière en Guinée a longtemps été dominé par le modèle singulier de la Compagnie des Bauxites de Guinée, l'unique société minière où l'Etat guinéen détient 49% des actions, perçoit 65% des revenus et, est propriétaire à 100 % des infrastructures minières. Ce projet a la particularité de combiner le développement minier et le développement des infrastructures dans une logique d'intégration économique régionale. Le modèle de développement territorial porté par la CBG et l'OFAB a mis un accent particulier sur les enjeux que recouvre le concept de « cohérence stratégique » entre l'extractivisme et l'aménagement du territoire dans la perspective d'un dépassement de la notion « d'enclave territoriale » associée à l'extractivisme. Les travaux de Ibrahima Soumah nous livrent quant à eux, pour éclairer ces enjeux, des détails précis sur les conditions historiques dans lesquelles la convention de base de la Compagnie des Bauxites de Guinée (CBG) a été négociée[38]. Pour sa part, Mohamed Lamine Touré expose l'expérience historique de l'application de la taxe spéciale (principale taxe à l'exportation de la bauxite) à la CBG, et la création de l'éphémère Association Internationale de la Bauxite (IBA) regroupant les pays producteurs de bauxite[39]. Kémoko Touré, ancien Directeur Général de la CBG, présente par ailleurs, dans un style simple, le fonctionnement complexe d'une entreprise minière soumise à des contraintes exogènes et endogènes : la course aux profits des actionnaires, les pressions sociales des communautés riveraines pour l'accès à des prestations sociales, les difficultés politiques, les tensions avec les syndicats, la lutte contre la corruption et les vols au sein de l'entreprise[40]. L'ouvrage de Abdoulaye Magassouba analyse quant à lui la période dite du « boom minier en Guinée », c'est-à-dire des années 2016 à 2021. Il dresse un tableau général sur la situation du secteur minier, dans le cadre des réformes politiques engagées entre 2010 et 2021. Durant ces dix dernières

---

[37] [37]https://www.jeuneafrique.com/1101629/economie/corruption-au-simandou-beny-steimetz-devant-la-justice-suisse

[38] SOUMAH, Ibrahima. *Avenir de l'industrie minière en Guinée,* Paris, Harmattan, 2007, SOUMAH, Ibrahima. *Les mines de Guinée comment cela fonctionne*, Paris, Harmattan, 2013.

[39] TOURE, Mohamed Lamine. *Mémoire d'un compagnon de l'indépendance,* Paris, Harmattan, 2009, 154 p

[40] TOURE, Kémoko. *Mes années passées à la tête de la Compagnie des Bauxites de Guinée,* U.E, 2016, 167 pages.

années, les investissements étrangers (IDE) dans le secteur minier ont atteint 6,2 milliards de dollars. Les contraintes qui surgissent par conséquent en matière de gouvernance institutionnelle, réglementaire et locale exigent une volonté politique forte[41]. Ces ouvrages, bien que riches en informations contextuelles, reflètent avant tout les expériences personnelles et professionnelles des auteurs dans la gouvernance des industries extractives. Ils ont, néanmoins, le mérite de poser les bases de nouvelles réflexions sur la place du secteur minier dans le développement social et économique de la Guinée.

Les politiques de RSE mises en œuvre par les entreprises minières sont à lire, dans notre perspective, comme une réponse préventive contre les risques réputationnels des entreprises. Par ailleurs, les politiques redistributive de l'Etat se révèlent plus assujetties à des objectifs de domination politique et obéissent à des logiques de relations de pouvoir. Pour cerner ces pratiques, le PNUD a mandaté en 2016 un groupe de consultants guinéens et étrangers pour mener une étude de base sur le niveau d'adhésion et d'application de la norme ISO 26000 dans les pratiques des entreprises en République de Guinée. L'étude pionnière en la matière fait un « état des lieux et les perspectives » sur les expériences de RSE dans le monde, en Afrique et en Guinée. C'est un tableau général de toutes les approches de contribution au développement local impliquant une démarche de RSE qui est mis en exergue. L'étude révèle « l'ancrage historique » de stratégies aujourd'hui dénommées « RSE » dans les premières conventions minières de la Guinée (CBG, FRIA), en rapport avec les questions d'emplois et de sous-traitance locale. Elle analyse toutes les évolutions ultérieures contenues dans les conventions désignées dites de « deuxième » et « troisième » générations[42]. On y relève une certaine évolution de la sémantique et du niveau de contrainte juridique associée à la RSE. Dans les premières conventions minières en Guinée, conventions dites de « première génération » et « deuxième génération », notamment celle de FRIA, CBG, SAG, la RSE est contractualisée et a donc un caractère obligatoire. Or, avec le temps, la RSE a fini par être associée à toute activité philanthropique des sociétés minières effectuée dans une logique volontaire.

---

[41] MAGASSOUBA, Abdoulaye. *Les Mines guinéennes, réalités, défis et perspectives*, Harmattan, Paris, 2021, 242 p

[42] MAZALTO Marie et al. *La responsabilité sociétale des entreprises dans le secteur minier en Guinée : état des lieux et perspectives.* PNUD, Conakry ; 2016, 153 p.

La problématique de la responsabilité « sociale » des entreprises dans le secteur minier et dans des univers sociopolitiques différents (Ghana, Mali, RDC) est analysée de manière comparative par Bonnie Campbell et Myriam Laforce[43]. Ils questionnent les enjeux qui travaillent cette notion nouvelle en terrain minier africain, tout en mettant en lumière les possibilités d'en faire un instrument de développement des zones d'extraction minière. À travers des exemples concrets de déploiement de RSE par les entreprises, les auteurs démontrent le croisement dans le « même territoire » d'une approche de développement suivant la logique de *« Top down »* portée à la fois par l'État et les entreprises minières, sans « participation du local ». La fragilité des institutions locales dans la maitrise des instruments de gouvernance locale accentue les défis suscités par l'impact négatif de l'exploitation minière[44]. C'est l'efficacité de la « gouvernementalité » qui est davantage interrogée sous le prisme de la contribution financière des entreprises minières au développement local. Dans un autre ouvrage collectif tout aussi pertinent, des chercheurs dressent les effets des politiques de réformes réglementaires initiées sous l'impulsion des institutions financières internationales dans les États africains dotés en ressources naturelles. Bien que l'objectif affiché soit de s'ouvrir aux investissements étrangers comme moteur de la croissance et du développement, les effets se sont traduits dans la plupart des cas par l'affaissement des revenus des États, la part du secteur minier passant de 80 % à 25 % des recettes publiques[45].

L'expérience canadienne en matière de réglementation et de responsabilité des entreprises minières est aussi analysée dans un ouvrage collectif sous le titre « *Pouvoir et réglementation dans le secteur minier, leçons à partir de l'expérience canadienne* ». Cette réflexion ouvre un champ d'analyse issu des relations internationales à travers la notion de « structures ». À travers cette notion de « pouvoir

---

[43] L'origine anglo-saxonne du concept de RSE transparait dans la traduction française. En anglais, le terme « social » englobe le sociétal alors qu'en Français, le social n'intègre pas forcément le sociétal. « *La responsabilité sociale des entreprises dans le secteur minier, réponse ou obstacle aux enjeux de légitimité et de développement en Afrique* ».

[44] CAMPBELL Bonnie, LAFORCE Myriam. *La responsabilité sociale des entreprises dans le secteur minier, réponse ou obstacle aux enjeux de légitimité et de développement en Afrique* ? Presse de l'Université du Québec, 2016, 253 p.

[45] CAMPBELL, Bonnie (Dir.) et al. *Ressources minières en Afrique, quelles réglementations pour le développement*, presse de l'Université du Québec, 2010, 255 p.

structurel », ce travail questionne la capacité des États riches en ressources naturelles à négocier les conditions de développement de leurs ressources naturelles, Campbell retrace l'expérience canadienne plus ou moins réussie de cohabitation de deux cadres de contractualisation de l'exploitation des ressources minières dans les régions éloignées du Nord. Il y a le cadre signé entre les entreprises minières et le gouvernement central pour obtenir l'autorisation légale d'opérer (Licence juridique) et celui signé avec les communautés locales (Licence sociale) pour fixer les modalités de redistribution des revenus miniers et de gestion des impacts sur l'environnement. Cette expérience, sans doute enrichissante pour la Guinée, intervient dans un contexte d'impacts importants de l'exploitation minière sur des zones d'une grande richesse écologiques et culturelles. Ces réflexions portent encore en germe les paradigmes dominants dans les pays du Nord, où elles ont été produites, et peinent à s'insérer dans les modes de pensées et d'actions propres aux pays du Sud où se développent des projets d'extraction des ressources minières.

Cadre théorique

Le cadre théorique général qui oriente notre réflexion repose sur une démarche théorique d'entrée qui propose un croisement des perspectives issues de la sociologie politique de l'énergie et des ressources[46], de la sociologie politique de l'action publique (Lavigne Delville, 2019)[47], ou de l'anthropologie du développement (Olivier de Sardan, 2001)[48] et de la science politique consacrée aux aires africaines (Bayard, 1992)[49]. Les approches théoriques issues de la « sociohistoire de l'action publique » développées par Renaud Payre et Gilles Pollet

---

[46] MITCHELL, Timothy. *Carbon Democracy, le pouvoir politique à l'ère du pétrole*, la découverte, Paris, 2017, 391 p

[47] LAVIGNE DELVILLE, Philippe. « Pour une socio anthropologie de l'action publique dans les pays 'sous régime d'aide' », *Anthropologie & développement* [En ligne], 45 | 2017, mis en ligne le 01 novembre 2017, consulté le 01 mai 2019. URL : http://journals.openedition.org/anthropodev/542 ; DOI : 10.4000/ anthropodev.542.

[48] OLIVIER DE SARDAN, Jean-Pierre. « Les trois approches en anthropologie du développement ». In: Tiers-Monde, tome 42, n°168, 2001. *Anthropologie du développement, fiscalité, géographie industrielle, éducation*...pp. 729-754; doi : https://doi.org/10.3406/tiers.2001.1546 https://www.persee.fr/doc/tiers_1293-8882_2001_num_42_168_1546.

[49] LEGUIL-BAYART, Jean François. *L'État en Afrique : La politique du ventre*, Fayard, 2006, 439, pages.

serviront également de guide dans la réflexion[50]. À ce titre, l'approche mise en avant par Payre et Pollet croise des théories sur l'action publique à l'intersection de l'histoire, de la sociologie et de la science politique. La primauté du « terrain » par rapport à un déterminisme théorique qui expliquerait « tout » est largement discutée dans cette perspective. Privilégier le réel (les données de terrain) sur les paradigmes théoriques préétablis nous semble très approprié au contexte de notre recherche. La politique minière et les mécanismes de redistribution des revenus miniers relèvent de la sphère de l'action publique, le cœur de notre enquête s'inscrit donc dans ce cadre de pensée. Par ailleurs les réflexions théoriques de Pierre Lascoumes et Patrick Le Gales sur la « sociologie de l'action publique » mettent en exergue la logique constructiviste à l'origine de toute politique publique. Ils portent davantage l'attention sur les acteurs qui participent à la production des politiques publiques, et les « cadres cognitifs » qui les sous-tendent. À la suite des travaux de R. Rose, ils définissent les politiques publiques comme étant « un programme d'action gouvernementale », c'est-à- dire « une combinaison spécifique de lois, d'affectations de crédits, d'administrations et de personnes dirigés vers la réalisation d'un ensemble d'objectifs plus ou moins clairement définis »[51]. Ces schémas d'analyse de l'action publique s'enracinent dans le modèle de *Policy Analysis* de Jones (1970) mettant en interaction cinq (5) variables : les acteurs, les institutions, les représentations, le processus et le résultat. La réussite ou non de la mise en œuvre des politiques publiques repose également sur l'évaluation des paramètres suivants : l'ineffectivité, l'inefficacité, et l'inefficience[52]. Le processus de « construction » ou de « co-construction » des politiques publiques à partir de l'interaction entre les acteurs, les normes et les représentations évoqué dans cet ouvrage trouve toute sa pertinence dans l'étude des politiques de développement des zones minières. En effet, l'observation des pratiques révèle la convergence sur un même territoire de plusieurs stratégies de développement convoquant des représentations, des normes et des acteurs qui les travaillent à des niveaux différents.

---

[50] PAYRE Renaud et POLLET Gilles. *Sociohistoire de l'action publique*. La découverte, 2013, 128 p.
[51] LASCOUMES, Pierre, LE GALES Patrick. *Sociologie de l'action publique*, Armand colin, 2012, 126 p.
[52] *Ibid.*, p.29.

Au final, l'analyse des politiques publiques est la résultante de l'évolution de deux approches épistémologiques sur l'action de l'État. La première approche, davantage orientée sur les paradigmes de la science politique, place l'État et ses institutions au centre de la production des politiques publiques selon une tendance « top down ». L'État est alors perçu comme le moteur de tout changement social. Les « décisions rationnelles » d'un « État monolithique » sont prises à partir du sommet de la pyramide des institutions politiques et sont appliquées jusqu'à la base. La volonté de l'État primant sur les opinions contradictoires des acteurs sociaux. La seconde approche, en lien avec le développement de la « sociologie des organisations », s'appuie sur les écarts constatés entre la formulation des politiques publiques et les résultats de leurs mises en œuvre. En mettant un accent particulier sur les « acteurs en situation » et les « interactions » qui en résultent, la sociologie de l'action publique analyse les processus complexes qui travaillent la formulation des politiques publiques, les dynamiques sociales qui les parcourent, modifiant les normes et les objectifs initialement établis. C'est la tendance « bottom up » prenant en compte la multiplicité des acteurs qui participent à la « co-construction » d'une politique publique[53]. Les interventions publiques que nous désignons dans notre étude comme étant les « politiques publiques de développement » des zones minières sont dans les faits des politiques redistributives des revenus miniers et des politiques réglementaires (d'encadrement de l'activité minière). Notre étude met en lumière, les modalités de constitution de ces politiques, les « acteurs en situation » et les effets qu'elles induisent.

Méthodologie de recherche

Ce cadre théorique d'analyse est d'une grande utilité dans l'appropriation des contours épistémologiques de notre travail. Il participe à l'insertion de notre travail dans une « communauté épistémique » bâtie sur des méthodes éprouvées. En effet, notre démarche repose sur une étude empirique inductive conduite à partir des données recueillies sur le terrain grâce à une méthode mixte de recherche en terrain minier alliant enquête ethnographique, stage de recherche, missions caritatives et engagement militant, recherche

---

[53] LASCOUMES Pierre, LE GALES Patrick. *Sociologie de l'action publique,* Armand colin, 2012, p.17.

documentaire et entretiens de recherche. Le travail passe concrètement par des enquêtes auprès des sociétés minières, des collectivités locales, des communautés locales, de la société civile, des anciens travailleurs des entreprises minières et de l'administration publique et des Ministères responsables des questions minières et du développement local.

Cette recherche en terrain minier s'est appuyée sur des approches méthodologiques et analytiques mobilisées par « l'ethnographie réflexive » dans le contexte minier péruvien et groenlandais par Bailleul et Cavero (2022)[54]. En effet, les projets miniers sont porteurs d'enjeux politiques, sécuritaires, géopolitiques, sociaux et économiques majeurs. Les enquêtes de terrains menées dans ce contexte génèrent des « résistances » chez les acteurs concernés (Administration publique, entreprises minières, communautés) perturbant ainsi la perception qu'ils ont de l'enquêteur.[55] Ce dernier passe facilement d'une identité de chercheur à celle « d'espion ». Lors de notre séjour immersif dans notre terrain minier, à Boké, nous avons noté de fortes résistances chez certains informateurs (communautés, entreprises minières, représentants de l'État) et des projections d'identités « espion » auxquelles nous avons été assimilées de la part de certains acteurs[56]. Ce type de perception renvoie à un aspect fondamental des contraintes qu'affrontent les chercheurs en « terrains miniers » et qui sont celles des « identités ethnographiques » construites[57]. Ces identités mettent en lumière l'angle sous lequel le chercheur est perçu et classé sur le terrain et les implications que cela comporte dans la production des

---

[54] https://www.politika.io/fr/atelier/terrains-miniers-terrains-mines.

[55] En juin 2022, lors d'une étude de terrain à Gaoual, nous avons été interpellés par les autorités locales et auditionnés sous procès-verbal au Commissariat Central. Par ailleurs, nous avons fait l'objet de menaces directes émanant de certains acteurs impliqués dans notre enquête sur la gestion du FODEL. Notre travail de terrain à Boké, amorcé en 2020, s'inscrivait déjà dans un climat tendu, marqué par les violences sociales survenues en 2019 en réaction aux dérives de l'exploitation minière. C'est donc dans un contexte de méfiance généralisée et d'insécurité que notre recherche a été menée.

[56] Nous avons vécu des refus catégoriques de certains acteurs (entreprises minières, chefs locaux, ONG) de nous parler en arguant des antécédents d'espionnage dont ils seraient victimes de la part de personnes, notamment des journalistes, dissimulés sous l'identité de chercheurs.

[57] BIZEUL, Daniel. « Que faire des expériences d'enquête ? Apports et fragilité de l'observation directe », *Revue française de science politique*, vol. 57, n° 1, 2007, p. 72.

données[58]. À côté de ce biais épistémologique, le phénomène « d'encliquage »[59] également mis en lumière par Cavero (2022) dans le contexte extractif péruvien se révèle encore plus expressif dans le contexte guinéen[60]. En effet, les débats qui dominent le secteur extractif guinéen sont largement structurés par le lien directement établi entre la dotation en ressources, l'implantation d'une entreprise minière, la mise en exploitation et l'élimination de toute forme de pauvreté, ignorant sous ce schéma toute la trame qui sépare la présence d'une ressource, sa mise en exploitation, le pouvoir structurel des acteurs en présence, le cadre de gouvernance des externalités et la gestion de la rente. Le chercheur en terrain minier guinéen court le risque permanent d'être « endoctriné » par ces débats, l'entrainant d'une manière involontaire dans une position militante de défenseur absolue du droit des communautés à l'abondance et suscitant ainsi la méfiance des entreprises minières et de l'administration publique.

Pour déjouer ces biais, notre méthode d'enquête s'est appuyée sur une ***nouvelle démarche dialectique et à identités multiples en « terrain minier »***, celle du chercheur et celle d'acteur de la société civile, permet de dépasser les biais méthodologiques propres à un terrain minier : les identités ethnographiques d'espion et l'encliquage. Les stratégies méthodologiques mobilisées dans le cadre de cette approche combinent des réorganisations tactiques allant des « micro-recadrage du sujet, à des techniques relationnelles ou des insertions dans des activités sociales » nécessaires à une bonne insertion sociale et à la conduite des entretiens. Elle fait également appel à une « ethnographie spatiale » reposant sur une cartographie des transformations spatiales induites par un projet minier ainsi que les représentations associées[61]. L'identité d'acteur de la société civile militant au sein d'une organisation de défense des droits des communautés a permis

---

[58] Le souvenir des pratiques d'espionnage massif du premier régime persiste encore et rend difficile le travail de chercheur sur des problématiques qui questionnent la gouvernance, la gestion des ressources financières et les rapports socio-politiques.

[59] Phénomène désignant l'enfermement du chercheur dans des cliques, des factions ou les paradigmes qui structurent ou dominent les débats sur le plan national ou local par rapport à l'extractivisme et ses impacts sociaux, environnementaux et économiques.

[60] https://www.politika.io/fr/article/projet-minier-conga-au-perou-retour-methode-denquete.

[61] Ces démarches ont été mises en lumière par Pia Bailleul et Martin Cavero lors de l'atelier intitulé « terrains miniers, terrains minés » ténue en Novembre 2022.

d'instaurer une relation de confiance avec les communautés, la société civile locale ainsi que les élus locaux et de récolter des informations utiles[62]. L'identité de chercheur nous a, par ailleurs, permis d'effectuer un stage de recherche de deux semaines du 11 novembre au 24 novembre 2020 au sein du département des relations communautaires de l'entreprise et un séjour immersif de sept (7) jours du 3 au 9 décembre 2023 au sein de la SMB, de GAC et de BAM dans le cadre d'une mission conjointe associant des chercheurs, des organisations de la société civile et le haut- commissariat des Nation-Unies au droit de l'homme. Ces changements d'identité nécessitent un recadrage permanent du sujet au cours des entretiens, qui consiste à privilégier les questions les moins embarrassantes pour l'acteur et à introduire progressivement les sujets polémiques et les questions sensibles[63].

Plusieurs séjours d'observation en lien avec une démarche « d'ethnographie spatiale » dans la zone concernée par l'étude, notamment à Kamsar, Kaboe, à Dioumaya, à Hamdanlaye, à Wakriya, à Sogoboli, à Kanfarandé, à Kolaboui, à Fria, à Boffa et à Sangaredi nous ont permis d'approcher au plus près des situations vécues, de comprendre les impacts de l'exploitation minière et les grands défis qui se posent au développement de la région.

Dans le cadre pratique de la collecte de l'information, notre démarche a essentiellement utilisé la méthode qualitative alliant des entretiens à des recherches documentaires et archivistiques. Les outils de collecte de données ont notamment reposé sur le questionnaire, administré graduellement (du général au particulier) pour éviter de susciter la méfiance des informateurs. Nous avons privilégié, à ce titre, les entretiens semi-directifs soutenus par des questions structurées en deux volets. D'abord, les questions d'ordre général qui portaient sur les informations contextuelles (moins sensibles), ensuite, les questions orientées sur une problématique précise (plus sensibles). Nous avons pu mener 150 entretiens à Conakry, à Boké, à Dinguiraye et à Siguiri. Les entretiens ont couvert aussi bien les acteurs de la gouvernance minière

[62] À travers notre engagement au sein de l'ONG Action Mines, militant pour la défense des droits des communautés impactées par l'exploitation minière, nous avons pu collecter d'abondantes informations auprès des communautés. Cet engagement nous a valu notre arrestation et interrogation à Gaoual en 2022.

[63] Notre demande d'entretien avec la SMB et la CBG portait en objet l'étude des bonnes pratiques sociales et environnementales de l'entreprise. Cependant, au cours de l'entretien, nous avons posé toutes les questions relatives aux impacts négatifs de l'entreprise sur la vie des communautés

que les acteurs sociaux à la base qui sont éloignés des espaces habituels de prise de décision. Le choix a donc consisté à prioriser les institutions de gouvernance au niveau central et local et les acteurs sociaux et communautaires à la base en tenant compte de leur interaction avec les entreprises minières. Dans le souci de diversifier les sources d'informations, nous avons également choisi des personnes qui n'ont, à priori, pas de rapports directs avec l'écosystème de l'exploitation minière, notamment les chefs religieux, les enseignants, les chauffeurs, les petits commerçants, les fonctionnaires à la retraite, les agriculteurs, les éleveurs, les pécheurs ainsi que les chefs coutumiers. Des focus groups ont été organisés avec des jeunes et des communautés dans les villages pour des discussions plus détendues et ouvertes sur des problématiques collectives.

Au niveau des institutions centrales, notamment le ministère des Mines et de la Géologie, les entretiens ont ciblé principalement les responsables du service du Bureau d'Étude et de Développement (BED), le Service des Relations Communautaires et du Contenu Local (SRCL), le secrétaire général du département des Mines et de la Géologie, la direction du développement local du Ministère de l'Administration du Territoire et de la Décentralisation (MATD). Au niveau déconcentré, et principalement dans la zone de Boké, les entretiens se sont déroulés au niveau des services préfectoraux les plus impliqués dans la gestion des activités minières et activités connexes (mines, environnement, pêche, développement rural, tourisme et hôtellerie, agriculture, emplois, secrétaire général des collectivités). Les entretiens ont été élargis aux responsables chargés de la formation de l'Institut Mines et Géologie, une institution d'enseignement supérieur national spécialisée dans la recherche minière, l'exploration des sols et des gisements, les centres de formation professionnelle régionaux. Nous avons aussi rencontré le personnel du centre de formation professionnelle de la région spécialisé dans les métiers des mines (conducteur d'engins lourds, opérateurs des mines, mécaniques, soudures). Les entretiens se sont déroulés sous la forme semi-directive, avec des questions qui posent les grands axes en lien avec la problématique de recherche suivie de discussions plus libres. Les données sont enregistrées et transcrites ensuite pour l'analyse (certaines en annexes).

Les rencontres se sont poursuivies au niveau communautaire à plusieurs niveaux. Les entretiens ont eu lieu avec des chefs coutumiers (Sotikemo, imam) dont les propos et les perceptions pèsent lourdement sur l'attitude des communautés à l'égard des entreprises minières et de l'État. Les transformations induites par la présence des entreprises minières ont bouleversé les structures sociales et coutumières, transformant les relations de pouvoir et de solidarité entre ceux qui bénéficient de la rentre minière sur ceux qui en sont privés. Ces entretiens nous ont conduits à la rencontre des autorités coutumières vivant à Wakriya (capitale historique de tout le territoire Landouma, au cœur de l'actuelle concession minière de la SMB). Nous nous sommes également rendus à Sogoboli (capitale du royaume Nalou) et nous avons rencontré les autorités religieuses à Sangaredi (mines de la CBG). Ces immersions ont été facilitées par les réseaux de relations tissées auprès de certains acteurs influents et grâce à notre implication personnelle dans les activités sociales[64]. Les données ont été enregistrées et transcrites.

Au niveau des entreprises minières, le critère de choix a privilégié le volume de production, l'impact social et environnemental et la dimension géopolitique associée à l'implantation de l'entreprise. La CBG, la SMB ont ainsi été les principales cibles des immersions de recherche. Les entretiens se sont focalisés sur les travailleurs du service des relations communautaires des entreprises susmentionnées et ceux des services environnements, biodiversité et des ressources humaines. Le service des relations communautaires est le plus connu des acteurs sociaux, il pilote les interventions des entreprises minières en matière de développement local, il reçoit et traite les plaintes des personnes impactées par les opérations minières.

Les recherches archivistiques et documentaires ont été effectuées à Conakry et à Boké. Les archives nationales de Guinée à Conakry conservent encore, quoique dans un état dégradé, les monographies de la région de Boké rédigées par les administrateurs coloniaux. Les recherches archivistiques ont été poursuivies dans le centre des archives de l'administration préfectorale à Boké et dans les services de relations communautaires de la CBG. Les documents trouvés auprès de l'administration préfectorale étaient pour la plupart, incomplets, ou en état de dégradation poussée à cause des mauvaises conditions de conservation. Les données prélevées sont tout de même d'une grande pertinence historique, sociologique et économique. Les archives de la CBG sont dans l'ensemble en très bon état de conservation, quoique

[64] Nous avons jumelé certaines de nos enquêtes de terrains à des missions de terrains que nous avions effectuées dans le cadre des activités sociales au sein de l'ONG Action Mines Guinée.

difficile à exploiter à cause de la faiblesse du système d'archivage et de classement. L'essentiel de la documentation est composé de rapports d'activités, de tableaux de présentation des réalisations de l'entreprise et des documents de formation sur les normes internationales de la SFI. Plusieurs ouvrages généraux sur les mines, la géopolitique, la sociologie politique, la responsabilité sociétale des entreprises ont été largement consultés en ligne et dans des bibliothèques numériques ou physiques à Lyon.

Les données recueillies ont été organisées en six (6) chapitres. Le premier chapitre porte sur un tableau général de la distribution des ressources minières en Guinée. Un accent particulier est mis sur la sociohistoire de notre terrain d'étude : la zone bauxitique de Boké. L'ancrage historique démontre la profondeur de l'économie de rente inscrite dans cette région entre le XVe et le XIXe siècle et le système de prédation que dominent les pouvoirs notabilaires (rois, aristocrates, commerçants, négriers). L'extractivisme tel que pratiqué, aujourd'hui, dans la région de Boké est la perpétuation d'un système socialement et historiquement construit et régit par la logique de prédation, par des pouvoirs de notables, de la rente générée une économie extractiviste et extravertie. Les analyses sociohistoriques ont permis de démontrer, dans le premier chapitre, les rivalités entre les grandes puissances européennes à la fin du XIXe siècle pour le contrôle des rentes de la région de Boké (esclavage, rente agricole) et permettent de saisir la continuité de pratiques de prédation et de relations de pouvoir inscrites dans une spatialité. La distribution des entreprises minières sur des « territoires » superposés (espaces agricoles, pâturage, zone de pêche) constitue la principale source de tensions dans la zone. Les réponses offertes contre les répercussions environnementales et sociales qui en découlent se révèlent souvent inadaptées. Le flou dans la délimitation des concessions minières et des espaces agropastoraux compromet toutes les politiques de développement opérées. Il résulte de cette concentration d'entreprises minières des contraintes dans la fourniture des services sociaux de base, que l'État n'est plus en mesure d'offrir. Le retrait volontaire ou contraint de l'État dans ces zones accentue les vulnérabilités des populations dont les conditions de vie sont déjà fortement touchées par les effets négatifs de l'activité minière (dégradation des sols, pollution, expropriation des terres sans compensation adéquate).

Le deuxième chapitre s'ouvre la compréhension de la région minière de Boké sous le prisme de l'extractivisme et de l'extraversion.

L'analyse montre le déroulement de plusieurs stratégies de développement et d'intégration entre l'activité minière et les activités économiques endogènes. L'étude révèle l'historicité des politiques de développement en partant de l'exemple du projet d'industrialisation de Fria, suivie du projet intégré mines et infrastructures de Boké. Au-delà des finalités d'intégration et d'aménagement affichées par les structures techniques créées à cet effet, les pratiques sur le terrain ont été fortement imprégnées par le contexte politique. Les investissements réalisés avaient plutôt un caractère social et visaient en priorité la légitimation, sans une véritable incidence dans la lutte contre la pauvreté et l'amélioration des conditions de vie des populations.

Le chapitre III met en lumière des expériences peu connues de développement des premières entreprises minières à travers différents outils d'intervention dans le champ social, infrastructurel et économique. Les cadres institutionnels d'encadrement de la gestion de cette contribution au développement local ont connu des évolutions importantes avec la mise en place des Comités Préfectoraux de Développement (CPD) et plus récemment des Comités d'Appui à la Gestion du FODEL (CAGF). Le FODEL apparait comme la manifestation la plus évidente des stratégies de « retour de l'État » après la vague de « décharge » néolibérale des années 1980 et 1990. Il porte en lui le processus de répolitisation de la rente minière comme instrument de domination.

Le chapitre IV procède à l'analyse des cadres d'encadrement et de responsabilisation des entreprises minières. Il s'intéresse à la naissance de la notion de Responsabilité Sociétale des Entreprises (RSE) comme instrument éthique de la contribution des dirigeants d'entreprises au progrès de la société et analyse l'évolution sémantique de la notion, qui entraine des formes différenciées de formulation des initiatives de la RSE. Les approches unilatérales et les formes multipartites de formulation des normes de responsabilisation des entreprises minières sont ensuite analysées pour saisir leurs impacts réels sur les communautés locales, au-delà des effets d'annonce et de visibilité qu'ils confèrent aux grandes entreprises. Les expériences européennes de RSE sont d'une grande richesse sur le plan du développement de pratiques et de normes d'encadrement de l'activité des entreprises minières. Ce chapitre interroge aussi les défis de la mondialisation et de l'autonomisation croissante des entreprises minières par rapport à la régulation étatique. Si cette régulation appelle une réaction des institutions internationales (l'OCDE, l'ONU, l'UA, la CEDEA), on remarque que ces dernières ont déjà institué des normes de responsabilisation des entreprises minières par rapport aux impacts de leurs activités sur l'environnement et la société.

Le chapitre V met un accent particulier sur les politiques de responsabilisation développées en Guinée, à travers les trajectoires singulières de certaines entreprises minières (CBG, SMB). L'analyse montre également les stratégies géopolitiques d'influence que recouvre une politique de RSE. Les pratiques montrent une connexion entre les ambitions géopolitiques des États et les stratégies de RSE prônées par leurs entreprises à l'étranger.

Le chapitre VI accentue le regard porté sur les rapports de pouvoir en jeu entre les différents acteurs sur le terrain, le potentiel de domination que confère la maitrise des infrastructures minières. Les transformations sociales et économiques auxquelles sont soumises les villes de Sangarédi et de Kamsar révèlent ainsi autant les dysfonctionnements structurels que les relations de dépendances en perpétuel renouvellement, associées à l'implantation d'une mine. La multiplication des conflits dans les zones d'extraction minière a été souvent lue à partir de l'agrégation de relations causales mettant en face la mine et les communautés riveraines. Notre perspective d'analyse s'efforce de dépasser cette lecture des relations de cause à effet pour appréhender l'imbrication de facteurs historiques, sociologiques, politiques et techniques. Cette lecture holistique révèle toute la complexité des enjeux sur le terrain, la diversité des acteurs et des stratégies déployées. La multiplication des entreprises minières et les mutations géopolitiques quant à l'approvisionnement en ressources minières se répercutent sur les rapports entre les mines voisines et la nature des stratégies de RSE déployée sur le terrain.

La collecte des données sur le terrain a été jalonnée par plusieurs difficultés d'ordre méthodologique, matériel et d'accès à certaines zones de l'étude. En effet, le début de notre enquête en 2020 a coïncidé avec la crise de la COVID 19. Les restrictions de circulation imposées dans tous les pays ont empêché l'accès à plusieurs zones de notre terrain d'enquête. Plusieurs entreprises ciblées dans notre protocole de recherche (GAC, SMB) nous ont refusé l'accès à leurs sites pour des raisons de sécurité sanitaire. À cela s'ajoutent les difficultés d'accès à la documentation. L'état de conservation des documents d'archives, au service national des archives de Guinée et au niveau de l'administration déconcentrée à Boké, rend difficile leur exploitation. La littérature sur le secteur minier guinéen reste encore dominée par des rapports et des études mandatés par des organisations internationales. Les ouvrages disponibles sont rédigés par d'anciens hauts fonctionnaires du département des Mines ou des anciens directeurs d'entreprises minières. La production scientifique (thèses, mémoires, articles scientifiques) sur le secteur minier guinéen est peu nombreuse, mais connait une tendance à l'évolution ces dernières années. Notre travail s'inscrit dans cette dynamique émergente.

CHAPITRE I

LA CONSTRUCTION D'UN EXTRACTIVISME TERRITORIALISE

Dans ce chapitre, nous allons expliquer la vocation minière de la Guinée sous le prisme d'une « construction politique » de l'extractivisme, tout en décrivant les potentialités des grandes régions naturelles ainsi que les grands projets miniers en développement. Il sera également question de la stratégie de l'État dans le développement des infrastructures minières et sociales. Le contrôle de la production de la bauxite comme levier de développement social et économique à travers l'analyse des mutations que subissent les deux grandes entreprises publiques (ANAIM, SOGUIPAMI). Nous allons ensuite aborder la profondeur de l'orientation extravertie et rentière de l'économie guinéenne, en partant de l'histoire particulière de la région minière de Boké. Nous allons aborder en détail dans la dernière section la problématique de la distribution des entreprises minières dans la région de Boké et les répercussions sur la gestion des ressources naturelles foncières, environnementales et hydriques.

Section 1.1. La vocation minière de la République de Guinée de l'extraversion à l'extractivisme : La fabrique des espaces de « rente géographique »

Dans cette section, nous allons expliquer la logique historiquement « construite » de l'extractivisme et comment elle imprègne les débats tendant à donner une vocation minière absolue à la Guinée et les limites imposées par les contraintes géographiques et le déficit de connaissances sur le potentiel géologique.

1.1.1. Regard sur une longue tradition d'extraversion et d'extractivisme sous le prisme d'une logique de captation de la rente

La République de Guinée est un pays côtier situé en Afrique occidentale. Il dessine un arc de cercle qui va de l'Atlantique vers le Sud-ouest et il est à cheval entre le Tropique du Cancer et l'équateur[65]. Il a une superficie de 245.857 km^2 représentant la moitié de la France métropolitaine. Le pays est géographiquement compris entre les 7° et 13° de latitude nord et entre les 8° et 15° de longitude ouest à la lisière entre l'Afrique sahélienne et l'Afrique des forêts humides[66]. Les caractéristiques géographiques de son relief montrent un territoire fortement accidenté et montagneux[67]. Ses limites géographiques actuelles sont la conjugaison d'une longue histoire d'espaces de croisement de plusieurs routes commerciales caravanières qui partaient des profondeurs du sahel en direction des empires médiévaux ouest-africains. La Guinée porte en elle un condensé de l'histoire africaine, au gré de la construction et la déconstruction des États médiévaux du moyen âge africain. Le territoire actuel de la Guinée a hébergé successivement en partie, voire en intégralité, l'essentiel des empires ouest-africains du moyen âge (le Ghana, le Mali, le Songhaï, le Fouta). Cet héritage historique a contribué à façonner la composition multiculturelle du pays, tout en constituant le ciment d'une nation éclatée. L'ouverture du territoire à l'Atlantique a permis l'établissement précoce de relations commerciales et culturelles avec les grandes puissances maritimes et politiques de l'Europe : Portugal, Angleterre, Espagne, France. Un positionnement qui a ouvert très tôt le pays au commerce de rente des épices, des cultures forestières et des esclaves. Cette position a inauguré ainsi une tradition d'extraversion de l'économie dont les rentes bauxitiques sont les héritières, tout en l'accentuant.

---

[65] MOGENET, Luc. *Guide de la Guinée,* éditions imprimerie, mission catholique de Conakry, 1999, page 9.

[66] www.cpdm-gn.net, *présentation de la Guinée*, consultée en mai 2019.

[67] MOGENET, Luc. *Guide de la Guinée,* éditions imprimerie, mission catholique de Conakry,1999, page 9.

« Les ressources des États précoloniaux africains de l'Afrique de l'Ouest ont reposé sur le contrôle des échanges, et notamment ceux à longue distance avec le monde méditerranéen »[68].

On est tenté de dire avec Magrin (2013) à propos de cette extraversion précoce qu'elle a structuré le fonctionnement des institutions politiques internes de ces États et a jeté les bases du modèle d'accumulation de rente du système économique des États africains modernes. Dans un contexte de sous-peuplement et de contrainte du milieu naturel (fragilité et pauvreté du sol, relief accidenté), capturer et vendre des esclaves devient une activité lucrative. L'avènement de l'esprit de rente comme principe d'accumulation de la richesse au détriment de la production constitue encore le moteur des économies des États dotés en ressources naturelles.

« Le capital marchand se valorise aux dépens du capital productif »[69].

Les ponctions opérées sur la vente des esclaves et les produits de la traite, au cœur de l'économie coloniale (Or, Ivoire, Indigo, Café), fondent la *logique de rente* qui priorise encore et toujours les prélèvements sur un commerce extraverti, par rapport à une accumulation de richesse sur la production locale (Magrin, 2013). La rente est avant tout un outil de domination politique et militaire sur les hommes. Catherine Coquery- Vidrovitch souligne qu'en Afrique précoloniale, la finalité des guerres reposait sur la captation des hommes et non la possession des terres.

La rente comme résultat d'un processus d'extraction et d'exportation des ressources naturelles est à resituer dans la trajectoire historique de la Guinée. L'extractivisme comme mode de production de la rente est appréhendé dans les débats académiques contemporains dans une perspective post-moderne (Mathilde, 2021), notamment dans le contexte latino-américain[70]. Cependant, dans le contexte guinéen, ce processus se révèle beaucoup plus ancien et profond. En partant de la définition de Gudynas (Mathilde 2021) selon laquelle

[68] MAGRIN, Géraud. *Voyage en Afrique rentière, une lecture géographique des trajectoires de développement*, éditions territoire en mouvement, 2013, page 44.
[69] *Ibid.*, page 46.
[70] https://www.cairn.info/revue-internationale-de-politique-comparee-2021-3-page-7.htm?contenu=auteurs.

l'extractivisme « désigne l'exploitation et l'exportation des ressources naturelles pas ou peu transformées, dans le contexte d'économies peu diversifiées », la région minière de Boké a connu, à ce titre, un triple processus d'extractivisme entre le XVe siècle et le XXe siècle (négrière, agricole et minière). Il ne faut pas perdre de vue dans ce sillage et dans l'optique de Catherine Coquery- Vidrovitch et Géraud Magrin qu'en Afrique précoloniale, l'homme demeure la principale ressource dont la possession assure pouvoir, richesse et notoriété. Les mobilisations sociales générées en Amérique latine autour de l'extractivisme ont été observées dans des dimensions différentes dans la région minière de Boké en République de Guinée au XIXe siècle et au XXIe siècle. Les dynamiques sociales qui secouent le monde latino-américain en lien avec le développement de l'extractivisme sont à resituer, comme le souligne bien Mathilde et Maillet (2021), dans une échelle globale comme autant d'affrontements entre les logiques rentières portées par les entreprises minières et les structures locales davantage orientées vers l'interdépendance[71].

La configuration extravertie de l'économie minière de la Guinée est la résultante d'une construction historique et politique, semblable au processus de co-construction conceptuelle de l'extractivisme mis en lumière par Mathilde et Maillet (2021). Elle sert ainsi à désigner à la fois un modèle économique bâti autour de la prédation des ressources naturelles et un courant scientifique et militant qui sert de cadre de pensée et de mobilisation (Mathilde, 2021). Dans le contexte guinéen, s'il est évident que l'extractivisme comme modèle économique d'exploitation et d'exportation des ressources naturelles est bien ancré et fort ancien, sa dimension scientifique est plutôt récente et embryonnaire. Il faut noter tout de même l'existence et le développement, partout en Guinée, d'un grand mouvement social et environnementaliste qui lutte contre les externalités négatives liées à l'extractivisme et se mobilise en faveur de plus de RSE des entreprises minières.

Par ailleurs, la configuration territoriale de la Guinée dessine un espace différencié sur le plan du relief et du climat par le hasard des forces naturelles, tout en gardant des continuités géographiques qui en font un tout. À l'Ouest, cet espace est bordé par l'océan Atlantique

---

[71] MATHILDE, Alain. et al. « Les mobilisations autour de l'extractivisme. Circulation et potentiel heuristique d'un concept en voie de globalisation ». *Revue internationale de politique comparée*, 2021.

sur 300 km de côtes marécageuses, envasées, trouées de rias, fendues à plusieurs endroits par des estuaires profonds (Barry, 2022). Le tracé du littoral montre la superposition d'une multitude d'îles et d'îlots, de presqu'îles, de baies, bordant des façades rectilignes (Mogenet, 1999). Cette géographie côtière particulièrement arrosée est l'aboutissement de la course ininterrompue de fleuves qui descendent en cascade depuis les montagnes luxuriantes du Fouta Djallon. Ils défient les falaises verticales qui dominent les plaines côtières ; le mont Benna (1214m), le mont Kakoulima (1011 m), et le mont Gangan (1117 m)[72]. Ils arrosent de vastes régions arides du Fouta occidental, avant de se jeter dans l'océan en formant des géométries hydrographiques exceptionnelles. Ces fleuves forment les célèbres estuaires maritimes comme le Rio Pongo, le Rio Nuñez, la Méllacorée, le Rio Compony, le Rio Kapatchez, le Konkouré. Tels sont les principaux facteurs géographiques ayant contribué à la construction de l'économie rentière dont la Guinée est encore dépendante.

Pendant des siècles, ces estuaires furent les principales voies de pénétration naturelle à l'intérieur des terres, formant des espaces de contact, de commerce et de civilisation. Leur contrôle et l'économie de prélèvement qu'ils procurent furent l'objet d'enjeux stratégiques, débouchant sur des conflits meurtriers. Les Almamys du Fouta régnèrent pendant des siècles sur ces zones côtières, prélevant des tributs, y pratiquant des razzias, s'immisçant dans les jeux politiques locaux et contrôlant toutes les routes caravanières qui vont de l'intérieur en direction des côtes[73]. Les Anglais se sont établis en Sierra Leone en 1787 et ils vont commercer avec les populations des rivières de la côte guinéenne. Ils sont perçus par les populations locales comme étant généreux et fidèles à leurs engagements contractuels. Les Français se sont officiellement établis dans la colonie du Sénégal (Gorée et dépendance) en 1854 et ils projettent à cette date de dominer tous les territoires au sud du Sénégal. Les Portugais dominent les îles Bissagos à partir de 1841 et profitent de leur connaissance des routes maritimes pour entretenir un commerce fructueux le long des côtes du golfe de Guinée. Le Rio Nuñez dans la région de Boké illustre avec éloquence les dynamiques économiques, politiques, diplomatiques et culturelles entretenues par les puissances étrangères sur ces voies navigables.

[72] MOGENET, Luc. *Guide de la Guinée,* éditions imprimerie, mission catholique de Conakry,1999, page 9.

[73] Royaume théocratique fondé au 18e siècle dans les montagnes du Fouta Djallon. Sa domination s'étendait sur 80.000 Km^2

Le fortin de Boké encore debout du haut de ses 150 ans témoigne de la vitalité des échanges de cette époque[74].

1.1.2. La mise en valeur d'une diversité de potentialités naturelles en proie à des contraintes majeures

La Guinée maritime est la région bauxitique par excellence de la Guinée. Elle occupe 18% du territoire national avec une densité moyenne de 20 habitants au kilomètre carré, supérieure à la moyenne nationale. L'influence de la mousson maritime, combinée à la proximité des escarpements du Fouta Djallon forme un écran contre l'harmattan en provenance de l'intérieur des terres, produit un climat équatorial marqué par une faible amplitude annuelle. Les températures varient entre 22^0 en juillet à 32^0 en avril. C'est une région de forte immigration liée à la présence de la capitale et les bassins miniers (Devey, 1997) dans sa partie nord-ouest. La pluviométrie y est très forte, il tombe plus de trois mètres de pluie par an. La végétation de la région est caractérisée par la présence de la mangrove et les palétuviers qui se développent dans les sols boueux, mais également on y remarque la présence des fromagers géants, les palmiers à huile, les cocotiers, cohabitant avec les forêts de manguiers, de colatiers, d'avocatiers, d'orangers et de bananiers[75]. Ces plantes ont été introduites dans la région par le régime colonial pour le développement d'une agriculture de rente. Elles ont permis à la Guinée de devenir le plus grand exportateur de bananes dans les colonies françaises d'Afrique. Le triangle bananier dessiné entre les préfectures de Coyah-Dubreka-Kindia concentrait l'essentiel des sites de production de la banane dans les bas-fonds aménagés des plaines. La culture du riz est très développée dans les plaines rizicoles près des mangroves. La culture du sel fut pendant des siècles une rente de monopole importante pour la communauté Baga établie le long des côtes. Elles maitrisaient les techniques ancestrales d'extraction de cette matière, transmises au fil des générations. Le sel, bien avant la bauxite, fut une importante industrie d'exportation de la région structurant les relations commerciales avec l'intérieur des terres. Les caravanes en provenance

---

[74] DEMOUGEOT, A. *Bulletin du comité d'études historiques et scientifiques de l'AOF*, 1948.

[75] DEVEY, Muriel. *La Guinée*, Karthala, 1997, page 29

du Fouta et de toutes les régions des savanes arpentaient au fil des siècles les plaines côtières pour s'approvisionner en sel.

L'explorateur René Caillé de passage dans la région en 1827 décrit la technique d'extraction du sel et l'extraversion de sa commercialisation :

> « Les femmes qui travaillent le sel ramassent, à la marée basse, les terres qui contiennent le plus de parties salées, et en font des tas. Après cette première opération, elles façonnent de grandes jarres avec de la paille et de la terre qu'elles mettent par- dessus, et y versent de l'eau, qui, en filtrant, entraine avec elle toutes les parties salées. Cette eau est versée ensuite dans de grandes vases de cuivre, dans lesquelles elles la font bouillir jusqu'à ce qu'il ne reste plus que le sel. Alors elles le mettent de nouveau en tas pour être vendues aux habitants de Kakondy, qui en font un grand débouché dans le Fouta »[76].

Les gisements de bauxite y ont été découverts, plus tard, pendant la période coloniale. D'abord, dans l'île de Kassa au large de Conakry par la société française Bauxite du Midi en 1939. Ensuite dans la région de Boké après la seconde guerre mondiale par la société canadienne Alcan en 1948[77]. L'exploitation de la ressource dans cette région est facilitée par la proximité géographique des gisements près des côtes atlantiques (entre 100 et 150 km). Un atout majeur qui favorise le développement de grands projets miniers soutenus par d'importantes infrastructures minières. Le rapide développement des ports miniers de Kamsar, de Conakry, de Forécariah ainsi que de nombreux points de chargement mutualisés sur le Rio Nuñez et le Rio Pongo sont des cas illustratifs[78]. Le potentiel en bauxite de cette région est estimé à plus de 5 milliards de tonnes de haute qualité[79]. Le gisement du plateau de Sangaredi mis en exploitation en 1973 par la CBG était unique au monde en raison de sa teneur estimée à plus de 60 % d'alumine (Barry, 2022). Son contrôle et son exploitation furent l'objet de convoitise entrainant une rivalité entre les multinationales et les puissances étrangères au gré des enjeux géopolitiques et géoéconomiques qui structurent le monde. La

---

[76] La société canadienne Alcan avait racheté après la guerre la société française Bauxite du Midi.

[77] *Ibid.*, page 54

[78] Plus de huit (8) points de chargement longent le Rio Nuñez : port CBG à Kamsar, port GAC à Kamsar, port RUSAL à Taressa, port SMB à Katougouma, port SMB à Dapilon, port Ashapura à Sogoboli….

[79] Les chiffres sur les quantités des gisements de bauxite restent approximatifs, faute d'études exhaustives.

région de la basse Guinée concentre tous les ingrédients d'une économie extravertie et rentière dépendant essentiellement d'exportation de produits agricoles et miniers. Ceci est le résultat, aussi bien de sa position géographique qui l'ouvre aux routes commerciales et maritimes que de la stratégie délibérée de l'administration coloniale consistant à transformer cet espace en « *un territoire de rente de situation* ». Elle abrite aujourd'hui la capitale, le port, l'aéroport, l'essentiel de l'administration publique et des pôles économiques formels et informels. La capitale concentre près de 80% des activités économiques, industrielles et de services du pays (Devey, 1997). Une situation qui développe chez les populations se revendiquant « autochtone » un très fort *« esprit de rente »* et de bénéficiaire privilégié des fruits de cette géographie politique et économique exceptionnelle. Le boom de l'activité minière ces dernières années renforce la position politique des élites traditionnelles et administratives de la région qui s'en prévalent dans l'espace politique.

La région bauxitique de la basse Guinée se prolonge vers l'est en moyenne Guinée, tout en rompant graduellement dans ses traits naturels et socioculturels. Cette continuité géographique est entrecoupée par les massifs montagneux et reconfigure le climat et l'hydrographie. Le Fouta Djallon renferme la source de plusieurs grands fleuves de l'Afrique de l'Ouest : Gambie, Konkouré, Sénégal qui ont valu à la Guinée le nom de « Château d'eau de l'Afrique de l'Ouest ». Elle occupe 22,6 % de la superficie du pays avec une densité de peuplement très élevée de 22,5 habitants au kilomètre carré. L'altitude contribue à l'affaissement des températures jusqu'à 5^0 pendant la nuit. C'est également une région de forte ruralité (88% de ruraux) et d'émigration. C'est aussi la première zone d'élevage du pays avec 45% du cheptel bovin national[80]. Les gisements de bauxite importants de la basse Guinée réapparaissent sous des formes atténuées dans les sols cuirassés du Fouta. En moyenne Guinée, les plateaux bauxitiques identifiés dans le pourtour de Labé regorgent d'un potentiel de l'ordre de 2,5 milliards de tonnes de bauxite avec une teneur moyenne supérieure à 45 % d'alumine. Ceux de Gaoual au nord-ouest du pays chiffrent à près de 460 millions de tonnes de bauxite en qualité, d'une teneur moyenne de 48,7 % d'alumine et de 2,1 % en silice. Un potentiel en proie à des difficultés de développement liées à la distance par rapport aux côtes Atlantiques. Cet éloignement nécessite des investissements

[80] DEVEY, Muriel. *La Guinée*, Karthala, 1997, page 22

importants pour construire des infrastructures d'évacuation du minerai. À cela, s'ajoute le manque d'études techniques approfondies et actualisées qui impulseraient la mobilisation de capitaux pour financer des projets miniers rentables dans la zone concernée[81].

La pauvreté du sol et les contraintes du relief ont très tôt orienté les chefs locaux dans une dynamique guerrière contre les petites chefferies limitrophes. Les opérations de razzias fournissaient en faveur des chefs les ressources économiques et humaines de coercition. Elles constituaient les principaux leviers de gouvernance politique. Ces nombreuses rentes captées çà et là ont permis au Fouta théocratique de s'étendre sur de larges territoires vers les côtes et dans la Sénégambie. Les chefs (les Almamys) y prélevaient les ressources économiques et humaines qui manquaient cruellement au Fouta. La captation de cette « *rente de souveraineté* »[82] a participé à la naissance et au développement des institutions politiques de l'État théocratique.

La moyenne Guinée forme un bloc plus ou moins homogène avec la haute Guinée. Cette région se distingue toutefois du Fouta, dans sa partie orientale, par ses immenses plaines fluviales qui bordent le fleuve Niger et ses nombreux affluents. Cet arrosage est à l'origine des grandes plaines irriguées entre Kankan et Siguiri. Les températures varient entre 18^0 en janvier et 40^0 en avril, provoquant de fortes chaleurs. La région est le domaine des savanes et des vastes plaines agricoles arrosées par le bassin du Niger et ses affluents. C'est également une forte région d'élevage dans la vallée du Niger fortement herbeuse. C'est dans et autour de ce réseau fluvial du Niger que se pratique l'essentiel de la pêche de la région. Elle couvre 45% du territoire national avec des densités très faibles de 13 habitants au kilomètre carré. Une faible démographie en cours de bouleversement à cause de la ruée vers l'or dans la zone de Siguiri et de Mandiana. C'est une région historiquement cotonnière et arachidière très proche dans sa configuration physique du Mali. Cependant, la filière cotonnière n'a pas connu un développement à la hauteur des possibilités offertes par la géographie[83]. Les préfectures de Tougué et de Dabola renferment un potentiel bauxitique de plus de 2 milliards de tonnes. Plusieurs projets miniers avaient été entamés dans la région, notamment le projet SBDT (Société des Bauxites de Dabola et de Tougué). La mise en œuvre de ce projet dépend essentiellement

---

[81] www.cpdm-gn.net, *présentation de la Guinée,* consultée en mai 2019.

[82] Expression développée par Géraud MAGRIN désignant la captation de rente liée à l'existence même de l'État du fait de ses attributs de souveraineté.

[83] DEVEY, Muriel. *La Guinée*, Karthala, 1997, page 56.

de la construction du chemin de fer transguinéen. L'État guinéen et les sociétés intéressées pour le développement des gisements de fer du mont Simandou et ceux des monts Nimba dans la région forestière sont en négociation sur les modalités de financement et de construction de cette dorsale guinéenne, indispensable pour le transport du minerai ainsi que d'autres ressources agricoles.

La haute Guinée est notamment connue pour les activités d'orpaillages. Celles-ci remontent au moyen âge africain contribuant au rayonnement de l'empire du Ghana et du Mali, dont les rois portaient le titre de « roi de l'or ». L'or du Bouré fut par le passé le principal instrument de l'intégration de cette partie de l'Afrique dans le processus de la mondialisation. Son commerce attirait des caravanes en provenance de Carthage, de l'Égypte, du moyen orient et du Portugal. La richesse en or a participé à la consolidation des institutions politiques et militaires de ces États médiévaux, tout en structurant les relations extérieures fortement dominées par l'exportation de l'or. Le contrôle de la rente aurifère était le principal enjeu au cœur des luttes de pouvoir. Sa disponibilité, son abondance et la volatilité de son cours ont été le moteur principal ayant présidé à la naissance et à la disparition de ces royaumes. L'or du Bouré continue à rehausser le niveau des exportations d'or du pays. La Guinée a exporté plus de 237 882 onces en 2021 selon les données du bureau national d'expertise des pierres précieuses (BNE). C'est l'un des plus gros pourvoyeurs d'emplois dans le pays, notamment son segment artisanal. Plus de 300.000 personnes pratiquent les activités d'orpaillages en haute Guinée[84]. Toutes les activités économiques et sociales de la région sont structurées autour de la chaine économique de l'orpaillage. La présence du diamant a également été attestée en 1934 dans le lit de la rivière Makona (Guéckédou) par des ingénieurs irlandais. L'exploitation du gisement a démarré en 1936 avec la société SOGUINEX.

Le point culminant de la Guinée est atteint en Guinée forestière avec le mont Nimba (1752 m). C'est une zone humide et de forêts denses longtemps isolée des dynamiques rentières des autres régions. Les températures varient entre 15^0 et 30^0 avec de fortes précipitations pendant la saison hivernale. L'agriculture vivrière tropicale est relativement développée[85]. Le fer est la principale ressource de la région récemment en développement grâce au projet des mines de fer du mont

---

[84] Selon un rapport du gouvernement guinéen publié en 2020.

[85] DEVEY, Muriel. *La Guinée*, Karthala, 1997, page 61.

Simandou et celui des monts Nimba. L'exploitation de cette ressource dépend aussi de la construction du transguinéen[86]. Certaines hypothèses en discussion entre Conakry et Monrovia relayées dans les médias pencheraient pour le transport de certaines ressources minières de cette région par le port de Monrovia (Liberia), le plus proche de la zone d'exploitation. Ce qui représenterait non seulement un fléchissement préjudiciable à la souveraineté économique, voire stratégique du pays, mais entrainerait également des pertes d'opportunités économiques de toutes les régions qui pourraient être desservies par le chemin de fer transguinéen[87]. Le faible niveau de développement industriel de la région a entrainé l'introversion de l'essentiel des systèmes de production. Ils reposent principalement sur la culture du riz, de la banane et du café. Ces cultures vivrières subissent ces derniers temps des reconversions capitalistiques, grâce à l'ouverture économique et le développement des transports, en « culture de rente » fournissant l'essentiel des revenus aux habitants. La région est davantage en connexion avec les territoires frontaliers du Liberia et de la Côte d'Ivoire grâce à des réseaux de relations historiques et culturelles et le déficit des réseaux de transports avec le reste de la Guinée. C'est également la plus grande zone de forêt du pays avec une superficie d'environ 1 million d'hectares. Elle procure l'essentiel des moyens de subsistance aux « communautés forestières » : la cueillette, la culture de la banane, du café, du riz et des produits de la forêt. Le récent développement de projets miniers dans ces zones de forêts suscite des tensions entre entreprises et populations riveraines[88].

Nous comprenons à travers ces lignes que l'extractivisme qui prédomine actuellement en Guinée apparait davantage comme la continuité d'un processus historique de captation de rentes et des modes d'organisation extravertie des systèmes économiques dominants. Les ressources qui subissent ce type de prélèvement ont connu des changements au rythme de l'intensification des prélèvements, des types d'acteurs en jeu et de la configuration de la géopolitique internationale. Nous sommes ainsi passés d'une rente négrière à une rente minière entre le XVe et le XXe siècle en passant par la rente agricole au XIXe siècle.

---

86 Le coût de ce projet d'infrastructure et de mine de Simandou a été estimé à 15 milliards de dollars.

87 www.cpdm-gn.net, *présentation de la Guinée,* consultée en mai 2019.

88 SOUMAH, Ibrahima. *Avenir de l'industrie minière en Guinée*, Paris, Harmattan, 2007, page 32.

Le développement de la rente bauxitique actuellement prédominant dans le système de production a commencé après la Seconde Guerre mondiale. Il faut rappeler à ce sujet que la roche de bauxite a été découverte pour la première fois en 1815 au Fouta Djallon par l'explorateur Richard Mollien. Cet échantillon de roche se retrouvera en 1820 dans le laboratoire du chimiste français Berthier à l'école des mines de Paris. En 1821, une roche de composition identique a été découverte dans le village des baux en France par M. Blavier qui recherchait du fer pour des industriels lyonnais. M. Berthier finit par attribuer le nom de bauxite à la nouvelle roche en référence au village des baux. En 1854, Henry Claire Sainte de Deville soutenu par Napoléon III fut le premier à mettre au point un procédé industriel d'obtention de l'aluminium à partir de la bauxite. En 1920, au début de l'aventure coloniale en Guinée, la société française Bauxite du Midi entreprit des explorations minières dans la région de Boké et dans les îles de Kassa. Les résultats des premières analyses d'exploration confirmèrent la présence de la bauxite dans la région côtière. La société Péchiney entreprit dans le même sillage des prospections dans les zones de Kindia, de Tougué et de Dabola. Les premiers gisements de fer sont également découverts en 1904 lors de la construction du chemin de fer Conakry-Niger. En 1939, une concession est accordée à la Compagnie minière de Conakry pour l'exploitation des gisements de Kaloum et de Conakry. L'exploitation du minerai démarre en 1953 et s'arrête en 1966. L'exploitation de la bauxite démarre timidement au début de la guerre en 1939 avant de connaitre des arrêts en pleine guerre. L'exploitation reprit avec plus d'intensité en 1948 dans les îles de Loos avec de nouvelles installations industrielles à Tamara pour l'enrichissement du minerai. La production s'arrête en 1965 à la suite de la nationalisation de la société de Bauxite du Midi par le gouvernement guinéen.

Dans l'ensemble du territoire, le potentiel en bauxite de la Guinée représente les deux tiers des réserves mondiales actuellement connues. L'estimation exacte de cette ressource représente encore un défi important dans la valorisation du potentiel géologique de la Guinée. Faute de moyens techniques appropriés pour mener les études de prospection et d'évaluation des ressources, les chiffres sur la bauxite et les autres ressources demeurent largement approximatifs et variés. En effet, la richesse en bauxite est estimée par l'État guinéen à plus de 40,14 milliards de tonnes dont seulement 10,6 milliards de tonnes de réserves sont prouvées avec des ressources mesurées. Par contre, les chiffres publiés par l'IBA (Association Internationale de la Bauxite dissoute en 1995) et les producteurs d'aluminium font état de 5 milliards de tonnes de réserves de bauxite pour la Guinée sur un total mondial de 15 milliards de tonnes, soit les 1/3 des réserves mondiales[89]. Selon les données publiées en 2021 par l'US Geological Survey, la Guinée disposerait de 24,9 % des réserves mondiales de bauxite soit 7,5 milliards de tonnes. Loin devant l'Australie qui recèle 17,2 % des réserves mondiales (Barry, 2022).

Les défis autour de la connaissance du potentiel géologique de la Guinée ont été traduits en priorité nationale dans l'un des axes stratégiques de la politique nationale de développement du secteur minier guinéen[90]. Les premières prospections géologiques ont été réalisées pendant la période coloniale par le BRGM (Bureau de Recherche Géologique et Minière) et des entreprises minières liées à la France : Bauxite du Midi, Alcan, Pechiney. Les résultats de ces missions d'exploration ont pendant longtemps été conservés en France avant d'être récemment rétrocédés à la Guinée. Après l'indépendance, la coopération soviétique a permis d'explorer une grande partie du territoire avec des échelles très grandes au 1/200.000. La bauxite est la ressource la plus connue et la plus exploitée du pays. Les revenus miniers de l'État dépendent encore principalement de la production de cette bauxite. L'économie de la Guinée est donc dans une double dépendance historique à l'égard de la rente. D'abord, une dépendance extravertie à l'égard de l'exportation des ressources agricoles pendant la période coloniale. À cette époque, l'exportation de la banane, de l'ananas constituait la principale source de revenus de la colonie. Ensuite, à l'indépendance, la production minière remplace la production agricole, en maintenant encore et plus profondément le pays dans une forte dépendance de la rente payée par les principales entreprises minières en activité (FRIA, CBG, OBK, SAG, SMD, SMB). Aujourd'hui, les revenus miniers constituent près d'un tiers des recettes de l'État, sans aucune perspective de diversification. Toutes les trajectoires de développement semblent donc reposer sur l'expansion de l'activité minière[91].

---

[89] SOUMAH, Ibrahima. *Avenir de l'industrie minière en Guinée*, Paris, Harmattan, 2007, page 19.

[90] https://mines.gov.gn/declaration-de-politique-miniere/.

[91] https://mefp.gov.gn/2022/09/12/mefp-dnper-le-programme-de-reference-interimaire-pri-valide-au- sortir-dun-atelier-dechanges-et-de-partage-a-kindia.

Le secteur de la bauxite concentre aujourd'hui 28 entreprises minières majoritairement implantées dans la région de Boké. Certaines de ces entreprises sont des projets intégrés de production de bauxite, d'alumine, d'aluminium et de production énergétique. Parmi ces sociétés, la CBG (La Compagnie des Bauxites de Guinée) est la plus ancienne de ces entreprises. Créée en 1963, elle associe l'État guinéen (49%) et des partenaires privés (51%), elle exploite plusieurs mines de bauxite dans la région de Sangaredi. Elle exporte actuellement plus de 15 millions de tonnes de bauxite calcinée. À partir de 2015, elle a entrepris un projet d'extension de ses capacités de production de 15 millions de tonnes à 27,5 millions de tonnes à l'horizon 2027. L'investissement prévu à ce titre est estimé à plus d'un milliard de dollars. Dans la même zone de Boké, la société GAC (Guinea Alumina Corporation), filiale du groupe Emiraties EGA (Emirates Global aluminium) détient depuis 2001 une concession minière pour le développement d'une raffinerie d'alumine. Le projet a connu des modifications juridiques en 2013 qui ont fondamentalement transformé l'objet de sa convention de base de 2001. En effet, en 2013, l'amendement numéro 2 de la convention de base de GAC a décomposé le projet en deux phases tout en privilégiant l'exportation de la bauxite brute au détriment de la transformation en alumine[92]. En 2016, l'entreprise avait curieusement entamé une opération délicate de transport de 290.000 tonnes de bauxite par camions en traversant des villes entières (Tanéné, Boké, Kolaboui). Cette opération que l'entreprise a appelée « échantillonnage » ou *« Marketing Bauxite Sample »* a provoqué une pollution et des accidents graves mettant en ébullition toute la région de Boké[93].

La Compagnie des Bauxites de Dian-Dian (COBAD) exploite dans la même zone une mine de bauxite d'une capacité de 4 millions de tonnes par an avec des possibilités d'extension de ses capacités à 6 millions de tonnes à l'horizon 2021. C'est une filiale de l'entreprise Rusal, le géant mondial de l'aluminium, elle a signé en 2001 une

[92] La phase 1 comporte le développement d'une mine de près de 10 millions de tonnes dans la zone de Tinguilinta. La construction d'un nouveau port à Kamsar, la jonction avec le chemin de fer de la CBG dans le cadre de la mutualisation, et diverses autres infrastructures de supports au projet. La phase 2 comportera l'extension des capacités de production de la mine et la construction d'une raffinerie à l'horizon 2022.

[93] Rapport d'étude du Projet d'Appui à la Gouvernance dans le Secteur minier (PAGSEM), Actualisation du Schéma directeur des Infrastructures auxiliaires aux Mines, octobre 2018, page 14.

convention minière avec l'État guinéen pour la construction d'une raffinerie d'alumine. Un avenant signé en 2013 a également modifié l'objet du projet en le décomposant en 3 phases[94]. Son minerai est évacué par le chemin de fer de la CBG grâce à un accord de mutualisation des infrastructures minières. À ce titre, un accord pour la mutualisation des infrastructures minières a été signé en 2015 entre l'État guinéen représenté par l'ANAIM (Agence Nationale des Infrastructures Minières) et ces trois sociétés minières : CBG, GAC et COBAD. La même année, un consortium de sociétés asiatiques a obtenu une immense concession minière dans la zone de Boké dans des conditions encore floues. Ce consortium associe l'État guinéen (10%) au géant mondial chinois de l'aluminium Shandong Weiqiao en partenariat avec le constructeur portuaire Winning Alliance Ports (WAP) et une société de logistique (UMS international). Le groupe produit actuellement plus de 35 millions de tonnes par an, devenant ainsi la plus grande société productrice de bauxite de la Guinée[95].

Une entreprise d'État chinoise spécialisée dans l'énergie appelée SPIC (State Power Investment corporation) a obtenu en 2015 de l'État guinéen une vaste concession minière pour développer un complexe industriel et énergétique dans la zone de Boffa et de Télemélé. L'entreprise projette de produire 27 millions de tonnes de bauxite, dont 12 millions de tonnes seront destinées à la production de 4 millions de tonnes d'alumine. L'entreprise envisage de construire une centrale thermique de 450 MW dont les 150 MW seront destinés aux besoins domestiques. Dans la même logique, une entreprise privée chinoise TBEA group a signé en 2018 une convention avec l'État guinéen pour le développement d'un complexe industriel et hydroélectrique. La convention comporte la mise en exploitation d'une mine de bauxite de 10 millions de tonnes par an et une raffinerie d'une capacité de 1 million de tonnes par an. Le groupe envisage de construire une fonderie d'aluminium de 200.000 tonnes par an en 2026. Le volet énergétique comporte la construction d'une centrale thermique de 75 MW et un

[94] La phase 1 comporte la construction d'une mine de bauxite de 3 millions de tonnes par an. La seconde phase consistera à étendre la capacité de production à 6 millions de tonnes par an. La 3e et dernière phase sera la construction d'une raffinerie d'alumine de 1,2 million de tonnes en 2026.

[95] Rapport d'étude du Projet d'Appui à la Gouvernance dans le Secteur minier (PAGSEM), Actualisation du Schéma directeur des Infrastructures auxiliaires aux Mines, octobre 2018, page 18.

barrage hydroélectrique de 300 MW à Amaria. L'investissement global du projet est estimé à plus de 10 milliards de dollars[96].

L'explosion de ces projets miniers dans la région de Boké n'est pas sans difficulté sur la distribution des infrastructures minières (port, chemin de fer, routes), la disponibilité des infrastructures connexes (eau, énergie, services sociaux), ains que de fortes implications environnementales et sociales. Par ailleurs, le décalage constaté entre les ambitions annoncées dans les conventions minières assorties de calendriers d'exécution et les progrès concrets réalisés sur le terrain amène à des interrogations sur les motifs réels qui sous-tendent la floraison de ces projets dans la même zone. Les modifications de l'objet des conventions minières au gré de la signature d'avenants transforment des projets industriels, ambitieux au départ, en de simples sociétés d'extraction et d'exportation de minerai brut. Les conséquences du remodelage de ces projets miniers pèsent sur les revenus espérés par la Guinée et les attentes des populations en matière de développement local.

Au-delà de cette dépendance générale de l'économie de la Guinée à la rente minière, la bauxite s'impose à plus de 65% sur l'ensemble des revenus miniers de l'État (ITIE 2020). Ce secteur demeure fortement dominé par la production des entreprises chinoises, elles consomment plus de 80% de la production de bauxite de la Guinée. L'essentiel des exportations de la bauxite est destiné au marché chinois. En outre, les exportations de la bauxite représentent près de 80% des exportations du pays (ITIE 2020). L'extraversion et la dépendance à la rente sont les caractéristiques principales de l'économie de la Guinée. C'est le résultat d'un processus « historiquement construit ». Loin d'être une richesse en soi, la dotation géologique exceptionnelle du territoire guinéen s'est transformée au fil des ans en facteur de « déclassement » des autres potentialités du pays au profit de la rente que la prédation nourrit l'État et maintien en vie le système autocratique. Les différents gouvernements du pays se sont inscrits dans cette logique de rente en arrimant toutes les possibilités de développement sur la transformation de la bauxite en alumine comme le principal levier d'émergence de la Guinée. L'extractivisme nourrit donc, en Guinée, les attentes et les espoirs pour le développement. La rhétorique d'une richesse minière exceptionnelle de la Guinée mise en avant est, du moins, plus un «

---

[96] Rapport d'étude du Projet d'Appui à la Gouvernance dans le Secteur minier (PAGSEM), Actualisation du Schéma directeur des Infrastructures auxiliaires aux Mines, octobre 2018, page 32.

construit sociopolitique » qu'un fait susceptible d'impulser naturellement le développement.

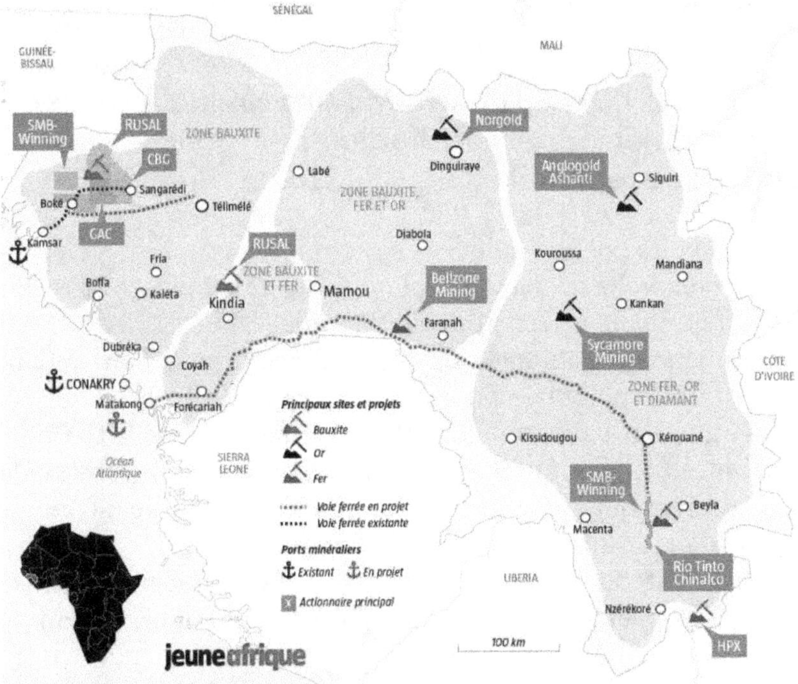

Figure 1 carte de distribution des sociétés minières en Guinée

Source : Jeune Afrique, décembre 2019.

Section 1.2. Le contrôle de la production minière et la maitrise des infrastructures comme instrument de développement et de captation de la rente. Entre souverainisme minier et stratégie de désenclavement

Dans cette section, nous allons aborder, sous le prisme des entreprises publiques, la stratégie de développement des infrastructures minières et sociales indispensables aux activités minières, à travers les expériences successives de l'OFAB (Office d'Aménagement de Boké) et de l'ANAIM (Agence Nationale des Infrastructures Minières). Le contrôle de la production de l'industrie minière, sous le prisme de l'actionnariat public dans le capital des entreprises minières, est dévolu à la SOGUIPAMI (Société guinéenne du Patrimoine Minier). Les mutations sociales que subissent les zones minières réorientent la trajectoire de ces entreprises publiques dans la prestation de « services sociaux de base ».

1.2.2. De l'OFAB à l'ANAIM : une timide expérience de développement d'infrastructures pour l'intégration économique régionale

Les pouvoirs publics guinéens se sont inscrits après l'indépendance dans une démarche de soutien technique au développement des projets miniers, reprenant à leur compte l'approche de la MARG (Mission d'Aménagement Régional de la Guinée) mise en œuvre par l'administration coloniale pour développer les infrastructures sociales d'appui au projet industriel de FRIA. L'expérience de FRIA démontre les avantages d'une forte implication des pouvoirs publics dans la réussite d'un projet minier. Elle est l'expression du rôle incontournable de l'État dans la transformation des projets miniers en leviers de développement social et économique. Les entreprises minières se contentent souvent de cibler les infrastructures strictement liées à l'extraction, au transport et à l'évacuation du minerai. Ainsi, elles excluent les infrastructures participant au développement social et économique des communautés dans la structure d'investissement de leur projet. L'essentiel des interventions sociales des entreprises minières se bornent à ce qu'elles appellent abusivement de la RSE (Responsabilité Sociétale des Entreprises).

À l'indépendance, et sous l'impulsion des institutions de financement de la Banque Mondiale et des États-Unis, le gouvernement guinéen créa l'Office d'Aménagement de Boké (OFAB). Une structure technique de gestion autonome, dans un environnement où l'idéologie révolutionnaire imprégnait toutes les institutions. L'OFAB a été créé en 1965 pour développer les infrastructures sociales et minières indispensables à la réussite de la CBG. La structure avait en charge l'élaboration des cahiers de charge, le lancement des appels d'offres, le recrutement des sociétés de construction, la supervision des travaux, le développement d'infrastructures sociales, et le développement en général de toute la région nord-ouest de la Guinée. En 1992, la Guinée devint le propriétaire exclusif de ces infrastructures après le remboursement intégral de la dette contractée par le pays pour les construire. De multiples défis se posent cependant encore pour impulser une véritable dynamique qui contribuerait au développement des infrastructures qui intègrent les activités minières aux activités économiques locales. Parmi ces défis nous pouvons citer la nécessité d'engager de nouveaux financements pour développer de nouvelles infrastructures minières et sociales.

La disparition de l'OFAB en 1992 comme agence de développement des infrastructures minières et sociales a été la résultante de plusieurs difficultés de cohabitation entre l'office et la CBG. Ces difficultés portaient aussi bien sur la gestion financière que la gestion des ressources humaines[97]. En effet, en vertu de l'accord dit « chemin de fer-port » signé en 1968 entre l'OFAB et la CBG, l'office propriétaire des installations ferroviaires et portuaires les exploitait avec un budget initial de 10 millions de dollars. La CBG quant à elle commençait ses opérations avec un chiffre d'affaires de plus de 100 millions de dollars. L'entreprise minière, la CBG, financièrement puissante, portait de plus en plus ombrage à la structure de l'État. Ce qui ne sera pas sans conséquence sur les représentations des populations quant à l'utilité sociale de chacune des entités évoluant dans la même zone. Par ailleurs, l'office agissait en vertu des articles 1, 2, et 3 de l'accord sur le projet de chemin de fer et le port signé le 18 septembre 1968 entre la Guinée, l'OFAB et la CBG, selon lesquels l'office devait assurer pendant la phase d'exploitation l'entretien, les réparations, et le bon état du chemin de fer, ainsi que des installations de bassin et de la ville portuaire, et accorder à la CBG l'utilisation prioritaire des infrastructures tout en se réservant le droit de temps à autre d'utiliser ou d'accorder à toute partie autre que la CBG le droit d'utiliser les mêmes infrastructures. Cependant, cette extension de l'utilisation des infrastructures à un tiers, autre que la CBG, ne doit pas entraver l'utilisation prioritaire de ces infrastructures par la CBG ni gêner ses opérations minières liées à l'extraction et à l'expédition de bauxite[98]. En contrepartie de l'entretien et de l'exploitation des infrastructures par l'OFAB contenue dans l'accord « chemin de fer-port », la CBG payait à l'office un montant de 0,5$ par tonne de bauxite exportée (Soumah, 2007).

Les dispositions de cet accord dit « chemin de fer-port » accordait à l'entité étatique la responsabilité du maintien des installations dont elle a d'ailleurs mobilisé les financements auprès de la Banque Mondiale.

---

[97] Selon le Ministre Ibrahima Soumah, les difficultés managériales concernent notamment la cohabitation difficile entre Damou Sakho DGA de CBG et Marcel Cross DG de l'OFAB, tous les deux à Kamsar.

[98] Accord de projet chemin de fer-port, Guinée, OFAB, C.B.G, 1968, page 5

Cela représentait une opportunité pour elle de s'assurer la maitrise d'un domaine de compétence qui soutiendrait le développement d'infrastructures du même type, et qui pourrait par la suite être utilisée pour le transport et le commerce en faveur des populations comme le stipule la convention de base de la CBG. Le développement minier est indissociable au développement d'un savoir-faire qui participe à l'essor global de l'économie. La convention de base signée avec la CBG posait déjà ce principe d'intégration de l'activité minière aux développements d'autres activités économiques connexes (agriculture, élevage). Les infrastructures construites dans ce cadre ont une fonction « multi-user », servant à la fois au transport de la bauxite, mais aussi au transport des personnes, de leurs biens et au désenclavement des zones de production agricole. Or à ce titre, l'expérience de la CBG s'est relevée vite décevante. Les infrastructures construites dans le cadre du projet de la CBG ne serviront qu'au transport et à l'évacuation de la bauxite. L'absence d'une stratégie globale de développement à travers des plans d'aménagement et de développement des potentialités locales, autres que celles qui sont minières, a compromis cette ambition.

L'État s'est donc une nouvelle fois cantonné dans une logique de captation de la rente payée par l'entreprise. L'OFAB a plutôt préféré l'assistance technique des partenaires privées dans le cadre de l'entretien des infrastructures sans une obligation de transfert de compétences. Le consortium des entreprises engagées au sein de la CBG apportait une assistance technique à l'OFAB pour des services hautement spécialisés en vertu d'un accord dit « accord d'assistance technique »[99]. Cette assistance technique des partenaires privés à l'OFAB dans la gestion des infrastructures était prélevée sur les redevances des infrastructures que la CBG payait à l'OFAB. Ainsi, l'OFAB demeurait exclusivement dans la captation de la redevance payée par la CBG pour l'utilisation des infrastructures. En outre, le management des deux structures (CBG et OFAB) était strictement séparé. La gestion comptable, financière et celle des ressources humaines des deux structures reposaient sur le principe de la séparation totale. La CBG en tant qu'entreprise mixte avait librement recruté la majorité de son personnel sur la base de test. L'OFAB, quant à elle, employait des travailleurs venus de la fonction publique, mutés parfois sur la base de leur engagement politique. Ces deux catégories de travailleurs aux provenances multiples exerçaient sur les mêmes

[99] Ce consortium s'appelait HALCO (Harvey Alminium Company).

installations, ce qui affectait lourdement le contrôle de la qualité des effectifs, leur nombre et leur efficacité[100]. Il est également à noter dans le cadre des difficultés soulevées dans la gestion de l'OFAB que les cadres de l'office faisaient obstacle à une éventuelle disparition de l'office au profit d'une nouvelle institution. Lorsque les infrastructures sont tombées dans le portefeuille de l'État, la CBG n'a voulu ensuite payer à l'État au titre de la location de ces infrastructures qu'un montant de 1,5 million de dollars. Elle souhaitait parallèlement se désengager de toute responsabilité sociale dans la gestion de l'hôpital de Kamsar, qui est également une propriété de l'État[101].

Face à toutes ces difficultés, le gouvernement va créer, en vertu du décret 95/PRG du 5 juin 1996, une nouvelle entité des infrastructures minières dénommée Agence Nationale des Infrastructures minières (ANAIM). Un nouvel accord de concession des installations et domaines concédés va être signé avec la CBG[102]. En vertu de cet accord, la nouvelle agence a été chargée entre autres de :

« La conception, l'étude, le financement, la construction d'infrastructures minières, en vue de faciliter l'extraction, le traitement, la transformation, la manutention, le transport et l'évacuation des substances minérales. Les infrastructures ainsi construites seront mises à la disposition des entreprises minières qui les utilisent, les exploitent, les gèrent et les rémunérèrent à des termes et conditions à convenir d'accord entre les parties »[103].

Pour atteindre cet objectif, la mission de l'ANAIM consistera essentiellement à développer des compétences techniques pour soutenir le développement des projets d'infrastructures minières, à mobiliser des financements pour développer de nouvelles infrastructures, et à veiller au respect des termes des conventions de concession. En effet, l'ex-OFAB avait manqué cette opportunité pour développer des capacités et maitrisé un savoir-faire dans le domaine des infrastructures. L'État et ses démembrements s'étaient plutôt inscrits dans une logique de

---

[100] SOUMAH, Ibrahima. *Avenir de l'industrie minière en Guinée*, Paris, Harmattan, 2007, page 19.

[101] Rapport spécial pour la restructuration de l'ANAIM, 1999, page 3. Cet hôpital est l'un des meilleurs du pays, construit dans le cadre du projet CBG au même titre que les autres infrastructures (chemin de fer, port).

[102] Le patrimoine de l'Ex OFAB était constitué des infrastructures minières (port, chemin de fer, cité), des installations de production hydraulique et électrique (Songolon, Batafong), des infrastructures sociales (hôpital, cité CBG à Handanlaye), ainsi qu'un vaste patrimoine foncier. L'OFAB avait également plusieurs unités flottantes (bateau de sondages, des vedettes et des barges).

[103] Accord de concession, révision, 2004, page 10.

captation de la rente au détriment de la maitrise des compétences. Les ambitions assignées à la nouvelle structure répondaient, du moins théoriquement, aux obstacles qui entravent le développement des projets miniers : le manque d'infrastructures minières et sociales. Dans ce cadre, les activités de l'ANAIM sont orientées sur des taches plus opérationnelles, à savoir :

« Assurer la maitrise d'ouvrage de tout projet d'aménagement de construction et d'extension d'infrastructures minières; assurer, en rapport avec les services ou organismes compétents de l'État, la mobilisation des financements, la négociation des accords y relatifs et la réalisation des investissements ; assurer le contrôle d'exécution des conventions de concession ou d'affermage, des contrats et accords ainsi que des conventions de cession de patrimoine, des cahiers de charges conclus avec les concessionnaires ou utilisateurs du secteur minier d'une part et des bailleurs de fonds d'autre part ; réaliser et faire réaliser ou contrôler toutes les études techniques, économiques et financières relatives aux projets d'infrastructures minières et d'assurer tout acte de gestion ou d'administration y afférant »[104].

L'accord de concession signé en juin 1996 à Bruxelles entre l'ANAIM et la CBG organise le cadre juridique des droits et des obligations entre les parties[105]. L'accord prévoit, entre autres, la cession d'actifs, l'octroi d'un droit de superficie et la location des installations industrielles. Les actifs répertoriés lors de la signature de l'accord de concession se déclinent en cinq principales catégories :

- Les installations de bassin ;
- Les installations portuaires ;
- Les installations de la ville portuaire[106] ;

[104] Accord de concession, révision 2004, page 10

[105] Cet accord a été renouvelé par l'accord de concession du 15 janvier 2015 pour une durée de 22 ans renouvelables

[106] Le rapport du PAGSEM de 2015 chiffres à 395 le nombre de bâtiments (logements) toutes catégories confondues. En plus, des bâtiments de l'administration générale et des bâtiments à usage public (centres commerciaux, écoles, hôtels Hafia) et les infrastructures de base dont : Aménagements pour la cité y compris terrains de sports, réseau routier (la longueur des voiries bitumées est de l'ordre de 26 km à Kamsar et 20 km à Sangarédi), réseau d'assainissement (système d'évacuation des eaux usées, système de drainage des eaux pluviales), réseau d'adduction et de distribution d'eau potable (canalisation de 60 km entre le captage de Batafong et la ville de Kamsar, 3 réservoirs de 1000 m^3, 1 réservoir de 4000 m^3, un réseau de distribution à l'intérieur de la cité.

- Le chemin de fer[107] ;
- Les terrains des installations concédées[108].

Les biens cédés comprenaient aussi des équipements de navigation (bateau de sondage, vedettes et barges) hérités de l'ex-OFAB estimés à environ 6 millions de dollars. Les biens cédés devenant ainsi la propriété exclusive de la CBG, bien que l'ANAIM se réserve un droit de préemption sur ces biens. Le droit de superficie concerne les terrains nécessaires à l'exploitation et à la valorisation de la bauxite, c'est- à-dire les terrains sur lesquels sont situées les installations de la CBG[109]. Les acquisitions nouvelles de biens, la modification ou la construction de nouvelles infrastructures sur ou à côté des infrastructures existantes ne modifient en rien la propriété de l'ANAIM sur l'ensemble des infrastructures (anciennes et nouvelles)[110]. L'accord

[107] Le rapport d'évaluation du PAGSEM de 2015 cite quelques installations ferroviaires ; la voie ferrée qui comprend ; une voie principale de 136,072 km reliant le port de Kamsar à la Mine de Sangarédi, des voies d'évitement et de service, vingt-cinq (25) ponts de 6, 8 m à 206 m de longueur, dont deux métalliques, et 290 buses et dalots en béton, des passages à piétons, des guérites, la signalisation et d'autres équipements de sécurité /radio communication.

[108] PAGSEM, rapport d'étude sur l'amélioration de l'Efficacité de l'Agence Nationale d'Aménagement des Infrastructures minières (ANAIM) et de ses Relations avec ses Concessionnaires, 2015.

[109] a)- l'usine de la C.B.G à Kamsar, les habitations et autres installations appartenant à la C.B.G et situées dans la ville de Kamsar, les installations hydrauliques de Songolon, l'aéroport de kawas, la ferme de Kolaboui, la ville et la zone technique de Sangarédi, et plus généralement toutes constructions et autres installations immobilières ou techniques appartenant à la C.B.G, ainsi que les terrains qui s'avèreront nécessaires, de temps à autre pour l'extension des installations décrites ci-dessus.
b) -les terrains sur lesquels sont situées les installations concédées dans l'accord de concession de 1996 ou qui sont liés à l'exploitation de celles-ci ; les terrains des installations étant assimilés aux dites installations. Mais il faut rappeler que le droit de superficie appliqué sur ces terrains n'inclut pas un droit de propriété.
c)-Les terrains sur lesquels est situé le village de la C.B.G à Ratoma\Conakry. La durée du droit de superficie des terrains des installations de la C.B.G sera celle de la convention de base et la durée du droit de superficie des terrains des installations concédées et des terrains du village n'excèdera pas la durée de la concession et pourra être renouvelée d'un commun accord entre les parties.

[110] Une étude publiée en 2015 par le PAGSEM indiquait l'impossibilité d'obtenir une liste exhaustive des infrastructures anciennes ou nouvelles faisant aujourd'hui partie de l'accord de concession entre la Guinée et la CBG. Elle note des investissements de près de 10 millions de dollars entre 2005 et 2013 comprenant notamment, le remplacement du système satellitaire, équipement de sécurité Code ISPS,

institue la location par la CBG des installations ferroviaires, portuaires, une partie de la ville portuaire (cité) et les installations de bassins pendant 20 ans moyennant une redevance annuelle révisable de 6,5 millions de dollars. Ce montant représente le principal revenu que la Guinée tire de l'accord de concession des infrastructures. Cette évaluation de la redevance de la concession peut reposer aussi bien sur le potentiel économique de l'infrastructure, qui s'appuie sur la valeur économique que l'entreprise tire de l'utilisation des infrastructures, que sur la valeur des actifs en concession et les prestations administratives et techniques que l'État offre aux utilisateurs. L'ANAIM a opté pour une tarification basée sur la valeur des actifs concédés, car les entreprises n'utilisent les infrastructures que dans le cadre strict de leurs opérations minières. Par ailleurs, l'ANAIM n'offre en retour aucune prestation substantielle administrative ou technique aux entreprises. La valeur des actifs concédés est donc la seule base tarifaire pour le paiement de la redevance[111].

L'accord garantit à la CBG l'exclusivité de l'utilisation des installations pendant toute la durée de la concession, sous réserve de la possibilité pour l'ANAIM d'étendre l'utilisation de ces infrastructures à d'autres entreprises. Cette disposition marque une véritable rupture dans la relative exclusivité de l'utilisation des infrastructures que l'ex-OFAB avait accordée à la CBG. Mais elle dénote également du peu d'investissement des nouveaux projets dans le développement de nouvelles infrastructures minières. Cette extension de l'utilisation des infrastructures à des tiers est réglementée à travers un accord technique. Cette ouverture a permis aux sociétés minières GAC et COBAD de mutualiser l'utilisation de ces infrastructures pour le développement de leurs projets miniers dans la région de Boké. Un accord a été signé en 2015 pour définir les conditions techniques et financières de la mutualisation de ces infrastructures qui restent tout de même la propriété de l'État guinéen à travers l'ANAIM. Les sociétés utilisatrices de ces infrastructures payent des redevances annuelles à l'ANAIM. Ces redevances se chiffraient en 2020 à 408 milliards GNF soit 40 millions d'euros. Cette importante manne financière fait de l'ANAIM une des plus grandes entreprises publiques génératrices de

réhabilitation du quai Français, dragage du chenal, achat de nouvelles vedettes, réhabilitation d'une autre vedette.

[111] PAGSEM, rapport d'étude sur l'amélioration de l'Efficacité de l'Agence Nationale d'Aménagement des Infrastructures minières (ANAIM) et de ses Relations avec ses Concessionnaires, 2015, page 12.

revenus pour l'État. Ces infrastructures devraient également participer au développement des potentialités économiques de la région. Boké étant par nature une région propice aux activités agricoles et pastorales. Les infrastructures de l'ANAIM devraient s'inscrire dans une stratégie de développement intégré de la Guinée, alliant développement minier et développement agropastoral. Cette possibilité d'intégration de l'activité minière à l'économie locale a très mal fonctionné dans la pratique. L'activité minière fonctionne toujours, et de tout temps, sous forme d'enclave déconnectée de l'économie locale. La convention de base de la CBG de 1963 précisait dans son article 4 la finalité assignée aux installations et infrastructures minières construites à l'époque, à savoir le développement régional intégré :

« ...l'infrastructure doit être intégrée dans l'économie générale de la Guinée, car elle sera utilisée non seulement pour le transport et le chargement de la bauxite et de ses dérivées, mais aussi pour servir à l'activité économique de toute la région et pour promouvoir de nouvelles activités économiques dans cette région et celles avoisinantes. La région de Boké comprend (...) de nombreuses ressources, minérales, ainsi qu'agricoles (...) la production de bananes, de café, d'ananas, de riz, d'arachide ainsi que l'élevage de bétail. La construction du chemin de fer a pour but l'expansion à la fois des marchés locaux et internationaux de ces ressources minières et agricoles, et par conséquent l'exploitation de ces dernières. L'infrastructure a en vue de l'amélioration de la balance commerciale de la Guinée en favorisant l'accroissement de ses ressources en devises fortes ; lui permettant d'importer davantage de matériel industriel ou autre nécessaire à son développement économique harmonisé... »[112].

L'évolution des contraintes sociales sur le terrain a réorienté les interventions de l'ANAIM dans la formulation de réponses sociales en faveur des populations de plus en plus exigeantes. Le retrait de l'État dans la prestation des services sociaux de base a poussé l'ANAIM dans des interventions plus sociales qu'infrastructurelles. Les différentes modifications de son cadre juridique ont également contribué à ce glissement de ses domaines d'intervention, ou du moins, à rendre difficile le contrôle sur la destination des ressources mobilisées par l'agence. En juin 2016, le Décret N°D/2016/163/PRG/SGG du 13 juin 2016 a transformé l'entreprise en société anonyme unipersonnelle dotée de nouveaux statuts, un Conseil d'Administration et une Direction

[112] Guinée-Harvey, convention de base de 1963, page 7

générale. Elle est détenue à 100% par l'État guinéen et rattachée à la Présidence de la République en vertu de l'article 43 du Décret N° D/2021/0059/PRG/CNRD/SGG du 02/11/2021.

Le décret de juin 2016 a défini le cadre institutionnel qui gouverne actuellement le fonctionnement de l'ANAIM. Le Conseil d'Administration, composé de 11 membres, délibère, approuve le budget de l'ANAIM préparé par la Direction générale et définit la politique générale de l'agence ainsi que les objectifs à atteindre. Les membres du conseil, venus de plusieurs départements ministériels, sont nommés par le ministre des Mines, sur proposition de leurs départements respectifs pour une durée de trois ans[113]. La Direction générale exécute la politique de l'agence définie par le CA. La Direction est supportée dans ses opérations par trois cellules de coordination chargées des infrastructures minières[114]. Le Directeur général est assisté d'un Directeur Général Adjoint chargé des questions techniques et d'un Directeur Général Adjoint chargé des questions administratives et financières[115]. Le diagnostic institutionnel de l'ANAIM mené par le PAGSEM en 2015 suggère la création d'une division « stratégie et développement » et d'une autre « technique » au sein de la Direction générale, afin de s'adapter aux exigences qu'impose le développement des projets miniers en Guinée. Ces divisions permettront à l'agence de se positionner dans l'expertise technique des infrastructures minières d'une manière consolidée et d'anticiper sur les besoins des entreprises en infrastructures minières et sociales[116].

L'entreprise (l'ANAIM) dispose d'un actif évalué en 2015 à plus de 300 millions de dollars et composé des infrastructures ferroviaires, des actifs portuaires et des actifs de la cité portuaire de Kamsar et de la cité

[113] Le Ministère des Mines et de la Géologie qui dispose de trois représentants, dont le Président du Conseil. Le Ministère chargé des Travaux publics ; un représentant. Le Ministère chargé des Finances, un représentant. Le Ministère en charge du Plan, un représentant. Le Ministère en charge des transports, un représentant. Le Ministère en charge de l'Environnement, un représentant. L'Administration et le Contrôle des Grands Projets (ACGP), un représentant.

[114] Rapport assoupli 2019-2020 du Comité de Pilotage Initiative dans les Industries extractives en Guinée Page 76. Une Cellule – ANAIM à KAMSAR. Une Cellule ANAIM à SBK. Une Cellule – ANAIM à GBENKO.

[115] Rapport sur l'amélioration de l'efficacité de l'Agence Nationale d'Aménagement des Infrastructures minières (ANAIM) et de ses Relations avec ses Concessionnaires, PAGSEM, 2018, page 15.

[116] PAGSEM, Amélioration de l'Efficacité de l'Agence Nationale d'Aménagement des Infrastructures minières (ANAIM) et de ses Relations avec ses Concessionnaires, revue institutionnelle de l'ANAIM, 2015, page 18.

minière de Sangarédi. Elle est actuellement la plus grande entreprise publique dans le secteur minier en matière d'actifs détenus et de revenus générés. L'accord de concession stipule que les nouvelles acquisitions d'actifs ne modifient en rien la propriété de l'ANAIM sur les actifs existants. Au niveau du port, entre 2005 et 2013, de nouvelles acquisitions estimées à plus de 10 millions de dollars ont enrichi le portefeuille de l'ANAIM[117].

L'accord de concession des actifs de l'ANAIM donne à l'entité l'obligation de supporter les coûts de fonctionnement et d'investissement au port de Kamsar. En effet, les navires minéraliers qui accostent au port de Kamsar payent différents types de droits conformément aux usages internationaux en la matière[118]. Ces droits sont payés par au moins 250 bateaux dans un compte trustee domicilié à la banque BNY MELLON dans la ville de San Francisco aux États-Unis. Le montant annuel payé peut dépasser 15 millions de dollars et sert à l'entretien, au renouvellement des équipements du port et au dragage du chenal d'accès de 17 km. La gestion de ces montants énormes a régulièrement fait l'objet de controverses. Un rapport spécial sur l'ANAIM mentionnait des dérapages financiers dans la gestion des redevances payées par la CBG. Un contentieux autour de 2 millions de dollars entre les deux entités a été relevé dans un rapport[119]. L'accord de concession donne à l'ANAIM la prérogative de la gestion exclusive des revenus du port et verse à la CBG les coûts relatifs aux travaux d'entretien que celle-ci entreprend au niveau du port. La CBG s'occupe en vertu des dispositions de l'accord de l'entretien, du renouvellement et de l'extension des installations concédées (chemin de fer, cité, port). Ces dispositions juridiques et les décrets de restructuration, notamment le rattachement institutionnel de l'ANAIM à la présidence, ont entrainé de fortes mutations dans l'efficacité et l'efficience de ses interventions sur le terrain. En effet, l'agence s'investit de plus en plus dans le financement des études, les prestations sociales, s'éloignant ainsi de sa

---

[117] Rapport du Projet d'Appui à la Gouvernance dans le Secteur minier (PAGSEM) Actualisation du Schéma directeur des Infrastructures auxiliaires aux Mines d'octobre 2018.

[118] Les droits de quai maxima, la redevance supplémentaire pour l'entretien du chenal, le side wharfage.

[119] Entre 1996 et 1999, la CBG déclare un paiement de 24 millions de dollars contre 26 millions de dollars exigé par l'ANAIM. Un audit avait été mené par le cabinet Price Water house sur ces dérapages.

vocation initiale qui consiste à développer des infrastructures minières afin de soutenir le développement des projets miniers[120].

En 2015, un accord de mutualisation des infrastructures minières a été signé entre l'ANAIM, la CBG, GAC et COBAD. L'accord prévoit l'utilisation partagée de ces infrastructures par les entreprises minières afin d'optimiser leurs coûts d'exploitation et de réduire l'empreinte environnementale et sociale. Les études qui ont précédé ce processus de mutualisation ont permis d'identifier trois corridors de développement des infrastructures minières à l'échelle nationale :

- Le corridor nord-ouest dans la région de Boké où se concentre la majorité des infrastructures minières.
- Le corridor centre où l'enclavement offre peu d'opportunité au développement des projets miniers.
- Le corridor sud-est où se développe actuellement le projet du Simandou, le plus grand projet de minerai de fer au monde.

Le corridor nord-ouest dispose actuellement d'un réseau de chemin de fer de 135 km entre Sangarédi et le port de Kamsar co-utilisé par trois entreprises dans le cadre de la mutualisation. En 2020, une nouvelle ligne de chemin de fer de 125 km a été construite par la SMB entre sa mine de Houda dans la préfecture de Télémélé et ses ports fluviaux de Dapilon et Katougouma sur le Rio Nunez dans le centre de Boké. Le reste des infrastructures de transport est composé d'un vaste réseau de routes minières qui relie les mines de bauxite aux ports d'évacuations dispersés sur plusieurs estuaires. Les exutoires portuaires sont structurés autour de cinq zones d'évacuations.

À l'extrémité nord-ouest du pays près de la frontière avec la Guinée-Bissau, deux projets portuaires sont en cours de développement avec la société Woula Bauxite et la société Kebo. Sur le Rio Nunez, une dizaine de projets portuaires sont en développement, dont quatre sont en pleine activité depuis plusieurs années :

---

[120] L'étude sur le transguinéen à partir de 1997. Elle avait réglé la dette contractée sous la première République vis-à-vis de SOGRAMCAN d'un montant de 2 millions de dollars et elle avait pris en charge le financement des études de réactivation du projet. - L'étude de faisabilité sur l'extension de l'usine d'aluminium de FRIGUIA réalisée grâce à l'ANAIM -la prise en charge de l'étude sur la fonderie d'aluminium de 250 mille tonnes par an réalisées par ICF KAISER et des études sur le complexe hydroélectrique Souapiti/Kaleta par COYENE et BELLIER. -Le financement des services d'un consultant de réputation internationale sur la recherche pétrolière pour assister le gouvernement guinéen à la mise en œuvre d'un cadre institutionnel, à la définition d'une stratégie pétrolière et dans la négociation avec les sociétés pétrolières désirant investir dans le secteur offshore

Le port CBG à Kamsar qui s'étend sur une superficie de 100 hectares est le plus ancien[121]. Il a une bande transporteuse d'une capacité de 3000 tonnes par heure supportée par une jetée de 1600 m. Le port ne peut accueillir qu'un seul bateau du type panamax de 70.000 tonnes par jour. La société GAC a un port de chargement qui dispose d'une jetée de 1400 m permettant de charger des barges qui, à leur tour, chargeront les cape size de 200.000 tonnes en haute mer.

Le port de la société Rusal (COBAD) à Taressa sur le Rio Nunez s'étend sur une superficie de 200 hectares. Il dispose d'une bande transporteuse de 2800 tonnes par heure qui permet de charger des barges de 7000 tonnes au rythme de 6 barges par jour. Ces barges autopropulsées chargent ensuite en haute mer les gros navires de 60.000 tonnes. Le port mutualisé des sociétés (SMB, AMR, CDM Chine, GDM) à Dapilon s'étend sur 300 hectares et celui de SMB de Katougouma sur 70 hectares. Ces deux ports chargent au quotidien 30 barges de 7500 tonnes[122].

Un peu plus loin, dans la zone Boffa, deux grands ports sont en développement. Le port de Cap Verga qui mobilise 3 sociétés minières (ALUFER, SPIC et TBEA). Le port de Kakoya qui réunit cinq autres sociétés (Eurasian, Axis, Kimbo, GBT et Chalco).

Le port de Conakry à travers lequel deux sociétés minières (CBK, ACG) évacuent déjà leurs minerais, tout en offrant la possibilité à plusieurs autres projets (SBDT, FAR, SBG) de se connecter aux installations existantes. Enfin, dans la zone sud de Conakry où se trouve

---

[121] Les principaux actifs de l'ANAIM au niveau du port de CBG à Kamsar sont : Le Chenal d'accès qui a une longueur de 90 km dont 17 km à l'intérieur et 73 km pour la partie extérieurs. Le chenal intérieur aboutit à un bassin d'évitage et a une largeur de 120 m. Ce chenal intérieur est dragué à une profondeur de 8,70 m, au bassin d'évitage, jusqu'à 12 m à la fin du chenal intérieur. Le Bassin d'évitage qui sert d'attente pour un minéralier ou un cargo. Le Bassin de chargement qui est dragué à 11 m. Le Quai minier qui comprend un poste à quai de 270 m de longueur sur 17,7 m de largeur en eau profonde. Il est relié à la terre ferme par une jetée d'approche de 1536 m de long. Le quai Italien d'une longueur de 70 m sur 8 m de large. Il sert à l'accostage des Unités de servitude du Port (pilotines, remorqueurs, vedettes d'amarrage, etc. Ce port reçoit quelquefois des cargos de petite taille. Le quai Français d'une longueur de 120 m sur 50 m de large. Il sert à l'accostage des cargos d'une longueur maximale de 100m. La Grue derrick a une capacité de 110 tonnes à 15 m et cette liste non exhaustive figure dans le rapport d'évaluation du PAGSEM de 2015 à la page 11.

[122] Rapport d'étude du Projet d'Appui à la Gouvernance dans le Secteur minier (PAGSEM), Actualisation du Schéma directeur des Infrastructures auxiliaires aux Mines octobre 2018, page 50.

le port de Moribaya du Simandou et plusieurs autres sociétés évoluant dans le corridor centre et sud-est ont prévu la construction de plusieurs ports à Forécariah (Konta, Benty, Matakang, Moribaya).

La multiplication vertigineuse de ces ports minéraliers sur une bande de 300 km de côtes comporte des risques énormes sur l'environnement, sur les communautés et en matière d'aménagement du territoire.[123] Il faut noter également que les capacités techniques de l'ANAIM à assumer sa mission de maitrise d'ouvrage des projets d'infrastructures minières sont entravées par la faiblesse de ses ressources techniques et humaines. Après la disparition de l'OFAB, la nouvelle agence s'est davantage inscrite dans la captation de la rente payée par la CBG au détriment du développement de capacités techniques dans le domaine des infrastructures minières.

Le rattachement institutionnel de l'agence à la Présidence de la République a été à l'origine de l'inscription d'agendas politiques et sociaux dans son domaine d'intervention. En 2018, l'agence indiquait dans le rapport de l'ITIE son intervention dans le financement de projets communautaires dans la région de Boké pour le compte des dépenses quasi budgétaires (hors budget)[124] difficilement contrôlables[125]. Nous pouvons citer entre autres un investissement de plus de 6 milliards GNF (soit 600.000$) dans l'électrification de la commune rurale de Kolaboui. Cette commune rurale a enregistré de forte ébullition sociale ces dernières années en lien avec la multiplication des entreprises minières. Lors de notre enquête sur le terrain à Kolaboui, ces investissements supposés de l'ANAIM dans l'électrification sont peu visibles. Dans le cadre du projet d'extension de la CBG, l'agence s'était également engagée dans le processus d'indemnisation des populations impactées par les travaux d'extension des capacités ferroviaires. Plus de 3 milliards GNF (300.000 $) ont ainsi été payés par l'agence dans le

---

[123] Sur le rio Nunez, les ports minéraliers sont construits sur l'emplacement d'anciens sites négriers, de factoreries de commerce et près d'anciens villages résidentiels des chefs locaux.

[124] Les dépenses quasi budgétaires dans le contexte minier sont des dépenses hors budget effectuées par des entreprises publiques au nom de l'État pour financer des services sociaux et qui échappent à tout contrôle parlementaire (ITIE).

[125] Conformément à l'exigence 6.2 de la norme, les dépenses quasi budgétaires incluent les dépenses engagées par les sociétés d'État ou les établissements publics ou leurs filiales pour le financement de services non commerciaux (sociaux par exemple), d'infrastructures publiques, de subventions sur les combustibles ou de la dette nationale, y compris la bonification des intérêts, en marge du processus budgétaire national.

cadre de cette opération d'indemnisation. L'hôpital ANAIM de Kamsar étant la propriété de l'État, l'agence a engagé un projet de prise en charge financière de la césarienne et des accouchements au sein de l'hôpital. Plus de 5 milliards (500.000 $) ont permis de rendre gratuites ces prestations en faveur des femmes vivant dans la région[126]. Il était prévu dans le même cadre la construction d'un hôpital communautaire et d'une gendarmerie régionale comme contribution communautaire au développement local[127].

L'ANAIM s'oriente de plus en plus, dans les zones minières, vers une dynamique de réponse politique au retrait de l'État dans ses fonctions de prestataire de services sociaux de base. Elle intervient dans des secteurs strictement réservés aux politiques publiques sociales, comme la construction et le développement de services de santé, la construction des services de gendarmerie, la fourniture d'électricité. Elle a pratiquement mis en sommeil ses missions prioritaires, à savoir la mobilisation des financements pour le développement d'infrastructures minières. Pourtant, on peut considérer que la bonne gouvernance des entreprises publiques exige la séparation entre les fonctions de l'État régulateur et celles de l'État actionnaire dans les entreprises publiques. Le repositionnement de cette entreprise publique dans des investissements sociaux (subvention de carburant pour la fourniture d'électricité) qui échappent à toute inscription budgétaire et à tout contrôle des institutions traduit l'expression d'une crise de l'État dans sa fonction de développement des zones d'extraction minière. Cette réalité est mise en lumière par l'expression *« d'absence sélective »* mise en avant par Campbell (2012). Globalement, cette situation se caractérise par un double mouvement qui s'observe, d'une part, par cette tendance des États riches en ressources minières à laisser émerger des processus de « privatisation » de leur fonction de développement, de l'autre, face à la pression sociale, à entamer un réinvestissement dans

---

126 Plusieurs autres projets sociaux étaient également en perspectives : rénovation de l'hôpital minière de Gbenko, Construction des logements des travailleurs ANAIM, Construction du dépôt d'hydrocarbure et de gaz a Tahigbé, Développement de deux carrières de granite a Boké – Dubreka, Rénovation du ministère des Mines, CPDM et fourniture des équipements a la DNM, mise en place d'un centre de dialyse et d'un scanner à l'hôpital ANAIM de Kamsar, renforcement de capacité des travailleurs, Appuis techniques d'extension de la CBG par achat d'un remorqueur, travaux de dragage et achat de bouée, Inventaire des immobilisations de l'ANAIM sur l'ensemble du territoire.

127 Initiative pour la Transparence dans les Industries extractives de la République de Guinée, Rapport ITIE 2018, page 108.

la prestation des services sociaux de base indispensables à la survie des communautés vivant dans des zones de fortes activités minières (électricité, eau, assainissement). Les immenses revenus des entreprises publiques évoluant dans le secteur minier, à l'image de l'ANAIM, servent ainsi à financer ce « retour sélectif » de l'État dans ses fonctions de développement.

En effet, le décret D/2016/163/PRG/SGG du 13 juin 2016 portant restructuration de l'ANAIM exige dans son article 11 de soumettre au Ministère des Mines pour approbation, sur la base de la proposition de son Conseil d'Administration, les prix et tarifs des biens et les services fournis par l'ANAIM. L'équilibre financier et le développement de l'ANAIM sont les critères déterminants dans l'approbation des coûts de prestation de l'agence. Les prestations sociales de l'ANAIM en faveur de l'État doivent obéir aux mêmes principes de facturation. Dans la pratique, sur la base des données publiées dans les rapports ITIE, les prestations sociales de l'agence au nom de l'État ne sont pas soumises à ces principes de facturation des services rendus. Elles transforment ainsi l'entreprise en instrument de financement de programmes sociaux de l'État. Par ailleurs, les données affichées dans le rapport ITIE 2020 illustrent ce paradoxe financier entre les revenus encaissés par l'ANAIM chiffré à 408 milliards GNF (40 millions $) et la faiblesse ou l'absence de dividendes versés sur les comptes du trésor public. En 2020, le rapport souligne que l'agence n'a versé aucun dividende dans les comptes du trésor public. L'essentiel des investissements de l'agence est positionné dans la ligne des dépenses quasi budgétaires (hors budget), c'est-à-dire des investissements qui débordent du domaine de compétence de l'agence, échappant ainsi en raison de leur nature sociale et humanitaire à l'assiette d'imposition.

1.2.2. Stratégies de contournement juridique et la fuite de la rente

La SOGUIPAMI (Société guinéenne du Patrimoine Minier) est la seconde entreprise publique de gouvernance du secteur minier. Elle a été créée par le décret D/2011/218/PRG/SGG comme société de gestion du patrimoine minier de la Guinée. La loi N°L/2011/005/CNT définit dans son article 3 le patrimoine minier comme l'ensemble du « patrimoine minéral, des actions, participations et options directement ou indirectement détenues par l'État dans des sociétés minières et les sociétés industrielles et de services évoluant dans les secteurs de l'exploitation, du développement et de la réalisation des infrastructures minières, du transport, de la commercialisation et du marketing des minerais et des produits dérivés, ainsi que les produits des emprunts et placements financiers effectués dans les conditions prévues par les législations en vigueur ».

Ce patrimoine minéral est perçu comme une richesse naturelle épuisable et non renouvelable. Son exploitation est régie par les dispositions du code minier. La SOGUIPAMI a été créée comme société anonyme, unipersonnelle de gestion du patrimoine minier. L'article 3 de son décret de création définit son objet en ces termes :

« Lever, recevoir, emprunter, placer sur le marché financier ou boursier des fonds pour financer la recherche géologique et le développement du patrimoine minier. Recevoir des fonds par subventions et transferts, détenir, gérer les actions, les participations, les intérêts financiers et commerciaux de l'État guinéen dans les sociétés minières, les sociétés de commercialisation, de marketing, de transport de minerais et des produits dérivés. Promouvoir et négocier l'implantation de sociétés guinéennes et étrangères d'exploitation minière pour la transformation sur place des minerais. Agir en justice pour le recouvrement de ses créances ou pour défendre toutes causes liées à ses intérêts ».

En 2015, le décret D/2015/016/PRG/SGG modifie certaines dispositions du décret de 2011, notamment l'article 3 sur les objets de la société du patrimoine. Selon ce dernier décret, La SOGUIPAMI a pour objet :

« la gestion des participations de l'État et pour le compte de celui-ci dans les sociétés minières, les sociétés industrielles, les sociétés d'infrastructures et de services dans lesquelles l'État est actionnaire en conformité avec les dispositions de l'article 150-II du Code minier ; la participation à la recherche minière par la détention seule ou en partenariat de permis de recherche minière à des fins promotionnelles, dans les limites fixées par la loi L/2011/006/CNT du 9 septembre 2011instituant le Code minier de la République de Guinée ; la commercialisation des produits miniers revenant à l'État dans le cadre de l'exercice des droits de commercialisation de l'État ; et la participation aux négociations du gouvernement sur la base des contrats entre l'État et les sociétés dans lesquels elles gèrent les participations de l'État, ainsi que sur le développement des infrastructures minières ».

Le nouveau décret assigne à la société la gestion du portefeuille minier de l'État qui reste toutefois la propriété du trésor public guinéen.

À cet effet, elle gère les participations de l'État dans les sociétés minières, les sociétés industrielles, les sociétés d'infrastructures et de service. La principale modification du décret de 2015 relativement aux objets de l'entreprise tient à l'impossibilité pour la société de s'engager dans des activités financières ou d'endettement, quelles que soient les formes. Elle ne possèdera pas non plus d'actions propres dans des compagnies minières actives dans l'exploitation et les infrastructures. Elle ne peut pas non plus aliéner les participations de l'État ni les mettre en garantie. La société ne percevra pas de recettes provenant des actions et participations de l'État dans les sociétés minières. Ces recettes sont directement versées dans les comptes du trésor public. Elle peut toutefois détenir, dans les limites de la loi, des permis de recherche à des fins promotionnelles. La société est administrée par un Conseil d'Administration dont l'accord préalable est obligatoire pour prendre toute décision portant sur des aspects stratégiques : la cession des filiales, l'acquisition et la cession des participations, la commercialisation de produits miniers par la SOGUIPAMI, l'ouverture de compte bancaire à l'étranger, l'acceptation de dons et subventions autres que ceux de l'État assorti de conditions et charges, l'aliénation d'immeubles, quelle que soit leur forme. L'entreprise est placée sous la tutelle du Ministère des Mines et de la Géologie. En avril 2019, le décret D/2019/123/PRG/SGG rattache l'entreprise sous la tutelle institutionnelle de la Présidence de la République. Ce qui n'est pas sans conséquence sur la politisation des missions assignées à l'entreprise, comme cela fut le cas pour l'ANAIM. La SOGUIPAMI apparait de plus en plus comme un interlocuteur privilégié des entreprises minières dans leurs démarches administratives et de collaboration avec les communautés riveraines. Sur son site internet, elle intègre d'ailleurs le développement communautaire comme un des services relevant de ses compétences[128] :

« Désigner les représentants de l'État au sein des organes de gestion ou de surveillance et s'assure de la cohérence de leurs positions. Elle représente l'État aux assemblées d'actionnaires. Elle met en œuvre les décisions et orientations de l'État en ce qui concerne la stratégie de ces sociétés et exerce en veillant aux intérêts patrimoniaux de l'État, la mission de l'État actionnaire. Elle examine la stratégie, la situation économique et financière des sociétés concernées, les principaux programmes d'investissement et de financement, les projets d'acquisition ou de cession et toute question soumise aux organes

[128] https://soguipami.net/.

de gestion et de surveillance de ces sociétés. Elle propose au Ministre responsable des Mines la position de l'État actionnaire sur ces sujets et évalue régulièrement la gestion de ces sociétés »[129].

Les revenus de l'entreprise sont principalement constitués des droits de commercialisation des parts détenues dans les entreprises minières. Mais elle tire également ses revenus des droits d'acquisitions issus de la vente et de la promotion des titres miniers, ainsi que des droits de suite dans la société ASHAPURA sur le permis de Houda au titre d'un partenariat technique entre les deux entités. Le permis de Houda est un permis d'exploitation de bauxite détenu par l'entreprise au nord du pays, elle l'a ensuite cédé à la société indienne ASHAPURA. En 2020, les revenus de la SOGUIPAMI se chiffraient à près de 50 milliards GNF (soit 5 millions de dollars). L'entreprise publie chaque année sur son site un rapport d'activité et un rapport financier sur l'utilisation de ses revenus. L'essentiel des activités de l'entreprise est lié à la gestion des participations de l'État dans les sociétés minières. Les dividendes provenant de ces participations sont versés directement au niveau du trésor public guinéen. La société gère à ce jour les participations de l'État dans 15 entreprises minières où elle dispose de prérogatives élargies. Le tableau ci-dessous montre les participations de l'État dans les entreprises minières. La première remarque qui se dégage de cette observation est la non-uniformité de ces participations et la non-conformité des taux avec les dispositions de l'article 150 du code minier qui dispose ceci :

« Article 150-I : À compter de la date d'entrée en vigueur du présent Code, l'attribution faite par l'État d'un Titre d'exploitation minière donne immédiatement droit à une participation gratuite de l'État, à hauteur de quinze pour cent (15%) au maximum, dans le capital de la société titulaire du Titre ».

Ces incohérences juridiques entre le taux de participation prévu par le code minier et les taux réels dans les entreprises ont été introduites par les conventions minières signées entre l'État et ces entreprises minières. Les conventions sont des accords parallèles signés entre l'État et les entreprises détentrices de concessions minières portant notamment sur des arrangements fiscaux, douaniers, des dérogations particulières ainsi que sur la réduction des participations de l'État. Ces

---

[129] Rapport assoupli 2019-2020 du Comité de Pilotage Initiative dans les Industries extractives en Guinée Page 86.

conventions ratifiées par l'Assemblée nationale après avis de conformité de la cour constitutionnelle font force de loi entre les parties. La perte des participations de l'État dans certaines entreprises résulte également, dans certains cas, « d'ententes politiques » entre le gouvernement guinéen et les pays d'origine de ces entreprises[130]. La diminution des participations de l'État impacte les revenus de la Guinée en ce qui concerne les dividendes. Plusieurs grandes sociétés minières en exploitation ont réussi, au gré de conventions, à s'accorder 100% d'actions au détriment de l'État et en violation des dispositions du code minier. C'est le cas notamment de la société minière Emiratis GAC et de la société russe RUSAL, leurs conventions leur accordant des durées excessives ainsi que des exonérations fiscales fantaisistes[131].

La seconde observation sur la multiplication de la signature des conventions minières au détriment des dispositions du code minier tient aussi à des implications juridiques, économiques, superficiaires et techniques entre le choix d'une concession et (ou) d'un permis d'exploitation sur la base d'une convention minière ou en s'appuyant uniquement sur les dispositions du code minier. La pertinence d'un tel contournement juridique se rapporte tant au niveau du mode d'attribution que de la durée. L'article 28 du code minier définit les droits conférés par l'obtention d'un permis d'exploitation en ces termes.

« Le Permis d'exploitation confère à son titulaire, dans les limites de son périmètre et indéfiniment en profondeur, le droit exclusif de reconnaissance, de recherches, d'exploitation et la libre disposition des substances minières pour lesquelles il est délivré. Le permis d'exploitation crée au profit de son titulaire un droit mobilier divisible et amodiable. Ce droit est susceptible de gage pour garantir des emprunts de fonds destinés à l'exploitation ».

---

[130] En 2013, les visites répétées de Alpha Condé à Dubaï pour obtenir des promesses d'investissements des riches monarchies du Golfe en Guinée ont eu comme conséquences la signature de plusieurs avenants qui ont modifié les clauses fiscales des conventions de base de la société GAC. La visite du ministre russe des Affaires étrangères, Serguei Lagrof, en Guinée en 2013 a poussé le gouvernement a fermé les yeux sur les recommandations du comité technique de revue des conventions minières, concernant la situation des entreprises russes en Guinée. Voir https://guineetime.info/2013/02/14/cooperation-en-visite-en-guinee-le-ministre-russe-des-ae-apprecie-les- efforts-de-rusal.

[131] La convention minière de GAC s'étale sur 99 ans et des exonérations fiscales sur 15 ans, notamment sur l'impôt sur le bénéfice. Plusieurs autres avenants ont été signés ultérieurement portant sur la modification de l'objet des conventions. Passant ainsi d'un projet de raffinerie à un projet d'extraction de bauxite brute.

La superficie du périmètre du permis doit prendre la forme d'un « polygone, le plus simple possible, aux côtés orientés nord-sud et est-ouest et comprenant un nombre de sommets limités à dix (10) ». Ce nombre est illimité dans le cadre des concessions minières. Par ailleurs, l'article 35 du code minier définit les droits que confère l'obtention d'une concession minière en ces termes : « La Concession minière confère à son titulaire le droit exclusif d'effectuer dans son périmètre, sans limitation de profondeur, tous travaux d'exploitation de Gisements des substances minières pour lesquelles la Concession est délivrée. La Concession constitue un droit immobilier, divisible, amodiable et susceptible d'hypothèque pour garantir des emprunts de fonds destinés à l'exploitation ». Le volume des investissements engagés dans le cadre d'une concession minière est également considérable.

« Sont éligibles au régime de la Concession minière établi par le présent Code, les investissements d'un montant égal ou supérieur à un milliard (1 000 000 000) USD pour les substances des catégories 1 et 5 ».

Pour garantir dans la durée la rentabilité de ce type d'investissement, le code minier fixe la durée de la concession minière à 25 ans et celle du permis d'exploitation à 15 ans. Les garanties sont également d'ordre juridique en lien avec le mode d'attribution. L'obtention d'une concession minière et d'un permis d'exploitation est subordonnée à la négociation d'une convention minière adoptée au niveau de l'Assemblée nationale, elle devient donc un contrat d'État ayant un caractère plus contraignant et tenant lieu à une procédure d'adoption et de promulgation. En principe, la convention minière s'ajoute aux dispositions du code minier, mais n'y déroge.[132] Certaines entreprises minières se soumettent simplement aux dispositions du code minier, sans négocier une convention minière. La pratique consistant pour certaines entreprises minières à privilégier la signature de conventions, quitte à déroger aux dispositions dites « *intangibles* » du Code minier, voire à surestimer le volume des investissements annoncés, la teneur et les réserves des gisements trouvés, n'est pas sans impact sur les revenus que la Guinée est en droit d'attendre de l'exploitation de ses ressources.[133]

Il est important de distinguer à ce niveau les pays qui appliquent le régime de licences comme cadre légal d'autorisation de l'exploitation

---

[132] Code minier de la Rép. De Guinée, article 18.
[133] Articles 2017 du code minier de la République de Guinée, 2011.

minière et les pays qui appliquent le régime des contrats. Le régime des licences exige des pays qu'ils élaborent des lois et des cadres juridiques généraux réglementant l'ensemble des secteurs d'activités économiques (code minier, code général des impôts, code des douanes, code des investissements). Les entreprises qui s'intéressent à l'exploitation des ressources minières appliquent ces lois et demandent simplement une licence d'implantation. Par contre, le régime contractuel soustrait le secteur minier du dispositif général des lois en autorisant des négociations pour l'élaboration d'une convention ou un contrat minier. Le régime minier guinéen apparait plutôt hybride, les entreprises minières sont soumises à la fois au régime des lois (code minier), mais elles négocient également des conventions particulières pour se soustraire à certaines obligations du code minier. La pratique a démontré que ce type d'hybridation dans le régime juridique a contribué à davantage fragiliser les revenus du pays. Les conventions minières tendent ainsi à devenir des instruments de contournement de certaines dispositions du Code minier, permettant à certaines entreprises de s'octroyer des exonérations fiscales et divers avantages dérogatoires.

Vous trouverez en annexe 4 la liste des entreprises minières où l'État a une participation légale ou négociée.

CONCLUSION PARTIELLE

L'exploitation minière en Guinée et la forte dépendance du pays aux revenus miniers apparaissent comme un « construit spatio-temporel » des différents pouvoirs politiques qui se sont succédé dans le pays. L'analyse de l'ancrage historique de l'exploitation aurifère dans la région de la Haute Guinée permet de saisir les relations de pouvoir résultant de la présence de l'or sur ces espaces. La rente comme levier de pouvoir et d'asservissement peut mieux être appréhendée sous des dimensions différentes en fonction des possibilités spatiales, socio-économiques de chaque région de la Guinée. Ceci met en lumière un processus d'enrichissement que Magrin appelle la « *rente géographique* »[134]. Cette dernière peut notamment dépendre de la « territorialité » et des configurations physiques de l'espace offrant ainsi des atouts stratégiques aux détenteurs du pouvoir dans sa politique de captation de la rente du territoire. Ces facteurs géopolitiques engendrent un « esprit rentier » basé sur le prélèvement et la vente des ressources naturelles et humaines du territoire (esclaves, produits agricoles, ressources minières). Un tel processus a été observé notamment dans des États centraux enclavés comme le Fouta à travers l'économie du servage (esclavage) ou situé à proximité des côtes dans la région de Boké entre le XVe et le XIXe siècle avec l'économie de la rente arachidière. Ces différentes formes de captation de la rente peuvent s'entremêler, se suivre ou se superposer sur le même espace. La région minière de Boké a ainsi connu successivement des rentes se rapportant à la vente des esclaves au XVIe siècle, à l'exportation des produits agricoles au XIXe siècle et à l'exportation des produits miniers au XXe siècle. L'appropriation politique des possibilités naturelles (ressources minières) comme levier d'asservissement se transforme en obstacle au développement d'une économie diversifiée et durable. La dépendance à la rente et les processus d'extraversion qui en résultent sont les

---

[134] Expression empruntée à MAGRIN, désignant « *l'implication de la localisation des lieux, des hommes et des ressources les uns par rapport aux autres, et les relations qui en découlent fournissant des rentes, bénéficiant à une gamme variée d'acteurs* ».

caractéristiques principales d'une économie d'enclave, statique, sans perspective d'évolution[135].

[135] Ici l'extraversion désigne aussi le processus historique de dépendance à l'exportation des économies des États et les transformations des modèles de production qui en résultent (privilégie les cultures d'exportation aux cultures vivrières).

CHAPITRE II

COMPRENDRE LA RÉGION MINIÈRE DE BOKÉ SOUS LE PRISME DE L'EXTRAVERSION, DE L'EXTRACTIVISME ET DES ENJEUX DE PRÉSERVATION DES MOYENS D'EXISTENCE DES COMMUNAUTÉS

Ce chapitre cherche à mettre en lumière la logique d'extractivisme et d'extraversion en œuvre dans la région de Boké et son inscription dans une double dimension historique et géographique. Les pratiques associées à l'extractivisme se révèlent comme une continuité de forme particulière de prédation et de captation de la rente par des groupes dominants et par des acteurs étrangers. Le contrôle de la rente est à comprendre aussi bien comme un enjeu politique qu'un enjeu spatial. Le pouvoir des notables (chefs locaux et familles, commerçants, suzerain du Fouta) l'exploite comme instrument politique qui matérialise la subordination et les relations de pouvoirs. L'implantation des maisons de commerce le long des rives du Rio Nunez et l'économie de traite de la monoculture de l'arachide sont également indissociable d'une volonté d'exercer le pouvoir politique par le truchement d'une délimitation spatiale (paiement de redevance et de droit d'ancrage). La distribution des concessions minières actuelles peut être lue comme la perpétuation de relations de pouvoir fondées sur l'appropriation de l'espace par des acteurs multiples. Les contraintes exercées par les entreprises minières sur les moyens d'existence des communautés génèrent aussi bien des rapports de dépendance que des conflits dont les formes et le registre discursif subissent d'autres influences.

Section 1.1. La région bauxitique de BOKÉ : du territoire de toutes les convoitises à la fabrique d'une « enclave rentière »

Dans cette section, nous allons aborder la profondeur historique de la logique de rente qui prédomine actuellement dans l'économie de la Guinée. L'histoire de la région de Boké, la plus riche en bauxite, montre à juste titre la « construction historique » de tous les processus en cours à l'ère post-moderne. Les rivalités entre entreprises minières qui caractérisent bien la configuration actuelle de l'exploitation s'insèrent dans des rivalités historiques entre États pour le contrôle d'autres formes de rentes.

1.1.1. De la fabrique d'un espace extraverti aux rivalités entre puissances étrangères

L'extraction des ressources naturelles procure des revenus indispensables à l'existence et à la survie même des États qui en sont dotés. Elle engendre des bouleversements dans les sphères sociales, politiques, culturelles et économiques du pays. Provoquant des mutations qui compromettent la souveraineté et l'unicité territoriale de l'État. Les régions productrices de ressources minières se détachent du reste du territoire de l'État pour former des espaces socialement et économiquement distincts (Rubbers, 2013). Elles participent ainsi à la mise sur place d'un nouvel ordre social et politique encastré dans l'État, ce que Magrin (2013) désigne sous la notion de « souveraineté partagée » entre l'État et l'entreprise sur un même espace aux frontières mouvantes, évoluant au gré du développement des activités extractives.

« Dans cette perspective, les espaces pétroliers d'Afrique centrale peuvent être considérés comme appartenant aux territoires ressources des groupes sociaux qui les exploitent et ainsi constituer une dimension de leur souveraineté territoriale, sous forme d'enclaves »[136].

Ces territoires miniers sont désignés sous le terme « d'enclaves », et ils décrivent une déconnexion entre la mine et le reste du territoire national. La désarticulation entre territoire minier et territoire national s'inscrit également dans les représentations sur la spatialité. Magrin définit la spatialité africaine traditionnelle comme fluide et porteuse de plusieurs allégeances et appartenances.

« Avant la colonisation, la faiblesse du peuplement et les rapports du pouvoir à l'espace définissaient une relation fluide des sociétés au territoire.

[136] MAGRIN, Géraud. *Voyage en Afrique rentière, une lecture géographique des trajectoires du développement*, Publication de la Sorbonne, 2013, page 198.

Les structures précoloniales étaient celles de réseaux, non d'enclos spatiaux »[137].

L'espace faisait l'objet d'un usage multiple, intégrant sur le même territoire éleveurs, pêcheurs, agriculteurs. La terre est alors perçue comme un support de production partagé au bénéfice mutuel. A l'inverse, les pratiques d'extraction des ressources minières se caractérisent par « l'extraterritorialité juridique et sociale », dans le double sens de désenclavement de la ressource et d'enclavement de leurs installations (Magrin, 2013). S'appuyant sur les logiques de la « géométrie territoriale », les entreprises minières dessinent des enclos limités par des points géométriques formant une « concession » à l'intérieur de laquelle elles exercent leur autorité., en allant jusqu'à un isolement juridique par lequel elles appliquent leurs propres principes de santé, de sécurité et d'environnement (HSE). Cet isolement juridique comporte une double dimension stratégique et politique (Dessertine, 2019). Du point de vue du pays d'origine de l'entreprise, Magrin parle « d'exclave » désignant une portion détachée du territoire national à l'étranger via une entreprise du pays exploitant les ressources d'un intérêt stratégique. D'un point de vue politique, la démarcation du territoire de vie de l'entreprise en enclave symbolise la souveraineté de l'entreprise sur les ressources de sa concession minière par rapport à des concurrents, et dénote aussi une défiance à l'égard de l'État, qui est alors atteint au cœur de sa souveraineté. C'est cet ensemble de phénomènes qui met en exergue la logique de la « souveraineté partagée » entre l'État et l'entreprise sur un territoire ressource (Magrin, 2013).

Ces différentes dynamiques dans et autour des territoires riches en ressources minières trouvent toute leur pertinence dans les évolutions que la région minière de Boké a connues au fil des siècles. La région est située au nord-ouest de la Guinée au bord de l'océan Atlantique. Son isolement relatif par rapport aux grands « empires » a favorisé l'établissement précoce de vagues migratoires de populations persécutées pour des motifs religieux (islamisation) et (ou) économiques (razzia d'esclaves)[138]. Les Bagas, les Nalous et Landouma arrivèrent par vagues successives dans cette région à la recherche de « terres » d'asiles pour se protéger contre les invasions musulmanes. La

[137] Op.cit., page 211.

[138] ARCIN, André. *La Guinée française, race, religion, coutumes*, Paris, Challamen, 1911.

proximité de la région des côtes Atlantiques et l'incursion, en profondeur des terres, d'un réseau de bras de mer (estuaires) en furent rapidement une porte d'entrée des grandes missions d'exploration de l'Afrique à partir du XVe siècle. Le fleuve Rio Nunez part des dernières dépressions montagneuses de Boké et s'élance sur 80 km avant de se jeter dans l'océan Atlantique à Kamsar[139].

Au XVe siècle, un explorateur, Nuno Tristao, s'enfonça dans les méandres de ce bras de mer dans l'espoir d'atteindre l'intérieur des terres. Cette aventure dramatique sur ce bras de mer lui a valu en son honneur la rebaptisation du fleuve en son nom, le Rio Nunez, un fleuve mythique dans l'imaginaire des populations de Boké et dont le nom est associé à de nombreuses légendes et divers drames[140]. Le contrôle de la navigation sur le fleuve procurait richesses et rentes pour les rois du Nunez, soit une première forme de « rentabilisation » d'un atout naturel en lien avec l'ouverture au monde (économie de traite). La première incursion étrangère dans le Rio Nunez sera marquée par un drame annonciateur des futures guerres civiles qui jalonnèrent l'histoire du Rio Nunez, et des tensions sociales induites par le développement de l'industrie minière.

« Dépassant le Cap Vert, Nuno Tristao s'en fut plus avant de 60 lieues, en un point où débouche une rivière et où il lui sembla qu'il devait y avoir des habitants ; il fit descendre deux petites embarcations qu'il avait apportées et vingt- deux hommes y prirent place, dix dans l'une et douze dans l'autre »[141]

C'est ainsi qu'en 1453 Gomes Eanes Da Zurara décrit la première incursion d'étrangère dans les rives du Rio Nuñez[142]. Vingt et un des vingt-deux membres des deux embarcations qui remontèrent la rivière

---

[139] Ce bras de mer abrite aujourd'hui plus de 10 points de chargement de bauxite. La bauxite extraite des environs de Boké est chargée dans des barges qui remontent le fleuve en direction des cape size de 200.000 tonnes qui attendent en haute mer, à plus de 10 km.

[140] GOMES Eanes Da Zurara. *Chronique de Guinée*, traduction L. Bourdon, Dakar 1960, cité par RIVIERE, Claude. *Le long des côtes de Guinée avant la phase coloniale*, Facultés des sciences sociales, Conakry, Guinée.

[141] DEMOUGEOT, A (Administrateur des colonies), *Histoire du Rio Nunez* (Bulletin du comité d'études historiques et scientifiques de l'AOF, Volume 21, N^2, avril-juin, 1938, page 209.

[142] Historien portugais du XVe siècle, auteur de nombreux récits de voyages d'explorateurs portugais en Afrique. Il est notamment l'auteur des « chroniques de Guinée » en 1453, qui est une synthèse des récits d'exploration des côtes africaines pour le compte du roi Alphonse V.

furent mortellement blessés par 80 guerriers armés de flèches empoisonnées. C'est dans ces circonstances que mourut le chevalier Nuno Tristao qui donnera son nom à l'actuelle célèbre rivière de Boké[143]. Le Portugal s'est longtemps appuyé sur cette découverte précoce pour revendiquer la propriété de toutes les côtes occidentales d'Afrique. En 1455, le pape Nicolas V émit une bulle en faveur du roi Alphonse V et à l'infant D. Henry ainsi qu'à leurs successeurs pour leur accorder la paternité de toutes les côtes d'Afrique occidentale. Cet acte octroyait au Portugal le droit de percevoir l'impôt, de faire le commerce, de bâtir des infrastructures d'éducation et de contrôler la navigation maritime.[144]

En 1460, l'infant D. Henry envoya deux navigateurs Diogo Gomes et Antonio de Noli dans les îles du Cap Vert. Le Portugal en fera rapidement un important centre politique et commercial de la colonisation portugaise en Afrique. Le territoire allant du Cap Bojador à la Sierre Leone constituant principalement la Guinée actuelle fut administrativement et économiquement rattaché à la nouvelle colonie portugaise du Cap Vert[145]. Ce rattachement est resté en réalité théorique, car le Portugal, n'a jamais exercé véritablement une autorité sur cette partie de la Guinée. La captation de la rente commerciale était l'objectif principal visé par ces poussées dans des territoires aussi lointains que difficiles à administrer.

L'infant D. Henry bénéficiait d'un droit de 25% de la valeur des marchandises vendues dans tous les établissements relevant du domaine concédé par la bulle de l'Eglise. En contrepartie, pour l'Eglise, la colonisation portugaise s'accompagna d'une vague de christianisation d'une grande ampleur. « *C'est avec la croix que nous avons conquis la Guinée* », disait Barcellos. La diffusion de la foi impliquait un fort métissage culturel entre les colonisateurs et les peuples indigènes contribuant ainsi à donner naissance à une population de métisses caractéristique des peuples lusophones d'Afrique et d'Amérique. Les métisses assuraient le rôle d'intermédiaires dans le

---

[143] Selon TEIXEIRA DA MOTA, *A. Descorberta da Guinée, in boletin cultural da Guiné portuguesa*, janvier 1946, la dénomination viendrait plutôt de Nuno Fernandes de Baia qui accompagna Diogo Gomes en 1456.

[144] Nicolas V. *Romanus Pontifex*, 8 janvier 1455. Dans: Davenport, Frances Gardiner (ed.), *European Treaties of the Fifteenth Century*, Washington D.C., Carnegie Institution of Washington, 1917, pp. 20–26.

[145] ARCIN, André. *La Guinée française, race, religion, coutumes*, Paris, Challamen, 1911.

commerce sur les rivières. La carte d'Adanson de 1756 indique la présence de comptoirs portugais dans l'île de Taibé (actuel Taigbé) près de l'actuel Kamsar[146]. Au XVIIe siècle le déclin de la puissance maritime du Portugal entraina dans son sillage celui des établissements de commerce établis dans la partie sud du Cap Vert, où l'administration civile et militaire était peu implantée[147]. L'époque marque, tout au moins, le début de la connexion des structures locales à une précoce économie de rente dominée par l'échange de marchandises venues d'Europe (pacotilles, fusils, tissus, poudre, alcool) contre des produits tropicaux ainsi que des esclaves. Cette phrase attribuée à un dirigeant d'un établissement de commerce, en 1701, met en lumière les principaux éléments constitutifs de l'économie de comptoirs qui inscrira de manière durable la région de Boké dans le système de captation de la rente par des élites et dont les entreprises minières arrivées au XXe assurent la perpétuation[148].

« À 16 lieues, au sud du Rio Grande…on trouve la rivière Nugno (Nunez), sur les bords de laquelle, on fait un commerce de 300 quintaux d'ivoire, à 8 ou barres le quintal et une centaine d'esclaves à 10 ou 15 barres par tête ; le riz est excellent. La canne à sucre et l'indigo y poussent naturellement. Le pays aux environs de la rivière Nugno, produit un sel que les Portugais estiment beaucoup et qu'ils regardent comme un contrepoison. »[149]

À partir de 1591, l'influence commerciale et politique portugaise sur les côtes guinéennes subit les contres-coups des pirates Anglais et Français qui commençaient à envahir les mers. Malgré les appels incessants à l'aide adressés au roi Philippe Ier du Portugal par le capitaine supérieur des îles du cap Vert, le pouvoir royal semblait plus tourné vers les colonies de l'Amérique latine, beaucoup plus rentables,

[146] BANGOURA, Fodé. *Monographie géographique d'un village Baga ; Taboria*, DES. [142]DEMOUGEOT, A (Administrateur des colonies), *Histoire du Rio Nunez* (Bulletin du comité d'études historiques et scientifiques de l'AOF, Volume 21, N², avril-juin, 1938, page 210.

[147] DEMOUGEOT, A (Administrateur des colonies), *Histoire du Rio Nunez* (Bulletin du comité d'études historiques et scientifiques de l'AOF, Volume 21, N2, avril-juin, 1938, page 210.

[148] Plusieurs sites que nous avons visités durant notre recherche portent encore les traces qui sont indiquées comme étant des anciens lieux de vente d'esclaves (le fortin de Boké, Sogoboli, Kanfarandé).

[149] Citation empruntée à ANDRE Brue dirigeant de la compagnie royale du Sénégal et premier gouverneur attaché à ce pays cité par CLAUDE Riviere. *Le long des côtes de Guinée avant la phase coloniale*, Facultés des sciences sociales, Conakry, Guinée.

et plus préoccupées par les crises internes en Europe. À la fin du XVe siècle, les Anglais établis en Sierra Leone étendirent leur influence sur toute la zone entre le Rio Nunez et les côtes léonaises. La reine Elisabeth octroya une autorisation de commerce de quinze ans au sieur Thomas Gregory sur la région comprise entre le Nunez et la Sierra Leone. C'est le début de l'influence anglaise dans la région du Nunez dont les maitres-traitants s'établirent en Sierra Leone (Rivière, 1971).[150]

Les négriers en provenance d'horizons divers ont pris d'assaut toutes les rivières (le Rio Pongo, le Rio Nunez, la Méllacorée), entrainant une intensification de la traite négrière dans la région[151]. Une économie de rente négrière se mit en place dans les territoires proches des rivières, basée sur la vente des esclaves et de l'ivoire contre des pacotilles importées d'Europe. À Kakandé (futur village de Wakriya) vivait un puissant négrier anglais du nom de Walker, il y construisit une florissante factorerie négrière.[152] À sa mort, un métis américain du nom de John Pearce hérita de ses activités commerciales. À Boké vivait un autre négrier anglais du nom de Bethman. La rivalité entre les deux maisons de commerce déboucha sur une terrible guerre civile opposant Nalous et Landoumas alliés respectifs des deux protagonistes. La guerre se répandit jusque dans le Rio Pongo voisin (actuelle préfecture de Boffa) impliquant les puissantes familles négrières, d'une part les John Ormond alliés à John Pearce et aux Landouma, et d'autre part les Kati de Thia et les Thomas Curtis de Kissing alliés à Bathman et aux Nalous[153]. C'est le début d'une suite interminable de guerres que connaitra la région pour le contrôle de la rente négrière. Ces guerres avaient pour objectif principal l'obtention d'un monopôle sur le commerce lucratif des esclaves. Les puissantes familles négrières installées dans des villages-comptoirs le long des bras de mer cherchaient des alliances avec des chefs locaux, eux-mêmes alliés aux

---

[150] RIVIERE, Claude. « *Les bénéficiaires du commerce dans la Guinée précoloniale et coloniale »*, *Bulletin de l'I.F.A.N. T. XXXIII, sér. B, n• 2*, 1971, page 261.

[151] Trade, Coasters, and Conflict in the Rio Pongo from 1790 to 1808 Author(s): Bruce L. Mouser Source: The Journal of African History, 1973, Vol. 14, No. 1 (1973), pp. 45-64 Published by: Cambridge University Press Stable URL: https://www.jstor.org/stable/180776.

[152] Entretien réalisé en septembre 2021 avec Mamadou Camara, sage du quartier de Wakiriya à Boké. Il nous parle de l'existence de la tombe de Walker dans l'ancien village de Wakiriya, aujourd'hui en ruine.

[153] Récit de PAUL Théa d'après la thèse de Bruce Mousser, dissertation, politics and trade in Rio Nunez and Pongo rivers.

chefs plus puissants des grands empires situés à l'intérieur des terres.[154] La vente des esclaves enrichit et rendit puissant les « négriers » et les chefs locaux. Elle participa ainsi à l'aggravation des asymétries de pouvoir entre les vendeurs d'esclaves et les populations. La rente issue de la vente des esclaves devint un levier de puissance qui organisa les rapports de force entre Nalou et Landouma, les deux communautés les plus puissantes de la région[155].

> « Autrefois on échangeait 14 esclaves contre un cheval, après 10, et maintenant 6,7 ou 8. On donnait aussi pour un esclave 6 ou 7 bracelets en laiton, et à présent, 20 ou 25 »[156].

À l'image des rentes minières modernes, la rente de l'esclavage structurait autrefois les rapports au pouvoir et les relations intercommunautaires. Les chefs sont assimilés à ceux qui détiennent le plus d'esclaves, qu'ils revendent ensuite à des négriers venus d'outre-mer. Ils deviennent par ricochet les interlocuteurs obligés de « tout étranger » qui entre dans le Nunez. Les esclaves représentent également une armée qu'utilise les « marchands » pour dominer et se faire obéir par les autres.

Le Rio Nunez connaitra à cet effet, au bout de cette première guerre des négriers, une première mutation de ses structures économiques. Les rentes issues de la vente des esclaves ont enrichi une nouvelle classe de notabilité, les chefs tribaux des rivières (Nalou, Landouma, Baga, Mikhiforé). Elles bouleversent les structures de l'économie locale, qui passe ainsi d'une économie de subsistance basée sur l'agriculture vivrière à une économie de rente fondée sur le prélèvement d'une taxe sur les activités commerciales. Les cultures locales (riz, arachides, palmes) sont progressivement délaissées au profit des guerres de razzia pour capturer et vendre des esclaves. Les cultures locales, notamment le riz, étaient produites principalement dans les rizières grâce à une technique de production pratiquée par les Baga dans les bas-fonds

---

[154] Ces villages comme Wakriya, Rapass, Gueme Saint-Jean, Sogoboli, Katounou, Dapilon, Victoria, tous dans le Rio Nunez servaient de résidence aux puissants chef locaux, et abritaient les comptoirs des commerçants étrangers. Ils sont pour la plupart transformé de nos jours en ports minéraliers.

[155] Voir également ; SOUMAH, Seydouba. *Rôle et importance des sites historiques dans les rivières du Sud (entre le Rio Nunez et le Rio Pongo)*, DES, Université de Conakry, Conakry, 1989.

[156] FERNANDES, V. *Description de la côte occidentale d'Afrique*, 1506-1510, cité par CLAUDE RIVIERE (1971).

désalinisés, près de la mer. Cette technique contribuait à une production assez abondante du riz qui alimentait toute la région et celle avoisinante. Cependant, capturer et vendre un esclave se révélait beaucoup plus rémunérateur que le travail de la terre.

En 1634, le cardinal de Richelieu délivra des autorisations de commerce à des marchands de Rouen pour exercer au Sénégal, en Gambie et au Cap Vert.[157] L'influence anglaise dans la région, en lien avec le développement de la traite négrière pour les besoins d'approvisionnement en main-d'œuvre de l'Amérique, attira les marchands français dans la zone. Les Hollandais quant à eux sont présents depuis 1617 sur les rives entre l'île de Gorée et la Gambie. Toutes les grandes puissances européennes de l'époque rivalisent pour contrôler le commerce sur les côtes Atlantiques et sur les rivières à l'intérieur. Invoquant des « chartes de privilèges » délivrées par les couronnes royales, la France, l'Angleterre et la Hollande revendiquent chacune le monopole du commerce dans les rivières et sur les côtes entre le Sénégal et la Sierra Leone[158]. Politiquement, le Rio Nuñez est resté pendant longtemps un « *no man's land* » qui procurait de la rente, soit au plus offrant en cadeaux aux chefs tribaux, soit à celui qui se révélait le plus violent dans les rapports de force qui s'établissaient[159].

Au XVIIIe siècle, les possessions coloniales se précisent et se stabilisent au gré de l'intensification du commerce dans la région. Les Français se maintiennent au Sénégal en évinçant les Hollandais de Gorée, les Anglais prennent possession de la Gambie, les Portugais préservent les îles du Cap Vert et la Guinée portugaise dans leur domination. Le Rio Nuñez échappe à cette époque à toute forme d'intégration politique coloniale, ouvrant ainsi la voie à des guerres de razzia et d'accaparement violent des produits locaux et des esclaves. Les guerres de village en village, de tribu à tribu avaient pour motif principal la revendication des captifs, l'éternel élément de discorde[160]. L'effervescence économique du Rio Nuñez entre le XVIIe et XVIIIe siècle est décrite en 1785 par les témoignages d'un ancien Directeur de

---

[157] LABAT, Jean Baptiste, *Nouvelle relations de l'Afrique occidentale.* Tome1, Paris, 1728.

[158] Entre 1580 et 1640, la couronne d'Espagne a fusionné avec celle du Portugal. Cette dernière est sortie ruinée des guerres européennes de l'Espagne.

[159] DEMOUGEOT, A (Administrateur des colonies), *Histoire du Rio Nunez* (Bulletin du comité d'études historiques et scientifiques de l'AOF, Volume 21, N^2, avril-juin, 1938, page 215.

[160] EL HADJ ABOUBACAR, Somparé. *Brève histoire du Rio Nunez,* République *de Guinée*, Harmattan, 2008, page 86, Conakry.

la compagnie du Sénégal et ancien consul de France, le sieur Jean Baptiste Léonard DURAND dans le « *récit d'un voyage au Sénégal en 1785-1786* » :

« On peut traiter au Nougne (Nunez) 300 quintaux de morfil, des esclaves et du riz à très bon compte ; la canne à sucre et l'indigo y viennent naturellement et sont d'un bon rapport ; on y achète aussi un sel blanc ayant un léger goût d'alun qui est regardé comme contrepoison et des colles qui ont la propriété de faire trouver une grande saveur à l'eau »[161].

À la fin du XVIIIe siècle, les traitants anglais et français commercent sur tout le cours navigable du Rio Nunez. Le fleuve est dominé principalement par les Nalou et les Landouma. Ces derniers désignent le territoire qu'ils habitent par le nom de Kakandé.[162] Ce nom désigne l'endroit où leur peuple s'est arrêté après une longue marche depuis les montagnes du Fouta Djallon, sur la rive gauche du Nuñez, où se trouve le village du même nom, Kakandé. Il est considéré comme la capitale de la région.[163] C'est le lieu de résidence du grand chef Landouma qui a conduit ce peuple sur ces terres, et s'y trouve également le bois sacré vénéré par les populations. En 1830, un traitant anglais du nom de Walker s'établit dans le village au bord du Rio Nuñez et construisit une factorerie[164]. Le village de Kakandé héritera de son nom, Walkeria (chez Walker), puis Wakiriya par déformation.[165] À quelques kilomètres du village de Kakandé (Wakriya) se trouve un hameau fondé par un groupe qui s'est détaché de l'ancien groupe établi à Wakriya[166]. Cet endroit connaitra plusieurs appellations : Rébécca par René Caillé qui y séjourna en 1827, Déboké dans le traité du 5 avril 1849, et finalement Boké[167].

---

[161] Ibid., page 219

[162] Entretien avec la famille Coumboussa de Tamaranssi, petits fils de Mamadou Coumbassa, le dernier chef de canton de Boké et héritière des familles royales de Katémenai

[163] Entretien réalisé à Boké avec Abdoulaye Gneissa, sage de Boké.

[164] La factorerie a disparu en 1845.

[165] ALAIN, Quella-Villéger, « Boké, Kilomètre zéro », *revue des deux mondes*, 2010, page 22.

[166] C'est à cet endroit que se trouveraient les tombes du major Peddie et Campbell décédé en 1816 et en 1817 dans la cour de la factorerie de l'anglais BETHMAN. Voir ; SOUMAH, Seydouba. *Rôle et importance des sites historiques dans les rivières du Sud (entre le Rio Nunez et le Rio Pongo)*, DES, Université de Conakry, Conakry, 1989.

[167] Ce traité marque l'occupation territoriale de la zone par la France.

Le premier nom connu des chefs Landouma est Mandialé Coumbassa qui vivait dans le village de Kakandé (Wakriya). Un de ses frères, Modiéré Coumbassa, établit à Boké, lui succéda après sa mort. Une alternance politique s'établit entre les deux familles, les Mandialé et les Modiéré, afin de porter la couronne des Landouma[168]. Cette dichotomie politique au sommet du pouvoir politique Landouma se nourrissait du ruissellement de la rente provenant de l'économie de traite en pleine croissance dans toute la rivière[169]. Français et Anglais profitent de cette division politique au sommet de la notabilité Landouma pour s'implanter et faire fructifier le commerce de traite dans la région. Ils accentuent la reconversion de l'économie vivrière locale vers une logique d'extraversion. C'est également le début de la mise en administration suivant la logique de rente d'un territoire qui, jusque-là, était soumis à une multitude de chefferies. Les clans Mandialé et Modiéré jouent, entre Français et Anglais, la carte des alliances politiques et économiques pour maximiser les paiements des redevances de navigation et d'accostage, une sorte de prélèvement sur les profits que les traitants réalisaient dans le commerce de traite. Nous observons là les prémisses des taxes et les redevances que les entreprises minières payent aux collectivités et au gouvernement en contrepartie du droit d'exploitation des ressources minières. En effet, les redevances minières payées par les entreprises minières font objet de lutte pour leur captation entre différents entités sociales et politiques, tant au niveau local que national.

Au début du XIXe siècle, le développement du commerce au Sénégal et en Gambie suscite les appétits pour la conquête administrative de nouvelles zones d'établissement de factoreries. En mars 1837, une mission conduite par le capitaine de corvette Dagorne et composée de deux fonctionnaires représentant les traitants de Saint Louis et de Gorée est envoyée en exploration dans les rivières (Nunez, Pongo). Le rapport de la mission conclut à la nécessité d'établir de manière pérenne le commerce français dans le Nunez avec le soutien d'une administration établie., puisque la région présente un double avantage stratégique et économique : c'est à la fois la meilleure voie de pénétration vers l'intérieur des terres et un point de rupture des charges des caravanes en provenance du Fouta Djallon. C'est à cet endroit que s'échangent peaux

[168] EL HADJ ABOUBACAR, Somparé. *Brève histoire du Rio Nunez,* République *de Guinée*, Harmattan, 2008, Conakry

[169] Voir plus de détail sur l'économie de traite : CATHERINE Coquery-Vidrovitch, ERICE Mesnard. *Être esclave, Afrique-Amériques, XVe-XIXe siècle*, 2013

de bœufs et cire contre des produits importés d'Europe. Les Almamys du Fouta sont par ailleurs les suzerains des chefs Nalou et Landouma auxquels ils réclament le paiement d'un tribut.[170] En s'installant dans le Rio Nuñez, les Français espéraient ainsi nouer de solides relations commerciales avec les chefs du Fouta. Les Anglais de la Sierra Leone avaient auparavant déployé des missions à Timbo (capitale du Fouta) pour obtenir des chefs du Fouta le monopole du commerce des caravanes en provenance du Fouta vers Freetown. En 1839, les maisons anglaises de commerce dominent les traitants français dans le Rio Nunez. Dans un rapport du 12 mars 1839, le capitaine Dagorne signalait la présence de trois maisons anglaises contre une maison française et une maison américaine[171].

Nalou et Landouma se livrent régulièrement la guerre pour le contrôle des revenus prélevés de l'économie de traite. Français et Anglais jouent le jeu de cette rivalité tribale pour accroitre leur présence commerciale et renforcer les relations économiques avec le Fouta Djallon. Chaque traitant payait 50 gourdes au roi des Landouma, Sara Coumbassa, comme rente annuelle ou « coutumes » et 15 gourdes pour le droit d'ancrage (taxe d'accostage). La fréquente révision du montant de ces redevances par les différents acteurs en jeu entraina des tensions entre les chefs locaux et les traitants, et par ricochet, accrut les rivalités entre les puissances sur le terrain. En 1838, le roi Sara Coumbassa des Landouma exigea la multiplication par quatre du montant de la coutume payée annuellement. Face au refus des traitants d'appliquer les nouveaux tarifs, des scènes de violences éclatèrent sur toute la rivière : le pillage des factoreries, l'incendie des habitations, les meurtres, les violences collectives. Toute la région du Nunez s'embrasa dans une série de violences sociales et politiques impliquant les chefs tribaux, les traitants et les lieutenants de vaisseau des puissances étrangères (France, Angleterre)[172]. La perception du droit d'ancrage (Tin Saré) était au centre des guerres entre Nalou et Landouma en lien avec l'implantation des maisons commerciales, principalement dans le bas Nunez, chez les Nalous. Les principales factoreries étaient installées à

---

[170] GOERG, Odile, *Commerce et colonisation en Guinée* (1850-1913), Harmattan, Paris, 1986, page 31.

[171] DEMOUGEOT, A (Administrateur des colonies), « *Histoire du Rio Nunez* », *Bulletin du comité d'études historiques et scientifiques de l'AOF,* Volume 21, N[2], avril-juin, 1938, page 225.

[172] Rio *Nunez, Monographie du cercle du Rio Nuñez* par J. Figarol, 1912, N°: 2042, Archives Nationales de Guinée.

Victoria (Kanfarandé), à Bel-Air (Katougouma), Rapass, Katounou, Guémé Sansan. Les anciens emplacements des factoreries sont aujourd'hui réappropriés par les ports minéraliers des entreprises minières. Les redevances jadis versées aux propriétaires terriens subsistent sous forme de compensations, mais inscrites dans une logique d'expropriation L'emplacement de ces villages ouvre sur des parties les plus larges du rio Nunez et à de faibles altitudes. Cette configuration spatiale facilitait ainsi la construction des factoreries de commerce ainsi que les quais d'accès. Elle détermine encore le choix de ces sites comme ports minéraliers.

Le 1er avril 1839, le lieutenant de vaisseau français M. Querret obtint à Wakriya un accord de paix entre les différents protagonistes[173]. L'accord reconnaissait principalement la libre navigation sur la « rivière » et l'autorité du roi Sara sur toute la région, reléguant au passage Salifou, le roi des Nalou, au second plan. Le contrôle de la rente (la coutume) sur le commerce fluvial a été la source de ces conflits aux implications multiples. La France et l'Angleterre en profitèrent pour nouer des alliances avec les tributs en conflit, avec en toile de fond la mise en place des politiques d'occupation territoriale de la région. Les traitants des Français établis au Sénégal attirèrent l'attention du gouvernement français sur les richesses diverses en provenance du Nunez et l'intérêt économique que la France tirerait en contrôlant politiquement la région. Le gouverneur Charmasson du Sénégal écrivit en avril 1840 au ministre des colonies pour lui signifier la diversité des richesses en provenance du Rio Nunez : la cire, les cuirs, le café, le riz, l'ivoire.[174] Les traitants réclamaient la protection du gouvernement contre les bandes de pilleurs et les chefs de tributs prébendiers[175]. L'insécurité constituait la principale menace au développement du commerce dans la rivière. Ici comme ailleurs, la sécurité a en effet un prix : le roi Sara réclame le paiement mensuel de 10 gourdes et 16 gourdes pour le droit d'ancrage en échange de la sécurité des traitants établis dans la rivière. Face à l'intensification des

[173] Accord signé à Wakiria le 1er avril 1839 entre M. Querret, commandant de la goélette de S.M. la *Fine*, le roi Sara des Landouma et Mamadou Boye, diplomate représentant les Almamys du Fouta, suzerain du pays.

[174] SCHEFER, Christian (éd.), Instructions générales données de 1763 à 1870 aux gouverneurs et ordonnateurs des établissements français en Afrique occidentale, Tome II : 1831-1870, Paris, Société de l'Histoire des colonies françaises, 1927.

[175] En 1841, la goélette, la Fourmi, se brise sur un rocher devant le Cap Verga, fut envahi et pillé par des populations. Le roi Salifou des Nalous avait un canon monté sur deux rames et remontait le cours de la rivière.

actes de pillage, les alliances se multiplient en dénouant les liens précédents et en en établissant de nouveaux. En mai 1845, un nouvel accord de protection est signé avec Lamina, le chef des Nalou, les adversaires redoutables des Landouma. Une innovation est introduite dans l'accord ayant trait à l'interdiction de l'esclavage. En récompense, la rente payée est augmentée et diversifiée en faveur des chefs Nalou : 50 fusils, 40 barils de poudre, 1000 francs en argent, 100 livres de tabac et deux pièces de guinée[176]. L'augmentation des taux de la « redevance » aiguise les tensions entre Nalou et Landouma qui multiplient les guerres de pillage et de razzia. Les chefs locaux cherchaient constamment à se défaire des contraintes imposées par les chartes et traités signés avec les pays d'Europe afin de disposer de la libre administration de leur territoire de rente. Une technique qui permettait ainsi de pressurer les populations dont *« les amendes et les esclaves étaient ensuite partagés avec les ministres et les notables »*[177].

Toute la région du Rio Nunez s'enflamme dans une guerre civile. Des scènes qui renvoient l'image des guerres de pillage que se livrent aujourd'hui des groupes armés à l'est de la RDC pour le contrôle des réseaux d'approvisionnement de cobalt et de cuivre. Les revenus engendrés par une économie du pillage des ressources nourrissent le cycle de la violence et structurent les rapports de pouvoir.

C'est dans ce contexte de retournement d'alliances qu'intervint la fin de règne du roi Sara, décédé vers la fin de l'année de 1844. La succession oppose deux de ses neveux : d'un côté, Mayoré Coumbassa installé à Boké, de la branche politique des Modiéré et soutenue par les traitants français et les Nalous ; de l'autre côté, Tongo Coumbassa installé à Wakriya, de la branche politique de Mandialé et soutenue par les Anglais et les Bagas. Cette rivalité pour la succession du roi défunt entraina une nouvelle fois le Nunez dans une guerre civile. Pillages et incendies se multiplient laissant souffrance et désolation chez les populations. C'est dans cette période trouble qu'intervient dans le Nunez, en 1847, un bâtiment de guerre belge, la Louise Marie. Dirigé par le lieutenant de vaisseau Van Haverbeke, le navire cherchait le point d'établissement d'un comptoir de commerce belge sur les côtes occidentales d'Afrique. Profitant du ressentiment des chefs Nalou

---

[176] Cité dans le Bulletin du comité d'études historiques et scientifiques de l'AOF de 1938, page 236. Voir également ; SOW, Oumar. *Le commerce européen sur les côtes de la Guinée*, DES, IPAGN, Conakry, 1977.

[177] SOMPARE, Aboubacar. *Brève histoire du Rio Nunez,* République *de Guinée*, Harmattan, 2008, Conakry, page 36.

contre la France dans la guerre de succession qui opposait les deux familles politiques Landouma, le lieutenant Haverbeke signa un traité de cession territoriale de la zone comprise entre Rapass et Victoria à la Belgique, incluant le droit de construire des comptoirs de commerce et le paiement aux chefs des Nalous d'une rente annuelle de 10 gourdes en marchandises par cent yards de terrain exploité par les établissements.[178] Le roi des Belges s'engagea à travers le lieutenant de vaisseau au paiement annuel en marchandise d'une redevance de 1000 gourdes en échange du territoire cédé à la Belgique. Pour matérialiser ce début de bons rapports entre les parties (Nalou et Belge), le commandant du vaisseau belge offrit en cadeau la somme de 300 gourdes au roi des Nalous. Un arrêté royal émis le 27 décembre 1848 approuva les accords signés avec le chef des Nalou, la Belgique marquant ainsi sa présence politique dans le Nunez. Peu après, le gouverneur de la Sierra Leone proteste contre cette présence belge dans la rivière et déploie une corvette anglaise dans le village de Nalou de Caniope. Une corvette française, la Recherche, se présente également dans l'embouchure du fleuve. Les trois navires prirent la direction de Boké pour obtenir du roi Landouma Mayoré des engagements sur la sécurité et la liberté de commerce dans la rivière[179]. En mars 1849, les trois navires portant à bord cent cinquante hommes pilonnent la ville de Boké et incendient les villages alentour[180]. C'est une opération militaire menée conjointement par des puissances rivales pour écraser une « rébellion » contre la liberté de commerce sur la rivière, soit des scènes qui préfigurent étrangement les répressions menées en 2017 par les forces de sécurité contre les manifestations s'opposant à l'exploitation anarchique des ressources minières de la région de Boké.

Au lendemain de cette opération militaire conjointe, toutes les parties se retrouvent à Rapass pour discuter des conditions d'une paix durable dans le Rio Nunez. Tongo est reconnu comme le chef des Landoumas, et le 5 avril, le commandant français de la « *Recherche* » conclut à nouveau un traité avec les chefs Nalou et Landouma pour

---

[178] GOERG, Odile, *Commerce et colonisation en Guinée* (1850-1913), Harmattan, Paris, 1986, page 58.

[179] Rio Nunez, Monographie du cercle du Rio Nuñez par J. FIGAROL, 1912 ; 2042, Archives Nationales de Guinée. Le roi Mayoré avait également pris en otage la femme et le fils d'un traitant sénégalais du nom de Ismaïl Tai, établis dans le village Nalou de Rapass

[180] DEMOUGEOT, A (Administrateur des colonies), « *Histoire du Rio Nunez* », *Bulletin du comité d'études historiques et scientifique de l'AOF*, Volume 21, N^2, avril-juin, 1938, page 250.

marquer l'occupation politique du Rio Nunez par la France. Un terrain de 40.000 mètres carrés est cédé à la France, au prix de 30 gourdes annuelles dans la ville de Boké pour la construction d'un fort et d'un bâtiment administratif.[181] Les traitants payeront au roi des Landouma 20 gourdes annuelles en marchandises et 16 gourdes pour le droit d'ancrage des navires de plus de soixante tonneaux. Ce droit d'ancrage est payé par voyage, sachant qu'un voyage payable couvre une période d'absence de six mois dans les eaux de la rivière, ou un voyage sur Gorée et à Saint Louis. Une prime à la signature de 100 gourdes est versée au roi Tongo des Landouma par les commandants des corvettes françaises « La recherche » et « La Prudente ». L'opinion publique belge critique de plus en plus le paiement de 500 francs de rente en marchandises à des chefs Nalou dans le Nunez.[182] En avril 1858, un nouveau traité abroge les avantages obtenus des chefs Nalous par le traité de 1848. Le traité signé avec les chefs Nalous Carimou et Youra supprime la rente de 5000 francs et institue une nouvelle redevance annuelle de 10 gourdes par cent yards de terrain occupés. Il supprime le droit d'ancrage et la rente annuelle versée au chef qui perdent ainsi l'avantage concurrentiel qu'ils avaient auprès des chefs Nalous[183].

« En 1848, le Nunez n'est que plaies et bosses, guerres et massacres. Les traitants français, opérant la plupart pour les maisons de Bordeaux, sont inquiétés, volés. Outre la malaguette et les pépites, ils font aussi la traite d'ébène, c'est-à-dire d'esclaves et sèment de ce fait me mécontentement et l'esprit de révolte parmi les populations »[184].

En 1890, à la suite d'une révolte des Nalous, intervient le bombardement de Sogoboli ainsi que l'anéantissement de plusieurs autres villages par l'aviso, *La Mésange,* à l'instigation de De Beeckman.[185] Arcin dira que « *La paix régna au Nunez sur les*

---

[181] CHAPU, A. *Les débuts de la présence française en Afrique de l'Ouest*, éditions Harmattan, 1995.

[182] BRAITHWAITE, Roderick, « The Rio Nunez affair *», Revue française d'histoire d'outre-mer, n°83, pp.25-45.*

[183] DEMOUGEOT, A (Administrateur des colonies), « *Histoire du Rio Nunez », Bulletin du comité d'études historiques et scientifiques de l'AOF*, Volume 21, N^2, avril-juin, 1938, page 262.

[184] R I V I E R E, Claude. *Le long des côtes de Guinée avant la phase coloniale*, Facultés des sciences sociales, Conakry, Guinéen, archives de l'Université de Sonfonia.

[185] Entretien réalisé à Sogoboli avec Elhadj Tawel Camara, petit fils de Youra Tawel.

décombres fumants et les cadavres »[186], et Claude Rivière ajouta « Le *Nunez s'endormit jusqu'à ce que l'exploitation de la bauxite ait sonné son réveil* »[187].

Les rentes distribuées par les traitants et les États européens participent à l'extraversion des structures économiques de ces territoires tout en organisant la vie politique, au gré de l'intensité des prélèvements de la rente. Elles alimentaient également les guerres entre fractions qui ravagent tout le Rio Nunez, pillages et meurtres se multipliant en dessinant le portrait des enclaves minières en ébullition que nous observons dans les villes de Boké et de Siguiri en ce XXIe siècle. L'extractivisme représente la base de l'économie de la Guinée, et il est la résurgence d'un processus historique de captation de rentes prélevées sur la vente des hommes, le droit payé sur l'ancrage des navires et la vente de produits exotiques. Le développement des activités minières au XXe provoque l'émergence de scènes de violences dans la région. Les populations détruisent les installations des entreprises minières qu'elles accusent de spolier leurs terres et leur environnement sans aucune forme de compensation en retour. Les redevances payées par les entreprises aux collectivités locales sont une sorte de renouvellement des « rentes annuelles et coutumiers » payés, jadis, par les traitants aux chefs locaux au XVIIIe siècle en contrepartie des terrains occupés, une redistribution des revenus générés par le commerce de traite au profit des chefs locaux pour s'assurer de leur protection et de leur connivence. Les entreprises minières payent de nos jours des redevances superficiaires aux collectivités proportionnellement aux superficies de la concession minière. Ces montants sont dans la pratique utilisés pour s'assurer « la connivence » des élus locaux et des leaders d'opinion. La RSE mise en œuvre dans ces zones s'inscrit dans ce registre de recherche d'allégeance avec les acteurs locaux influents.

1.1.2. La rivalité de pouvoir sur un territoire de rente : acteurs, rente et spatialité

---

[186] VIGNE d'octon, *Journal d'un marin, Flammarion*, 1897, p. 224. Cité par Claude Rivière (1971).

[187] RIVIERE, Claude. *Le long des côtes de Guinée avant la phase coloniale*, Facultés des sciences sociales, Conakry, Guinée.

À la fin du XIXe siècle, les richesses du Rio Nunez attisent les tensions entre l'Angleterre et la France. Les deux pays se livrent à une rivalité de pouvoir pour le contrôle des ressources de la région. Après l'accord politique de 1849 signé entre les chefs tribaux de la région et la France, consacrant la domination politique du Nunez par ce dernier État, l'Angleterre réagit en proposant de nouveaux traités d'amitiés avec les chefs dissidents Nalou et Landouma. Elle menait une vicieuse guerre d'image contre ses concurrents au sein de l'opinion publique en affirmant auprès de la population au sujet de la France :

« Le Gouvernement est cassé, les bateaux sont cassés, il ne reste plus rien, (Somparé, 2008) ».

En 1850, quatre-vingts soldats anglais venus de la Sierra Leone se rendent à Rapass et à Wakiria[188]. Le 19 mars 1851, un premier accord est signé entre les Anglais et les Landouma et un second accord est signé le 21 mars 1851 avec les Nalou. Une des clauses communes de ces traités concerne surtout l'exportation prioritaire vers Freetown des produits en provenance du Nunez sans droits de douane. Ce revirement diplomatique des Anglais provoque de nouvelles tensions entre les traitants de diverses nationalités et les chefs tribaux avides davantage de coutumes et de rentes. En février 1857, les comptoirs des maisons de commerce de Bordeaux sont pillés par des Landouma dissidents[189]. Une campagne de violence endeuille à nouveau toute la région, opposant des chefs de bandes qui se disputent les principaux points de navigation. Les chefs du Fouta, à leur tour, changent constamment d'alliés sur le terrain en fonction des intérêts en jeu. Leur influence politique sur la région aggrave les tensions sociales et politiques, et des bandes originaires du Fouta pillent les caravanes chargées de marchandises en provenance de l'intérieur des terres pour obliger les traitants à payer plus de droits, puisque le commerce sur le Rio Nunez repose essentiellement sur l'échange de produits endogènes comme la cire et les cuirs contre des produits manufacturés venus d'Europe. Le Fouta demeure pour les puissances étrangères un allié diplomatique de taille pour garder un contrôle sur le commerce dans les rivières. En 1860, le lieutenant Lambert part de Boké pour Timbo enfin d'obtenir la

[188] BANGOURA, Sana. *Les contradictions entre puissances impérialistes sur les côtes guinéennes pendant la conquête coloniale,* DES, Université de Conakry, 1992. Rapass où réside le chef des Nalou et Wakriya résidence des chefs Landouma.
[189] Ces maisons sont Merle, Neveu, et Cie

ratification par les Almamy du traité de cession du plateau de Boké à la France[190]. Le commerce dans le Rio Nunez est alors florissant, et le gouverneur du Sénégal Faidherbe en tournée dans les rivières en avril 1860, dans son rapport qu'il adressa au ministre des colonies, dit ceci :

« J'ai trouvé six navires dans la rivière, dont cinq Français et un Américain. La rivière a produit en 1859 plus de 3.550.000 kg d'arachides et en 1860 plus de 3.125.000 kg. Il va annuellement dans le Rio Nunez 20 à 25 navires français »[191].

Les navires qui remontent la rivière drainent des produits manufacturés échangés contre des produits locaux. Ils alimentent les comptoirs installés le long des 80 km du fleuve, de son embouchure à Kamsar, en passant par Victoria, jusqu'à Boké où il cesse d'être navigable. Les comptoirs sont installés dans les villages de chefs relativement peuplés et accessibles à partir du fleuve. Les plus connus sont Victoria (Kanfarandé) à la limite entre le bras de mer et le fleuve, puis les villages Nalou de Caniope, de Sogoboli et de Rapass. Le territoire Landouma commence à partir de Wakiria en passant par Katougouma, Guemè Saint-Jean et Dapilon jusqu'au plateau de Boké[192]. Les traitants payent des rentes pour l'installation de leurs comptoirs dans ces villages, ils payent également une coutume aux chefs locaux et une redevance pour l'accostage (droit d'ancrage).

L'économie de comptoirs diffère fondamentalement de l'économie de la traite négrière de par les réseaux qu'elle emploie et les relations de pouvoirs qui en résultent. Durant la période de traite, les marchandises de traite et les esclaves opèrent de manière différente pour arriver dans les factoreries établies près des côtes ou sur les rivières. Les esclaves s'échangent « entre camarades » suivant la logique d'un marché interindividuel relativement dissimilé à cause, d'une part, des interdictions qui frappent ce commerce à partir de 1848 et, de l'autre, de la facilitée de redistribution de la rente (gain) sur

[190] DEMOUGEOT, A (Administrateur des colonies), « *Histoire du Rio Nunez* » *Bulletin du comité d'études historiques et scientifiques de l'AOF,* Volume 21, N[2], avril-juin, 1938, page 267.
[191] *Ibid.*, page 269.
[192] SOMPARE, Aboubacar. *Brève histoire du Rio Nunez, République de Guinée,* Harmattan, 2008.

de longue distance[193]. Seuls quelques fortins fortement protégés (murailles et hommes) s'autorisaient à ce trafic : Benty en Mellacorée, iles de Loos près de Conakry, Dominghia, Bakoro, Faringhia dans le Pongo, Victoria dans le Nunez par exemple[194]. Les marchandises (arachides, cires, peaux, caoutchouc, indigo) de traite sont drainées par des caravanes dioulas vers de nombreux points de décharge sur la côte (factoreries).[195] Chaque factorerie est installée sur un domaine en échange du paiement d'une redevance annuelle et au versement d'une rente au chef local en contrepartie de sa protection, facilité son approvisionnement et fournir de la main-d'œuvre. SURET-CANAL estime, que ce commerce dominait par des pouvoirs de notables laissait en marge de ses circuits, la frange la plus importante de la population (Rivière, 1971).

« Les bénéfices vont surtout à la chefferie qui perçoit des coutumes, et à quelques clans privilégiés contrôlant les abords des comptoirs et retenant des droits d'ancrage sur les traitants européens. Le commerce d'esclaves florissant durant le XVIIIe siècle et la première moitié du X1Xe, permets aussi aux souverains de la côte de retenir à leur usage quelques esclaves qu'ils établissent dans des *dakha*, hameaux de culture, et qui leur épargnent le travail du sol. Par échange ou comme cadeau, les chefs obtiennent en outre l'usage privilégié de produits européens, alcool tout d'abord, mais aussi armes et munitions servant à alimenter les guerres de brigandage contre les voisins ou les guerres civiles entre prétendants rivaux »[196].

Ce pouvoir de notable réunissant des commerçants, des planteurs, des esclavagistes, des descendants métis de traitants américains, portugais ou français, des membres de la chefferie locale. Ils sont partagés entre un mode de vie européen (matériels) que leur assure l'économie de rente et l'insertion dans des réseaux de relations traditionnelles (ethniques, religieuses) comme source de pouvoir et de

---

[193] MEILLASSOUX, C. Social and economic factors alîecting markets in Gouro land, in P. BonAXNAX et G. DALTox, Markets in Africa, North Western University Press, p. 290, cité par Rivière (1971).

[194] Chaque esclave est vendu et acheté à plusieurs reprises, passant entre plusieurs mains et générant pour chacune une rente.

[195] GOERG, Odile, *Commerce et colonisation en Guinée* (1850-1913), Harmattan, Paris, 1986, page 173.

[196] R I V I E R E, Claude. « Les bénéficiaires du commerce dans la Guinée précoloniale et coloniale », *Bulletin de l'I.F.A.N. T. XXXIII, sér. B, n• 2*, 1971, page 262.

légitimation[197]. L'économie de comptoirs se révèle dans une double dimension politique et sociale. Elle organise ainsi les relations de pouvoir entre le groupe social qui bénéficie des retombés des modes d'accumulation instaurée et lui assurant les moyens de dominer et d'asservir une frange importante de la population qui s'en trouve exclue. Elle puise également dans les structures sociales les fondements de légitimation de l'existence des classes privilégiées (chefs locaux, commerçants, marabouts).

Ce système de prédation et de domination dessine les modes de prélèvements et de répartition des futures rentes minières instaurées par les lois minières et les contrats miniers : les redevances superficiaires, les compensations et les contributions au développement local. Ce sont des taxes qui rémunèrent l'utilisation des terrains par les entreprises minières et participent à une redistribution à l'échelle locale d'une partie des revenus issus de l'extraction des ressources minières pour financer le développement des infrastructures sociales de base.

Les écarts souvent constatés entre les montants prévus dans les accords signés entre les chefs tribaux et les puissances coloniales et les montants effectivement payés irritent les autorités militaires et politiques françaises. Le gouverneur Faidherbe évoque dans son rapport la distorsion entre les paiements prévus dans les traités et les montants effectivement payés aux chefs locaux :

« Ainsi M. Guimberteau paye son terrain de victoria 1000 francs par an. Un autre loue au roi des Nalous un terrain (sur lequel il est vrai, il y a des constructions appartenant à ce chef) 1000 francs par mois... chez les Landouma... le roi va même jusqu'à faire payer par des traitants européens le tribut religieux que lui envoie chercher annuellement l'Almamy du Fouta Djallon »[198].

Ce type de pratique demeure répandue dans la zone minière de Boké, en lien notamment aux paiements effectués dans le cadre des dispositions fiscales du code minier. Le niveau de paiement des différentes taxes prévues par le code minier est en effet normalement fixé par un arrêté conjoint du Ministère responsable des Mines et de

---

[197] SURET-CANALE, Jean. *La République de Guinée*, éditions sociales, 1970, p. 90.
[198] DEMOUGEOT, A (Administrateur des colonies), « Histoire du Rio Nunez » *Bulletin du comité d'études historiques et scientifiques de l'AOF*, Volume 21, N[2], avril-juin, 1938, page 270.

celui des Finances. Mais nous avons constaté lors de notre enquête que les montants payés par les entreprises minières au titre par exemple de la taxe superficiaire ne correspondent pas aux taux fixés par l'arrêté conjoint. Ceci dénote de la défaillance des institutions de gouvernance aussi bien au niveau central que dans les collectivités locales[199]. Il n'existe à ce jour aucun mécanisme efficace permettant d'assurer la traçabilité des paiements effectués dans les comptes des collectivités locales au titre de la taxe superficiaire[200]. Une enquête effectuée en 2018 par l'ONG Action Mines Guinée démontre l'opacité qui entoure la gestion des montants payés par les entreprises minières aux collectivités locales. Ces paiements participent à l'alimentation d'une nouvelle « classe de notables » qui tirent leur influence de la prédation des rentes minières et leur redistribution via des réseaux occultes à des jeunes et à des femmes, particulièrement actifs dans les mouvements de contestations sociales. D'hier à aujourd'hui, la perception d'une rente qu'elle soit minière, agricole ou minière offre un levier d'asservissement et de domination politique.

Au terme d'une longue histoire violente, le Rio Nunez sera définitivement occupé par la France au début de l'année 1866. Un poste militaire et administratif est construit sur le plateau de Boké sur un terrain cédé en 1849 par le chef des Landouma.[201] Cependant, le paiement de la rente sur le commerce resurgit régulièrement comme point de discorde entre les principaux acteurs locaux et met en conflit les chefs locaux, le poste français et les Almamys du Fouta. Comme à l'accoutumée les Landouma sont clivés en deux coalitions politiques, le clan Mandialé à Wakriya représenté en 1867 par Douka et son rival politique Dionk installé à Dibia près de Boké représentant la branche des Modiéré[202]. Les chefs du Fouta réclament doublement quant à eux le paiement de leur part dans la rente, à la fois aux chefs de Boké et également aux traitants. Le chef de poste, le lieutenant Cauvin opposera un refus à cette double taxation. Les guerriers Foulah venus du Labé envahissent alors la région et déclenchent une nouvelle guerre civile.

---

[199] https://www.itie-guinee.org/arrete-conjoint-mef-mmg-fixant-les-taux-et-tarifs-de-droits-fixes-des- taxes-et-redevance-resultant-de-loctroi-du-renouvellement-de-la-prorogation-du-transfert-et-ou- lamodiation.

[200] https://www.actionminesguinee.org/wp-content/uploads/2018/12/rapport-de-suivi-friguiagbe-et- bannora-vf-amines.pdf.

[201] The Columbia Star, The Rio Nunez Expedition Part 2: The battle of 1849…".

[202] Dionk meurt en 1874, laissant le pouvoir politique à la seule autorité de Douka.

Un notable Landouma et deux guerriers peuls sont fusillés publiquement sous les ordres du lieutenant Cauvin[203]. En marge de ces conflits ayant trait aux paiements d'une rente, la chasse aux captifs nourrissait également de multiples expéditions punitives contre des villages en semant désolation et ruine partout. Pour illustrer cette persistance du commerce des esclaves, un chef Nalou livrait en septembre 1866 une caravane de 130 captifs à un navire en attente dans les eaux du Cassini[204]. Malgré l'interdiction officielle de la traite négrière en France et en Angleterre, la pratique persistait clandestinement dans ce territoire du Nunez. Elle génère des rentes qui nourrissaient les continuelles guerres civiles dans la région.

Dans le bas Nunez situé en aval du fleuve, proche de la mer, une terrible guerre civile déchirera les différentes fractions Nalou qui prétendaient toutes au trône. Tam, le fils héritier du roi Carimou mort en 1869 s'opposait à son oncle Youra Tawel. La lutte de succession déboucha sur des pillages et la confiscation par Youra de deux cents esclaves appartenant à son défunt frère Carimou. À la mort de Tam en janvier 1876, le vieux Youra conserva le monopole du pouvoir en laissant émerger sur la scène politique deux autres rivaux aussi coriaces que brutaux. D'un côté son neveu Dinah Salifou, soutenu par Tocba fils de Carimou, de l'autre côté son gendre, Bokari Catounou, soutenu par le chef de Victoria Bobo Markienn. La France et l'Angleterre s'activent une nouvelle fois et s'invitent dans cette lutte de succession. Les Anglais soutiennent Bokari Catounou et son allié Bobo Markienn en solidarité aux traitants anglais nombreux dans les villages sous l'autorité de ces deux chefs. Les Français se mettent du côté de Dinah et de son cousin Tocba proches des commerçants français. Le chef de poste, le capitaine Lecompte s'invite dans cette crise politique en obligeant le roi Youra malade et âgé à abdiquer. Il impose Dinah Salifou au trône, bravant ainsi le choix des notables largement porté sur la

---

[203] 2042 : Rio Nunez, Monographie du cercle du Rio Nuñez par J. Figarol, 1912.
[204] DEMOUGEOT, A (Administrateur des colonies), « Histoire du Rio Nunez », *Bulletin du comité d'études historiques et scientifiques de l'AOF*, Volume 21, N[2], avril-juin, 1938, page 281.

personne de Bokari Catounou.[205] La guerre civile éclate à nouveau, des villages sont brûlés, des hommes et des femmes sont pris en captivité[206].

Pour mettre fin à la guerre, le capitaine Boilève, Directeur des affaires politiques du Sénégal, est sollicité. Il arrive en décembre 1877 dans le Nunez et contraint les belligérants à la signature d'un traité de paix qui restitue le pouvoir au vieux roi, en désignant au passage Bokari Catounou comme successeur présomptif.[207] Une paix fragile s'installe, puisque la vente clandestine des esclaves nourrissait encore une économie de rente qui se développait parallèlement à ces incessantes guerres politiques. Après le départ de Boilève de la région, Bokari Catounou enlève 175 captifs de la fortune de son rival Youra en exécutant parmi les otages la mère et le frère de ce dernier. Il défit également ses adversaires et la France en arborant sur ses embarcations le pavillon anglais[208]. La politique de soutien réciproque de la France et de l'Angleterre aux belligérants accentue les tensions en offrant aux acteurs les ressources qui alimentent la guerre. En décembre 1883, le puissant chef de victoria Bobo Markienn est assassiné à Sogoboli par Dinah Salifou sur les ordres du roi Youra alors qu'il traversait la rivière à bord d'une embarcation. La guerre réapparait à nouveau dans le Nunez, Bokari Catounou l'allié de Bobo pille et brûle en représailles les comptoirs des traitants français. La France ne peut sanctionner Dinah pour ses meurtres au risque de donner de la force à Bokari, l'homme de l'Angleterre[209].

Le lieutenant-gouverneur Bayol et De Beeckman sont arrivés alors dans le Nunez à bord d'un aviso, le Héron, et ils imposent aux acteurs un nouveau traité de paix. Une paix de courte durée qui vole aussitôt en

---

[205] GOERG, Odile, *Commerce et colonisation en Guinée* (1850-1913), Harmattan, Paris, 1986, page 125.
[206] SOMPARE, Aboubacar. *Brève histoire du Rio Nunez, République de Guinée*, Harmattan, 2008.
Notamment, les maisons Randall and Fisher.
[207] HANOTAUX Gabriel, MARTINEAU Alfred (ed.), Histoire des Colonies françaises et de l'expansion de la France dans le monde, tome IV, page 259-271.
[208] La même guerre par allié interposée se déroule dans les territoires Landouma ; à la mort du roi Douka le 30 septembre 1878, la succession oppose le Mandialé Sara Tongo soutenu par la France et le Modiéré Bottié soutenu par les Anglais.
[209] DEMOUGEOT, A (Administrateur des colonies), « Histoire du Rio Nunez », *Bulletin du comité d'études historiques et scientifiques de l'AOF*, Volume 21, N[2], avril-juin, 1938, page 294.

éclat dès le départ de l'aviso de la rivière. Bokari attaque le village de Sogoboli, la résidence du roi Youra et de Dinah Salifou, il incendie et met en captivité plusieurs personnes. Le roi des Landouma Sara Tongo s'invite alors dans le conflit au côté de Youra et de Dinah. Ils sont également soutenus par les Peuls et les Mikhiforés. La guerre devint totale, tout le Nunez s'embrase dans une épouvantable bataille. Les factoreries dans le Cassini, à Caboye, à Correrah, et à Baralandé sont pillées et incendiées par des hommes de Dinah venus de Sogoboli. Le 27 mars 1885, une expédition rase les villages de Catounou et Victoria, symboles de la présence anglaise dans le Nunez. Bokari est tué, Dinah et ses partisans sèment la terreur dans le bas Nunez et incendient 12 villages occupés par les partisans de Bokari[210]. En juin 1885, le roi Youra meurt à Sogoboli, Dinah hérite du pouvoir après avoir éliminé tous ses adversaires politiques. Il sera arrêté en 1890 par l'administration coloniale française et déporté au Sénégal[211]. La question de l'esclavage reste tout de même prégnante dans le Nunez, puisqu'après des décennies de guerres civiles la vente des captifs continue jusque dans les maisons de commerce pour payer des dettes ou des marchandises. En 1897, l'administrateur français du Nunez, M. Opigez rapporte qu'un commerçant européen pour payer ses créances a apporté une somme de deux cents francs et un captif[212]. Acheter ou vendre des hommes procure des ressources, une position sociale et de la liberté. Un esclave libéré se met aussitôt à chercher à son tour un esclave à vendre pour se procurer d'autres ressources matérielles et marquer son existence d'homme libre. Le 1er octobre 1902, l'administrateur Liurette rassemble à Boké 17 chefs communautaires pour la signature d'un pacte de prohibition du commerce des captifs. Des peines allant de 8 à 15 ans sont prévues contre toute personne se livrant au rapt et à la vente des captifs[213].

Le commerce du caoutchouc prend le relai après l'interdiction de la vente des captifs. Le produit est extrait des hauteurs du Fouta Djallon

---

210 SOMPARE, Aboubacar. *Brève histoire du Rio Nunez, République de Guinée*, Harmattan, 2008

211 BAH, Boubacar. *La résistance de Dinah Salifou à l'intrusion française dans le Rio Nunez*, DES, IPGA, Conakry, 1974

212 Cité par DEMOUGEOT, A, dans le Bulletin du comité d'études historiques et scientifiques de l'AOF de 1938, page 290.

213 Informations recueillies à Sogoboli, l'ancienne capitale du Rio Nunez auprès des héritiers de la famille royale Nalou

et acheminé par les caravanes vers les comptoirs de Boké. L'économie de la rente agricole remplace le commerce des esclaves. La culture du riz dans les rizières est un savoir maitrisé par les Baga qui habitent près des côtes. La culture de l'arachide est pratiquée par les Landouma à l'intérieur des terres sur les flancs des collines. Son commerce est dominé par les Toubaka (ceux de Touba), ils sont réputés être les meilleurs agriculteurs du Nunez. Les premiers Toubaka venus dans la région ont été appelés par Youra Tawel, le roi de Nalous pour développer la production des arachides. Ils seraient venus du cercle de Kadé près de la frontière sénégalaise où ils auraient appris la technique culturale de l'arachide. Pour obtenir un domaine agricole, les Toubaka payaient quelques boisseaux d'arachides par tête et par an. Ils trouvaient de la main-d'œuvre à l'intérieur du Fouta en échangeant les marchandises de la traite (tissus, quincailleries) contre des esclaves. Les Toubaka sont restés très influents dans le jeu politique et commercial au Nunez, ils sont réputés durs en affaires et pratiquent un islam rigoureux[214]. Bien avant l'occupation du pays par la France en 1865, le commerce était centralisé à Correrah et à Baralandé essentiellement habités par les Toubaka d'où se pratique le négoce de l'arachide. De nombreux caboteurs partaient au Sénégal, en Sierra Leone, et en Guinée portugaise pour échanger de l'arachide contre les « marchandises de la traite » par l'intermédiaire de traitants Wolof et Sierra-Léonais. La prospérité du commerce de l'arachide a poussé plusieurs maisons commerciales européennes à s'intéresser à l'activité et à s'installer sur toute la rivière.[215] Deux grands immeubles furent ainsi construits à Boké et sur le bord du Nunez pour servir de lieux d'échange. En 1893, les Toubaka étaient estimés à 20 000 dans le Nunez.[216] Trop souvent victimes d'agressions, volés, surchargés d'impôts, ils abandonnèrent progressivement le terrain, la culture et le commerce et sonnèrent ainsi la fin de la rente de l'arachide (Somparé, 2008)[217].

---

[214] Les Toubaka sont toujours réputés riches et très religieux, ils habitent toujours les quartiers de Correrah et Baralandé à Boké centre. Ils pratiquent l'endogamie et forme une communauté très solidaire, craint et objet de fantasmes.

[215] GOERG, Odile, *Commerce et colonisation en Guinée* (1850-1913), Harmattan, Paris, 1986, page 58.

[216] GOERG, Odile, *Commerce et colonisation en Guinée* (1850-1913), Harmattan, Paris, 1986, page 124

[217] SOMPARE, Aboubacar. *Brève histoire du Rio Nunez, République de Guinée*, Harmattan, 2008, page 118.

La culture du caoutchouc se développe rapidement au début du XXe siècle, principalement dans le bas Nunez en territoire Nalous, atteignant en valeur d'exportation trois millions de francs-or en 1906. Son prix d'achat atteindra en 1908 le record de 20 francs-or le kilogramme. La recherche des laines saignantes désorganise les champs et bouleverse les activités sociales et économiques. Les Landouma courent partout à la recherche du produit, engageant une course à une nouvelle rente, bien que plus éthique et plus rassurante en termes de sécurité. Au début du XXe siècle, une crise mondiale de surproduction affecte le prix du caoutchouc et affaisse au passage la production en Guinée. Elle passe de 320 tonnes en 1909 à 230 tonnes en 1915. Les prix subissent l'effet de l'effondrement de la demande mondiale et se retrouvent à 6 francs le kilogramme. L'activité commerciale du caoutchouc est perçue comme une nouvelle source d'enrichissement, quoiqu'elle perde en intérêt commercial, et les paysans se tournent à nouveau vers les cultures vivrières. En échange de ces produits, la part de l'alcool monte en flèche au fil des ans[218]. En 1910, la consommation de l'alcool pur a atteint 278 hectolitres. Pour obtenir le fameux liquide, les consommateurs vendent leurs biens, leurs nourritures et leurs ressources[219]. Cette nouvelle pratique déclenche un cercle vicieux d'appauvrissement des paysans, et elle renvoie en image la préfiguration des futurs « déguerpis » des processus d'expropriation des terres dans le cadre du développement des activités minières. La course aux produits importés démobilise les paysans et les éloigne des champs, et elle ouvre la course à la recherche de la ressource d'échange : le caoutchouc ou l'amande de palme. Ceux-ci sont troqués contre l'alcool ou les produits manufacturés. Ce système de troc et de captation des ressources fonctionne suivant les logiques de l'activité minière. Il met en exergue la dépossession des terres agricoles en échange d'une précaire compensation financière, la course à des emplois subalternes dans les entreprises minières pour l'obtention d'un salaire dérisoire, un salaire qui couvre à peine les frais de consommation des produits importés, les besoins sociaux et les loisirs introduits par l'activité minière. À partir de 1902, la paix s'installe dans un Nunez ruiné par des siècles de guerres pour le prélèvement des rentes, mais elle porte également en germe les effets pervers de l'extractivisme.

---

[218] Monographie du cercle du Rio Nunez, Figarol, 1912, Archives Nationales de Guinée.

[219] Cité par DEMOUGEOT, A, dans le Bulletin du comité d'études historiques et scientifiques de l'AOF de 1938, page 312.

N°	**Maisons de commerce**	**Lieux de comptoirs**
1	Compagnie Française de l'Afrique Occidentale	Bel-Air, Victoria, La Portia, Cassane, Bintimodia, Tougue-Keren
2	PATERSON ZOCHONIS, CIE LTD	Victoria, Kassomba, Kibola, Tamaya, Togben, Kandiafra
3	Compagnie coloniale d'exportation	Guémé St-Jean, Victoria, Taibé, Couffin, Kassomba, Toroma
4	Compagnie Française de Commerce Africain (COFCA)	Bensané, Kankan
5	E. CHAVANEL	Conakry, Boké
6	Société commerciale de l'Ouest Africain	Conakry, Boké
7	WALKDEN ET C° LTD	Conakry, Boké
8	E. JAY	Boké
9	GALLOIS ET C°	Boké
10	DUCHEZ	Boké

Figure 2 TABLEAU DES MAISONS DE COMMERCE ET COMPTOIRS DANS LE RIO NUNEZ

Source : Oumar Barry à partir des données de Sompare (2008)

ÉTAT DES LOCATIONS DE TERRAINS ET REDEVANCES CONSENTIES PAR LES NÉGOCIANTS ET SUJETS ÉTABLIS DANS LE RIO-NUNEZ, EN VERTU DES CONTRATS PASSÉS SOIT AVEC YOURA-TOWEL, SOIT AVEC SON SUCCESSEUR DINAH SALIFOU.

ANNUELLEMENT

Maison Blanchard de Marseille :		
—	Gamierth	Fr. 4.500
—	Ropas............	500
—	Cataco	750
—	Bathias...........	1.250
	Total à reporter	7.000

— 32 —

	Report	7.000
Compagnie française de l'Afrique occidentale.		
—	Bel-air	2.250
—	Laporthiers........	250
—	Bathias	1.250
Rendal et Fischer London Victoria		2.250
—	Bathias	1.250
Betj Sierra Léon Cie Victoria...........		3.000
Flers Exportation Gueme Saint Jean		2.250
	Total..................	19.500

Figure 3 : états des payements des rentes des sociétés de traite dans le Rio Nunez (extrait du rapport de M. Alcide Delmont).

Section 1.2. La zone minière de Boké aux prises entre la multiplication des acteurs et la raréfaction des ressources : quel enjeu pour le développement ?

Dans cette section, un accent particulier sera mis sur la distribution des entreprises minières dans la région de Boké. Les implications spatiales et la pression sur les ressources naturelles (foncière, hydriques) qui en découlent gênèrent en effet des tensions sociales difficiles à maitriser. Les enjeux soulevés par ces problématiques demandent des réponses institutionnelles, juridiques, financières qui sont loin d'être satisfaites. La conflictualité récurrente dans la région trouve une partie de ses explications dans toutes ces mutations.

1.2.1. Tableau de la distribution spatiale des entreprises minières dans la région minière de Boké et implications socio- environnementales

La région de Boké est l'une des 8 régions administratives de la Guinée. Elle a été créée par la loi du N° 27/CTRN du 18 aout 1994. Elle comprend 5 Préfectures : Boffa, Boké, Fria, Gaoual et Koundara. Sa superficie est estimée à 31.186 km^2 pour une densité de 17 habitants au kilomètre carré. En 2008, sa population était estimée à 1.271.224 habitants, un chiffre qui a presque doublé ces dix dernières à cause du boom de l'activité minière. La pauvreté est presque endémique dans la région, 62,5% des habitants de Boké vivent en dessous du seuil de pauvreté. Elle enregistre également l'un des taux de scolarisation les plus bas en Guinée. Le taux d'accès à une eau potable est également l'un des plus faibles du pays, soit seulement 48,8% des personnes, loin en dessous de la moyenne nationale de 67,8%[220]. L'intensification des activités minières ces dix dernières années accentue tous ces indicateurs.

Le climat de la région est de type soudano-guinéen au Nord et de type tropical adouci par la mousson au Sud. L'alternance des deux saisons rythme l'année. Une saison pluvieuse plus ou moins longue du sud au Nord. Une saison sèche avec des canicules très élevées dans sa partie nord. Il tombe près de 2500 mm de pluie dans la plus grande

[220] Le Rapport national de suivi des OMD en Guinée, publiée en 2014.

partie de la région. Le relief est marqué par des plaines marécageuses le long de la bande côtière. À l'intérieur, des chaines de montagnes entrecoupées de vallées se rencontrent à plusieurs endroits. Le régime hydrographique est important, il est réparti au tour de trois bassins :

- Le bassin de la Koliba comprend les fleuves Komba et Tominé dans la préfecture de Gaoual.
- Le bassin de la Koulountoun dans la préfecture de Koundara.
- Le bassin côtier comprend les fleuves Cogon, le Tinguilinta et le Bourounao dans la préfecture de Boké[221].

Le croisement de ces fleuves près de Boké a donné naissance à un puissant bras de mer ; le Rio Nunez. Il est la principale porte d'entrée vers les gisements de bauxite de Boké. Le Rio Nunez s'élance sur une distance de 80 km entre son embouchure à Kamsar et son point de jonction avec les fleuves intérieurs à Baralandé, où il cesse pratiquement d'être navigable. Il fournit les moyens de subsistance aux populations riveraines le long de tout son parcours. Les pécheurs Baga et Nalou dans le bas Nunez, les agriculteurs Landouma dans le haut Nunez. Et, nous l'avons vu dans le chapitre précédent, bien avant le démarrage de l'exploitation minière, les principales villes étaient nichées au bord du fleuve : Kanfarandé ou l'ancienne Victoria, important centre économique et commercial abritant autrefois de nombreuses maisons de traite, anglaises notamment ; Caniope, centre du pouvoir Nalou et résidence des premiers rois Nalous ; Sogoboli, seconde ville politique et économique des Nalou ; Rapass, ancienne ville de traite. Dans le haut Nunez, les villes de Wakriya, de Katougouma, de Dapilon et de Boké abritaient à la fois le siège du pouvoir politique et les centres de commerce des traitants français.

Ce corridor fluvial concentre encore l'essentiel de la population rurale de la région, qui vit principalement de la pêche, de la riziculture et des activités agricoles. Un rapport du PAGSEM soulignait, en juin 2019, que 40% de la superficie de Boké est propice à l'agriculture. Cependant, seuls 5% de ces espaces sont actuellement mis en valeur, soit

---

[221] Archives de la région administrative de Boké, *Monographie de Boké*, non classées, 1997.

122.000 hectares, avec des productions variées : le riz, le maïs, le fonio, l'acajou, l'arachide et le manioc[222]. La faiblesse des techniques agricoles pratiquées sur des espaces concentrés le long du littoral, et soumis à la forte pression de l'extraction minière et de la multiplication des infrastructures connexes explique les difficultés que connaissent aujourd'hui les paysans. Les concessions minières sont dispersées sur une étendue qui couvre 62 % de la superficie totale de Boké. L'effet démobilisateur des activités minières sur les paysans plus portés sur les petits emplois dans les mines aggrave la raréfaction de la main-d'œuvre agricole. Ainsi de la disparition des terres agricoles sous l'effet de l'extension des activités minières à la raréfaction de la main- d'œuvre agricole contrainte par l'attrait des mines, les mutations qui affectent le secteur agricole bouleversent-elles les modes de vie. Elles suscitent de nouvelles formes d'appropriation des espaces et participent à la construction d'un nouvel espace social très inégalitaire. La disparité des revenus entre les anciens exploitants des terres, qui sont dépourvus de toute formation professionnelle, et les nouveaux travailleurs des mines, venus des écoles modernes, accentuent les défis liés à la mise en place d'une véritable stratégie de développement.

La pêche est la seconde activité de subsistance qui procure des revenus aux populations locales. Selon les chiffres du Ministère de la Pêche et de l'Aquaculture repris dans le rapport du PAGSEM, la pêche artisanale dans le Rio Nunez ramène 29.000 tonnes de poisson par an. Il est difficile, comme dans le cas de l'agriculture, de trouver des statistiques fiables sur le nombre de personnes pratiquant ces activités. Les observations faites sur le terrain permettent néanmoins de comprendre la forte dépendance des communautés à ces activités primaires. Elles fournissent des emplois et des revenus et comblent les besoins alimentaires. La pêche est aussi un savoir endogène fortement spécialisé au profit d'une catégorie sociale. Par ailleurs se développe à côté de la pêche une industrie de fumage du poisson essentiellement dominée par les femmes. L'activité permet la conservation du poisson pour le transporter sur de longues distances, tout en offrant une valeur ajoutée aux femmes qui la pratiquent. Les débarcadères de pêche nichés sur les multiples estuaires maritimes sont des espaces de socialisation et d'intégration économique. Ce sont des territoires de vente de poissons fraichement sortis de la mer, d'échanges de divers

---

[222] Stratégie pour un développement durable de la préfecture de Boké, PAGSEM, juin 2019. Une étude commanditée par un projet de la Banque Mondiale pour l'appui à la gouvernance du secteur minier guinéen.

articles de commerce, et de construction sociale. Ce sont également des territoires d'apprentissage de petits métiers liés à la réparation des filets, à la construction de barques, à la vente de carburant et d'aliments, mais aussi des lieux réputés pour la consommation de stupéfiants. La plupart des jeunes actifs dans cette activité sont déscolarisés ou en situation d'abandon scolaire. Ils trouvent en ces lieux des couloirs de reconversion socioprofessionnelle et de reconstruction d'une nouvelle vie.

L'extraction du sel est une autre activité qui côtoie tout cet écosystème lié à la mer. C'est un savoir ancien maitrisé par une couche restreinte au sein de la communauté Baga et Soussou. Le sel est extrait du sable marin à travers une technique qui perdure depuis des siècles et occupe une frange importante de la population active. Le produit de l'extraction est vendu ou échangé contre des denrées alimentaires. C'est une activité fortement codifiée, au sein d'un groupe social relativement fermé. Ces activités cohabitent, non sans tension, avec l'activité minière, entrainant des bouleversements socio-économiques compromettant toutes les stratégies de développement déroulées par les différents acteurs du développement.

Boké est, en outre, la plus grande région minière de la Guinée. La Bauxite est la ressource la plus importante en exploitation et on y rencontre les plus grandes réserves de bauxite au monde. L'exploitation se fait à ciel ouvert. La découverte de la bauxite dans la région remonte à 1920 par la société canadienne ALCAN. Des prospections intenses sont entamées après la seconde guerre mondiale par sa filiale française Bauxite du Midi dans plusieurs régions de la Guinée. Un premier projet d'exploitation de bauxite est envisagé en 1956 par un consortium d'entreprises internationales piloté par la société ALCAN. Un montage financier du projet estimé à 200 millions de dollars assorti d'un plan de développement des infrastructures est présenté en 1958 au gouvernement dans une loi-cadre. Les études préliminaires pour les travaux de construction des infrastructures sont annoncées. Une convention est signée en juillet 1958 avec l'Assemblée territoriale de la Guinée française. L'indépendance de la Guinée obtenue le 2 octobre 1958 compromet l'avenir du projet. En effet, l'orientation socialiste du premier régime contrarie les perspectives de poursuite, et le nouveau gouvernement nationalise tous les actifs de la société en Guinée, estimés à 23 millions de dollars. La société détenait une mine de bauxite en exploitation dans les îles de Kassa depuis 1948 et une usine d'enrichissement située dans l'île voisine de Tamara. Le contentieux entre la Guinée et la société ALCAN trouvera un dénouement en 1966 lors de la constitution du capital d'une nouvelle société détenue par des capitaux américains : la Compagnie des Bauxites de Guinée, aujourd'hui la plus ancienne entreprise minière encore en exploitation. Elle détient une vaste concession de 3000 km^2 dans la région de Boké autour de Sangarédi, contenant de la bauxite de haute teneur pratiquement unique au monde. Depuis 1973, plus de 600 millions de tonnes de bauxite ont été extraites des terres latéritiques de Boké à destination des raffineries d'alumine situées en Amérique du Nord et en Europe. Jusqu'en 2015, la CBG était le plus gros contributeur de l'État avec des paiements au trésor public estimé à plus de 5,2 milliards de dollars depuis 1973. La structure d'enclave minière caractéristique de l'économie et de la société de la région de Boké est intimement liée à l'évolution de la CBG.

Jusqu'en 2015, la CBG détenait l'essentiel des concessions minières dans la région de Boké. Elle s'étendait sur toute la région nord-ouest de la Guinée. Sa zone d'activité couvre de Sangaredi, où se trouvent ses plus grandes mines et une cité des travailleurs au port minéralier de Kamsar près de l'océan Atlantique, en passant par Boké, le chef- lieu, et Kolaboui à l'intersection des grandes voies routières[223]. La présence de l'entreprise dans la région a engendré le développement d'un long corridor urbain et démographique. Dans la zone de Sangaredi, l'ouverture de la mine de bauxite au cœur des terres pastorales a entrainé des bouleversements sociaux démographiques majeurs, et la création d'une nouvelle ville minière a mis en veilleuse socialement les anciens centres politiques et administratifs préexistants. L'administration a déménagé de Boulérè (ancien centre administratif) vers la nouvelle ville minière de Sangaredi, déclenchant parallèlement des vagues de migration massive de populations attirées par la présence de l'entreprise minière. Sangaredi reste le centre urbain le plus important dans la zone bauxitique, et il y a un effet centrifuge sur tous les villages et villes avoisinantes. Avant l'arrivée de l'entreprise, la zone représentait le plus grand espace agropastoral de la région nord-ouest de la Guinée. Les recensements effectués par les services de l'élevage de Sangaredi estimaient à plus de 16.000 têtes de bovins par éleveurs au début des années 2000[224]. Cette activité était aussi bien

[223] Carrefour de la route nationale Conakry-Boké, Conakry-Kamsar, Conakry-Gaoual, Conakry- Sangarédi.

[224] Entretien avec Madame Fatoumata BARRY, chef service de l'élevage de Sangarédi en 2013.

une source d'emplois, de revenus que de sécurité alimentaire. Les sols de la région sont caractérisés par la présence étendue des bowés, c'est-à-dire des sols latéritiques recouverts en saison des pluies par des herbes humides. Ces plaines herbeuses sont entrecoupées par des vallées alimentées par des rivières au cours irrégulier. Cet écosystème a favorisé le développement durant des siècles d'une économie sociale fondée sur le partage de la rente pastorale, structurant les liens sociaux entre agriculteurs, éleveurs et hommes de métier. Les éleveurs échangeaient les produits de l'élevage contre les produits agricoles ou des outils de travail fabriqués par les artisans. Un cadre économique et social qui a façonné également une psychologie de l'interdépendance entre acteurs sociaux et économiques. Or ce type d'organisation sociale se révèle largement en déphasage avec le système d'enclave minière à sens unique en œuvre depuis l'ouverture des mines de bauxite en 1973. En effet l'organisation de l'espace de production dans la zone de Sangarédi entre éleveurs et agriculteurs, où la terre était objet et moyen de production, obéissait à une logique d'équité et d'interdépendance sociale dans laquelle la question du genre est centrale. Dans la société pastorale, les femmes s'occupent de l'essentiel des activités de production de lait, de fermentation du beurre de vache et d'entretien des animaux. Elles participent à la génération des revenus et ont un statut social d'acteur économique incontournable à la survie du modèle économique en place.

L'ensemble du modèle socio-économique est sous-tendu par des techniques et un savoir appris et transmis par une pratique quotidienne et routinière. Dans ce processus de transmission du savoir nécessaire à la perpétuation du modèle social et économique, les femmes restent le centre de gravité de « l'institution » de transmission des connaissances. Elles enseignent aux enfants les fondements de l'activité pastorale, les techniques de production du lait et du beurre, l'entretien des animaux, le diagnostic et le traitement des pathologies animales et la compréhension des signaux de communication émis par les bovins. Les femmes sont également présentes sur toute la chaine de valeur de la production pastorale. Elles assurent le transport des produits sur les marchés locaux situés dans des espaces d'intermédiation sociale. Présentes sur toute la chaine de valeur de la rente pastorale et agricole, elles maintiennent l'équilibre global du système économique. Les bouleversements introduits par l'extraction minière feront des femmes les principales perdantes des circuits de redistribution de la rente minière. Les statistiques produites par le rapport ITIE 2018 indiquent un faible niveau d'employabilité des femmes dans le secteur formel de l'industrie minière. Sur les 13.539 travailleurs recensés dans l'industrie minière, le rapport ne relève que 750 femmes[225]. La mine industrielle reste encore fortement dominée par les hommes, une situation qui s'explique par le faible niveau de formation des femmes dans les métiers liés aux mines, le poids des pesanteurs socioculturelles et les conditions de travail pénibles dans les mines. Cependant, les femmes demeurent les premières victimes des effets pervers directement ou indirectement liés aux activités minières. Elles sont particulièrement touchées par le phénomène de dépossession des terres qui les exclut des revenus versés par les mécanismes de compensation, le droit coutumier sur le foncier ne reconnaissant pas à la femme le droit à la propriété foncière. Elles sont contraintes à se livrer, pour survivre dans de telles conditions, au petit commerce, dans les centres urbains ou aux environs des zones minières. Le taux de prévalence du VIH sida dans les zones minières est réputé le plus élevé du pays provoqué principalement par l'explosion des pratiques de prostitution et la consommation des stupéfiants[226].

L'irruption de l'extraction minière dans ces mondes ruraux jadis organisés sur des systèmes d'économie sociale, solidaire et d'interdépendance a bouleversé le fondement des équilibres sociaux. La concession minière de la CBG occupe l'essentiel des zones de pâturage sur tous les bowés du nord-ouest de la région de Boké, et les opérations minières exigent le dynamitage à l'explosif des roches latéritiques contenant de la bauxite. Les effets des pollutions sonores de ces opérations se répercutent sur des dizaines de kilomètres au-delà de la mine. L'expansion des espaces nécessaires à de telles opérations minières aggrave les problèmes posés par la nécessité de cohabiter avec les communautés. La présence sur les mêmes espaces d'opérations minières et des activités agropastorales aux pratiques et finalités contradictoires remet en question la pertinence des objectifs de développement mis en avant dans les projets miniers en Guinée. La pression exercée sur les ressources foncières, forestières et hydriques par différents acteurs différenciés sur les usages et les représentations par rapport aux ressources naturelles, amplifie et s'ajoute aux contraintes liées aux changements climatiques. Dans ces zones rurales,

---

[225] [202]https://eiti.org/sites/default/files/attachments/rapport_itie guinee_2018_version_finale_signe_30122020.pdf

[226] https://guineeactuelle.com/feminite-et-feminicide-dans-les-zones-minieres-en-guinee-le-grand- paradoxe.

la terre reste la principale ressource économique et de subsistance des populations. Elle demeure la principale indicatrice de la « richesse » des individus, et elle est mesurée sur la base de l'étendue des possessions foncières de chaque membre de la communauté. Les perturbations générées par les opérations minières sur ce cadre social de référence et de catégorisation transforment profondément la sociologie et l'économie de la zone, au point de rendre inefficaces toutes les interventions publiques, privées et parapubliques en matière de développement.

De 1973 à 2015 la CBG est restée pratiquement la seule entreprise minière en activité dans la zone de Boké, exploitant en tandem la bauxite de la mine Sangarédi à partir de 1973, celle de Bidikoum en 1992, de Silidara en 1997 et de N'dangara en 2007. En 1976, un consortium d'entreprises arabes avait entamé des négociations avec les autorités guinéennes d'alors pour l'obtention d'un permis dans la zone de Aye Koye près de Sangarédi, sur un site bauxitique situé non loin de la concession minière de la CBG. Ce projet ambitieux prévoyait la construction d'une usine d'alumine de 1.200.000 tonnes et l'exportation de 5 millions de tonnes de bauxite brute par an. Le modèle économique du projet s'appuyait sur la structure actionnariale de la CBG qui est une société d'économie mixte réunissant dans des proportions équilibrées l'État et des actionnaires privées. La chute du prix de l'aluminium dans les années 1980 a compromis la rentabilité du projet de raffinerie et entrainé le départ des partenaires privés du projet[227].

Le projet a été réorienté et repris en 2004 par un nouveau groupe d'investisseurs arabes et anglais sur un autre site à Sangarédi. Une convention a été signée entre l'État guinéen et la société Global Alumina pour la construction d'une mine de bauxite d'une capacité de 15 millions de tonnes par an et d'une raffinerie de 2,8 millions de tonne par an. Le coût du projet avait été estimé à 2 milliards de dollars. La société Global Alumina et BHP Billiton détenait 66,6 des parts sociales. En mai 2013, la société a été rachetée à 100% par le groupe EGA détenu par les groupes MUBADAL et DUBAL. Une reconfiguration totale du projet initial porté par la société Global Alumina a également été projetée. La production annuelle de bauxite ramenée à 10 millions de tonnes par an et la capacité de la raffinerie rehaussée à 3,3 millions de

[227] https://ceim.uqam.ca/db/spip.php?page=article-cirdis&id_article=6904. Campbell, Bonnie. 1993. « Le secteur de la bauxite en République de Guinée : ajustement structurel et restructuration internationale de l'industrie de l'aluminium ». *Revue Tiers-Monde*, vol. 34, no 133, p. 187-208

tonnes par an. Pour des raisons encore méconnues, le projet de raffinerie a été abandonné par les partenaires privés au profit de l'exportation de bauxite brute. La nouvelle entreprise est installée dans la zone de Tinguilinta à cheval entre Boké et Sangarédi. Elle exporte annuellement plus de 10 millions de tonnes de bauxite en 2020. En 2015, grâce à un accord de mutualisation signé avec l'ANAIM et la CBG, elle a intégré les installations ferroviaires de la CBG pour le transport de sa bauxite entre sa mine de Sangarédi et son port minéralier de Kamsar. Elle multiplie ainsi le rythme du trafic des trains minéraliers le long du corridor minier Kamsar-Sangaredi tout en accentuant les risques de tensions avec les communautés riveraines et aggrave la pression sur les ressources naturelles.

En 2001, dans la même zone de Sangaredi, la société russe Russki Alumina a signé une convention minière avec l'État guinéen pour l'obtention d'une concession minière de 1170 km^2. La convention a donné naissance à la Compagnie des Bauxites et Alumines de Dian Dian (COBAD) pour la production prévisionnelle de 12,5 millions de tonnes de bauxite par an destinées au raffinage et de 1,2 à 2,8 millions de tonnes d'alumine par an. Le projet prévoyait également la construction d'un complexe infrastructurel composé d'un port minéralier à Taressa sur le Rio Nunez, d'un chemin de fer de 17 km et des logements pour 5000 travailleurs. Le coût total des investissements avait été projeté à 2,33 milliards de dollars. Le projet a connu des modifications techniques importantes, en altérant les aspects du raffinage, la construction des logements et le chemin de fer. La mine de bauxite de la société se trouve également dans la zone de Sangaredi, à mi-chemin des mines de GAC et de la CBG. L'entreprise a rejoint en 2015 le schéma de mutualisation des infrastructures mis en œuvre par l'ANAIM. En 2020, elle a exporté plus de 3 millions de tonnes de bauxite.

En 2015, un consortium d'entreprises chinoises, singapouriennes et françaises (Shandong Weiqiao, Winning shipping, et UMS) a mis en développement un projet de mine de bauxite d'une capacité jusque-là inégalée en Guinée. L'État guinéen détient également 10% du capital de la société. Le projet modeste au départ dans une petite mine près de Boké, à Kaboe, d'environ 5 millions de tonnes par an, a connu une accélération sans précédent dans le secteur minier guinéen. Elle a grandi et acquis des droits dans toute la zone de Boké, de Boffa et de Télémélé. Elle a exporté 35 millions de tonnes de bauxite en 2020, devenant ainsi la première entreprise minière du pays en volume de production. Elle a développé des infrastructures portuaires le long du Rio Nunez avec des capacités de 20 millions de tonnes de bauxite. L'entreprise est surtout connue, sur un registre plus technique, par la mise en activité des modes de transport de la bauxite par route minière. Jusqu'en 2015, toutes les entreprises implantées dans la zone (CBG, GAC, COBAD) assuraient le transport de la bauxite par le chemin de fer le long d'un corridor de transport développé par la CBG. Les routes minières construites et exploitées par la SMB sont des pistes rurales très larges qui s'étalent sur des centaines de kilomètres et traversent des milliers de villages fortement peuplés. Des centaines de camions circulent à un rythme croissant sur ces routes, chargés de bauxite, traversant des villages et des champs. Toute la région de Boké est balafrée par ces routes minières de la SMB contrastant avec toutes les cartes d'urbanisation et les cadastres pastoraux et agricoles. Les bouleversements qui en résultent sur le cadre socio-économique en place sont à l'origine de violences difficiles à maitriser. La pression exercée par ces opérations minières sur les ressources hydriques du Rio Nunez et les ressources foncières agricoles accentue les revendications sociales des communautés en faveur de plus de terres, plus d'emplois, plus de services sociaux. La perturbation des moyens de subsistance et la raréfaction des ressources rendent inefficaces toutes les formes d'interventions pour l'amélioration des conditions de vie des populations.

Dans le district de Kaboe à quelques kilomètres du centre de Boké, la mine exploitée par un consortium d'entreprises chinoises (SMB) fut l'une des toutes premières ouvertes en 2015. Les habitants du village sont majoritairement de la communauté Diakanké, musulmans et agriculteurs. L'irruption de la Compagnie chinoise dans leur milieu de vie a provoqué des bouleversements socio-économiques irréversibles : le passage d'une communauté paysanne intégrée et homogène à une communauté ouvrière, désarticulée socialement et dépossédée de ses moyens de subsistance. L'ouverture de la mine et de la route minière a entrainé une forte migration d'ouvriers venus de la région forestière, chrétienne et techniquement qualifiée. L'essentiel des terres agricoles a été englouti par la mine en contrepartie de compensations précaires. Les paysans sont réduits à des activités ouvrières dans et autour de la mine, qui leur demandent un effort d'apprentissage durant des mois. Les mutations les plus douloureuses sont ressenties dans les pratiques culturelles. La nouvelle cohabitation avec des ouvriers venus d'horizons culturels différents, mais aussi et surtout, la prolifération de débits de boissons alcoolisées près du village.

« Nous sommes obligés de loger des travailleurs qui viennent avec leurs modes de vie, l'alcool, ils ont l'habitude de boire…après ils font des perturbations dans le village. On était obligés de les chasser du village. Ils sont partis construire des cabanes en brousse et se droguent avec nos enfants. Il y a trop de vol dans le village. Les femmes se plaignent. Avant, rien de tout cela n'existait »[228].

La route minière qui traverse le village laisse un nuage de poussière polluant les espaces foliaires des plantes. Les nuages de poussière se déversent dans tout le village et aggravent l'épineuse question de l'accès à l'eau potable au sein d'une communauté déjà confrontée aux effets négatifs du changement climatique sur la disponibilité de l'eau au niveau des sources. Il faut rappeler dans ce cadre que ces communautés, bien que proches de la ville de Boké, n'ont pas accès aux réseaux de distribution d'eau potable de la SEG (Société des Eaux de Guinée).

« À partir du mois d'avril, mai, nous manquons d'eau, même les forages construits par l'entreprise ne fonctionnent plus. Les gens sont très nombreux maintenant, les gens tombent malades, tous les manguiers du village sont couverts de poussières. Le marigot où les femmes puisaient de l'eau a été pollué. Même le Rio Nunez est pollué par les boues de drainage venant de la mine et de la route minière »[229].

---

[228] Focus group avec les sages du village de Kaboe, organisé en aout 2022 lors de notre visite de terrain.

[229] Entretien avec le chef de district de Kaboe lors de notre visite en aout 2020 à Boké.

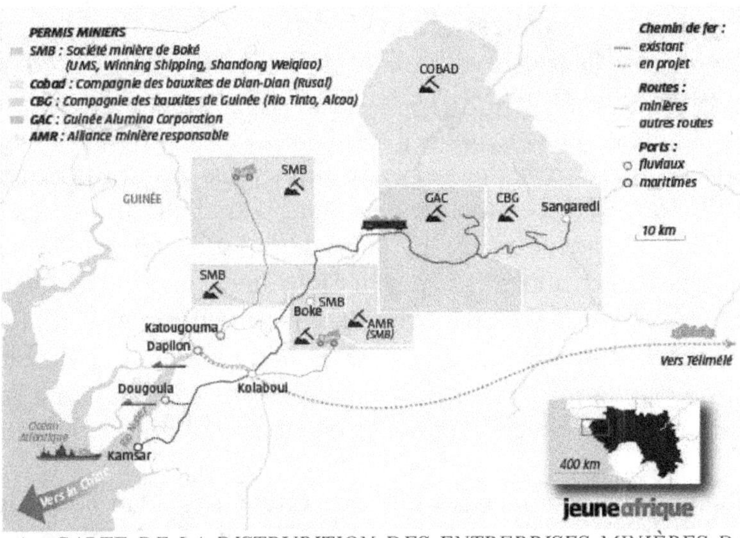

Figure 4 : CARTE DE LA DISTRUBITION DES ENTREPRISES MINIÈRES DANS LA RÉGION DE BOKÉ

Source : Jeune Afrique, février 2019.

1.2.2. Extraction minière et pression sur les ressources naturelles : les enjeux de la conciliation de l'exploitation minière et de la préservation des moyens d'existence des communautés

L'implantation d'une entreprise minière dans une communauté soulève des défis qui ne peuvent être résolus seulement par une réponse purement technique émise dans le cadre des politiques publiques de développement ou de compensation des effets négatifs de l'activité minière. Les mutations qui s'opèrent à l'intérieur de la collectivité, aussi bien sur la raréfaction des ressources locales que sur la désorganisation des habitudes sociales compromettent les efforts déployés par différents acteurs dans le cadre des politiques publiques de développement. La question d'un juste équilibre entre les promesses économiques des projets miniers et les enjeux environnementaux se pose avec acuité (Éric, 2021)[230]. Les réponses fournies par l'État et les entreprises minières se résument souvent à des constructions

[230] ERIC, Voundi. « Extractivisme minier dans l'Est-Cameroun et controverses socio-environnementales : quelles perspectives pour un développement paisible des communautés locales ? », *Belgeo*, mis en ligne le 11 juin 2021.

d'infrastructures sociales (écoles, centre de santé, forages). La restauration ou la préservation des ressources locales sont très peu présentes dans les outils mis en œuvre. Or la survie de la communauté et son système de production reposent sur l'accès à la terre et à l'eau, et l'activité minière affecte ces ressources en compromettant toute possibilité de reconversion des usagers. La disparition des sources d'eau dans ces localités et la dégradation des terres a atteint des proportions très grandes. La population du village de Kaboe nous a confié lors de notre visite de terrain le manque de centres de formation qui leur permettrait de bénéficier de formations métiers, en vue d'une possibilité d'intégration professionnelle au sein de la chaine de valeur de l'activité minière ou d'un développement en autoentrepreneuriat.

> « Nous aider ne signifie pas seulement recruter nos enfants dans des postes d'agents de sécurité ou dans le gardiennage. Ils doivent construire des centres de formation pour nos enfants. Ceci leur permettra de travailler pour eux-mêmes. La plus grande souffrance qui pèse sur nous est la question de l'emploi. Parce que nos enfants n'ont pas les compétences pour réussir les tests que la société organise. Il y a trop de chômeurs dans le village. Un adage dit qu'au lieu de me donner chaque jour de l'argent, apprends-moi comment le trouver »[231].

Le Rio Nunez demeure l'épicentre de l'écosystème de la région. Le fleuve traverse la région sur une distance de 80 km avant de se jeter dans l'océan Atlantique au niveau de Kamsar. Les principales zones inondées où se pratique la riziculture du riz sont des espaces arrosés par des affluents qui dépendent du cours du Rio Nunez. La multiplication des infrastructures portuaires le long du Rio Nunez a considérablement modifié le cours du fleuve entrainant le dépôt de boues le long des rives. Le lit du fleuve est traversé chaque jour par des dizaines de barges chargées de 8000 tonnes de bauxite. La pêche artisanale pratiquée sur le même fleuve se retrouve également menacée de disparition, car les pirogues de pêche qui naviguaient sur le cours du fleuve ont quasiment déserté la zone pour éviter les collisions avec les énormes barges de bauxite. La cohabitation très difficile entre opération d'extraction minière et activités de subsistance des communautés est un défi à intégrer dans la formulation des politiques publiques. Les pêcheurs nous ont exprimé, lors de notre enquête de terrain, les

---

[231] Entretien avec le Président de la jeunesse de Kaboe lors de notre visite de terrain dans le village en août 2020.

difficultés qui se posent à leur secteur d'activité en lien avec le développement de l'activité minière.

« Nous vivons ici de la pêche, mais il nous manque l'aide du gouvernement, nos patrons traversent parfois des moments difficiles, donc l'État doit en ce moment nous aider à avoir des filets et des moteurs pour nos barques. Si j'ai l'aide dans ce domaine, je n'ai pas besoin d'aller chercher un emploi dans une entreprise minière. Je connais l'intérêt de la pêche artisanale. Nombreux sont les jeunes qui travaillent ici... malheureusement là où on partait pêcher les remorqueurs nous ont pris ces zones et déversent des huiles et du gazole dans la mer, ce qui tue les poissons »[232].

La problématique des terres agricoles qui sont les principales sources de subsistance et de revenus des communautés est également au centre de toutes les tensions sociales qui traversent la région. Une étude menée par le PAGSEM en 2019 montre une répartition contrastée des surfaces agricoles. Les rizières littorales et les cultures maraichères sont concentrées le long de la bande côtière près des grands centres démographiques de Kamsar et de Kolaboui. Les zones désertes du Nord-ouest abritent l'essentiel des plantations fruitières d'anacardes, en même temps qu'aujourd'hui l'essentiel des concessions minières de la SMB en activité (Dabiss, Sanssalé). Les multiples vallées fertiles des plateaux bauxitiques de la région nord-est sont faiblement mises en valeur à cause des contraintes liées à la présence des mines de bauxite de la CBG, de GAC et de COBAD. Le rapport montre donc la variété des productions agricoles locales et leur forte concentration dans la bande côtière.

« Les principaux produits cultivés à Boké incluent le riz, le maïs, le fonio, la noix de cajou, les arachides, le manioc, qui couvrent plus de 122.000 hectares... La production reste à proximité des villages et surtout dans les zones côtières, au lieu de se concentrer là où les sols et les autres conditions agricoles sont les meilleurs. »[233]

---

[232] Focus group avec la communauté des pêcheurs de Kamsar lors de notre visite en septembre 2020. Les remorqueurs sont les bateaux qui tirent les barges remplis de 8000 tonnes de bauxite en direction de la haute mer où attendent les cape size de 250.000 tonnes pour le chargement.

[233] Stratégie pour un développement durable de Boké, rapport d'étude du PAGSEM, 2019, page 84.

La superposition des espaces agricoles sur les zones de forte concentration démographique et urbaine, près des côtes, reflète le manque de plan d'aménagement et de développement supportant les projets miniers dans la zone. Le dernier plan d'aménagement de Boké date de 1992, à une époque où seule la CBG était en activité dans la zone de Sangaredi[234]. La présence simultanée et parfois agressive de multiples entreprises minières dans les espaces dédiés à l'agriculture engendre ainsi des tensions sociales et contribue à la détérioration des moyens de subsistance des communautés. L'essentiel de l'activité agricole se pratique sur les rizières près des côtes ou dans les îles. En 2004, l'installation de la société GAC dans le village de Taigbé pour la construction de la jetée et du port minéralier a entrainé l'acquisition de 6 hectares de terres communautaires[235]. Les impacts de ces opérations minières sont à la fois directs sur des espaces destinés à la construction des infrastructures portuaires, mais génèrent également des impacts indirects à cause des reflux d'eaux salées sur d'autres terres rizicoles.

« Les populations de Taïgbé imputent l'élévation du niveau de l'eau aux opérations de dragage et au resserrement du lit du Rio Nunez effectué dans le cadre de la construction de la jetée de Guinea Alumina Corporation »[236].

Les terres propices à la riziculture se trouvant pour l'essentiel dans les rizières près des côtes, les travaux de construction des infrastructures portuaires entrainent l'élévation du niveau de la mer et inondent les espaces rizicoles. Les terres de remplacement à l'intérieur des terres sont moins fertiles, ce qui abaisse les rendements et les revenus des paysans. La problématique de l'accès à la terre en lien avec le développement des industries extractives est donc un défi majeur quant à la survie des populations de la région de Boké. Les installations portuaires et ferroviaires des entreprises minières sont concentrées dans les sols les plus fertiles, le long de la bande côtière près des grands centres démographiques de Kamsar et de Kolaboui. Les plus grandes mines, notamment celles de SMB, sont également situées dans les vallées fertiles du nord-ouest. C'est le cas des mines de Dabiss,

[234] Cette information nous a été donnée par l'inspecteur régional du plan et de l'aménagement de Boké en septembre 2020.

[235] [212]KOLIE, Joseph Etienne. *Les dépossessions de terres agricoles et compensations dans les zones minières en République de Guinée : effets sur les moyens d'existence des agriculteurs familiaux,* ULB, 2021, page 49.

[236] *Ibid.*, page 54.

Sanssalé. Les populations « dépossédées » de leurs terres se ruent au final vers les entreprises minières à la recherche d'emplois. La grande masse, désœuvrée, frustrée et ayant perdu les terres agricoles, se déporte dans les grands centres urbains de Boké, de Kamsar, de Sangaredi et de Kolaboui. Ces ruraux déracinés sont les plus actifs dans les manifestations violentes qui secouent ces grandes villes. Ce sombre tableau renvoie à ce que Thomas (2013) désigne par l'expression « d'extraire à tout prix », comme conséquence des logiques du capitalisme libéral. Les incidences de ces paradigmes dominants au sein des acteurs de l'économie politique internationale incitent à penser dans le sillage de Thomas (2013) que les ressources se retournent contre les territoires qui les possèdent[237].

« ... les pertes de terres (dépossessions directes) et/ou les effets indirects de l'activité minière sur les terres agricoles (dépossessions indirectes) ont provoqué une chute des rendements agricoles, dépréciant le capital financier des familles. Les familles perdent à la fois leurs revenus et leur capacité de thésaurisation »[238].

La terre est un « capital naturel » à partir duquel découlent toutes les autres formes de revenus et de moyens de subsistance, mais elle est également un vecteur de système de solidarité et de rapports de force sociaux. La perte des terres et la perturbation des rendements des terres inondées sont porteuses de déséquilibres sociaux et de transformations sociétales. Les impacts se ressentent sur le cadre de vie, le régime alimentaire, la capacité de subvenir aux besoins sociaux élémentaires (se soigner, éduquer les enfants, participer aux activités sociales). Ils aggravent les inégalités sociales déjà fortement présentes entre propriétaires terriens (socialement puissants) et simples cultivateurs sans terre. Ils participent également à la disparition des cadres de solidarité construits autour des pratiques agricoles[239]. Les mutations qui résultent de ces déséquilibres dans le foncier ont entrainé des transformations structurelles importantes. Ainsi les anciens centres politiques et économiques comme Katougouma et Katéménai, où la

---

[237] ERIC, Voundi. « Extractivisme minier dans l'Est-Cameroun et controverses socio-environnementales : quelles perspectives pour un développement paisible des communautés locales ? », *Belgeo*, mis en ligne le 11 juin 2021.

[238] Op.cit., page 55.

[239] KOLIE, Joseph Etienne. *Les dépossessions de terres agricoles et compensations dans les zones minières en République de Guinée : effets sur les moyens d'existence des agriculteurs familiaux,* ULB, 2021, page 49.

notabilité Landouma se retrouvait pour discuter des questions de société et de gouvernance, sont-ils menacés de disparition physique à cause de l'envahissement des entreprises minières. L'un des plus grands ports minéraliers de la SMB se trouve dans le village de Katougouma, au bord du Rio Nunez, jadis occupé par les maisons de traite françaises. L'identité Landouma est indissociable de la question foncière, car ces populations pratiquent majoritairement l'agriculture et vivent sur les terres fertiles arrosées par le Rio Nuñez. Or à nouveau, ces préoccupations identitaires et culturelles sont pour le moment absentes des politiques de développement portées tant au niveau des politiques publiques que des stratégies de RSE des entreprises minières. Un sentiment de frustration mêlé à une nostalgie du passé, bien avant l'arrivée des entreprises minières, est évoqué par plusieurs notabilités que nous avons rencontrées dans le village historique de Wakriya lors de notre enquête. Rappelons avec Diop (2007) que la terre chez les Baga, Landouma et Jalonke est sacrée, les bas-fonds convoités pour leurs fertilités étaient les refuges des divinités. La dépossession foncière est perçue d'abord sous le spectre de la désacralisation[240].

« Wakiria est la résidence des chefs Landouma, un blanc qui y vivait s'appelle Walker, l'un de nos rois s'appelait Sara, il vivait à Wakiria. C'est de là-bas qu'il commandait toute la zone. C'était notre lieu de culte, on y faisait des sacrifices sous un fromager. Nous Landouma, notre travail reposait essentiellement sur la terre. Nous sommes très liés à la brousse, les entreprises minières se sont imposées à nous aujourd'hui. Avant on trouvait tout en brousse, on faisait la cueillette du Néré, des Kantoun, on trouvait des herbes pour la médecine. Cette période me manque beaucoup. On avait ici le plus ancien Bansonyi, le Wotem, qui a disparu aujourd'hui sans aucune trace. »[241]

Les terres situées près des routes minières de la SMB sont envahies par des couches de poussières dégagées par les camions de bauxite, ce qui contribue à l'affaiblissement des rendements agricoles. Une étude

---

[240] DIOP, Moustapha. *Réformes foncières et gestion des ressources naturelles en Guinée : enjeux de patrimonialité et de propriété dans le Timbi au Fouta Djallon*, Paris, Karthala, 2007.

[241] Entretien avec un sage Landouma à Wakriya dans le quartier de Djoumaya, lors de notre enquête en septembre 2020. Les termes Néré et Kantoun désignent des arbres de la famille des légumineuses présents dans les zones sèches du contiennent africain. Le Wotem et le Bansonyi désignent une divinité Landouma, mais aussi la plus ancienne école d'initiation du même peuple.

effectuée par l'organisation HRW montre les effets négatifs de la poussière sur la production des plantes « en privant de lumière les espaces foliaires des plantes » :

« L'entreprise minière ne prend pas en compte dans les indemnisations les impacts des routes minières sur la productivité des plantes. La construction des ports SMB de Katougouma et de Dapilon entraine des envolées de poussières qui inondent des milliers de kilomètres de terres agricoles. Les travaux réguliers de dragage du Rio Nunez entrainent des déversements de boue, d'huile et d'hydrocarbures dans les champs environnants »[242].

Dans le même rapport, un paysan témoigne en ces termes :

« Avant, mon propre champ produisait 50 sacs de riz. Aujourd'hui, je ne peux même pas en tirer un sac ».[243]

Un rapport du gouvernement cité par HRW mentionne le chiffre de 50 barges de 8000 tonnes chacun qui remontent au quotidien le Rio Nunez[244]. Ce chiffre de 2018 a fortement évolué compte tenu de l'augmentation du nombre de points de chargements le long des 80 km du chenal[245]. Il ressort des conséquences des activités de ces entreprises une double pression sur les ressources foncières et hydriques. Les rivières et les puits sont pollués par les eaux de ruissellement provenant de la mine ou des routes minières[246]. La pression démographique en lien avec l'exode rural et les expropriations de terre limite l'accès aux sources d'eau. Très peu d'études appropriées ont été menées sur l'impact de l'extraction minière sur l'hydrologie de la région de Boké. Les observations que nous avons effectuées sur le terrain montrent que la destruction de la couche végétale accélère l'érosion de sols et favorise la contamination des eaux des rivières par des particules de métaux (aluminium, fer) contenues dans les boues de drainage. Le rapport de HRW souligne l'augmentation de la turbidité (troubles) qui entrave

---

[242] https://www.hrw.org/fr/report/2018/10/04/quels-benefices-en-tirons-nous/impact-de-lexploitation-de- la-bauxite-sur-les

[243] https://www.hrw.org/fr/report/2018/10/04/quels-benefices-en-tirons-nous/impact-de-lexploitation-de-la-bauxite-sur-les, page 82.

[244] LOUIS Berger, *Étude de la mise en œuvre des Plans de Gestion environnementaux et Sociaux (PGES) par Les Entreprises Minières en Guinée*, mai 2018.

[245] https://www.hrw.org/fr/report/2018/10/04/quels-benefices-en-tirons-nous/impact-de-lexploitation-de-la-bauxite-sur-les, page 82.

[246] https://www.hrw.org/fr/report/2018/10/04/quels-benefices-en-tirons-nous/impact-de-lexploitation-de-la-bauxite-sur-les, page 88.

l'écoulement des rivières. Une concentration élevée de métaux contenus dans les sédiments drainés dans les cours d'eau peut également se révéler toxique pour la santé des communautés. La pression sur les ressources en eau, de plus en plus rares, est également due aux prélèvements effectués par les entreprises minières pour des usages internes et (ou) pour l'arrosage des routes minières. Le code guinéen de l'eau proclame le droit inaliénable de l'accès à l'eau potable, et le même code soumet les entreprises minières à une demande préalable pour obtenir une autorisation d'utilisation des ressources hydriques locales. L'article 143 du code minier guinéen demande aux entreprises de prendre des mesures pour « éviter la pollution de l'eau et la dégradation des écosystèmes »[247].

Le rapport de HRW souligne une directive du gouvernement guinéen datant de 2014 sur la réalisation des études d'impacts environnementaux et sociaux qui obligent les entreprises minières à *« cartographier les sources d'eau de surfaces et souterraines »*[248]. Cette cartographie devrait indiquer les mesures effectuées sur les débits, les sédiments et la qualité de l'eau. La directive indique également l'obligation pour les entreprises d'évaluer les quantités disponibles d'eau à usage domestique ainsi que le nombre de consommateurs. Cette évaluation permettrait de mesurer l'impact potentiel des activités minières sur l'accès à l'eau et les mesures de mitigation à prendre. Le rapport reprend également les directives de la Banque Mondiale en matière environnementale, sanitaire et sécuritaire dans l'exploitation minière. Ces mesures concernent l'élaboration d'une carte hydrologique qui établit l'impact de la mine sur le niveau et la qualité des ressources en eau dans la région (rivières, cours d'eau et eaux souterraines). Ces évaluations préliminaires facilitent la prise en compte des enjeux hydrologiques dans la construction des infrastructures (mines, routes minières, ports). Pendant l'activité minière, les entreprises minières devraient mettre en place un système de drainage des eaux de pluie et la construction de bassins de décantation pour l'élimination des sédiments qui empêcheraient la pollution des cours d'eau par les eaux de ruissellement. La carte hydrologique fait ressortir le système d'alimentation de la région en eau

---

[247] [224]https://www.hrw.org/fr/report/2018/10/04/quels-benefices-en-tirons-nous/impact-de-lexploitation-de-la-bauxite-sur-les, page 91.

[248] Ministère de l'Environnement, des Eaux et forêts et Ministères des Mines et de la Géologie, « Directive de réalisation des études d'impact environnemental et social des opérations minières », janvier 2014, p. 37.

de rivière et en eau souterraine. Elle fait ressortir les impacts de l'activité minière sur les réseaux de circulation des eaux de surface et des eaux souterraines. La pression des activités minières sur les ressources en eau constitue l'enjeu le plus complexe des projets miniers en Guinée. Dans un contexte marqué par la faiblesse des infrastructures de production et de distribution en eau potable, les communautés dépendent pour l'essentiel de leur consommation domestique des eaux de rivière, de puits et des étangs. Ces sources sont directement polluées par l'activité minière (poussière) ou par le drainage de sédiments provoqué par les eaux de pluie. Les répercussions sur la santé des populations sont difficiles à évaluer en l'état actuelle faute d'étude appropriée. La conséquence à long terme des activités minières sur les ressources hydriques de la région de Boké peut cependant être irréversible, compte tenu des risques élevés de pollution de nappes phréatiques. Nous avons noté lors de notre enquête de terrain en 2020 la pollution entière de rivières et de source d'eau unique des habitants dans le village de Dioumaya près de la ville de Boké. Les habitants vivent à moins de dix mètres de la mine de Dioumaya dans la commune urbaine de Boké.

« En 2015, l'entreprise est venue sans aucune prévention, ils ont directement commencé à faire le dynamitage. Ils ont compté quelques plantes d'acajous. Pendant la saison sèche, nous souffrons de la poussière, la mine se trouve sur une rivière qui s'appelle kandeta, ils ont construit un forage dont l'eau n'est pas buvable. Nous n'avons plus où boire »[249].

L'unique forage construit dans ce village de près de 1000 habitants est pollué par la poussière dégagée par les centaines de camions de bauxite qui passent tout près du forage. Dioumaya est un exemple atypique de villages vivant à l'intérieur d'une mine de bauxite de la SMB. L'exploitation de la mine a été opérée sans au préalable procéder à une délocalisation des habitants. Ils inhalent depuis huit années, de nuit comme le jour, la poussière dégagée par la mine et les camions de transport de la bauxite. La mine a été fermée il y a quelques mois avant notre passage dans le village. Les habitants se plaignent de problèmes respiratoires et de maladies diarrhéiques. Par ailleurs, aucune mesure de restauration des « moyens d'existence » n'a été mise en place après la destruction des terres agricoles qui sont la seule source de revenus

---

[249] Entretien avec un habitant près de la mine de Dioumaya lors de nos enquêtes de terrain en aout 2020.

pour les habitants[250]. Ces problématiques remettent en débat la délicate question de la participation des communautés dans le processus de gouvernance de la mine (Voundi, 2021). Dans un article consacré à l'extractivisme à l'Est du Cameroun et les controverses environnementales associées, Éric Voundi met en débat la question de « l'hypercentralisation » de la gouvernance minière dans les pays africains, laissant peu d'ouvertures aux communautés qui leur permettraient de déterminer les conditions d'implantations des entreprises minières. À ce titre, Leclerc-Olive (2013) questionnait dans un article la matérialité même de la notion de pouvoirs publics locaux face à la superpuissance du pouvoir public national[251].

Depuis 1973, la CBG mène des activités minières autour d'une vaste zone dans la région de Sangaredi. L'absence d'une réglementation rigoureuse organisant la gestion institutionnelle des impacts des opérations minières sur les ressources hydriques explique le manque de données de base pour évaluer leurs effets. Selon des données fournies par HRW, une demi-douzaine de villages déclare être en difficultés d'approvisionnement en eau à cause des activités minières de la CBG[252]. Les villages de Hamdanlaye et de Boundou Waadé sont cités dans le rapport comme des prototypes de communautés dépouillées de sources naturelles d'eau potable : fontaine, rivière, ruisseaux. Les témoignages des leaders communautaires recueillis dans le rapport illustrent l'extinction progressive des sources naturelles d'eau dans la région avec le développement des activités minières.

« Nous utilisions la rivière pour nos besoins en eau potable, pour nous laver et pour pêcher – c'était de l'eau propre. Mais la CBG s'est mise à exploiter près de la source de la rivière, en réduisant son débit et en provoquant

[250] La restauration des moyens d'existence est des mécanismes de développement d'activités génératrices de revenus des communautés affectés par des projets miniers.
[251] LECLERC-OLIVE, Michèle. « Collectivités territoriales, fiscalité et richesses minières », *Techniques Financières et Développement*, 2013/3 (n° 112), p. 97-102. DOI : 10.3917/tfd.112.0097. URL : https://www.cairn.info/revue-techniques-financieres-et-developpement-2013-3-page-97.htm.
[252] https://www.hrw.org/fr/report/2018/10/04/quels-benefices-en-tirons-nous/impact-de-lexploitation-de-la-bauxite-sur-les, page 98.

des coulées de boue rouge en provenance des mines pendant la saison des pluies »[253].

À la différence de la zone du centre de Boké que nous avons précédemment analysée, la zone de Sangaredi où exerce principalement la CBG est une zone d'élevage. Des centaines d'éleveurs se promènent dans les bowés au milieu des concessions minières de la CBG. Le village de Handanlaye cité dans le rapport de HRW, ci-dessus, que nous avons aussi visité lors de notre enquête se trouve entouré par une mine en activité de la CBG. Les principales zones de pâturages et les sources d'eau ont été détruites par l'activité de la mine. Après plusieurs années de discussion entre les habitants et la société minière, un accord a été obtenu entre les parties pour le déroulement d'un plan de déplacement et de réinstallation des habitants du village. Un nouveau village a été construit sur un nouveau site non loin du centre-ville de Sangaredi. Cependant, les plus grands défis qui se posent à un processus de déplacement involontaire se trouvent dans la restauration des moyens économiques d'existence et la question des héritages culturels. Un programme de développement d'activités génératrices de revenus est envisagé. L'entreprise s'était également engagée à protéger les principaux sites culturels identifiés en consultation avec la communauté. Les normes internationales les plus avancées en matière de compensations, notamment les normes de performances de la SFI, exigent l'application du principe de « terre contre terre »[254]. Ce principe exige des entreprises minières qui procèdent à des « expropriations foncières » de rétrocéder aux victimes de ces dépossessions des domaines équivalents en superficie et en fertilité. Dans le cas que nous évoquons ici, bien que l'entreprise revendique son adhésion à ces normes, elle n'a pas appliqué le principe de « terre contre terre ».

Par ailleurs, la CBG dispose d'une centrale de traitement des eaux qui analyse également le niveau de pollution chimique du fleuve Kogon, le plus grand dans la région, conformément aux normes de l'OMS. Cette analyse permet d'évaluer le niveau de pollution de l'eau du fleuve par rapport à l'activité des mines voisines. Ce fleuve, le plus grand dans la zone d'opération, arrose les principales terres cultivables qui bordent de part et d'autre la concession minière de la CBG. Pendant

---

253 https://www.hrw.org/fr/report/2018/10/04/quels-benefices-en-tirons-nous/impact-de-lexploitation-de- la-bauxite-sur-les. Entretien de Human Right Watch avec un leader communautaire, Hamdallaye, 13 janvier 2018. Pour une perspective.
254 https://ocef.bj/images/Annexe-I-Normes-de-performance.pdf.

la saison sèche, les éleveurs de la région dirigent les troupeaux de bœufs dans le bassin du Kogon où ils peuvent trouver des herbes fraiches et de l'eau pour les animaux. Le contrôle du niveau de pollution dans le Kogon est indispensable pour la survie de l'élevage dans la région.

« Tous les 5 jours, nous faisons l'analyse de la DCO (demande chimique en oxygène) pour vérifier si la qualité de l'eau n'est pas nuisible aux animaux... »[255].

À partir de 2017, de nouvelles mesures ont été mises en place pour évaluer l'impact des activités minières sur le débit des rivières et des eaux souterraines. Ces mesures font suite au projet d'extension des capacités de production de la CBG dans lequel la SFI participe financièrement. Cette dernière exige de la CBG un plan de suivi de l'impact de ses activités sur les ressources en eau de sa zone d'impact.

« Développer et mettre en œuvre un plan de gestion de l'eau (WMP) qui s'appuie sur des données de référence complètes (forages, puits, eaux de surface/souterraines) et notamment des modèles de bilan hydrique et de bilan des eaux de surface/eaux souterraines qui tiennent compte de la qualité, de la quantité et de la disponibilité des ressources en eau pour les communautés locales suite aux opérations de la CBG et à l'augmentation de la population qui en découle, par exemple à Kamsar »[256].

Sous la pression de la SFI dans le cadre de ses normes de performances sociales et environnementales, la CBG a mis en place 36 puits de contrôle du niveau et de la qualité des eaux souterraines. Des prélèvements mensuels sont effectués à cet effet sur les rivières pour mesurer le débit et le niveau de l'eau sur différents points sensibles dans et autour de la concession de la CBG, notamment dans le bassin du fleuve Kogon. Ce mécanisme de surveillance de la qualité de l'eau à travers un « modèle hydrologique » qui s'étale sur le long terme représente une avancée majeure dans la gestion des impacts des activités minières sur l'écosystème. Ce processus traduit la capacité de changement induit par des acteurs multilatéraux et les organisations de

---

[255] KERFALLA, Kaba, chimiste et centre de traitement en eaux CBG, entretien réalisé à la centrale de traitement des eaux du fleuve Cogon à Sangaredi utilisée par la CBG. Nous l'avons rencontré au cours d'une de nos études en 2013.

[256] CBG-IFC, « Plan d'action environnemental et social », 14 décembre 2015, publié dans le rapport de HRW, page 100.

la société civile nationale et internationale[257]. Le cadre réglementaire et institutionnel national en matière de respect des normes environnementales reste fragile, confronté à des déficits techniques, financiers et humains. Les opérations de suivi effectuées par l'Agence guinéenne de l'Environnement (AGE) sont encore financées par les entreprises minières. Ce qui compromet la crédibilité du contenu des rapports, rendant aléatoire la régularité des missions de contrôle de l'agence. Le cadre institutionnel de gouvernance environnementale en rapport avec les activités minières reste confronté à un manque criard de ressources logistiques et financières. La mise en œuvre des plans de gestion environnementale et sociale (PGES) élaborés par les sociétés minières à l'issue des études d'impact environnemental et social (EIES) est compromise par le manque de moyens de contrôle au niveau de l'État. Le PGES est l'instrument principal de gestion de l'ensemble des impacts réels ou potentiels d'un projet minier sur l'environnement, la société et les écosystèmes. Il est élaboré à l'issue de l'étude d'impact et dresse toutes les mesures de prévention, d'atténuation, d'évitement ou de compensation liée aux impacts identifiés. Les sociétés minières ont l'obligation de rendre accessible ce PGES sur leurs sites internet ou celui de l'AGE. Lors de notre enquête, nous avons constaté que plusieurs sociétés ne disposent pas de ce PGES, ou que, tout du moins, il est inaccessible.

Selon le code minier de 2011, amendé en 2013, les entreprises doivent avant toute opération minière soumettre une étude d'impact environnemental et social (EIES), assorti d'un plan de gestion environnemental et social (PGES). L'étude évalue les répercussions environnementales et sociales d'un projet minier sur l'ensemble du cadre de vie. Ce plan prévoit des mesures pour atténuer ou empêcher l'impact négatif des activités minières sur l'environnement et la société. Ces exigences permettent d'obtenir auprès du Ministère de l'Environnement le *certificat de conformité environnementale,* obligatoire avant le démarrage des travaux. Ce certificat est renouvelable chaque année sous réserve du respect des mesures de sauvegarde contenues dans le PGES[258]. Dans la pratique, même si les

---

[257] https://www.hrw.org/fr/report/2018/10/04/quels-benefices-en-tirons-nous/impact-de-lexploitation-de- la-bauxite-sur-les, page 101.

[258] https://www.hrw.org/fr/report/2018/10/04/quels-benefices-en-tirons-nous/impact-de-lexploitation-de-la-bauxite-sur-les, page 58

entreprises réalisent ces études, le respect des normes de réalisation de ces études et le suivi de l'exécution des recommandations qui en résultent demeurent insuffisants[259]. Il faut noter à ce niveau que certaines sociétés minières ont réussi à contourner cette réglementation et ont entamé des activités minières sans au préalable réaliser leurs études d'impact environnemental et social[260].

En 2015, la rentrée en activité de la Société Minière de Boké (SMB) a entrainé des perturbations énormes sur l'approvisionnement en eau potable des communautés dans la zone du centre de Boké. Les habitants de 13 villages ont déclaré à HRW les difficultés qu'ils rencontrent à trouver une source d'eau potable. Ils pointent du doigt le développement tous azimuts de routes minières dans toute la région, traversant et obstruant les cours d'eau « *L'entreprise a coupé les rivières où nous puisons notre eau pour faire passer sa route minière, sans prévenir* »[261]. Nous avons pu constater au cours de notre séjour dans la région que ces allégations étaient bien fondées. La plupart des cours d'eau ont été détruits lors de la construction des routes minières. Les réponses de la société se limitent pour le moment à la construction de forages. L'entreprise est l'une des rares en Guinée à avoir commencé ses activités minières avant l'étude d'impact environnemental et social assorti d'un plan de gestion environnementale et sociale (PGES), et les études menées à postériori ont identifié des risques énormes de pollution des eaux dans les différents chantiers de la SMB. HRW souligne dans une note de son rapport les répercussions des activités de la société sur l'hydrologie de la région, notamment la route minière qui mène de Kaboe au port de Katougouma ou celle de Malapouya au port de Dapilon. Lors de notre visite à Kaboe, la première mine exploitée par SMB en 2015, nous avons constaté la disparition des rivières autour du village et même la pollution du Rio Nunez par les activités de l'entreprise.

« Le PGES du consortium SMB pour le port de Katougouma souligne l'impact potentiel du dragage sur la qualité de l'eau de mer et de l'eau fluviale,

---

[259] Directive de 2014 du ministère de l'Environnement et du ministère des Mines relatives à la réalisation des études d'impact 'environnemental et social.

[260] C'est notamment le cas de la SMB en 2015.

[261] https://www.hrw.org/fr/report/2018/10/04/quels-benefices-en-tirons-nous/impact-de-lexploitation-de- la-bauxite-sur-les. Entretien de Human Rights Watch avec un leader communautaire de Djoumayah, 29 avril 2017 et 10 janvier 2018.

l'incidence de la construction de digues sur la qualité de l'eau et l'effet des barges et des opérations portuaires sur l'eau en général »[262].

La SMB est régulièrement citée dans les rapports du gouvernement guinéen ou de l'AGE pour non-respect des normes environnementales et sociales prévues par le code minier et le code de l'environnement[263]. L'intensification de sa production passant de 5 à 35 millions de tonnes en moins de 5 ans a fortement transformé sa zone d'activité. Plusieurs témoignages citent également une proximité entre l'ancien Président Alpha Condé et les dirigeants de la SMB qui expliquerait ces manquements du côté de l'entreprise. Malgré les alertes lancées dans les rapports de l'AGE et le rapport de HRW, les pratiques environnementales et sociales de la SMB n'ont pas connu une amélioration. Aucune étude scientifique sérieuse ne permet pour le moment de mesurer le niveau et la profondeur de la contamination des eaux souterraines au niveau de toutes les zones d'activité des entreprises minières. L'AGE semble également démunie face à ces constats. Les services déconcentrés sur le terrain ne disposent pas de moyens logistiques et de ressources humaines qualifiées pour assurer le suivi de proximité des activités minières. Les multiples alertes de l'AGE sur les risques de pollution sévère des eaux n'ont connu aucune réponse sérieuse des entreprises mineures. Il est à noter, comme solution la plus pratiquée par les sociétés, les maigres compensations financières distribuées à ceux dont les domaines ont été directement touchés par le tracé de la route minière.

« La SMB n'a pris aucune mesure efficace pour atténuer la pollution des eaux de surface qui se traduit par le transport des sédiments dans les cours d'eau qui les rendent turbides et les contamine davantage »[264].

Le même rapport souligne l'absence de mesures prises par la société pour mesurer la qualité et le niveau de l'eau dans les zones impactées. Il ressort de ces constats le manque de contraintes institutionnelles et réglementaires de l'État guinéen pour obliger les entreprises minières à assurer le respect et le suivi des obligations environnementales. La

---

262 https://www.hrw.org/fr/report/2018/10/04/quels-benefices-en-tirons-nous/impact-de-lexploitation-de-la-bauxite-sur-les, page 95.

263 Rapports du BGEEE d'octobre 2016 et avril 2017, rapports du Ministère des Mines de 2018 sur la mise en œuvre des PGES, cités par HRW.

264 Bureau guinéen d'Études et d'évaluation environnementale, « Rapport d'inspection environnementale et sociale – Société Minière de Boké », 22 avril 2017, p. 37, cité par HRW, page 96.

multiplication des entreprises minières dans la région de Boké complexifie les problématiques d'accès à l'eau potable pour les communautés. Les mesures de correction semblent se limiter à des paiements numéraires aux personnes dont les terres sont affectées directement par les opérations minières. La dispersion anarchique des concessions minières dans toute la région empêche toute formulation de réponse globale à des défis qui s'inscrivent dans une dimension écosystémique. L'État apparait démuni face à toutes ces difficultés et n'offre aucune alternative face à la raréfaction critique des ressources foncières et hydriques.

Les mesures de compensations mises en œuvre par les entreprises ne couvrent pas les pertes qui touchent les sources d'eau. Les mécanismes de compensations mis en œuvre par les différentes entreprises se révèlent lacunaires et fragmentaires. L'absence d'un cadre juridique national réglementant la pratique rend difficile tout processus de contrôle et d'encadrement. Les entreprises sous financement de la SFI appliquent les normes de performances édictées par l'institution. Ces normes, notamment celle N°5, exigent une indemnisation juste et préalable des terres des communautés impactées par les projets miniers. Dans la région de Boké, les entreprises CBG et GAC sont soumises à cette exigence, mais l'appliquent de manière insuffisante en s'appuyant sur des interprétations contextuelles de la loi guinéenne sur le foncier. En effet, même si la constitution proclame le droit à la propriété privée et garantit sa protection, dans le monde rural, la terre non immatriculée reste encore du domaine public de la propriété à cause de l'absence de documents de propriété privée. Les paysans ne jouissent pratiquement que du droit d'usage. Cette faiblesse juridique est récupérée par les entreprises minières dans le cadre des procédures de compensation, et ainsi notamment seuls les arbres fruitiers sont pris en compte dans le mécanisme de compensation. La terre ne fait pas l'objet de compensation physique ou financière par les entreprises CBG et GAC qui bénéficient de financement de la SFI. Par contre, les entreprises chinoises en nombre croissant dans la zone depuis 2015, évaluent la valeur vénale de la terre et verse le montant de la compensation au propriétaire. Ces montants versés depuis 2015 par ces entreprises chinoises aux propriétaires terriens et participent à la « perversion financière » des communautés, qui se retrouvent avec des sommes d'argent sans aucune capacité technique de réinvestissement dans des activités économiques pérennes. Les observations sur le terrain montrent l'appauvrissement au terme de quelques mois des bénéficiaires de ces versements. Faute de disposer d'une capacité de gestion des fonds versés, ils se retrouvent en quelques mois sans argent et sans moyens d'existence (terre) avec le sentiment d'avoir été spoliés de leur « capital naturel ».

L'absence d'un référentiel national de compensation et de réglementation des pratiques d'expropriation pour cause « d'utilité publique » ouvre la voie à un éclatement des pratiques dans les sociétés minières. Chaque entreprise minière déploie sa propre stratégie de compensation. Certaines affirment se référer aux normes admises au sein de leurs partenaires financiers. C'est notamment le cas de la CBG et GAC. Les entreprises sous financement de la SFI appliquent les normes de performances sociétales exigées par cette dernière. Ces normes sont toutefois des principes généraux qui définissent des exigences minimums à respecter dans le développement des projets qui impactent la vie des communautés, alors que leur mise en œuvre fait appel à des outils particuliers qui s'inscrivent dans des contextes politiques et sociaux spécifiques. Par ailleurs, la construction de ces normes internationales censées régulées le processus d'accaparement des terres reste encore dominé par des paradigmes et des logiques largement favorables aux entreprises minières (Leclerc-Olive, 2017). Les institutions internationales à l'origine de leur émergence sont les mêmes qui ont impulsé, dans les années 1990, les processus de libéralisation dans les industries extractives, la réécriture des codes miniers incitant à plus d'investissement dans le secteur minier[265]. Les logiques financières et les cadres théoriques (néolibéraux) qui participent à l'élaboration de ces normes se révèlent antinomiques aux dynamiques d'économie sociale et solidaire qui cadrent l'utilisation et l'exploitation des terres par les communautés. Ces zones subissent une double prédation, celle des terres (Leclerc-Olive, 2017) pour les besoins de développement des activités minières et celle des revenus miniers dans le cadre des politiques redistributives opérées par le FODEL et l'ANAFIC, que nous verrons plus loin. Une étude faite par Kolié (2021) dans le village de Taigbé où GAC développe un projet d'infrastructures portuaires montre le décalage entre la proclamation de principes généraux définis par des institutions internationales et les modalités pratiques de mises en œuvre de ces normes dans des contextes sociaux politiques particuliers. L'étude montre que

[265] LECLERC-OLIVE, Michele (dir.), *Anthropologie des prédations foncières. Entreprises minières et pouvoirs locaux*, Paris, Éditions des Archives contemporaines (2017), 167 p

l'indemnisation des communautés de ce village n'a pas tenu compte du principe généralement admis par la SFI de « terre contre terre ». Les communautés impactées par le projet ont reçu des montants forfaitaires de compensation des pertes directes des terres, expropriées pour construire le port de GAC. Les montants de la compensation ne prennent pas en compte les effets indirects induits par le projet minier.

« Les dépossessions foncières affectent le capital financier de la famille, en ce compris les stocks disponibles (épargne) et les entrées régulières (revenus agricoles). En effet, malgré la faiblesse des rendements inhérente à l'utilisation d'un outillage manuel, tous les ménages que nous avons interrogés s'accordent sur le fait que les rendements agricoles étaient bien meilleurs avant l'arrivée des sociétés minières »[266].

La terre est, répétons-le, un capital naturel qui engendre une multitude de fonctions sociales et économiques. En effet, selon Kolié (2021), la production agricole génère des revenus qui participent au développement du capital humain (payer la scolarité des enfants, se nourrir, se soigner, se vêtir). La mise en valeur de la terre implique la « construction » de forme de solidarité entre familles, notamment la participation à des cycles d'entraides mutuelles dans le cadre du labour ou de la récolte. Le capital foncier est également la seule source de revenus qui permette de se procurer les autres besoins matériels et alimentaires (moto, lait, huile, sucre). Les mécanismes de compensation ne prennent pas en compte ces pertes induites par la dépossession directe des terres agricoles. Un texte réglementaire publié en 1987 et mis à jour en 2008 par le Ministère de l'Agriculture indique un mécanisme de compensation reposant uniquement sur l'évaluation économique de la plante et des produits agricoles. Un prix forfaitaire est affecté à chaque plant en mettant en agrégation la valeur marchande du fruit et de la plante, son niveau de croissance et son utilité sociale. Les montants qui en résultent excluent les autres pertes subies par l'occupant, la valeur vénale de la terre, les terres en jachère, les terres incultivables, les pertes indirectes (payer la scolarité des enfants, se nourrir, se soigner, se vêtir, la socialisation).

Les populations qui subissent ce type de compensation se retrouvent avec un montant forfaitaire, payé une seule fois. Elles perdent en retour

---

[266] KOLIE, Joseph Etienne. *Les dépossessions de terres agricoles et compensations dans les zones minières en République de Guinée : effets sur les moyens d'existence des agriculteurs familiaux*, ULB, 2021, page 55.

leurs terres, la source principale de revenus qui leur procurent tous les autres besoins matériels et alimentaires. Les montants reçus sont rapidement utilisés dans la consommation et l'achat de biens matériels. Au bout d'une année, ces familles sont rattrapées par une pauvreté extrême aggravée par la courte période d'abondance créée par les maigres compensations. Elles sont par la suite exposées à toutes les formes d'exploitation : travail précaire dans les entreprises sous-traitantes, perversion sociale, immigration clandestine. Ces familles sont souvent en première ligne dans les mouvements de protestation contre les entreprises minières. Dessertine (2019) soulignait la reconfiguration des rapports sociaux locaux en lien avec les ouvertures permises par la judiciarisation de la question foncière. Cette fenêtre juridique offre d'une part la possibilité, encore fragile, aux femmes et groupes marginaux de renégocier les rapports de pouvoir locaux, d'autre, porte en germe des risques de conflits à des échelles variées (interindividuelles, Commune, Préfecture) et impliquant différents acteurs (individus, communautés, entreprises, État)[267]. Il est d'ailleurs très fréquent de voir dans la région de Boké des conflits domaniaux, parfois violents, opposants ce que Diop (2007) désigne comme des « primo arrivant » aux « nouveaux venus » en lien avec l'appropriation des rentes minières (compensations). Ce mode d'appropriation territoriale de l'espace crée des relations de « tutorat » (Chauveau, 2007) et des relations de pouvoir entre les groupes sociaux en présence que la venue d'une entreprise minière bouleverse profondément (Dessertine, 2019). Ces bouleversements invitent à repenser la question foncière dans les zones minières au-delà d'une lecture marchande et libérale.

Face aux critiques de la société civile et les organisations internationales, l'État a entrepris depuis 2019 l'amélioration du cadre réglementaire des compensations. Un nouveau projet de loi est en cours d'élaboration qui prendrait en compte trois matrices dans l'évaluation de la compensation :

- 1 - la matrice d'évaluation des cultures saisonnières.
- 2 - La matrice d'évaluation des cultures pérennes.
- 3 - La matrice d'évaluation des terres.

---

[267] https://www.cairn.info/revue-internationale-des-etudes-du-developpement-2019-2-page-141.htm.

Ce nouveau référentiel s'alignerait sur les normes internationalement admises au sein de l'espace CEDEAO qui intègrent une multitude de pertes induites par une activité minière.

« Pour le calcul de toute compensation en vue de l'acquisition de terrain pour la mise en valeur d'une ressource minérale il doit être tenu compte des pertes subies par l'utilisateur du terrain, des désagréments causés au propriétaire terrien et à l'occupant dûment évalués, des pertes et des dégâts causés aux biens immeubles et à leurs dépendances, du manque à gagner, y compris les éventuelles pertes de revenu agricole et autres pertes raisonnablement prouvées, en versant une indemnité compensatrice conformément aux meilleures pratiques internationales en vigueur dans ce domaine »[268]

Ce nouveau référentiel, non encore opérationnel, couvre tous les projets qu'impliquent des déplacements de populations ou qui affectent les terres agricoles ou non. Les projets de construction de routes, les projets de barrage hydroélectrique, les aménagements. En effet, le boom minier que connait la Guinée et la multiplication des projets de barrages hydroélectriques soulèvent des inquiétudes quant au respect des droits humains. Dans la région de Boké, la question foncière est au centre de toutes les revendications sociales. La multiplication et l'extension des zones d'opérations minières dans la zone engendrent des tensions et des violences. L'occupation des espaces nécessaires aux opérations minières (mines, routes minières, chemin de fer, zone technique, cité des travailleurs, port minéralier…) exige de plus en plus d'expropriations de terres dans des conditions qui échappent à une véritable réglementation. Le rapport du PAGSEM de 2019 souligne que 62 % de la superficie de la région est occupée par des concessions minières. Le cadre juridique qui organise les questions foncières en Guinée dans le contexte des projets miniers reconnait dans des termes ambigus le droit coutumier sur la propriété foncière, en milieu rural notamment, sous réserve d'une occupation « paisible, continue, personnelle et de bonne foi ». Mais elle semble plus répondre à des conceptions qui se rapprochent davantage à la territorialité et ses implications dans la formation des États-nations en Europe (Dessertine, 2019). Face à l'absence d'une politique d'immatriculation foncière des terres en milieu rural et de documents de propriété, les entreprises

[268] CEDEAO, « Directive sur l'harmonisation des principes directeurs et des politiques dans le secteur minier », entrée en vigueur le 27 mai 2009, article 4.

minières invoquent la « propriété de l'État sur le foncier » pour se soustraire à l'obligation d'indemnisation de la terre ou de l'application du principe de « terre contre terre ». Cela, en violation des normes internationales des Nations Unies établies par le comité des Nations Unies relatif aux expulsions et aux déplacements liés au développement, ainsi que le Pacte international relatif aux droits économiques, sociaux et culturels.

La question de la domanialité dans ces zones minières semble jusque-là abordée en terme marchand et monétaire suivant une logique qui répond davantage aux valeurs néolibérales qui fondent la légitimité des entreprises minières. Le rapport des communautés à l'espace et les jeux de pouvoir locaux mis en lumière par Dessertine (2019) ouvrent des perspectives de lecture qui aideraient à dépasser la logique marchande de la terre actuellement à l'œuvre. Les modèles de compensation et d'expropriation portés par les entreprises minières contribuent à l'accentuation des phénomènes d'inégalités sociales, d'exclusion et de reconfiguration des hiérarchies locales. Le rapport à la terre des communautés est à comprendre au-delà d'une relation économique, et plutôt comme un écosystème de vie qui intègre des rapports de pouvoir, le lien social et la spiritualité[269].

La procédure d'appropriation dans les projets miniers s'appuie sur le mécanisme prévalant dans le cas des procédures d'expropriation pour cause d'utilité publique. Le code minier en son article 127 indique que la procédure d'indemnisation reposera sur celle qui prévaut en matière d'expropriation. Les articles 57 et 59 du code foncier et domanial de 1999 de la République de Guinée déterminent les modalités d'indemnisations des terres expropriées, suivant une négociation entre propriétaires et acteurs miniers, tout en précisant qu'en cas d'échec des négociations entre les deux parties, un juge statuera sur le montant de l'indemnisation, et toute la procédure s'appuie sur un décret qui classe le projet dans le rang de l'Intérêt Public National. Le code minier stipule également que le « *droit minier n'éteint pas le droit de propriété* ». Le même code proclame ensuite que l'État reste propriétaire des ressources du sous-sol qui les exploite au nom du peuple de Guinée[270].

---

[269] https://www.cairn.info/revue-internationale-des-etudes-du-developpement-2019-2-page-141.htm.

[270] KOLIE, Joseph Etienne. *Les dépossessions de terres agricoles et compensations dans les zones minières en République de Guinée : effets sur les moyens d'existence des agriculteurs familiaux*, ULB, 2021, page 55.

Dans le contexte canadien, Laforce (2012) souligne le processus de régulation de la question foncière en contexte minier par des approches plus globales qui intègrent une forte dimension politique. La stratégie mise en œuvre, à ce titre, a privilégié la résolution de la question des terres dans le cadre d'accord politique entre les communautés autochtones du Nord du Canada et le gouvernement fédéral. Le décentrement de la gestion foncière au niveau des Territoire du Nord, quoiqu'il recèle en germe des asymétries de pouvoir, oblige ainsi les entreprises minières à négocier des ententes sur les répercussions et les avantages (ERA) avec les communautés et apparait comme un modèle de justice sociale négociée.

A l'inverse en Guinée, pour mener l'évaluation foncière, les entreprises minières recrutent des cabinets d'études qui procèdent, en collaboration avec les services déconcentrés de l'État et les collectivités locales, à une évaluation des plants et des cultures affectés par le projet minier. À l'issue de l'évaluation, un montant forfaitaire est fixé et est imposé au propriétaire foncier sans aucune possibilité de contestation de l'évaluation et des montants. L'absence de voies de recours adéquats ou de possibilité de contestation de l'évaluation renforce le sentiment de spoliation des communautés et accentue les tensions entre communautés et entreprises minières. Le chef de service de l'agriculture de Boké qui supervise au nom de l'État le processus d'évaluation nous a confié lors de notre entretien que l'État veille à la protection des droits des communautés pendant la phase de l'évaluation des plants à indemniser. Il distingue à ce niveau deux catégories de plants qui font l'objet de compensation ; les arbres fruitiers (oranges, mangues, anacardes) et les arbres sauvages à utilité sociale (Néré, Koura). Les arbres sauvages sans utilité sociale sont exclus de la compensation, même si « en territoire Landouma », ils font partie du patrimoine culturel et identitaire. En tenant compte du niveau de croissance de l'arbre et du prix des fruits sur le marché, un montant forfaitaire est affecté à chaque plant retenu dans l'évaluation. En moyenne, un montant de 500.000 GNF (50$) est retenu par plants[271].

Dans un rapport publié par Human Rights Watch en 2020, des images satellitaires montrent que le projet d'extension de la CBG a exproprié depuis 2005 près de 10 km^2 de terres agricoles ancestrales de la communauté du village de Handanlaye. En 2019, l'exploitation

[271] Entretien avec le Directeur Préfectoral de l'Agriculture de Boké lors de notre visite en juillet 2020.

minière a contraint les communautés à déplacer leurs logements. La mission de HRW s'est rendue dans 4 villages impactés par le projet d'extension des activités minières de la CBG : Handanlaye, Boundou Waadé, Danta Fonye, Kogon, qui ont perdu l'essentiel des terres de rotation des cultures. De 1973 à 2015, la CBG expropriait les terres agricoles sans aucune compensation juste et équitable. Aucune donnée sur la superficie des terres expropriées pendant cette période n'est disponible. Par contre, des documents fournis par la CBG et consultés par HRW indiquent des chiffres sur les montants versés à quelques propriétaires terriens sur la base de la politique du ministère de l'Agriculture de 1987, amendée en 2008. Un agriculteur a reçu en 2003 le montant de 576.000 GNF (environ 50£) pour 16 manguiers adultes. Une étude du cabinet INSUCO montre que le montant de l'indemnisation aurait été de 1404 dollars en application de la grille de compensation du ministère de l'Agriculture révisée en 2008. Comparativement à la grille d'indemnisation mise en place par la CBG qui proposait 127 dollars pour un manguier adulte, les montants reçus sont dérisoires. Par ailleurs, la compensation ne couvrait que les plants et les récoltes, ignorant les terres en jachère et les terres cultivables. Les images satellitaires de HRW montrent également que 16 kilomètres carrés de terres exploitées par CBG ont été réhabilités par de l'anacarde (acajou), sans toutefois être rétrocédées aux communautés, et 30 km^2 de terres restent encore non réhabilitées.

À partir de 2015, la CBG a mis en place un nouveau cadre de réinstallation et de restauration des moyens de subsistance dans le cadre de son projet d'extension financé par la SFI. Cette nouvelle approche conforme aux normes de performances sociétales de la SFI, notamment la norme numéro 5, exige de l'entreprise une indemnisation sous forme de terres en équivalence, ou une indemnisation financière lorsque celle de « terre contre terre » n'est pas possible. Elle exige que les terres cultivables et les terres en jachère soient indemnisées. Dans la pratique, le rapport de HRW indique que les exigences de la norme ne sont pas appliquées par l'entreprise. Ce cadre mis en place en 2015 ne couvre pas pour le moment les acquisitions historiques de terres entre 1968 et 2015. La compagnie s'appuyait à l'époque sur le principe qui faisait de l'État l'unique propriétaire terrien et que ces domaines se trouveraient à l'intérieur de sa concession minière[272]. Il y a encore des familles qui

[272] https://www.hrw.org/fr/report/2018/10/04/quels-benefices-en-tirons-nous/impact-de-lexploitation-de-la-bauxite-sur-les, page 75.

réclament une indemnisation pour les domaines expropriés lors de la construction des infrastructures portuaires, la cité et l'usine de Kamsar, en 1968.

Une autre entreprise concurrente déjà évoquée, la SMB établit à partir de 2015 dans la région de Boké, a acquis 2,25 km^2 de terres pour construire le port de Dapilon. Ces terres permettaient jadis à plus de 200 familles de vivre le long des terres fertiles du Rio Nunez. La politique de compensation de la SMB est souvent estimée plus « généreuse » que celle de la CBG du point de vue financier. La grille a pris en compte la valeur marchande des terres en culture, les plants et les cultures qui poussent. La politique mise en œuvre par la SMB distinguait plusieurs types de sols en tenant compte de la fertilité agricole et des cultures développées. Les sols les plus fertiles, notamment les plaines de bas-fonds, ont été estimés en 2015 à 15 millions GNF (1646 $) par hectare. Les terres incultivables à 4.200.000 GNF (460 $) par hectare. Le calcul de la valeur de la culture ou des arbres saisonniers repose sur le prix de marché d'une récolte annuelle perdue. La matrice d'indemnisation mise en œuvre en 2016 estimait la production d'un champ de riz d'un hectare à 1500 kg, pour une valeur estimée à 5000 GNF le kilomètre (0,55$). Pour un hectare de riz, un agriculteur pouvait recevoir 7.500.000 GNF (823$). À ce montant, s'ajoute la valeur marchande de la terre. L'entreprise versait également un montant forfaitaire pour le remplacement des récoltes tenant compte du temps de maturité requis pour la plante. Toutes ces grilles sont agrégées pour produire un montant global versé une seule fois aux familles. Ces sommes énormes par rapport aux revenus habituels des communautés ont créé une illusion de richesse aux effets psychologiques et sociaux perturbants. « *On a cru qu'on était devenus riches* », dit une famille dans le rapport.

Les expériences ont montré que ces familles retombent rapidement dans une pauvreté aggravée une ou deux ans après avoir reçu ces montants. Elles manquent de formation et de capacité de gestion des sommes reçues. Ni l'entreprise ni l'État ne les assistent en formation sur l'utilisation des montants dans des projets qui participeraient à la restauration des moyens d'existence perdus (la terre). En 2018, l'entreprise s'est engagée à procéder à une nouvelle compensation foncière et à fournir une assistance technique aux communautés pour le développement de nouvelles activités génératrices de revenus. Lors de notre visite de terrain en 2020 et en 2021, ce processus n'était toujours pas opérationnel. Il est important de souligner la place des femmes dans ces processus de compensation, car comme l'indique Diop (2007), elles relèvent encore des catégories dites « subalternes » qui sont les principales perdantes des processus de dépossessions foncières et des mécanismes de compensation associés. Le régime coutumier qui organise le droit foncier dans ces zones les privent du droit à la propriété foncière, elles ne peuvent donc prétendre à la compensation lors des processus d'identification des bénéficiaires[273]. Le modèle paternaliste et « topocentrique » (Le Roy, 2011) qui préside au choix des bénéficiaires des fonds de compensations n'ouvre aucune possibilité de partage des revenus aux femmes, bien qu'elles demeurent les principales utilisatrices des terres.

Les politiques de redistribution des revenus miniers (FODEL), que nous verrons plus loin, développées par l'État, s'efforcent de porter une attention particulière à la situation économique des femmes dans ces zones minières. La prise en « otage » du mécanisme de redistribution par les politiques et la faible capacité des femmes à investir les procédures d'acquisition des fonds ont contribué à les priver de cette source alternative de développement. La multiplication de la judiciarisation des conflits domaniaux apparait ainsi comme un moyen de « contourner les discriminations » engendrées par les régimes fonciers coutumiers en place (Diop, 2007)[274].

Dans un contexte socio-économique marqué par la prédominance des activités agropastorales, la terre devient un enjeu de premier plan dans les représentations collectives sur la finalité lucrative des projets miniers. Une entreprise minière est perçue d'abord et avant tout dans ses rapports à l'espace, et par l'impact de ses opérations minières sur les espaces économiques (agricoles, pâturages, pêches), et sociaux (les implications sociales des activités agropastorales). Le rapport des entreprises aux questions spatiales structure donc les relations conflictuelles ou pacifiques avec les communautés. La reconfiguration spatiale provoquée par les nombreux travaux d'infrastructures affecte les rapports sociaux, les facteurs de production et les espaces culturels. Les activités minières redessinent les cartes

---

[273] DIOP, Moustapha. *Réformes foncières et gestion des ressources naturelles en Guinée. Enjeux de patrimonialité et de propriété dans le Timbi au Fouta Djallo*n Préface P. P. Rey, Postface E. Le Roy, Paris, Karthala, 2007, 448 pages.
[274] *Ibid.*

sociales et économiques de toute une région, sans proposer en retour une véritable politique de développement qui prendrait en compte l'ensemble des transformations subies.

CONCLUSION PARTIELLE

Les logiques de l'extractivisme et de captation de la rente en œuvre dans la région minière de Boké se révèlent comme la perpétuation de pratiques de prédation et de relations de pouvoirs dominés par des pouvoirs notabilaires. À partir du XVe siècle, l'implantation des traitants portugais, américains, anglais et français dans la région s'est inscrite dans une dynamique d'extractivisme tournée essentiellement le commerce et l'exportation des hommes. Cette première forme d'extractivisme a été remplacée au XIXe siècle par l'économie de comptoirs dont les ressorts sont essentiellement fondés sur la production et l'exportation de la monoculture de l'arachide et du caoutchouc. Les mécanismes de prélèvements et de rémunération de cette forme d'extractivisme réapparaissent dans les dispositions fiscales des lois minières de 1995 et de 2011. Le contrôle de la rente et de l'espace s'inscrit, par ailleurs, comme un enjeu de pouvoir entre plusieurs acteurs. Les États étrangers, les maisons de commerce, les Toubaka, les chefs locaux et les propriétaires terriens sont tenus par des relations de pouvoir dont la finalité essentielle est la captation de la rente et le contrôle de l'espace.

L'irruption de la rente minière au XXe siècle est porteuse de transformations spatiales et socio-environnementales complexes. La distribution spatiale des entreprises minières dans la région de Boké pose de sérieuses contraintes sur la capacité des communautés locales à vivre de leurs propres ressources. La concurrence des usages sur une même spatialité met en lumière la continuité de pratiques de domination de l'espace comme forme particulière de captation d'une rente géographique dont les fondements remontent au XIXe siècle dans les guerres pour le contrôle de la navigation sur le Rio Nunez.

CHAPITRE III

LES STRATÉGIES PUBLIQUES DE DÉVELOPPEMENT DES ZONES MINIÈRES : DE LA SURVIE D'UNE DÉCENTRALISATION TECHNIQUE AU SERVICE DU DÉVELOPPEMENT LOCAL À LA RÉAPPROPRIATION POLITIQUE DE LA RENTE MINIÈRE

La contribution de la rente générée par l'extraction minière pour financer le développement local en Guinée peut être lue sous comme un processus évolutif et contextualisé. En Guinée, les diverses expériences de formulation de stratégies de développement des zones d'extraction minière ont été marquées du sceau de la vision politique des dirigeants et des mutations qui travaillent les zones d'extraction. Les premières expériences d'intervention publique en matière de planification du développement national et local et intégré à des projets d'extractivisme remontent au crépuscule de la période coloniale. En effet, dans le cadre du projet industriel de FRIA, pour l'établissement de la première usine d'alumine en terre africaine, l'administration coloniale réalise, dès le début du projet, la complexité des défis sociaux, infrastructurels et environnementaux qui se posent à une telle aventure industrielle, de surcroît dans des zones reculées et dépourvues d'infrastructures. L'ampleur des défis à surmonter exigeait des réponses qui dépassaient le « cadre » ordinaire d'intervention de l'État dans ces territoires. La création de fonds spéciaux ou de structures parapubliques d'intervention pour le développement s'est vite imposée comme une alternative adaptée. L'expérience a été reconduite après l'indépendance dans le cadre du projet de Boké avec des résultats mitigés. La mise en route des différents plans de développement économique après l'indépendance était surtout marquée par la volonté d'une réappropriation nationale (politisation) de la rente minière à travers des industries de valorisation des ressources minières (alumine, aluminium). L'échec de ces politiques d'industrialisation a contraint l'État, pour survivre, à se réorienter principalement vers un extractivisme « primaire » basé sur l'extraction et l'exportation des matières premières brutes. La fin du régime du socialiste a ouvert la voie à la libéralisation du secteur minier (dépolitisation) soutenue par l'introduction d'un code minier attractif et libéral, la fin des modèles de société d'économie mixte et la séparation des fonctions de l'État régulateur et de l'État comme acteur économique. Le boom minier à partir de 2015 a impulsé ensuite une nouvelle dynamique dans les interventions publiques en faveur du développement, associant asservissement politique et développement des infrastructures sociales et économiques. Le processus se révèle comme une répolitisation de la rente minière comme instrument de domination politique et facteur déterminant dans la diversification des relations internationales de la Guinée.

Dans ce chapitre, nous mettons en lumière les stratégies variées de gouvernance politique de la rente minière depuis l'indépendance et les politiques de redistribution associées à la gestion de la rente minière.

Section 1.1. Les politiques publiques de redistribution de la rente minière entre 1958 et 2017 : de l'État providence à la « privatisation » du développement local

Dans cette section, nous allons, d'abord, aborder les divers mécanismes mis en œuvre par les différents gouvernements, en partant de la brève expérience développée par l'administration coloniale dans le cadre de projet industriel de FRIA. Ensuite, nous porterons notre regard sur la reproduction de l'expérience de la MARG sous la première République à travers l'OFAB dans un contexte politique très centralisé et de rétrécissement des sources de revenus de l'État.

1.1.1. Les pouvoirs publics face à l'extractivisme : la brève expérience de la MARG dans l'insertion du développement minier à l'aménagement des territoires

La conciliation de l'exploitation minière à la problématique du développement socio- économique s'est révélée très tôt dans les stratégies de mise en valeur des ressources minières de la Guinée. Entre choix politique et contraintes géographiques ou historiques, l'extractivisme comme modèle économique de transformation des structures sociales, économiques et politiques commence à la fin du régime colonial lorsque les pouvoirs publics entament le développement de l'ambitieux projet industriel intégré de Fria qui combinait extraction de la bauxite, transformation en alumine puis en aluminium, et construction du barrage hydroélectrique sur le fleuve Konkouré. Le projet ne dépassera jamais le stade de l'alumine qui, en réalité, se révèlera infructueux pour la Guinée, car l'usine ne générera pratiquement jamais de marge bénéficiaire. Cette stratégie peut être appréhendée, dans un registre plutôt idéologique, comme une persistance de la « division internationale du travail » qui renvoie aux territoires du Sud la phase de l'activité d'extraction (Svampa, 2011). Ce constat met par ailleurs en évidence la continuité d'un processus historique de « primarisation » de l'économie des pays du Sud, qui rend difficile et complexe toute dynamique d'industrialisation et de transformation des structures économiques (Gudynas, 2010)[275].

Au-delà de cette lecture de l'extractivisme et des stratégies de développement associées, qui nous semble à dépasser, les politiques de développement instituées dans les territoires d'extraction peuvent être lues comme des leviers de contrôle et de reconfiguration des territoires dans un contexte de multiplication des acteurs en jeu, de compétition entre les différents échelons de l'État, et d'affaiblissement des capacités de celui-ci à répondre aux demandes sociales (Chevrillon-Guibert, 2023)[276]. La rente étant génératrice de rivalités entre acteurs pour sa captation et sa redistribution, elle fragilise les institutions, l'économie, et elle engendre des tensions sociales et politiques (Magrin, 2013). Pour Magrin, la production de la rente minière a ainsi participé à la désarticulation entre les territoires et les revenus en contribuant à la génération de « flux de revenus déconnectés d'activités de production dans les territoires bénéficiaires »[277]. Cette forme de distorsion entre captation de rente et activités de production a longtemps servi de caractérisation du « sous-développement » en tant que forme d'économie se reproduisant sans accumulation, et donc sans valeur

---

[275] GUDYNAS, E. Diez tesis urgentes sobre el nuevo extractivismo. Contextos y demandas bajo el progresismo sudamericano actual. Extractivismo, Política y Sociedad, 187-225, 2009.

[276] RAPHAËLLE CHEVRILLON-GUIBERT. « Le gouvernement des mines au Soudan : entre opportunisme et autoritarisme », *Égypte/Monde arabe*.

[277] MAGRIN, Géraud *Voyage en Afrique rentière, une lecture géographique des trajectoires de développement*, Publication de la Sorbonne, 2013.

ajoutée ou structurante en faveur d'un tissu économique diversifié (Magrin, 2013).

Le processus de développement associé à l'exploitation des ressources naturelles a été pensé par les économistes du développement d'abord comme un processus endogène reposant essentiellement sur la mobilisation des forces productives propres à une société et visant à atteindre des équilibres définis de l'intérieur. L'expression « *The Development is made at home* »[278] exprime l'idée d'une remise en question du discours moderniste et homogénéisateur et ouvre la voie à l'émergence de discours philosophiques et politiques qui questionnent la finalité assignée au développement et sa soutenabilité par rapport aux ressources de la planète (Svampa, 2011). Les discours indigénistes en Amérique latine et autochtonistes en Guinée, sous le prisme d'une lecture poststructuraliste du développement, reprennent en les contextualisant les grandes lignes de cette conception du développement pour le contrôler, se le réapproprier et lutter contre l'extractivisme.

Par ailleurs, la conception temporaliste du développement « par étapes », mise en avant par Rostow comme fondement d'une lecture structuraliste de l'économie et de la société, a longtemps associée la notion de développement de manière fataliste à une certaine division internationale du travail, qui condamnerait de manière irréversible les pays disposant de ressources naturelles à une spécialisation économique de producteur- exportateur sans aucune possibilité de transformation des structures en place (Svampa, 2011).

L'idée du développement associée à l'extraction des ressources naturelles permet de mettre en évidence l'affrontement entre plusieurs paradigmes qui sont autant de grilles d'observation applicables aussi bien en Amérique latine qu'en Afrique. Sous un registre purement géopolitique avec un accent « marxisant », l'extractivisme est perçu comme un choix politique résultant d'une division internationale des territoires et du travail impulsé par la mondialisation. Dans ce cadre, les pays du Nord, auxquels s'ajoute maintenant la Chine et la Russie, déplacent en dehors de leurs pays les phases polluantes et appauvrissantes de l'extraction de la matière première. Les phases de transformations génératrices de plus-values et de liens interindustriels sont localisées dans leurs pays (Svampa, 2011). Cette division spatiale de l'extractivisme entre les Territoire du Nord et ceux du Sud se révèle

[278] Ibid., page 11

être alors plus une « malédiction de l'abondance » qu'une source de prospérité (Acosta, 2009)[279].

Entre les années 1960 et la fin des années 1980, le paradigme « national développementaliste » en tant qu'idéologie et que modèle économique met en exergue l'idée d'une transformation structurelle des économies dominées par l'extractivisme à travers l'implantation des industries de transformation. Cette période est notamment marquée en Guinée par les débats autour des projets d'industrialisation du pays à travers les mines de bauxite de Kassa, de Fria et de Boké. Ces projections industrielles sont notamment consignées dans les documents de planification économique triennal (1960- 1963) et septennal (1964-1971), élaborés comme cadre stratégique des investissements publics et privés, étrangers et nationaux[280].

L'extraction minière est dans cette cadre subordonnée à l'implantation des unités de transformation de la bauxite sur place. À la fin des années 1980, les difficultés constatées à produire du développement par l'industrialisation minière se conjuguent en effet à l'éclosion d'un espace critique philosophique et politique sur la modernité et le développement comme finalité absolue (Svampa 2011). La crise de l'État interventionniste dans les années 1980 a ouvert la voie au paradigme néolibéral dont le discours a participé, d'une part, à l'affaiblissement des capacités de l'État à répondre aux demandes sociales, de l'autre, à la promotion du marché libre comme garant d'une société libre et prospère. Au même moment, les critiques se font entendre quant à la vison dominante et économiciste de la production, c'est à dire, « l'identification du développement à la croissance économique »[281]. Cette période marque l'émergence de concepts philosophiques, politiques et écologiques qui tentent de donner au développement un visage humain et respectueux de la nature, mais sans jamais y renoncer en tant que tel[282].

---

[279] ACOSTA, A. *La Maldición de la abundancia*, Quito, ed. Abya Yala, 2009.

[280] TOURE, Ismaël. *Le Développement économique de la République de Guinée.* Conakry : Parti Démocratique de Guinée, 1967.

[281] SVAMPA Maristella. « Néo- « développementisme » extractiviste, gouvernements et mouvements sociaux en Amérique latine », *Problèmes d'Amérique latine*, 2011/3 (N° 81), p. 101-127. DOI : 10.3917/pal.081.0101. URL : https://www.cairn.info/revue-problemes-d-amerique-latine-2011-3-page- 101.htm.

[282] C'est notamment la publication du rapport Meadows sur les limites « les limites de la croissance » en 1972, le rapport « notre futur commun » en 1987, ainsi que les conclusions du sommet de Rio 1992.

En Guinée, l'échec économique et social éclatant des expériences du socialisme et des discours idéologiques sur l'émancipation a laissé la voie ouverte à l'émergence des idées néolibérales. Ce changement de paradigme s'est traduit sur le terrain minier par une forte dépolitisation de la question de la rente, marquée par le retrait de l'État dans les opérations minières : fin des sociétés d'économie mixte, réduction de la participation de l'État, dérégulation massive. Le paradigme de développement actuel en lien avec l'extractivisme apparait comme la répolitisation de l'industrie minière (création d'une société du patrimoine, hyperinflation de la question minière dans les discours publics, explosion de l'exploitation de la bauxite, relance du projet Simandou) au nom d'une prospérité qui résulterait des politiques redistributives de l'État et des stratégies de RSE des entreprises minières.

Dans le mode académique, la relation entre développement et extraction des ressources minières a longtemps été dominée par la géographie politique, l'économie politique et les études sur le développement. De plus en plus de chercheurs s'inspirant de l'approche épistémologique de la *political ecology* (écologie politique) investissent des objets d'études se rapportant au lien entre extraction des ressources naturelles et enjeu de développement social et environnemental, ou aux processus de contestation sociale de l'extractivisme[283]. L'essentiel des travaux se revendiquant de cette approche se borne à questionner le modèle de développement des pays « des Suds », le processus historique d'insertion de ces pays dans le commerce international, et l'épineuse question de la détérioration des termes de l'échange et des rapports très souvent conflictuels et asymétriques entre « populations locales et capitalisme globalisé »[284]. Ces travaux semblent converger

---

[283] Selon BRYANT (2015), la political ecology est d'origine anglo-saxonne et désigne une approche multidisciplinaire interrogeant de manière critique le processus d'exploitation de la nature. Elle est également un mouvement social et politique qui rassemble des acteurs dénonçant, dans le sens politique, l'existence d'un modèle économique d'exploitation de la nature, de dépossession de terre et portant atteinte aux valeurs environnementales, culturelles, matérielles et symboliques. Voir à ce sujet : Bryant, R. (2015). The International handbook of political ecology. Edward Elgar Publishing. https://doi.org/10.4337/9780857936172.

[284] ALLAIN Mathilde, MAILLET Antoine, « Les mobilisations autour de l'extractivisme. Circulation et
potentiel heuristique d'un concept en voie de globalisation », *Revue internationale de politique comparée*,

vers la dénonciation de ce qui est admis comme étant le « paradoxe de l'abondance » ou « la malédiction des ressources naturelles » (Rosser, 2006)[285]. L'insertion de la dimension politique et des relations de pouvoir dans l'analyse des enjeux se rapportant à l'extractivisme comme finalité particulière assignée à la captation de la rente ont été souvent occultées[286].

L'une des évolutions remarquables des études sur l'extractivisme en Amérique latine est à voir dans son intérêt en ce qui a trait à la division internationale et territoriale du travail et à la perpétuation de ce mécanisme indépendamment des évolutions du capitalisme mondial, Bebbington, 2013 ; Alimonda, 2011). Le fonctionnement de ce mécanisme reposant essentiellement sur le prélèvement de rente sur les produits du sol et du sous-sol (rente agricole, rente négrière, rente minière). Par ailleurs, il s'appuie sur des « positions de monopole et de pouvoir » à partir desquelles des flux de revenus sont transférés entre des acteurs dominants (Magrin, 2013). L'éclosion en Amérique latine et en Afrique de politiques publiques ouvertes à l'extractivisme apparait ainsi comme le résultat d'une « demande mondiale renouvelée et dans un contexte de libéralisation des secteurs extractifs » (Campbell, 2009)[287]. La réappropriation nationale de ce modèle de développement, impulsé de l'international par divers acteurs (pays industrialisés, institutions internationale, multinationales), au nom de politiques redistributives est désignée par Maristella Svampa (2013) sous le nom « néo- extractivisme » ou de néo-développementisme. La période post-coloniale a été surtout marquée par l'émergence des perspectives sociospatiales de l'extractivisme (Harvey, 2004)[288] qui

---

2021/3-4 (Vol. 28), p. 7-29. DOI : 10.3917/ripc.283.0007. URL : https://www.cairn.info/revueinternationale-de-politique-comparee-2021-3-page-7.htm.

[285] ROSSER, A. *The political economy of the resource cursse: A literature survey. IDS Working* Paper 268. Brighton: Institute of Development Studies, 2006.

[286] Les travaux de ANTHONY BEBBINGTON (2013) sur les mondes ruraux, la question foncière, les stratégies de développement portées par des organisations internationales (Banque Mondiale et ONG), les conflits socio-environnementaux et la RSE sont d'un grand support pour ce type d'analyse dans le contexte Latino-américain. *Voir:* BEBBINGTON, A. "Political ecologies of resource extraction*": Agendas pendientes. European Review of Latin American and Caribbean Studies*, 100(100), 85-98, 2015.

[287] [264] CAMPBELL, B. (Ed.) Mining in Africa: Regulation and development (1). London: Pluto Press, 2009.

[288] HARVEY, D. The "new" imperialism: accumulation by dispossession, Socialist Register, 40, 63-87, 2004.

mettent en lumière les conflits d'usage de l'espace entre plusieurs acteurs et les effets spatiaux des politiques libérales introduites à la fin des années 1980, notamment dans la construction d'enclaves minières (Ferguson 2006)[289].

Sans entrer dans les débats poststructuralistes sur la notion de développement porté par des courants nationalistes ou « indigénistes »[290] en vogue en Amérique latine grâce à la venue, à la tête des États, de partis politiques progressistes (Bolivie, Equateur, Pérou, Chili), il est à noter l'émergence d'une nouvelle conception du développement en lien avec l'extraction des ressources naturelles désignée par l'expression « néo- développementalisme ». Sa portée opérationnelle est surtout favorisée par l'explosion de nouveaux projets miniers soutenus par l'avènement d'un nouveau « super cycle » des matières premières au tournant des années 2000. Elle s'appuie sur la réactivation de l'idée d'un modèle de développement qui combine le paradigme productiviste (extractiviste) rappelant les thèses de l'économie classique de spécialisation et de division internationale du travail, avec un État interventionniste (redistributif) cohabitant avec des acteurs nouveaux (locaux, transnationaux), eux-mêmes porteurs de valeurs nouvelles (RSE, normes de responsabilité)[291].

Autrement, le rapport entre le développement et l'extractivisme en Guinée a connu plusieurs phases expérimentales soutenues par des apports théoriques et politiques sans cesse renouvelés. A la fin du régime colonial, les premiers projets miniers s'orientaient davantage vers des stratégies d'industrialisation stratégique répondant à des ambitions géopolitiques des puissances coloniales. A l'indépendance, le régime socialiste de Sékou Touré fondait une stratégie de développement minier orienté vers le développement intégré des régions et l'aménagement des territoires.

Dans cette logique, la question du développement et l'extractivisme ont été associés à des plans ou des programmes de transformation économique et sociaux du pays. Ainsi, de 1958 à 1984, la gestion des

---

[289] FERGUSON, J. *Global shadows: Africa in the neoliberal world order*. Durham : Duke University Press, 2006.

[290] Ces débats sont surtout évoqués dans le contexte de l'Amérique latine avec des auteurs comme Esteva (2000), Escobar (2005) et relayés dans les courants de la gauche. Ils interrogent le concept moderne de développement et les rapports de pouvoirs qu'il induit, tout en mettant en lumière les expériences endogènes.

[291] Dans le contexte latino-américain, ce tournant est désigné par l'expression de « néo- développementisme » extractiviste.

revenus miniers a été marquée par le centralisme étatique[292]. Le système politique centralisé ne laissait aucune liberté aux collectivités dans la collecte et la gestion des revenus générés par l'activité minière. L'État était le seul agent de planification du développement local. Plusieurs processus de planification du développement local ont été menés avec des résultats très sujets à des débats quant aux résultats obtenus : le plan triennal de 1960 à 1963 portant sur les infrastructures et l'aménagement du territoire ; le plan septennal de 1964-1971 portant sur le développement des ressources agricoles et minières. Ces plans ont été élaborés grâce à l'appui d'éminents professeurs d'économie politique comme le professeur Charles Bettelheim[293]. Ce dernier dénonçait, en 1961, la formation du fait des industries extractives d'enclaves économiques autonomes et étroitement liées au marché international, sans aucune influence sur le développement interne des pays africains. La planification économique entamée au début de l'indépendance visait ainsi à résoudre ces distorsions entre les investissements étrangers dans des secteurs donnés et la transformation générale des structures sociales et économiques. La priorité accordée à la production et aux infrastructures répondait notamment à cette volonté de dépasser la tendance à l'enclavement des zones d'extraction et à créer une connexion entre la logique de la rente et la logique de la production, une distinction généralement utilisée comme élément de discrimination entre économies sous-développées et économies développées. Cette transformation structurelle devait passer avant tout par le « recensement aussi complet que possible » des ressources naturelles de l'Afrique et le contrôle intégral des processus de leur production et de leur valorisation[294].

« Ces richesses naturelles constituent la base à partir de laquelle pourra s'édifier la future industrie africaine et elles ne doivent, à aucun prix, être abandonnées à des sociétés étrangères qui (même si elles acceptaient de signer des conventions apparemment avantageuses pour les pays d'Afrique) ne les exploiteraient qu'à leur profit, en fonction de leur marché international et ne laisseraient aux mains des États africains qu'une petite partie des profits réalisés. Ceux-ci seraient alors sans contrôle sur l'ampleur réelle des profits et hors d'état d'agir sur le volume des opérations de production qui seraient

---

[292] Période couvrant les 26 ans de dictature de Sékou Touré. Le socialisme est érigé en système de gouvernance politique et économique.

[293] BETTELHEIM, Charles. « Planification en Afrique noire ». *Cahiers internationaux*, n° 116 : 63-75, 1961

[294] Ibid.

déterminées de l'extérieur. Plus que partout ailleurs, le développement d'un secteur d'État est indispensable dans le domaine minier »[295].

La nationalisation des entreprises minières héritées de la période coloniale, à partir de 1961, répondait à cette volonté de contrôler la production et les rentes générées par l'exploitation des ressources minières comme instrument d'exercice du pouvoir politique. Les industries extractives étant associées à une forme de domination du capitalisme international, la réappropriation nationale de ce secteur était perçue comme la manifestation de l'émancipation politique et une modalité concrète d'exercice du pouvoir politique. L'investissement global du plan triennal s'est chiffré à 43 milliards de francs guinéens et il impliquait la nationalisation des actifs de la Société des Bauxites du Midi. L'objectif initial du plan a été clairement décidé lors du Ve congrès du parti unique en 1959 et les outils de planification établis lors de la conférence nationale à Kankan en 1960. Le plan ambitionnait de poser les bases d'une appropriation nationale des structures de production et de valorisation des ressources naturelles. Au terme du programme prévu entre 1960-1963, les investissements dans les infrastructures administratives auront absorbé plus de la moitié de l'enveloppe financière du plan, mettant en exergue l'irruption d'une logique de reproduction d'une nouvelle bourgeoisie d'État. Celle-ci entend désormais s'octroyer une masse importante des ressources allouées aux différents plans[296]. Nous assistons donc à une reproduction des logiques de prédation des ressources nationales par des pouvoirs de notables (politiques) qui se sont emparés de l'appareil de l'État. Ainsi s'instaurent des rapports d'exploitation de type capitalistique qui prévalaient dans la zone de Boké au XIXe siècle au cours de l'économie de traite. La nouvelle bourgeoisie d'État se crée à l'intérieur d'un secteur de production étatisé en exploitant la paysannerie « à travers les termes d'échanges internes entre produits agricoles et manufacturés, le système des prix d'achat aux producteurs et des prix de vente à la

[295] bid.

[296] Selon COURNANEL (1968), le plan triennal a connu plusieurs versions successives sous la pression de la bourgeoisie d'État. Elle visait par ce canal l'augmentation du budget du plan, mais en contrepartie un poids croissant de la contribution extérieure, et une diminution de la part du secteur productif tandis qu'augmentait très nettement le pourcentage de l'infrastructure qui s'élevait de 20 % à 38 %.

consommation intérieure ou sur les marchés extérieurs »[297]. Cette bourgeoisie politico-administrative se distingue donc par sa capacité à prélever une rente dont elle détermine les modes d'affectation (Cournanel, 1968).

En outre, il se manifestait au sein de la bourgeoise d'État une contradiction entre les intérêts collectifs ou nationaux et les intérêts privés. Ce groupe s'assurait en effet un contrôle sur les moyens de production par le canal du processus de nationalisation et captait l'essentiel de la plus-value générée par les activités de production en détournant les fonds et les produits. Les capitaux détournés par la bourgeoisie d'État n'étaient pas suffisants pour induire une croissance économique globale compte tenu du volume des investissements requis pour entrer dans l'industrie. Ces fonds se trouvaient recyclés dans des opérations commerciales spéculatives en association avec des capitaux étrangers et servaient également à entretenir des relations clientélistes et de construction d'allégeance politique[298]. Ce mode de réappropriation privée des ressources générées par les activités de production agricole ou minière est également visible à travers les mécanismes de redistribution des rentes minières portés par le FODEL et le FNDL en 2019 et 2020. Il répond à une logique permanente de captation de la rente par des groupes dominants comme instrument d'exercice du pouvoir.

> « La bourgeoisie d'État entendait donc s'assurer en premier lieu une masse importante de ressources, à l'occasion d'un plan qui, de par le contexte international de l'époque, était appelé à un certain retentissement. L'accent mis sur l'infrastructure renvoyait au rôle de la bourgeoisie d'État comme intermédiaire entre la production agricole et le capital marchand d'une part, et les marchés extérieurs d'autre part »[299].

---

[297] COURNANEL, Alain. « Planification et investissement privé dans l'expérience guinéenne ». Thèse en sciences économiques, France, 1968.
[298] Ibid.
[299] Ibid.

Planification de 1960-1963	Proportions fixées initialement dans le plan	Investissements réalisés	Nombres d'actions réalisées
Production agricole et industrielle	50%	30 %	62
Équipement social	30%	13%	53
Infrastructure administrative et transport	20%	57%	56

Figure 5: Planification économique de la Guinée pour la période 1960-1963

Source : A partir des données du PDG-RDA.

Le plan septennal couvrant la période de 1964-1971 va être proclamé officiellement, lors du Ve congrès du parti unique et établi lors du CNR (Conseil national de la Révolution) de Guéckédou en mai 1964, le choix de la « voie non capitaliste » comme paradigme présidant alors à l'orientation du développement. Cette option accordera à l'industrialisation et à la valorisation, la plus poussée possible, des matières premières (ressources du sol-sol, ressources agricoles) une place prépondérante[300]. L'enveloppe du plan était chiffrée à 134 milliards de francs guinéens et visait principalement à développer le pôle énergie-industrie minière compte tenu du riche potentiel hydroélectrique de la Guinée estimé à 63,2 milliards de kWh[301].

« Notre Plan septennal donnera à l'industrie la priorité sur les autres secteurs. Le rôle assigné à cette première phase de l'industrialisation sera de développer dans le pays les activités industrielles ayant pour but le redressement dans les délais les plus brefs notre balance extérieure actuellement déficitaire. ... Tout en cherchant à résoudre ce problème d'importance primordiale pour un pays en voie de développement cherchant son autonomie économique, notre programme d'industrialisation doit nous permettre de satisfaire les besoins fondamentaux des populations. C'est-à-dire que l'on recherchera à la fois l'élévation du niveau d'activité général du pays

---

[300] Touré, Ismaël. *Le Développement économique de la République de Guinée.* Conakry : Parti Démocratique de Guinée, 1967.

[301] Touré, Sékou. *Le plan septennal guinéen, 1964-1971.* L'action politique du Parti démocratique de Guinée, XIV. Conakry : Imprimerie du gouvernement, 1967.

et la satisfaction sur place des besoins vitaux dont la solution dépend encore de l'extérieur. Ainsi le Plan septennal recherchera avant tout à augmenter la production nationale »[302].

Ce second plan a présidé au développement des plus importants projets miniers de la Guinée, notamment celui de la CBG et de la CBK et il a posé les bases de ce qui était annoncé comme les futurs mégas projets miniers du pays, notamment le projet Nimba, le projet Aye Koye (futur Dian-Dian) et le Simandou. Au début des années 1970, deux grands projets miniers entrent en activité (CBG, CBK) et génèrent des ressources supplémentaires pour l'État. L'administration centrale mobilise l'essentiel des revenus versés par les entreprises minières alors en activité (FRIA, CBG, CBK, AERODOR) au niveau du trésor public, et les montants collectés servent au financement des activités inscrites dans les plans nationaux de développement, notamment les actions non réalisées des deux premiers plans et les activités prévues dans le du 3e plan (1973-1978). Les initiatives locales de développement sont inexistantes, dans un contexte politique marqué par la répression et l'interdiction de toute forme de liberté de pensée et d'action au-delà des cadres définis par le parti unique à travers ses organes (Bureau Politique Nationale, Fédération, Section, PRL). Le parti-État organise des conférences nationales et des congrès à l'issue desquels les plans de développement sont validés et leur exécution programmée. Il existe un grand Ministère du Développement Economique à l'intérieur duquel le ministère des Mines est logé[303]. Dans chaque région, un Ministère du Développement Rural est créé pour coordonner la politique de développement rural du parti-État. La création de cinq cents (500) coopératives agricoles de production (CAP) et les fermes agropastorales d'arrondissement (FAPA) s'inscrit dans cette dynamique de développement rural à travers la modernisation des pratiques agricoles. Les CAP regroupent les producteurs à l'échelle d'un village, qui peuvent ainsi bénéficier d'un appui logistique et technique de l'État pour améliorer les rendements et les techniques agricoles[304].

---

[302] Rapport présenté par Ismaël Toure Ministre du développement économique au C.N.R du 16 avril 1964 publié dans : Touré, Sékou. *Le plan septennal guinéen, 1964-1971*. L'action politique du Parti démocratique de Guinée, XIV. Conakry : Imprimerie du gouvernement, 1967.

[303] Ce Ministère était dirigé par le demi-frère du Président, Ismaël Touré. Avec la multiplication des projets miniers, le Ministère des Mines va s'en détacher et être autonome.

[304] https://www.webguinee.net/bibliotheque/histoire/ameillon/pl-triennal.html.

Les collectivités locales ne bénéficiaient alors d'aucune autonomie administrative et financière, et elles étaient en réalité les démembrements du parti sur les différents paliers administratifs de l'État. L'échelon de base était constitué par les pouvoirs révolutionnaires locaux (PRL), et les principales zones minières en développement étaient alors Fria et Boké. S'il est admis que la première mine de bauxite en production a ouvert à partir de 1950 à Tamara grâce à la société des Bauxites du Midi, la découverte de la bauxite dans cette partie remonte à 1917 grâce à un ingénieur des mines américain, J.H. Sinclair. Ce dernier mènera, par la suite, des activités de prospection pour le compte du groupe américain Albert C. Burrage de Boston, il obtiendra des permis miniers sur les îles de Loos, Tamara et Kassa. La société Alcoa a obtenu, en 1925, un portefeuille de quatre-vingt-dix-huit permis de recherche enregistré au nom d'employés Français d'Alcoa, conformément au décret du 22 octobre 1924 réglementant l'activité minière en Afrique Occidentale Française (AOF). Le 24 juillet 1933, les permis d'exploitation du Groupe Burrage sont cédés à Aluminium Limited, à travers sa filiale française Bauxite du Midi, pour une somme, à l'époque faramineuse, de 100 000 dollars[305]. C'est dans ce contexte que Bauxite du Midi entreprit, en 1938, de développer à Kassa des infrastructures minières, notamment la construction d'une usine de séchage de la bauxite, d'une mine de bauxite d'une capacité de production estimée à quelques milliers de tonnes et des logements pour les travailleurs. La production commence au début de la guerre et est aussitôt interrompue. Elle reprendra avec plus d'intensité dès après la guerre pour se situer, sur le plan de la production, autour de 500.000 tonnes à la veille de l'indépendance. L'entreprise entreprit également des travaux de prospection dans la région de Boké à partir de 1948. Les sondages ont vite révélé des gisements de bauxite uniques au monde en teneur et en quantité. C'est le début du « projet de Boké » qui deviendra, à l'indépendance, la CBG, toujours en activité plus d'un demi-siècle plus tard.

Le projet d'exploitation de bauxite à Fria est entrepris à partir de 1956 par un consortium d'entreprise dirigé par la Française Pechiney. C'est un projet industriel unique en Afrique eu égard aux montants engagés (22 milliards de FCFA), aux composantes initiales du projet (alumine, aluminium, hydroélectricité) et à la diversité des acteurs en

[305] EICHENBERGER, J. Y. « L'exploitation de la bauxite en Guinée française », *Industrie et travaux d'outre-mer*, 2e année, n° 4, mars 1954.

jeu (sociétés françaises, américaines, allemandes, suisses). La forte implication des pouvoirs publics français à l'époque dénote de l'enjeu hautement stratégique du projet pour l'industrie française, après la guerre, mais elle traduit également les fortes répercussions sociales, économiques et politiques de ce projet sur le plan local. Au-delà des risques financiers inhérents à tout projet industriel de cette envergure, les bouleversements politiques qui traversent l'Afrique en cette période auguraient déjà des lendemains difficiles pour une telle entreprise. L'administration publique française s'engage donc au côté des industriels pour lever les fonds auprès des banques privées françaises. La Caisse Centrale de la France d'Outre-Mer va jouer un rôle central dans le processus de financement de ce projet[306].

La plus grande innovation d'ordre politique et administratif entrainé par ce projet réside dans la prise en compte de la dimension de développement local qu'implique un projet minier de cette envergure. Le développement d'un projet minier dans un territoire entraine des transformations sociales, économiques, culturelles et politiques importantes, et les problèmes qui résultent de l'arrivée d'une entreprise minière dans une localité débordent des cadres habituels de réponse offerts par l'État aux problèmes de ce type. Les questions environnementales, sociales, infrastructurelles, sécuritaires, démographiques, soulevées sont ainsi très complexes et sollicitent au maximum les capacités institutionnelles et économiques de l'État. Le projet Fria a été un révélateur de ce type de transformations sociales et économiques induites par l'arrivée d'une entreprise minière, et la réponse des autorités coloniales a consisté en la création d'un cadre d'action technique et administratif d'accompagnement du projet minier, c'est-à- dire la création d'un organisme autonome de mobilisation du financement pour le développement local et de gestion technique et administrative des multiples problèmes posés par la présence de l'entreprise minière. C'est la création de la MARG (Mission d'Aménagement Régional de la Guinée) et du FARG (Fonds d'Aménagement Régional de la Guinée). Ces mécanismes de financement et de développement local vont s'insérer de façon autonome et complémentaire dans le dispositif technique et institutionnel de l'État guinéen. En effet les multiples défis posés par

[306] La Caisse Centrale de la France d'Outre-Mer est devenue, est devenue, plus tard, l'AFD. C'était une institution d'émission et caisse d'équipement. Loin de faire recours à l'émission monétaire, elle assure le financement des équipements en utilisant uniquement les ressources qui lui sont allouées par le Parlement.

l'arrivée du projet Fria dans la région de Sombori, à la lisière des contreforts du Fouta Djallon, étaient complexes, car les gisements de bauxite découverts dans le plateau de Kimbo se trouvaient dans une zone quasiment inhabitée, coincés entre des montagnes et des vallées profondes. La construction d'infrastructures de transport, de logements sociaux, d'adduction d'eau, de fourniture de courant, d'aménagement d'une nouvelle ville s'imposait également. La gestion de la migration de populations venues des régions voisines à la recherche d'emplois nécessitait la présence d'une administration de proximité. La nouvelle ville de Fria, et les structures administratives et techniques qui lui sont liées, sont ainsi le produit de toutes ces mutations induites par le développement du projet d'usine d'alumine.

Les entreprises engagées dans le projet Fria ont réclamé une forte présence de l'État à leurs côtés pour répondre à toutes les mutations sociales et économiques. La gouvernance et la gestion de ces externalités des projets miniers est encore présente aujourd'hui dans toutes les régions minières de la Guinée. Le modèle de gestion mis en place à Fria a disparu et les mécanismes qui ont suivi se sont érodés faute de réadaptation. Mais l'expérience de Fria révèle avec précision la multiplication des attentes sociales qu'implique la présence d'une entreprise dans des « enclaves géographiques et économiques ». Bien avant l'arrivée des entreprises minières dans le petit village de Fria, qui donnera son nom à la nouvelle mine et au projet, la zone était connue pour ses potentialités agricoles et pastorales à cause de la proximité du fleuve Konkouré[307]. Ces ressources foncières et naturelles n'avaient pas connu de possibilité de développement avant l'arrivée du projet. Les pouvoirs publics cherchèrent alors, à travers le projet minier, à allier le développement agropastoral à l'exploitation minière, tout en favorisant le développement des infrastructures sociales de base qui soutiendraient, par ailleurs, la réussite du projet minier[308].

La principale mission de la MARG résidait dans sa vocation originelle d'organisme d'appui au développement local au nom et pour

---

[307] L'un des plus grands et puissants fleuves de la région ouest-africaine. L'administration coloniale avait engagé EDF pour mener des études pour la construction sur le fleuve d'un puissant barrage hydroélectrique de plus de 700 MW, permettant d'alimenter des fonderies d'aluminium.

[308] Les données du Ministère de l'Agriculture sur le potentiel agricole sont impressionnantes : Terres arables, 6,2 millions d'hectares ; (50 % exploités soit 3,3 millions d'hectares et 10% annuellement cultivés soit 0,62 million d'hectares). Potentiel de terres irrigables ; 364 000 ha (seuls 30 200 ha actuellement aménagés). Cité dans https://www.invest.gov.gn/page/agriculture ?onglet=présentation.

le compte du développement minier : concilier développement minier, désenclavement, développement des infrastructures et développement des potentialités agricoles du pays. La vision prônée par la MARG porte donc sur l'articulation entre ces axes : industrie extractive, désenclavement, infrastructures et développement agricole. Mais l'expérience de Fria dans la mise en œuvre de cette vision transformatrice de l'exploitation minière s'est vite heurtée à des contingences locales. Les problèmes qui ont paralysé une telle aventure industrielle dans cette partie enclavée de la Guinée sont en effet avant tout d'ordre énergétique, puis viennent l'insuffisance des matières premières participant aux travaux de construction (carrières de granites, sables, graviers), les coûts élevés d'importation des techniciens de l'étranger et l'inexistence d'un système d'épargne locale[309]. La MARG a pris en charge, avec plus ou moins d'efficacité, l'ensemble de ces problèmes, non sans rencontrer des difficultés parmi lesquelles nous pouvons citer : l'insertion dans le maillage administratif de l'État, la mobilisation des fonds, la collaboration avec les services techniques de l'État sur le terrain, le choix des priorités d'investissement[310].

L'organisme (MARG) a été créé en 1957 et a été positionné comme bureau d'étude chargé de gérer les questions d'équipements et d'aménagements en lien avec le développement du projet industriel de Fria. Près de 200 milliards de francs ont été mobilisés pour financer des équipements grâce au concours de fonds publics et privés[311]. L'idée de créer cet organisme est venue de Paul Masson, un administrateur des colonies. Jacques Larrue, ingénieur chargé des études à la MARG, dès 1957, justifie cette nécessité de la création d'une structure « paraétatique » dans le contexte de ce projet, par la multiplicité des acteurs en jeu et la complexité des défis sur le terrain.

« Penser l'industrialisation d'un pays d'Afrique, et d'abord de la Guinée, avec l'aide d'une structure paraétatique est pourtant né de la constatation que les industriels, en Europe et en Amérique, les administrations à Paris, Dakar, et à Conakry ne peuvent, chacun de leur côté, résoudre seules un tel problème »[312].

---

309 Ces facteurs ont évolué, si certains ne sont plus aussi contraignants comme la question des agrégats ou de la main-d'œuvre, la question énergétique reste tout de même assez prégnante dans le processus d'industrialisation de la Guinée.

310 LARRUE, Jacques. *Fria en Guinée, première usine d'alumine en terre d'Afrique*, 1997, page 46, Karthala.

311 *Ibid.*

312 *Ibid.*, page 58, Karthala.

La participation des élus aux choix à faire est perçue à cette époque comme garante de la réussite d'un tel projet. Il s'agit de la mise en avant, à partir de l'époque coloniale, d'un concept de « Licence sociale », une notion actuellement considéré comme un facteur indispensable dans la réussite d'un projet minier. Cette notion implique davantage, aujourd'hui, la consultation des communautés sur les impacts et leurs attentes par rapport au projet[313]. Cependant, le cadre juridique de 2011, qui organise aujourd'hui le secteur minier guinéen, exclut de fait les élus des collectivités locales dans le processus de négociation et d'établissement des conventions minières[314]. Lors de nos enquêtes de terrain, nous avons fait le constat de l'ignorance par les élus locaux du contenu des conventions minières qui lient l'État aux entreprises minières[315]. Les conséquences de « l'exclusion » des élus dans le processus de « contractualisation » sont à lire dans le flou et l'instabilité souvent observés dans la formulation des attentes des populations et elles entrainent une confusion notoire des droits et devoirs qui incombent aux différents acteurs (État, sociétés minières)[316].

La vision prônée par la MARG dans ce cadre reflète les ambitions de Paul Masson et de Gaston Defferre[317]. C'est aussi le reflet des

---

[313] Cette participation en réalité très précaire se limité aujourd'hui au niveau des études d'impacts environnementaux et sociaux.

[314] Les conventions minières sont négociées par un comité technique constitué des cadres du Ministère des Mines, de l'Économie et des Finances et d'autres compétences sectorielles. Une Commission Nationale des Mines, composée de compétences venues de divers milieux sociaux et administratifs, donne un avis non contraignant sur la convention négociée. Elle est signée par le ministre des Mines après avis du conseil des Ministre, avant de passer à l'Assemblée nationale pour ratification, après l'avis juridique de la cour constitutionnelle. Le Président de la République promulgue en dernier ressort à l'issue du processus.

[315] Entretien réalisé en juin 2022 à Tanéné à Boké avec les membres du conseil communal. Par ailleurs, sur les 23 membres du conseil communal, seuls 4 sont lettrés.

[316] Il est fréquent de voir des citoyens réclamer aux entreprises minières, la construction de route, l'électrification, l'adduction d'eau, la construction d'infrastructures publiques.

[317] Gaston Defferre est né en 1910 à Marsillargues et est mort en 1986, diplômé de droit à l'Université d'Aix-Marseille et avocat au barreau de Marseille. Il milita au sein de la SFIO et s'engagea dans le militantisme socialiste. Pendant la guerre, il s'engagea dans la résistance et deviendra plusieurs fois Ministre et Maire de Marseille, il s'engagea activement dans le processus de décolonisation en Afrique à travers la loi sur l'autonomie des colonies qui porte son nom ; la loi Gaston Defferre. Paul Masson est né en 1920 à Ussel et est mort en 2009, diplômé de l'école nationale d'outre-mer, il entama une carrière de haut fonctionnaire en AOF et deviendra directeur de cabinet

politiques d'aménagement en œuvre en France dans le contexte de l'après-guerre, c'est-à-dire un développement industriel territorialisé. Paul Masson souligne avec Gaston Defferre les défis humains et techniques d'un tel projet :

« La nécessité d'accompagner la réussite technique de ce projet d'une réussite humaine et d'associer les élus et les élites du pays à notre travail de recherche et de planification, et prouver à la population par des réalisations simples, multiples et palpables de l'aménagement rural que cette affaire n'est pas à sens unique »[318].

Dans l'esprit des stratèges français, le développement industriel s'accompagne, pour être durable, d'un développement économique et social des populations. Les questions d'aménagement rural sont associées, dès cette période, aux projets industriels, dans une approche qui vise à favoriser l'impact positif des projets industriels sur le niveau de vie des populations. Généralement, les populations sont dépourvues de capacités techniques pouvant favoriser leur intégration professionnelle au sein des entreprises minières. Bénéficier des retombées d'un projet industriel par le canal exclusif de l'emploi apparait dès lors comme une difficulté majeure dans le processus d'insertion sociale des projets miniers. Les aménagements ruraux intégrés à des projets miniers sont, par ailleurs, conçus comme une forme de « ruissellement » dans les territoires des revenus générés par ces projets industriels. Dans la stratégie proposée par Paul Masson, la MARG doit réunir ingénieurs, agronomes, économistes, sociologues, juristes, en conjuguant leurs compétences respectives pour résoudre tous les défis posés par l'industrialisation dans des territoires enclavés. La contribution à l'aménagement du territoire d'implantation du projet minier est alors, dans l'esprit des pouvoirs publics, considéré comme la meilleure forme de participation au développement local. L'une des finalités assignées à un projet minier en termes de développement est l'insertion dans un processus plus global de transformation infrastructurelle des territoires. Il s'agit d'une tentative de rupture avec la logique de captation de la rente qui prévalait jusque-là, en tant que mode particulier d'accumulation fondé essentiellement sur le prélèvement des surplus (bénéfices) générés par une activité. L'économie marchande de la traite (négrière et commerciale) et la

---

de plusieurs Ministres. Entre 1957 et 1958, il devint secrétaire général de la Guinée française où il aura à gérer les débuts du projet industriel de Fria.

[318] Idem, Page 58.

monoculture d'exportation (banane, arachide) qui ont dominé l'économie de la Guinée française depuis le XVe siècle fonctionnait sur ce type de prélèvement sans avoir eu d'incidence sur la transformation des structures économiques et sociales. La désertion des pouvoirs publics dans la maitrise du pouvoir infrastructurel et la réappropriation de cette dernière par les entreprises minières se révélera être l'une des caractéristiques fondamentales des rapports de pouvoir dans la zone minière de Boké.

Le domaine d'action de la MARG va s'étendre à la fois sur les compétences réservées aux pouvoirs étatiques coloniaux (électricité, mines, planification) et à ceux transférés aux territoires (social, économie) dans une dimension transversale. Les objectifs ainsi assignés à la structure sont à la fois de coordination des interventions des pouvoirs publics et de planification du développement régional de la zone minière. La MARG intervient à la fois dans une logique horizontale (coordination) et verticale (développement local).

En matière de coordination, Larrue précise : « *elle se saisira de tous les problèmes administratifs, économiques, financiers, juridiques et techniques, les étudiera, proposera des solutions et fera approuver un programme d'action dont elle suivra la réalisation* »[319]. Dans ce cadre, la MARG va assurer la cohérence de toutes les interventions des pouvoirs publics impliqués dans le développement du projet industriel de FRIA. C'est une sorte de *« guichet unique »* de l'administration, face à des collectivités territoriales démunies de moyens techniques et financiers. La structure va mobiliser toutes les forces techniques de l'État (agences, services publics, entreprises publiques) pour résoudre toutes les contraintes qui entravent le développement du projet industriel de FRIA. Elle se présentera ainsi comme « le bras » technique de l'État dans sa mission de développement des territoires en lien avec des projets industriels, assurant une mission d'intervention des pouvoirs publics dans la réussite des projets miniers qui se pose encore aujourd'hui avec acuité en Guinée. A ceci près que la MARG et les structures qui ont hérité de cette « fonction technique » ayant disparu, les interventions de l'État en soutien au projet minier ou en appui au développement local sont désormais éclatées entre plusieurs entités publiques (ANAIM, SOGUIPAMI, ANAFIC, FODEL). Et les conséquences de cette dispersion des efforts de l'État se traduisent par la fragilisation de l'efficacité et de la durabilité des moyens mis en œuvre, les problèmes d'électricité, d'aménagement, d'environnement persistant sans aucune perspective de solutions institutionnelles et financières.

319 Idem, 60

Le second objectif assigné, dès sa naissance, à la MARG, se situait au niveau de la planification stratégique du développement régional. Paul Masson définit cette planification stratégique en ces termes :

« La finalité n'est pas celle d'une industrialisation réussie, mais d'intégrer celle-ci dans un programme de développement dont l'agriculture, à raison de son importance dans le pays, sera bien évidemment le facteur principal »[320].

À l'époque déjà se pose le problème de l'intégration de l'activité minière aux activités économiques locales. Le développement minier ne peut en effet être dissocié des autres aspects du développement, et notamment de la question du *« lien interindustriel »*. La MARG se projetait alors dans l'insertion du développement minier au sein d'un ensemble d'activités économiques pour créer un véritable tissu économique interconnecté. La disjonction des investissements miniers en Guinée, très importants ces dernières années notamment dans le secteur de la bauxite, et de l'économie locale, reste le principal goulet d'étranglement dans la stratégie qui vise à faire du secteur minier un levier de développement et le moteur de la croissance. L'activité minière reste encore largement « enclavée » dans son espace d'exploitation et fortement extravertie (approvisionnement, débouché, fournitures…). L'essentiel des investissements dans le secteur minier en Guinée retourne à l'étranger sous forme d'achat de biens et de services. C'est la conjonction entre un investissement énorme pour démarrer des projets miniers et le désinvestissement caractérisé par la fuite des capitaux à travers l'achat de biens et les services qui sont absents de l'offre locale et pourtant indispensables à l'activité minière[321]. Une fois encore, on peut observer ici la continuité d'une extraversion économique dont les prémisses ont été posées au XIXe siècle avec l'économie de la traite. La désarticulation entre une « géographie minière » tournée vers l'extérieur et la volonté de réappropriation des bénéfices induits par l'activité minière est un processus historiquement construit, structurel et qui échappe à toutes les réponses politiques jusque-là fournies.

---

320 LARRUE, Jacques. *Fria en Guinée, première usine d'alumine en terre d'Afrique*, page 61, Karthala.

321 Entre 2010 et 2020, les investissements directs étrangers (IDE) dans le secteur minier étaient de 6,2 milliards de dollars. L'économie locale n'a pu capter que 20% de cet investissement, soit 800 millions de dollars. Autrement, sur chaque 100 $ investi dans le secteur minier, 80 $ retournent à l'étranger. Cité dans un rapport du gouvernement guinéen de 2019.

Les stratégies développées par la MARG répondaient, de fait, uniquement aux objectifs de coordination et d'appuis techniques au développement d'un projet minier dans un territoire enclavé. Les domaines d'intervention de la structure qui découlait de ces deux objectifs stratégiques se sont retrouvés limités par rapport aux enjeux plus globaux de transformation structurelle et politique du pays. Certes, la MARG a pris à cette époque en charge les principaux défis posés par une opération industrielle comme celle de FRIA, tels que la facilitation de l'implantation des entreprises minières en développant des infrastructures sociales, l'aménagement et l'équipement de la région minière. En outre, la MARG a participé à la formation technique et professionnelle de la main-d'œuvre appelée à travailler dans les chantiers de construction. Dans ce cadre, la MARG va financer la construction de 4 ponts métalliques totalisant près de 1000 m sur le fleuve Konkouré, l'aménagement de la nouvelle ville de FRIA, la construction d'un centre de formation professionnelle, la construction d'un hôpital moderne, qui sera l'un des plus recherchés de la Guinée durant des décennies.

L'un des domaines privilégiés d'intervention de la MARG consistait également en la mise en valeur des terres agricoles et l'équipement des collectivités. Elle menait à ce titre des actions de soutien à la résilience des collectivités qui abritaient les opérations industrielles et la construction en vue du barrage de Konkouré, plus de 20.000 personnes ayant été concernées par ces travaux dans la zone concernée de Fria[322]. Après les travaux de construction, la MARG s'est investie dans la réintégration des personnes qui étaient employées dans les différents chantiers de construction. L'opération industrielle de FRIA, le premier et le plus important chantier de la Guinée dans le secteur minier, a en fin de compte eu le mérite de montrer les défis techniques et administratifs qu'impose ce type d'investissement. Pour éviter les « effets pervers » d'une telle opération industrielle sur la structure économique locale et contribuer à la réussite du projet, la MARG s'était dotée d'un mécanisme de mobilisation de fonds qui faisait appel aux pouvoirs publics et aux entreprises minières. Cela demandait des moyens financiers importants. Ils seront mobilisés à travers plusieurs mécanismes, notamment les instruments fiscaux et

---

[322] LARRUE, Jacques. *Fria en Guinée, première usine d'alumine en terre d'Afrique*, page 63, Karthala.

parafiscaux. Larrue met en lumière les cinq (5) instruments mobilisés par la MARG entre 1956 et 1959 :

- Une imposition fiscale sur les investissements à hauteur de 60% de cette dernière.
- Une participation financière des sociétés industrielles au cours des cinq premières années d'exploitation.
- D'autres formes de versements en soutien à la réadaptation des travailleurs
- Une contribution des établissements publics, privés ainsi que des collectivités
- Le remboursement des dépenses d'expropriation ou de rachat des droits d'usage, notamment sur le foncier, mais aussi le coût des emprunts[323].

Un montant de 186 millions de francs sera aussi accordé à des travaux de voirie urbaine dans la ville de FRIA, et à hauteur de 90 millions de francs et 96 millions de francs pour des investissements dans les secteurs de l'éducation, de la santé, de l'épargne-crédit des travailleurs[324]. Ces questions prises en charge par la MARG seront considérées comme incontournables dans la réussite du projet industriel. Sur le plan institutionnel, les opérations de la MARG furent organisées et gérées par le CARG (le Comité d'Aménagement Régional de la Guinée) composé des cadres de l'administration métropolitaine, des services techniques de l'AOF, des cadres territoriaux des travaux publics, des élus et des administrateurs territoriaux. Le comité tient sa première réunion les 22 et 23 juillet 1957, à propos de l'affectation d'un montant de 2.000 millions de francs CFA à différents programmes d'équipements et de développement[325].

Les réflexions stratégiques opérées par la MARG, en Guinée, pour associer le développement minier à la construction des infrastructures, se rapportent aussi à des réorientations politiques plus globales de la France dans les territoires d'outre-mer entre 1946 et 1954[326]. L'industrialisation de ces territoires est envisagée pour répondre à la fois à des impératifs sécuritaires et pour profiter des avantages

---

[323] *Ibid.*, page 63, Karthala.
[324] *Ibid.*, page 63, Karthala.
[325] *Ibid.*, page 63, Karthala.
[326] HENIN, Louis. *L'industrie de l'aluminium en Afrique noire*, nouvelle série, t. VIII, fasc. I, Bruxelles, 1958.

comparatifs liés notamment à l'abondance cumulée des ressources naturelles et énergétiques dans des territoires comme la Guinée (Soumah, 2013)[327]. Le processus de relocalisation industrielle dans les territoires est alors soutenu par des structures publiques (institutions et fonds) destinées à développer des infrastructures sociales et économiques (équipement public, main-d'œuvre, capitaux et débouchés, un réseau de chemin de fer, un réseau routier, des installations portuaires et des terrains d'aviation, une énergie à bon marché). En avril 1946 sont créés le Fonds d'investissement pour le développement économique et social des territoires d'outre-mer (F.I.D.E.S.)[328] et la Caisse centrale de la France d'outre-mer pour soutenir les projets industriels dans ses territoires portés par des entreprises françaises[329]. La Guinée est particulièrement convoitée par les entreprises françaises et occidentales de l'aluminium (Pechiney, Bauxite du Midi, Alcan, Alcoa, Olin Mathieson, VAW, Alusuisse) à cause de sa richesse exceptionnelle en bauxite et de son potentiel hydroélectrique très important. Le potentiel hydroélectrique est alors estimé à 63 milliards de KWh dont 12 milliards seraient exploitables à très court terme (Suret-Canal, 1964)[330]. En 1948, Électricité de France s'est engagée dans une étude pour le développement de plusieurs barrages hydroélectriques sur le fleuve Konkouré. En 1950, une société d'économie mixte, Énergie Electrique de Guinée est créée, pour étudier, construire, et exploiter la centrale électrique des Grandes-Chûtes de Kindia, dont les travaux sont achevés en 1954 pour un coût de 3 milliards de francs comprenant un prêt de 2,7 milliards de francs de la Caisse Centrale[331]. La puissance installée du barrage des Grandes-

---

[327] La Seconde Guerre mondiale a révélé la vulnérabilité sécuritaire de l'industrie française après la mainmise des Allemands sur l'industrie de l'aluminium, voir à ce titre, JEAN-MARIE GUILLON, *La bauxite du Var. Un minerai stratégique dans les grandes manœuvres de la 2e Guerre mondiale, 2018.*

[328] La Commission d'Étude et de Coordination du plan de modernisation et d'équipement des territoires d'outre-mer a estimé, en 1954, à 348 milliards de francs les ressources publiques nécessaires à l'équipement des territoires pour la période 1954-1958 (Louis Henin, 1958).

[329] HENIN, Louis. *L'industrie de l'aluminium en Afrique noire*, nouvelle série, t. VIII, fasc. I, Bruxelles, 1958, page 5.

[330] Selon les chiffres officiels les plus récents, le potentiel hydroélectrique de la Guinée est estimé à 6000 MW (Ministère de l'Énergie).

[331] Le capital de la société est partagé entre Électricités de France, la Caisse Centrale de la France d'Outre-Mer, le Gouvernement général de l'AOF, le territoire de la Guinée, la municipalité de Conakry, et divers groupes privés parmi lesquels, la Compagnie Minière de Conakry, la Société Bauxites du Midi et la Compagnie

Chûtes est de 9000 KW avec possibilité de la porter 19 000 KW[332]. Les multinationales de l'aluminium ont créé, en 1952, une société d'économie mixte dénommée Société Africaine de Recherches et d'Études pour l'Aluminium (SAREPA) au capital de 200 millions de francs, orientée vers la mobilisation des ressources pour le développement des capacités d'énergie hydroélectrique indispensable à l'électrolyse. Le FIDES va accorder, à la demande de la SAREPA, les financements nécessaires à la poursuite des études sur le Konkouré[333]. En novembre 1955, les producteurs d'aluminium (les groupes français Péchiney et Ugine, les Bauxites du Midi (filiale de Alcan), la société italienne Montecatini, la société allemande Vereinigte Aluminium Werke, la société suisse pour l'Industrie de l'Aluminium) obtiennent un accord pour constituer une société civile d'étude dénommée la Société Civile hydroélectrique du Konkouré et du Kouilou, destiné à soutenir les projets de développement des hydroélectrique en Guinée[334]. La nouvelle société joue le rôle d'orientation et de coordination des études financées grâce à un crédit de 900 millions de francs du FIDES[335]. Cette articulation entre la rente hydraulique et la rente minière va être centrale dans la vision stratégique des industriels et des pouvoirs publics, la MARG ambitionnant de s'inscrire dans cette logique en lien avec le projet d'industrialisation de Fria.

Pechiney. Cette société sera nationalisée à l'indépendance et deviendra la SNE (Société Nationale d'Électricité), tout en se retrouvant, progressivement, déconnectée des projets miniers et industriels au profit des besoins domestiques.

332 BONNIE, Campbell. *Les enjeux de la bauxite ; la Guinée face aux multinationales de l'aluminium*, les Presses de l'Université de Montréal, 1983, page 76.

333 Selon les commentaires de l'ingénieur LOUIS HENIN (1958) ; le barrage projeté à Kaléta devait avoir 1200 m de long, 100 m de haut et la retenue d'eau serait de 5 milliards de m^3. Le débit turbiné de 300 m^3/s permettrait d'actionner 4 groupes dont la puissance totale serait de 300. 000 kW. Les estimations du potentiel d'énergie du site de Konkouré étaient de 570.000 KW (5 milliards de k W h par an). Le devis estimé de l'équipement hydroélectrique était de 40 milliards de francs et le prix de l'électricité était estimé à 1 F le KW. En comparaison, le barrage d'Edéa au Cameroun, construit par la société d'économie mixte Énergie électrique du Cameroun (Enelcam), avait une capacité installée de 125 000 KW au prix de 0,85 F le KW. Cette capacité permettait de produire jusqu'à 45 000 tonnes d'alumine en 1958 par le consortium industriel Alucam. Enelcam avait la même structure actionnariale qu'en Guinée : territoire du Cameroun, 34 %, Électricité de France 20 %, Caisse centrale, par l'intermédiaire du F.I. D.E.S. 14 %, Usagers dont Pechiney 32 %.

334 Le capital de la société était de 1 million de francs répartis comme suit : 55% pour la caisse centrale, 9% pour chacun des groupes privés.

335 HENIN, Louis. *L'industrie de l'aluminium en Afrique noire*, nouvelle série, t. VIII, fasc. I, Bruxelles, page 26.

Dans la vision de la MARG, le développement minier est donc indissociable de l'aménagement du territoire. La finalité des infrastructures construites dans le cadre d'une opération minière renvoie à son harmonisation avec le plan d'aménagement du territoire. D'ailleurs, l'enclavement géographique est aujourd'hui encore cité dans l'approche de Magrin (2013) comme le véritable obstacle à l'intégration économique des industries extractives, dans le contexte africain notamment, cette dimension restant souvent complètement absente des perspectives mises en avant dans le cadre des projets miniers.

« La participation à l'aménagement du territoire est considérée comme la meilleure assurance d'une intégration réussie d'un projet industriel dans la vie d'un pays »[336].

Tout aménagement est par nature relié au développement des potentialités naturelles. Paul Masson ne cessera de rappeler que la finalité des opérations de Fria et de Boké est avant tout d'offrir des ressources financières à la Guinée pour assurer son développement agricole, ce qui serait véritablement sa vocation principale[337]. La MARG cessera ses activités en Guinée fin 1959 à la suite des tensions diplomatiques entre la Guinée et la France. Le gouvernement guinéen répliquera le modèle dans l'opération industrielle de Boké avec l'OFAB (Office d'Aménagement de Boké). L'expérience tirée de l'opération technique menée par la MARG en soutien au projet industriel de Fria donne surtout à voir la complexité des rapports de pouvoir sur le terrain et la nécessaire maitrise des transformations spatiales qui sous-tendent la réussite d'un projet minier. L'insertion d'un projet minier dans un territoire passe d'abord par sa capacité à propulser le développement d'infrastructures et d'activités économiques relativement détachées des opérations minières. Cette fonction est, en partie, assumée par les pouvoirs publics qui définissent le cadre et la stratégie afférents comme mode d'exercice du pouvoir politique. La perte progressive, par l'État, de ce pouvoir infrastructurel dans les zones d'extraction minière et sa réappropriation par les entreprises minières participe à la délégitimation du politique et à l'émergence d'acteurs sociaux cherchant à s'affranchir de la tutelle de l'État et de la nation.

---

[336] *Ibid.*, page 121
[337] *Ibid.*, page 129

Les questions sociales qui sont, actuellement, au cœur des revendications qui agitent toutes les zones minières en Guinée ont été très tôt identifiées, et déjà par les ingénieurs de la MARG, comme des facteurs de meilleure productivité et de stabilisation de la zone d'opération de l'entreprise minière. La question de l'épargne individuelle s'est ainsi retrouvée prise en compte dans les activités déployées par la MARG pour assurer la protection sociale des travailleurs et promouvoir, par ricochet, le développement économique de la région. La mission s'est ainsi occupée de la collecte de l'épargne et de son réinvestissement pour le bien-être des travailleurs. La question sociale a donc de multiples implications dans un projet minier, puisqu'elle concerne à la fois les travailleurs et les communautés riveraines. Pour les travailleurs de l'usine, la question a été vite réglée par la mise en œuvre d'un système de protection sociale des travailleurs et leurs familles pratiquement équivalent à ceux pratiqués en France (prise en charge sanitaire des travailleurs et leurs familles, dotations en vivres, commodités urbaines, lieux de loisirs modernes, fourniture gratuite de l'eau et de l'électricité, bourses de formation à l'étranger). Tout est alors mis en place pour assurer le confort moral et physique des travailleurs, de manière très avancée par rapport au reste du pays[338]. Tant d'avantages ont même valu à FRIA le qualificatif de « Petit Paris ». La prise en compte des aspirations sociales des populations riveraines a, quant à elle, pris plus de retard, avant de connaître des solutions pratiques. Le creusement progressif des écarts de niveau de vie entre les travailleurs vivant dans un certain confort et les populations plongées dans la misère a dès lors fortement suscité des tensions.

À la fin du premier régime politique de la Guinée, en 1984, l'exacerbation des tensions sociales et communautaristes, à Fria, a ouvert la voie à des initiatives volontaires et privées de contribution au développement local, à travers notamment, la création d'une initiative de « crédit revolving » grâce au concours d'une mécène américaine des *Peace Corps*. M. Boubaker a amorcé, en 1990, un projet de crédit de

10.000 dollars dans sept (7) collectivités de FRIA pour développer des activités génératrices de revenus. Les secteurs visés allaient de l'artisanat au petit commerce. Les projets couverts par le crédit pouvaient bénéficier jusqu'à 400.000 GNF (40 €), remboursables. Ce

[338] Les travailleurs de FRIA étaient même enviés par les hauts responsables politiques, au point que certains syndicalistes célèbres, comme Emile Kantara, payeront de leur vie dans les camps de concentration du pouvoir révolutionnaire.

type de crédit « rotatif » était géré par un comité préfectoral composé d'un président, d'un vice-président, d'un secrétaire et d'un trésorier. En 1994, le montant initial de 10.000 dollars avait été atteint et plus tard, le montant de 13 825 dollars à la suite des différents remboursements. Une caution morale collective servait au départ de garantie aux prêts accordés, caution muée plus tard en « caution professionnelle » de trois (3) personnes, dont deux salariés du privé ou du public. Cette expérience de développement d'activités génératrices de revenus en zone minière a pu financer 120 projets avec des taux de remboursement de l'ordre de 80% à 90%. Un autre volet de cette aide, par le truchement des volontaires de la paix, s'inscrivait dans le développement des infrastructures sociales de base : latrines publiques, écoles, centre de santé[339]. La coopération française reprendra plus tard ce type d'initiative sous la coupole du projet « Aide et Action ». Ce modèle de redistribution des revenus miniers et de développement d'initiatives économiques en faveur des communautés se poursuivra en 2020, avec plus d'imbrication politique et sociale, avec les initiatives portées par le FODEL (Fonds de Développement Économique Local).

La MARG s'est ainsi révélée être un moyen d'aide et de soutien au développement d'autres activités économiques et à l'aménagement du territoire. Son histoire permet de saisir la démarcation entre les systèmes de rente fondés sur le prélèvement des bénéfices comme mode d'accumulation et le système de production basé sur la transformation des structures économiques endogènes. Elle se distingue autant dans sa volonté affichée de favoriser le dépassement de la logique de captation de la rente comme finalité assignée à l'extractivisme que par le mode concret par lequel elle laisse émerger l'autorité politique. L'expérience de la MARG en matière de soutien au développement local et d'appui technique aux projets miniers sera rééditée dans le cadre du projet de Boké au lendemain de l'indépendance. La découverte des immenses gisements de bauxite de Sangaredi dans la région de Boké a suscité les convoitises des grandes entreprises multinationales. Les multinationales de l'aluminium américaines et européennes se sont lancées dans une course de conquête de ces gisements uniques au monde. Grâce au soutien du gouvernement américain et de la banque mondiale, le gouvernement guinéen a obtenu un financement de près de 100 millions de dollars pour développer des infrastructures minières et sociales dans la région de Boké. L'OFAB va être créée dans ce cadre,

---

[339] *Ibid.*, page 343

pour servir de support technique et de soutien administratif aux entreprises minières engagées dans le développement du projet. Prévue comme une structure apolitique dans un contexte national d'effervescence révolutionnaire et politique, l'OFAB sera progressivement noyautée par les structures du parti unique au pouvoir et bousculée à la marge, non sans quelques acquis, par la puissance économique de l'entreprise minière.

1.1.2. L'OFAB ou la tentative de reproduction de l'expérience de la MARG dans un contexte politique différent

Au lendemain de l'indépendance, l'Union soviétique a signé des accords de coopération économique avec la Guinée. Un prêt de 130 millions de roubles est accordé à la Guinée et des investissements importants sont projetés dans le secteur minier et dans divers autres domaines[340]. L'URSS va livrer du matériel destiné à soutenir les premières politiques d'équipements de la Guinée[341]. Les États-Unis s'activent dans la même démarche de reconquête d'un territoire qui venait de se soustraire de la domination politique de Paris. Au nom de la loi DPA (Défense Production Act) de 1950 et de l'endiguement de l'expansion du communisme en Afrique, le gouvernement des États-Unis apporte son soutien économique et politique aux entreprises minières américaines engagées dans le projet de BOKÉ[342]. Une petite entreprise américaine, Harvey, évoluant dans la fabrique des articles d'aluminium et politiquement proche des démocrates, bénéficiera de l'appui du gouvernement américain pour l'obtention des droits miniers sur le gisement de Sangaredi. Une convention de base est signée en octobre 1963 entre la Guinée et la société américaine portant sur l'exploitation des immenses gisements de bauxite dans la région de BOKÉ. Grâce à l'appui des États- Unis, la Banque Mondiale va accepter d'accompagner le projet. Elle accorde, dans ce cadre, un prêt de 100 millions de dollars à la Guinée pour financer les travaux de

[340] LEWIN André, SENNEN Andriamirado, DIALLO Siradiou, *Sékou Touré, ce qu'il fut, ce qu'il a fait, ce qu'il faut défaire,* éditions Jeune Afrique, 1985.
[341] LEFEVRE, Marine. *Le soutien américain à la Francophonie, Enjeux africains, 1960-1970*, Sciences Po Les Presses.
[342] PETITPAS, Philippe. « Les filiales françaises dans la stratégie internationale d'Alcan », *Cahiers d'histoire de l'aluminium* 2014/1 (n° 52-53), p. 140-161. DOI 10.3917/cha.052.0140.

construction des infrastructures minières (chemin de fer, port et cités) et sociales annexes (électricité, eau, santé, éducation)[343].

La crainte du gouvernement et des entreprises américaines sur la sécurité de ce type d'investissement en Guinée se justifiait par la nationalisation, intervenue en 1961, des actifs de la société des Bauxites du Midi qui exploitait le gisement de Kassa et détenait des droits sur les gisements de Sangaredi[344]. S'il est vrai que lors d'une visite d'État aux États-Unis, en 1962, le Président Sékou Touré affirmait devant des industriels que « *jamais la bauxite ne sera nationalisée* », les vagues de répressions politiques et la rhétorique du complot permanent régulièrement brandie par les autorités de l'époque n'allaient pas dans le sens de rassurer les investisseurs étrangers[345]. Par ailleurs, la loi sur les investissements du 5 avril 1962 offrait des garanties contre la nationalisation des investissements étrangers dans les secteurs industriels et miniers[346]. Dans un contexte politique marqué par la centralisation politique et économique et une forte empreinte de l'idéologie sur l'État et ses dépendances, la Guinée va accepter la création d'une structure autonome pour superviser et coordonner les interventions des autorités publiques dans le projet, mais surtout pour promouvoir le développement économique local intégré. La Banque Mondiale encourage la Guinée à la création d'une telle structure technique, autonome, à l'image de la MARG, et la Guinée crée ainsi l'Office d'Aménagement de Boké (OFAB) par le décret n° 425 PRG du 31/12/1965[347]. L'office s'inspire du modèle de la MARG créée dans le cadre du projet FRIA et prend en charge la question du financement des infrastructures, la gestion de la main-d'œuvre, le logement, la santé, l'environnement. Toutes les questions sociales, économiques, environnementales et techniques se rapportant au développement d'un projet minier sont inscrites et gérées par l'OFAB. L'idée de mettre en place une telle structure semblait novatrice et visionnaire comparativement aux pratiques d'extractivisme alors en vogue en

---

[343] BARRY, Oumar Totiya. *La Guinée et la CBG, les enjeux d'un dilemme géopolitique*, Harmattan, 2022.

[344] COURNANEL, ALAIN. 1968. « Planification et investissement privé dans l'expérience guinéenne ». Thèse en sciences économiques, France.

[345] LEWIN André, SENNEN Andriamirado, DIALLO Siradiou, *Sékou Touré, ce qu'il fut, ce qu'il a fait, ce qu'il faut défaire*, éditions Jeune Afrique, 1985, page 70.

[346] Rapport du *Séminaire économique sur la Guinée*, RDA. N° 192, New York, 28 juin 1982, page 51.

[347] SOUMAH, Ibrahima. *Avenir de l'industrie minière en Guinée*, Paris, Harmattan, 2007, page 113.

Amérique latine, où les mines fonctionnaient sous forme d'enclave déconnectée de l'écosystème économique du pays[348].

L'OFAB va de fait répondre à deux grandes exigences politiques et stratégiques autour desquelles se cristallise toute la vision du régime de l'époque sur la finalité assignée à l'extraction des ressources minières. D'abord, elle permet de concilier l'exploitation d'une ressource épuisable avec le développement d'infrastructures qui survivront à la mine et qui participent au développement du pays. La mine est donc vue comme un tremplin destiné à générer des ressources supplémentaires qui contribueront à développer des activités périphériques et durables (Agriculture, Services, Tourisme, Élevage), donc un outil de désenclavement des zones d'exploitation minière. Cette lecture émerge de l'idée selon laquelle les ressources minières sont considérées comme un patrimoine appartenant exclusivement au peuple de Guinée, et qu'elles sont donc la part que le peuple de Guinée apporte, au nom de sa souveraineté sur ses ressources naturelles, dans le capital total investi pour la réalisation d'une opération économique[349]. Ensuite, l'OFAB est un moyen de séparation entre la fonction industrielle réservée aux partenaires privés et la fonction de puissance publique qui garde le pouvoir de contrôle stratégique sur les infrastructures (pouvoir infrastructurel)[350]. Cette idée s'appuie, par ailleurs, sur la séparation très nette que les autorités de l'époque font entre la part de la Guinée dans le projet minier représentée par la valeur des gisements qu'elle considère comme un patrimoine national, et sa participation à la construction des infrastructures qui s'inscrit dans une dimension plus large d'aménagement et de désenclavement du territoire[351]. Cette double fonction politique et stratégique assignée aux

[348] Entretien avec Nava Touré, réalisé à Conakry le 3 février 2024. Nava est connu comme l'un des plus grands experts du secteur minier guinéen, il a été notamment directeur de l'OFAB, secrétaire général du Ministère des Mines et Président du comité technique de révision des conventions et titres miniers mis en place en 2011 sous le régime de Alpha Condé.

[349] Extrait de rapport intitulé ; *valorisation des ressources minières*, présenté le 13 janvier 1975 lors de la quatrième conférence économique nationale du PDG.

[350] Entretien avec Nava Touré à Conakry, expert et ancien haut responsable au Ministère des Mines.

[351] Rapport sur la *valorisation des ressources minières*, présenté le 13 janvier 1975. Dans le cadre de la CBG, les 49% de parts détenus par la Guinée représentent sont apport en gisement. Cette part a été évaluée à 980 000 dollars sur 2 000 000 dollars que constitue le capital social initial de l'entreprise. Pour pousser au bout ce paradigme de la souveraineté sur les ressources naturelles, le gouvernement avait envisagé la création d'une société nationale jouissant de l'autonomie financière et de

projets miniers constitue la pierre angulaire du paradigme de développement des ressources minières durant les premières années qui ont suivi l'indépendance de la Guinée en 1958.

Le contrôle politique de l'État sur les ressources minières de la Guinée qui sont identifiées comme un patrimoine national sur lequel le peuple exerce sa souveraineté s'est matérialisé par la constitution des modèles de sociétés d'économies mixtes dans les secteurs d'activités jugées prioritaires[352]. Cette stratégie permettait de rompre avec le modèle d'extraversion et de rente qui a longtemps dominé les structures économiques des États africains, tout en favorisant l'accumulation interne et le désenclavement économique. Ce modèle de coopération était supposé créer une interdépendance entre tous les secteurs de l'économie nationale et mettre fin à la désarticulation entre le secteur primaire « traditionnel », notamment l'agriculture et l'élevage, et le secteur industriel « moderne », à savoir les industries extractives et de transformation (alumine, aciérie, aluminium). Le code des investissements adopté sous la loi N° 50/AN/62 du 5 avril 1962 promulgué par le décret N° 136/PRG du – avril 1962 a servi de cadre juridique de base organisant les rapports entre l'État et les capitaux étrangers, la nature des entreprises à installer en Guinée et leurs objets, la définition des lignes générales de conditions de transfert et d'amortissement du capital, et l'identification des secteurs d'investissement capables d'assurer le décollage économique de la Guinée[353]. Le code indique que « sont reportés prioritaires les investissements dont l'objet revêt tout particulier pour le

---

la personnalité civile et qui sera le partenaire public au côté des partenaires privées dans le cadre d'une société d'économie mixte.

[352] Les principales sociétés d'économie mixte au début des années 1970 sont : CBG, FRIGUIA, SONIGUI, SOCOMER en activités dans les mines, la pêche, le commerce, et SOGUIP, MIFERGUI- NIMBA, SBD, SOMIGA en projet principalement dans les mines. Dans la structure de ces sociétés, l'État guinéen détenait 49% des actions et recevait 65% des bénéfices nets.

[353] Les six domaines d'activités économiques prioritaires sont : les entreprises immobilières, les entreprises industrielles de préparation et de transformation mécanique ou chimique, des productions végétales ou animales locales et exceptionnellement d'importation, les industries minières d'extraction, d'enrichissement, de transformation de substances minérales, les industries de fabrication et de montage des articles et objets de grande consommation, les entreprises de travaux publics et de génie rural, les entreprises de production d'énergie hydroélectrique.

développement de l'économie guinéenne à l'exclusion de ceux à vocation ou à caractère purement commercial »[354].

Pour sortir les entreprises étrangères du risque d'enclavement et créer du lien interindustriel qui permettrait le développement économique et harmonieux du pays, le code a élaboré un canevas d'activités pour ces entreprises portant sur le développement de projets agricoles et agro-industriels, la formation professionnelle des guinéens et l'africanisation complète des sociétés d'économie mixte. L'infrastructure des sociétés d'économie mixte (chemin de fer, routes, port) devrait servir au développement agricole des régions traversées ou avoisinantes[355]. Les projets miniers sont ainsi adjoints de projets agricoles dont l'exemple le plus éloquent a été la réalisation, par le complexe industriel CBG-OFAB, des plantations de palmier à huile à Kolaboui, et au-delà la perspective d'aménagement de terres pour la culture du riz, la culture du soja et les cultures fourragères[356].

La structure de l'OFAB va bénéficier du soutien et de la confiance des principaux partenaires financiers et techniques engagés dans le projet : Halco, la Banque Mondiale, l'Eximbank américaine, la Bank of America qui agit en tant que Trustee du projet, l'USAID. Pour faciliter son démarrage, l'office va bénéficier d'un prêt de 25 millions de dollars de la part de l'USAID pour assurer la formation des cadres, la préparation des dossiers d'appels d'offres pour les travaux d'infrastructure, la conduite des études de faisabilité. La création de la célèbre École Nationale des Arts et Métiers (ENAM), encore en activité, s'inscrivit dans cette démarche d'appui à la formation de la main- d'œuvre[357]. Les ouvriers appelés à travailler dans les chantiers de construction bénéficieront de formations techniques appropriées dans

---

[354] Siddy Mohamed Condé, Institut Polytechnique Gamal Abdel-Nasser, École Supérieure d'Administration, mémoire de fin d'études supérieures, *Le rôle de la société d'économie mixte dans le développement de l'économie guinéenne*, 197361974, page 34.

[355] Selon un rapport de la commission des foires internationales du Ministère du Commerce édité en 1961, les produits agricoles représentaient en valeur 43,55% des exportations totales de la Guinée en 1960.

[356] Siddy Mohamed Condé, Institut Polytechnique Gamal Abdel-Nasser, École Supérieure d'Administration, mémoire de fin d'études supérieures, *Le rôle de la société d'économie mixte dans le développement de l'économie guinéenne*, 197361974, page 45.

[357] Entretien réalisé à Conakry avec Ibrahima Sylla, ancien cadre de l'OFAB en charge de la cité présent sur les chantiers de construction des infrastructures dans les années 1960, ancien ministre du plan et des affaires étrangères et ancien ambassadeur de la Guinée en Belgique et auprès de la CEE.

cette école professionnelle qui reste encore l'une des meilleures de la Guinée, et en outre certains obtiendront des stages à l'étranger dans des usines de séchage semblables aux États-Unis, au Canada, en Australie et dans les Caraïbes (Soumah, 2013)[358]. Cette école de formation technique et professionnelle reste toujours une référence en matière de formation aux métiers dans le système éducatif guinéen. Les formations offertes par l'ENAM dans le cadre du projet de Boké répondaient aux besoins pratiques des entreprises engagées dans les travaux de construction. Ce volet formation et maitrise technique du projet par les cadres guinéens a fait l'objet d'accord particulier entre la Guinée et la Banque Mondiale le 16 février 1968. Il comportait notamment la création de ce centre de formation et consacrait le principe d'africanisation de 75% des postes en cadre Guinéen au bout de cinq (5) après la fin des travaux de construction. Au cours de la même année, 35 jeunes ont été sélectionnés et envoyés pour des stages de neuf mois à l'étranger afin de participer à la maitrise des travaux de construction[359]. En vertu d'un accord d'assistance technique signé le 18 septembre 1968 entre les partenaires privés réunis au sein du consortium HALCO et la Guinée, un centre de perfectionnement moderne a été créé au sein de l'entreprise afin d'assurer la formation des cadres guinéens et le transfert de technologie[360]. Le conseil d'administration de la CBG tenue à Kamsar le 14 mars 1973 a adopté une politique de mise en valeur des ressources humaines par la formation technique et technologique en réitérant les grandes lignes du programme d'africanisation à 100% au bout de six (6) ans déjà adopté par le conseil d'administration tenu à Labé le 9 juin 1967. Le programme adopté en 1973 comportait des stages intensifs à l'extérieur et reposait sur des objectifs et un calendrier précis de pourvoi des postes.

[358] L'effectif total des employés pendant la phase de construction avait atteint 7000 personnes, dont 600 expatriés (rapport du séminaire économique tenu à New York, 1982).

[359] Discours du Premier Ministre Lansana Béavogui à l'inauguration des travaux de la CBG, cité dans le Horoya Hebdo, N°1686-40 du 18-24 octobre 1969.

[360] Rapport du *Séminaire économique sur la Guinée*, RDA. N° 192, New York, 28 juin 1982, page 154.

	1968-1973	Au bout de 2 ans	Au bout de 4 ans	Au bout de 6 ans
Phase de Construction	600 soit 10,3% de l'effectif global			
Phase de Démarrage	199	125	171	198
Africanisation	0	63%	86%	100%

Figure 6: Programme d'africanisation de la CBG

Source : A partir des données de Siddy Mohamed Condé, IPGAN (1974)[361].

L'office devait avoir également en charge la supervision des travaux de construction du complexe industriel CBG-OFAB, et s'assurer du respect des exigences techniques des cahiers de charges. Il devait veiller également à la mise en œuvre de la politique de maitrise d'ouvrage de l'État dans le développement des projets miniers, et ses capacités devaient constituer un capital de savoir-faire pour l'avenir de la maitrise durable des projets miniers. La faible capacité des structures de l'État dans cette maitrise des processus techniques de développement des projets miniers est en effet régulièrement citée comme un facteur participant à l'extraversion des revenus générés par l'extraction minière. L'OFAB a marqué de ce point de vue une expérience forte dans la volonté d'un État sous-développé et rentier à développer des savoir-faire techniques. L'office s'appuiera à cette époque sur l'expertise technique d'un cabinet d'étude belge, Tractebel, pour les études de faisabilité et la supervision technique de l'ensemble des travaux de construction.

Le Ministre des Mines, Ibrahima Soumah, témoigne dans son ouvrage sur les mines en Guinée de l'efficacité de l'intervention de l'OFAB dans le développement du projet :

« En tant que structure technique représentant la puissance publique, l'Office prit donc en charge l'ensemble des activités du projet en matière d'études, de planification, de passation des marchés, de supervision, de contrôle d'exécution des travaux, de coordination et de centralisation de l'ensemble des interventions des services publics impliqués dans la réalisation

361 Le 199e poste étant celui du Directeur général statutairement attribué aux partenaires privés réunis dans le consortium HALCO.

du projet, de l'exploitation technique et de la gestion des ressources humaines »[362].

La structure institutionnelle de l'OFAB avait été construite sur le modèle de la MARG. À la tête de l'office se trouvait un Directeur général assisté d'un Directeur général adjoint. Les autres services techniques étaient composés d'un Directeur du port, d'un Directeur de la cité, d'un Directeur du chemin de fer et d'un Directeur financier[363]. Les cadres qui seront affectés à ces postes constitueront un vivier de ressources humaines qualifiées qui participeront dans d'autres services au développement minier de la Guinée. L'office se lancera également, avec moins de succès, dans le développement du projet Aye Koye avec les pays arabes (Soumah, 2013)[364], l'objectif étant de diversifier les opportunités de développement de projets miniers grâce à la solide expérience acquise dans la mise en œuvre du projet de Boké. L'OFAB avait acquis une forte réputation de structure technique apolitique capable de mener à bien, au nom de l'État, la réussite d'un projet minier. L'exigence des bailleurs relative à la dépolitisation de la structure publique de collaboration dans le cadre du projet dans un contexte de forte emprise du parti unique et de l'idéologie sur l'État a été l'atout principal dans l'efficacité de l'office lors du développement du projet.

Un accord a été signé le 18 septembre 1968 entre l'OFAB et les partenaires privés réunis dans un consortium qui a symboliquement pris le nom de HALCO Mining. Il a donné à l'office la responsabilité de l'entretien et de la réparation des installations portuaires, ferroviaires ainsi que des logements[365]. En contrepartie de ces prestations et au nom

[362] SOUMAH, Ibrahima. *Avenir de l'industrie minière en Guinée*, Paris, Harmattan, 2007, page 126

[363] Le Directeur général de l'OFAB était Marcel Cross, dont la fille était mariée au fils du Président Sékou Touré, un homme brillant, technique et très proche du Président, il sera plus tard, nommé Secrétaire d'État à la coopération. Le DGA était Abraham Kabassan Keita, il sera nommé par la suite Ministre des Mines. Le directeur du port était Mamadou Diop, plus tard nommé DGA de la CBG. Le directeur de la cité était Ibrahima Sylla, celui du chemin de fer était Mamadou Traoré et Mouctar Diallo comme Directeur financier (Soumah, 2013).

[364] SOUMAH, Ibrahima. *Avenir de l'industrie minière en Guinée*, Paris, Harmattan, 2007, page 115.

[365] HALCO Mining signifie Harvey Aluminium Company, c'est le nom de la société américaine signataire de la convention de base de la CBG en octobre 1963. En 1966, elle a été poussée à la sortie dans l'actionnariat du projet en vendant ses actions aux

de la propriété de l'État de ces installations, les navires minéraliers qui accostaient au port de Kamsar payaient des droits qui étaient versés dans un compte à San Francisco[366]. Ces revenus, placés dans des banques américaines, notamment Bank of America, en vertu de « l'accord Trustee »[367], et générant des revenus, étaient utilisés par l'office pour des actions de développement et d'aménagement de la région nord- ouest de la Guinée. Ce compte Trustee recevait également les revenus de vente de la bauxite et permettait le remboursement prioritaire des prêts et intérêts auprès des créanciers, soit près de 40 % des bénéfices avant impôt de l'entreprise[368]. L'OFAB assurait, à travers ces revenus et une fois les charges financières déduites, les prestations de service social de base (eau, électricité, assainissement) dans les villes industrielles de Kamsar et Sangaredi[369].

Pour assurer cette mission de développement et d'aménagement de la région Nord- Ouest (région de Boké), l'OFAB s'était engagé à construire en plusieurs phases des infrastructures de production et de transport du courant électrique en faveur de la société nationale d'électricité, ENELGUI. Dans une première phase, l'OFAB a construit une ligne de transport HT de 30kV entre le site de production hydraulique de Batafong et la ville de Boké. L'office a également implanté des sous-stations dans les zones Tamakenè-Géomine pour alimenter le site de l'Institut des Mines et Géologie de Boké et le quartier Sambaya en courant électrique, des zones traversées par cette ligne de transport en haute tension. Face à l'augmentation des demandes en eau potable liée à l'explosion démographique, l'OFAB a procédé également au transport de deux groupes électrogènes à la station de Batafong pour augmenter les capacités de production hydraulique et

---

grands groupes industriels (Alcoa, Alcan, VAW...) à 10 millions de dollars. Elle a réalisé un bénéfice record de 8 millions de dollars, puisqu'elle avait obtenu ses actions à 2 millions de dollars.

[366] On peut citer, notamment, les « Droits de quai maxima » et « redevances supplémentaires pour l'entretien du chenal.

[367] Rapport du *Séminaire économique sur la Guinée*, RDA. N° 192, New York, 28 juin 1982, page 150. Ce séminaire a été organisé en 1982 par la Chase Manhattan Bank sur le climat des investissements en Guinée.

[368] Informations fournies par Nava Touré, ancien conseiller mines à la Présidence de la République.

[369] SOUMAH, Ibrahima. *Avenir de l'industrie minière en Guinée*, Paris, Harmattan, 2007, page 127.

renforcer le système de pompage d'eau à usage domestique[370]. ENELGUI, l'entreprise nationale d'électricité, avait accepté de coopérer avec l'OFAB dans la perspective de promouvoir un ouvrage hydroélectrique dans la région de Boké[371]. Ce projet n'a jamais vu le jour et cela explique les difficultés que connait aujourd'hui toute la région de Boké en matière de fourniture de courant électrique[372].

L'une des idées novatrices de l'OFAB a consisté à la prise en compte des défis environnementaux après les travaux de construction. L'office a établi une coopération avec le centre agronomique de Kindia pour procéder au reboisement des zones fortement impactées lors des travaux de construction. Cette action de restauration de l'environnement urbain dans les villes de Kamsar et de Sangaredi traduit l'introduction précoce de « l'esprit écologique » dans les projets miniers, quoique cette problématique reste encore un défi majeur dans les zones d'extraction minière[373]. Ainsi, dans la logique de concilier développement minier et développement agricole, une ferme moderne a été construite dans la zone, au sol très fertile, de Kolaboui. En collaboration avec une entreprise américaine, un projet agro-industriel de production de 12.000 tonnes de riz, 2000 tonnes de légumes et 6000 tonnes de haricots verts avait été négocié entre l'OFAB et une société américaine dénommée Food Machinery Corporation (FMC) pour garantir l'approvisionnement en fruits et légumes des travailleurs du complexe C.B.G- OFAB et aux populations de la région[374]. Une ferme avicole pilote avait même été ouverte à Kolaboui. Il est frappant aujourd'hui encore d'observer à Kolaboui les restes des vastes champs de palmiers à huile et d'anacarde développés à l'époque par l'OFAB dans le cadre de sa vision stratégique de désenclavement de l'activité minière. La culture de l'anacarde a été introduite à Boké par l'OFAB

[370] Ces zones sont effectivement électrifiées aujourd'hui. Cependant, avec l'augmentation démographique, on assiste souvent à des délestages fréquents dans ces zones. Par exemple, à Kamsar village, le courant n'est disponible que pour 6 heures par jour.

[371] Manuel de procédure et projets communautaires de la C.B.G (archives non classées).

[372] Plusieurs hypothèses sont formulées sur la possibilité de développer un barrage hydroélectrique de 50 MW sur le fleuve Kogon.

[373] Cette problématique est longuement développée dans les précédents chapitres (II et III) sur la gestion des ressources naturelles en lien avec l'extractivisme.

[374] Publication Guinée-Festival, édition de la Commission culturelle du Comité central du PDG, Conakry, 1983, page 10.

pour stimuler le secteur agricole hautement propice dans la région de Boké[375].

Ce projet inédit de conjonction entre le développement minier et le développement agricole s'inscrit dans la continuité des logiques d'intégration industrielle ayant présidé à la mise en place de la MARG sous le régime colonial. Lors de nos visites de terrain, nous avons constaté que toutes ces initiatives d'intégration entre extractivisme et activités agricoles sont malheureusement désormais à l'arrêt, faute de volonté politique[376].

Les ambitions de l'OFAB, en ce qui a trait au développement régional intégré et à une lecture politique et stratégique de l'exploitation minière comme instrument de désenclavement économique et géographique des territoires et comme cadre de matérialisation de la souveraineté du peuple sur les ressources minières, ont été fortement limitées pour des raisons financières et idéologiques. La première raison tient à des impératifs financiers en lien avec la forte dépendance du pays au peu de revenus générés par les entreprises minières en activité à l'époque en égard de l'immensité des besoins du pays[377]. Il faut rappeler à ce titre que le secteur minier représentait, à la fin du régime de Sékou Touré, environ 25 % du PIB, 95 % des exportations du pays et 80

% des recettes fiscales du pays[378]. La faible performance économique du pays sous le premier régime n'a pas permis l'efficience dans l'allocation des revenus tirés de l'exploitation minière[379]. La forte dépendance du Trésor Public vis à vis des maigres revenus des entreprises minières alors en activité n'autorisait pas

[375] Informations recueillies le 2 février 2024 à Conakry auprès de Nava Touré, ancien directeur de l'OFAB.

[376] Nous avons constaté que la ferme agricole de Kolaboui est complètement en ruine, l'ancien champ de palmier à huile a été détruit et urbanisé Le site abrite actuellement le siège de la commune rurale, le marché et de plusieurs autres infrastructures publiques et privées.

[377] Informations recueillies auprès de Nava Touré à Conakry le 2 février 2024.

[378] CAMPBELL, Bonnie. *Ressources minières en Afrique, Quelle réglementation pour le développement* ? Presses de l'Université du Québec, 2010, page 74

[379] Les trois (3) entreprises minières en activité à savoir : la CBG, la CBK et la FRIGUIA étaient les principales sources de revenus de l'État. Elles permettaient essentiellement de couvrir les charges salariales et de fonctionnement de l'administration.

l'affectation de ressources suffisantes au développement d'une région particulière[380].

La problématique du développement régional et du désenclavement économique des zones d'extraction minière a donc été progressivement mise en veilleuse, au profit de la simple survie de l'État et de ses tenants constitués en une bourgeoisie d'État politico- administrative. La seconde raison relative aux limites de l'OFAB dans le développement de ses ambitions se rapporte au contexte politique et idéologique fortement dominé par la centralisation politique et économique et la prédominance des instances du parti sur les structures de l'État. Les mesures de répression économique consécutive à l'interdiction du commerce privé par la loi-cadre de 1964 et les politiques successives de planification économique se sont révélées antinomiques à l'éclosion d'initiatives privées et au développement d'un écosystème de services connexes autour des projets miniers. La prééminence des instances du Parti-Etat sur les structures de l'administration publique permet de comprendre, à titre d'exemple, le rejet par le Bureau Fédéral du PDG-RDA de Boké du projet de l'OFAB en faveur d'une relocalisation au titre de l'indemnisation des communautés Baga de Kamsar affectées lors de la construction des infrastructures du projet. Le projet de relocalisation présenté par l'OFAB consistait initialement en la construction de nouvelles maisons équipées pour les 93 familles du village de Kamsar et de Kassongoni pour un coût global de 400 millions FG. Le Bureau Fédéral du Parti-Etat à Boké a finalement opté, au nom des idéaux égalitaristes du socialisme, pour une indemnisation en nature et en argent sous forme de distribution de ciments, de tôles et d'enveloppe financière pour un coût global de 63 595 680 FG[381]. L'opération a semblé davantage répondre à des stratégies de prédation des élites politiques sur les ressources financières drainées par le projet minier, par le truchement d'une indemnisation en nature et en argent, beaucoup plus facile à détourner que des maisons qui seraient entièrement construites par l'OFAB pour les familles.

---

[380] Selon l'ancien Ministre Ibrahima Soumah (2013), ces revenus provenaient essentiellement de la CBG dont les contributions au trésor public sont parties de 30 millions de dollars en 1975, grâce à l'application de la loi sur la taxe spéciale, à 174 millions de dollars en 1984. La société CBK était en réalité une opération politico-économique destinée à rembourser les prêts accordés par les Soviétiques à la Guinée. L'usine de Fria n'a en réalité pas permis de générer des bénéfices pour la Guinée à cause de l'aggravation des coûts de production.

[381] BAH, Mouctar. *Le projet minier Boké-Sangaredi et les mesures d'intégration régionale*, IPGAN, 1970.

De la MARG à l'OFAB, la question du développement des régions d'extraction minière est donc demeurée une préoccupation des pouvoirs publics. L'intégration des projets miniers aux activités économiques locales, notamment l'agriculture, s'est retrouvée au centre des schémas jadis mis en œuvre au nom des politiques de désenclavement économique et d'aménagement du territoire. Les interventions des pouvoirs publics dans l'encadrement des projets miniers à travers le développement des infrastructures minières et sociales ont sous-tendu toutes ces initiatives. L'articulation entre développement minier, désenclavement et développement agricole a marqué toutes les initiatives, de la MARG à l'OFAB. Mais les modestes expériences de développement d'activités génératrices de revenus pour les populations se sont étiolées par manque de soutien politique et du fait des contraintes économiques du régime. Les maigres résultats obtenus par ces expériences n'ont pas résisté aux vagues de libéralisation économique des années 1990. Les expériences vécues à Fria avec la MARG et les interventions techniques et agroécologiques de l'OFAB à Kamsar et à Sangaredi soulignent aujourd'hui encore le défi permanent relatif au maintien du pouvoir infrastructurel de l'État dans l'encadrement d'un projet minier. Ce souci répond à des impératifs à la fois politiques et stratégiques sans lesquels la capacité des projets miniers à produire les transformations souhaitées est encore lointaine.

La redistribution d'une partie des investissements au bénéfice des communautés, sous des formes en constante évolution, est demeuré un point d'interrogation. Le développement des infrastructures sociales de production d'eau et de courant électrique, qui restent au cœur des aspirations communautaires, a nécessité de plus en plus des investissements débordant les possibilités financières de l'État. Le projet avorté de construction du barrage hydroélectrique sur le Konkouré, dans le cadre du complexe industriel de Fria, a notamment rendu inopportunes plusieurs possibilités de développement induites par les projets miniers. La conséquence principale de cet échec d'industrialisation et de diversification économique a été au final la mise « sous perfusion » à la rente minière de toutes ces régions. Autrement dit, elle a permis l'institution d'un système de domination politique par la rente.

L'incapacité (moyens) et l'impossibilité (politique) de l'OFAB à étendre son expérience au-delà de la région de Boké ont, en définitive, compromis le développement des immenses ressources minières du pays. La désarticulation, à l'échelle du territoire national, entre développement agricole et développement minier a été accentuée par les multiples échecs qu'a connu le projet de chemin de fer transguinéen. La région forestière, au sud-est du pays, bien arrosée et concentrant les 9/10 du potentiel agricole du pays et les grands plateaux d'élevage du Fouta Djallon, sont ainsi restés longtemps isolés des grands dynamismes économiques (projets miniers et projets industriels) faute d'infrastructures de communication de grandes capacités. Après la disparition de l'OFAB en 1995, l'ANAIM (Agence Nationale des Infrastructures Minières) avait pour mission de développer des infrastructures d'intégration économique à dimension nationale. De 1995 à 2024, l'agence ne réussira pas à construire une seule ligne de chemin de fer, perpétuant ainsi une vocation, historiquement construite, de captation de la rente du loyer des infrastructures construites par l'OFAB en 1968.

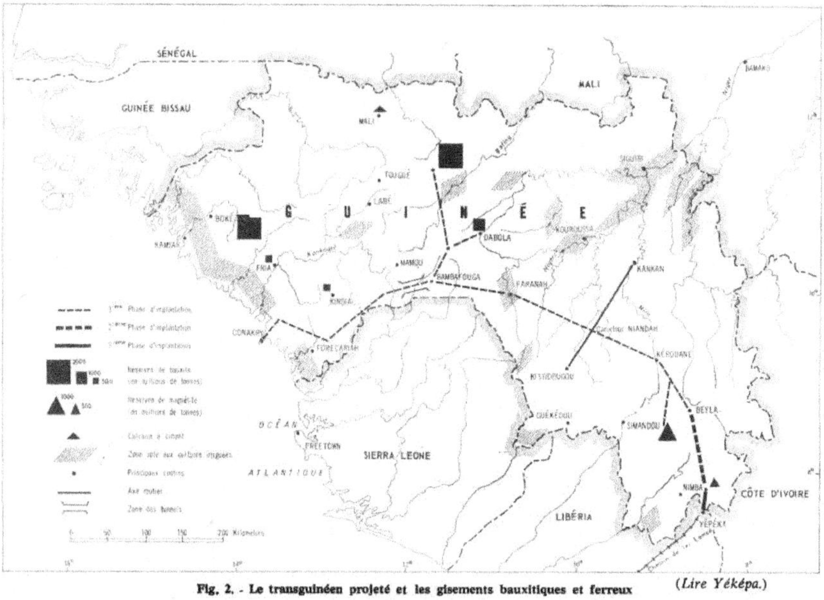

Fig. 2. - Le transguinéen projeté et les gisements bauxitiques et ferreux (*Lire Yéképa.*)

Figure 7: Ebauche du transguinéen

Source : Denis Paul Yves. « Réalisations récentes et perspectives de développement en Guinée ». In : *Cahiers d'outre-mer.* N° 116 - 29e année, octobre-décembre 1976. pp. 321-347.

Section 1.2. Le Fonds de Développement Économique Local (FODEL) : De la promotion de l'économie sociale et solidaire à l'exercice de la domination politique par la rente

Dans cette section, nous allons étudier de manière empirique les mécanismes de développement introduits par le code minier de 2013 à la lumière des stratégies de redistribution des revenus miniers pensées sous le prisme de la domination politique, dans des contextes de grande précarité sociale et économique. La mise en œuvre du FODEL et de l'ANAFIC en 2020, dans une période d'effervescence politique, illustre en effet la portée hautement « politique » de mécanismes affichés sous un angle purement « technique ». La libéralisation économique, introduite dans les années 1990, a notamment entrainé un affaiblissement des possibilités de l'État à capter plus de rentes et son retrait dans la fourniture des « services sociaux » de base.

1.2.1. Libéralisme, dépolitisation et retour de l'État comme acteur du développement. Les mutations fonctionnelles de l'État à l'aune de la gestion de la rente minière

Le développement des communautés impactées par l'activité minière reste un pilier central des politiques publiques de redistribution des revenus miniers mises en œuvre après le régime très centralisé de Sékou Touré. Les modèles de développements éprouvés par la MARG et l'OFAB avaient reposé essentiellement sur le développement des infrastructures nécessaires aux opérations minières (port, chemin de fer, villes) et la construction d'infrastructures d'aménagement et d'intégration économique et sociale (écoles, infrastructures sanitaires, de loisirs, fournitures d'eau et de courant, ferme agricole). L'impact de ces infrastructures minières et sociales a été fondamental dans le résultat en termes de développement de ces projets (FRIA, BOKÉ). Tout en étant indispensables dans les activités d'extraction, de transport et d'évacuation des minerais, les infrastructures sociales ont contribué en effet à l'amélioration des conditions de vie et de travail de milliers d'expatriés et de Guinéens. Les infrastructures sportives de FRIA et de BOKÉ, la piscine, le stade de Kamsar et de Sangaredi ont permis de produire les meilleurs de sportifs de la Guinée dans plusieurs disciplines sportives. Les centres culturels et de loisirs créés à Kamsar et à Sangaredi ont contribué à l'épanouissement moral des travailleurs ainsi que des citoyens de ces villes. Ces villes minières sont encore connues pour l'effervescence des activités culturelles et sportives.

Au fil des années, le poids démographique résultant de l'expansion des migrations et de l'extension des activités d'extraction en lien avec l'arrivée de nouvelles entreprises minières dans la zone de BOKÉ va complexifier la question de la fourniture régulière des services sociaux de base. De nouveaux défis se posent au gré de la multiplication du nombre d'entreprises minières, de la réduction des espaces agricoles et de pâturages et de l'explosion démographique, et ils vont contribuer à aggraver les questions de pauvreté, d'emplois et de précarité des infrastructures sociales. Selon un rapport du PAGSEM publié en 2019, plus de 40.000 hectares de terre ont été dégradés ces dix dernières années dans la zone de BOKÉ. Le même rapport souligne que 62 % de la superficie de la préfecture de BOKÉ est désormais occupée par des concessions minières. La terre, principal moyen de subsistance des populations, est devenue ainsi un enjeu économique dont la préservation et (ou) la compensation se retrouvent au centre des contestations sociales. La réponse des politiques publiques à ces différents enjeux économiques, sociaux et environnementaux s'est matérialisée dans la formulation de mécanismes de redistribution d'une partie des revenus miniers aux communautés directement impactées par les activités minières.

Les premières réponses politiques en ce sens ont été formulées au début des années 1990 dans le sillage des politiques de libéralisation et de dépolitisation de la gouvernance minière. La crise économique de la décennie 1980, doublée de la tendance à la démultiplication des pouvoirs publics au sein de l'État, sous l'égide des processus de décentralisation et de démocratisation, a renforcé le pouvoir des institutions de Bretton Woods dans la définition des politiques minières (Magrin, 2013). Ce pouvoir normatif de ces institutions internationales est connu sous le nom de « Consensus de Washington », une perspective politique selon laquelle l'engagement financier des bailleurs internationaux est conditionné par le respect de normes et règles économiques et politiques[382]. L'ouverture du secteur minier

[382] MAGRIN, Géraud. *Voyage en Afrique rentière, une lecture géographique des trajectoires du développement*, Territoires en Mouvement, 2013, page 62,

guinéen à la libéralisation a ainsi été introduite par l'élaboration du code minier de 1995, considéré comme le plus libéral depuis l'indépendance[383]. Ce code a notamment mis fin au modèle de société d'économie mixte comme forme de coopération et d'appropriation nationale de la rente minière, en ramenant à zéro la participation non contributive de l'État dans les entreprises minières[384]. Ce tournant met en lumière un processus de dépolitisation de l'activité minière et de délégitimation de l'État[385]. Les institutions internationales se sont présentées, au cours de ces réformes, comme des « machines antipolitiques » chargées d'aider les États à se débarrasser de leurs organes purement politiques considérés comme des entraves au développement[386]. La réforme a impliqué un processus de « technicisation »[387] qui a davantage porté sur une démarche préventive destinée à se protéger des accusations de néo-colonialisme, mais elle cachait en réalité des collusions d'intérêts entre les institutions internationales, les entreprises minières et les pays industrialisés. Cela s'est traduit, concrètement, par l'affaiblissement des capacités de mobilisation des ressources financières en lien avec l'expansion des exemptions qui dépassèrent le montant des taxes collectées, mais également par le contournement de l'État dans la mise en œuvre de projets d'appui au secteur minier et dans l'encadrement des relations directes entre les communautés et les entreprises minières[388]. Il a résulté de ces processus de réforme une nouvelle répartition des rôles, désormais organisés entre les fonctions de légitimité (éducation, santé, infrastructure, etc.) portées par des acteurs extérieurs et techniques (institutions internationales, entreprises, ONG) et les fonctions de coercition et de maintien d'ordre réservées à l'État et principalement

---

[383] Le terme ultralibéral est utilisé par Nava Touré, un des acteurs influents de ce processus de réforme dans les années 1990.

[384] [361] Code minier de la Guinée de 1995.

[385] Colin Hay, Why We Hate Politics, Cambridge, Polity Press, 2007; M. Wood, M. V. Flinders, « Rethinking Depoliticisation : Beyond the Governmental », *Policy & Politics*, 42 (2), 2014, p. 151-170

[386] FERGUSON, James. The Anti-Politics Machine: « Development », Depoliticization and Bureaucratic Power in Lesotho, Minneapolis, University of Minnesota Press, 1994.

[387] MAERTENS Lucile, PARIZET Raphaëlle, « On ne fait pas de politique ! » Les pratiques de dépolitisation au PNUD et au PNUE », *Critique internationale*, 2017/3 (N° 76), p. 41-60. DOI : 10.3917/crii.076.0041. URL: https://www.cairn.info/revue-critique-internationale-2017-3-page-41.htm.

[388] Quoiqu'on note une augmentation des investissements et de la production minière, la contribution des mines aux revenus de l'État passe de 73% en 1986 à 18% en 2004.

destinées à la préservation des intérêts des groupes dominants au pouvoir (Magrin, 2013).

La fin des années 1990 et le début du « super cycle des matières premières », au début des années 2000, vont annoncer le retour de l'État dans la régulation des impacts socio- environnementaux provoqués par la forte expansion des activités minières et dans le pilotage du développement à travers l'élaboration des stratégies nationales de réduction de la pauvreté articulée à des instruments internationaux comme les OMD (Objectifs du Millénaire pour le Développement). En Guinée, ce processus de rélégetimation de l'État a été amorcé au début des années 1990 par le régime militaire du Général Lansana Conté. Ce dernier a institué en effet le paiement d'une contribution forfaitaire au développement local (CDL)[389]. Le montant a été fixé à 200 millions GNF soit environ

20.000 € pour les communes de Kamsar (50 millions GNF soit 5 000 €), Kolaboui (35 millions GNF soit 3500 €), Boké (80 millions GNF soit 8000 €) et Sangaredi (35 millions GNF soit 3500 €). La répartition de ce montant reposait essentiellement sur le poids démographique des communes. Le choix des projets à financer et leurs exécutions dépendaient entièrement de la volonté de l'autorité administrative déconcentrée. Les malversations rapidement constatées dans la gestion des fonds ont contraint les autorités nationales à revoir les procédures de paiement des projets d'infrastructures financés par les fonds. Ainsi, par la lettre 2155/CAB/MRNE du 23/10/1990, le MRNE (Ministère des Ressources Naturelles et de l'Énergie) a-t-il progressivement donné des instructions à la CBG [390]:

« Suivant l'avancement des travaux et à la demande de l'autorité préfectorale et sous- préfectorale, la CBG paiera à l'entrepreneur après vérifications des travaux réalisés, les demandes de paiements et les reçus correspondants constitueront la preuve de paiement par la CBG de la ristourne sur la TCA »[391].

---

[389] L'amorce précoce en Guinée de ce processus de retour de l'État dans le jeu du développement local est liée à la pression sociale (grèves, manifestations sociales, tensions ethniques) suite à la crise économique (inflation) de la fin des années 1980. Cette crise économique est vue comme une conséquence des politiques d'ajustement structurel imposée par les institutions internationales. Voir à ce sujet : Schwartz Jacques. L'ajustement au quotidien. In : Politique africaine, n°36, 1989. Guinée : l'après-Sékou Touré. pp. 84-96 ; doi : https://doi.org/10.3406/polaf.1989.5324.

[390] Ministère dirigé à l'époque par le colonel Mohamed Lamine Traoré.

[391] Direction projets communautaires de CBG (la), aout 2014, archives non classées.

Le paiement de l'entrepreneur était désormais soumis à une vérification préalable des travaux réalisés. Le cadre organisationnel de la sélection et du choix des projets à financer reposait sur une structure administrative consultative, à savoir le Comité préfectoral de développement crée par ordonnance N 079\PRG\SGG\ du 25 mars 1986. Cet organe a été, plus tard, remplacé dans le cadre du renforcement des processus de décentralisation par la création de nouveaux Conseils Préfectoraux de Développement (CPD) à travers les révisions constitutionnelles de 2001 et de 2011. Ce nouvel organe préfectoral de coordination du développement local réunissait les différentes structures techniques de l'administration déconcentrée (Habitat, Mines, Environnement), auxquelles s'ajouteront plus tard la société civile et les élus. Le CPD va devenir, jusqu'à nos jours, le principal organe de coordination et de pilotage du développement local dans le système de décentralisation en Guinée[392].

Il faut rappeler à cet égard qu'en Guinée, dans le cadre de la promotion du développement des collectivités locales et des Préfectures, plusieurs approches organisationnelles ont été formulées par l'État après la fin du premier régime. La création des CPD comme organe délibérant, puis comme organe consultatif reflètent en effet l'évolution de politiques de décentralisation qui visent non seulement une plus grande implication des acteurs locaux dans le processus de planification du développement, mais aussi un plus grand contrôle politique de ces espaces multi-acteurs où sont mis en débats les principaux enjeux du développement des territoires. À la fin de l'année 2014, dans les zones minières, cinq (5) CPD avaient été installés dans 5 préfectures à titre d'organe délibérant, ce qui leur conférait dans la pratique un pouvoir de décision et d'exécution des plans de développement. Une récente évaluation de ces CPD a montré que l'article 2 de leur arrêté de création (8145\MATD\CAB\2011) a entrainé une juxtaposition de deux niveaux d'exécution des plans de développement, dans les communes rurales et dans la Préfecture[393]. Cependant, le Code des collectivités de 2006 a confié entièrement aux

---

[392] Dans les zones minières, le CPD intervient généralement dans le cadre de l'élaboration de la clé de péréquation pour le partage des ressources issues du secteur minier et la bonne affectation de ces ressources entre les collectivités et les autres entités. À partir de 2007, les premiers CPD, comme organe délibérant, ont été expérimentés dans les zones minières de Kindia, Siguiri et Boké.

[393] Rapport d'évaluation des CPD du Ministère de l'Administration du territoire et de la décentralisation.

collectivités la planification et l'exécution des plans de développement. Ainsi, pour préserver, en théorie, la libre administration des collectivités, le CPD a-t-il été limité à un rôle purement consultatif par un arrêté du Ministère de l'Administration du Territoire pris en 2013[394]. Il doit servir ainsi comme espace de concertation, d'évaluation et de formulations exhaustives et objectives d'avis, de conseils, et/ou de recommandations à l'attention de l'autorité préfectorale, en vue de l'harmonisation des interventions des différents acteurs : pouvoirs publics, collectivités locales, société civile, partenaires extérieures, personnes de bonne volonté[395]. Pour certains élus, cette redéfinition de la mission des CPD a fragilisé davantage le pouvoir de coordination, de mobilisation et de concertation de l'instance sur les grands enjeux et défis que traversent les zones d'extraction minière, notamment du point de vue de la répartition et du contrôle des fonds versés par les entreprises minières. Cette redéfinition traduit également une volonté politique de l'État de restreindre les espaces démocratiques locaux[396].

L'expérience opérationnelle des CPD, la mieux aboutie, en matière de planification et de gestion du développement local sous le financement de la rente minière, a eu lieu à Siguiri avec le Comité Préfectorale de Développement de Siguiri (CPDS). Il faut rappeler à ce titre que la Préfecture de Siguiri abrite la plus grande société aurifère de la Guinée, la SAG (Société Aurifère de Guinée). Cette dernière a été la première société minière à inscrire, en 1992, dans sa convention de base un taux de paiement de la redevance locale au titre de la Contribution au Développement Local. Cette disposition inspirera, plus tard en 2011, l'article 130 du code minier qui a instauré le paiement du FODEL comme Contribution au Développement Local des entreprises minières. Dans la localité de Siguiri, la SAG, verse chaque année 0,4% de son chiffre d'affaires à la Préfecture comme Contribution au Développement Local. Ces dispositions sont prescrites par la convention minière et son avenant signé en 1992. Les premières expériences de la gestion de cette importante manne financière par l'autorité administrative déconcentrée ont laissé peu d'impacts visibles. En 1996, la SAG a entamé une démarche avec l'ONG CECI (Centre

[394] Arrêté a/2013/4360/MATD/CAB/SGG du 26 aout 2013, portant création, mission, organisation et fonctionnement des conseils préfectoraux de développement (CPD).

[395] Rapport du MATD sur le développement local.

[396] Entretien réalisé à Boké en aout 2020 avec Mamadou Safaye Diallo, Vice Maire de la Commune Urbaine de Boké et membre du CPD de Boké.

d'Étude et de Coopération Internationale) pour accompagner techniquement les collectivités dans la gestion de cette contribution au développement local, et en 1997 les modalités d'intervention de CECI dans ce projet ont été définies. La SAG a pris en charge, lors de cette expérience, les coûts de l'intervention en matière d'appui aux renforcements des capacités et d'aide à la mise en œuvre d'un outil de diagnostic participatif[397]. Le CPDS (Le Comité Préfectoral de Diagnostic Socio-économique) mis en place à cet effet, avec l'appui technique de CECI, est composé de tous les acteurs du développement local (les autorités administratives locales, les élus des collectivités décentralisées, les membres de la société civile, les organisations socioprofessionnelles). Ce comité assure la coordination et la planification des actions de développement local, et à ce titre il délibère, approuve les projets qui lui sont soumis, autorise leur financement et s'assure de la performance des actions exécutées[398].

En 1998, le gouvernement guinéen et la SAG se sont entendus sur le principe de la domiciliation des fonds dans les comptes de la société. Elle procède ainsi au paiement, sur la demande du CPDS, des entrepreneurs sélectionnés à l'issue d'un processus d'appel d'offres déroulé par le CPDS. Le paiement par tranche est conditionné à la présentation des justifications de l'exécution des travaux et de l'avis de paiement émis par le CPDS. Le comité a été mis en place en 1999 et est présidé par le Secrétaire général chargé des collectivités décentralisées de la Préfecture. Un protocole d'entente avait été signé à l'époque entre la SAG et CECI, pour une période de six mois, dans l'objectif de renforcer les capacités de planification et de gestion participative du développement des acteurs locaux (élus et société civile). Pendant cette période pilote, en partie financée et soutenue techniquement par CECI, les acteurs ont produit un Diagnostic Participatif (DP) à l'issue duquel les plans de développement de Siguiri et de Kintinian ont été élaborés[399]. Ces plans exprimaient les besoins économiques et sociaux des populations et s'alignaient sur les politiques sectorielles de l'État.

[397] Cette intervention de la société en matière de renforcement des capacités institutionnelles des collectivités devait normalement revenir à l'État au nom et en vertu des principes de la décentralisation et d'orientation politique sur le cadre global du développement.
[398] Entretien réalisé à Conakry, en juin 2021, avec Fanta Mady Condé, ancien agent technique à Siguiri lors de la mise en place du CPDS.
[399] Manuel de gestion et d'exécution du projet de développement socio-économique de la Préfecture de Siguiri, aout 2002.

Un observatoire de l'environnement composé des services techniques déconcentrés de l'administration a été ensuite mis en place pour émettre des avis techniques et proposer des mesures de mitigations dans le cadre de la protection de l'environnement. Les mesures proposées par cet observatoire ont été inscrites dans le programme d'actions planifiées par le CPDS et financé par la SAG[400].

Cette phase transitoire d'appui technique de CECI s'est déroulée de 1998 à 2002, période à l'issue de laquelle une Cellule de Gestion Autonome (CGA) a pris le relai de CECI. Le financement de cette phase pilote a été assuré par CECI à hauteur de 467 millions GNF soit 85% du coût global et 83 millions GNF par la SAG, soit 15% des coûts. Les microprojets de développement réalisés pendant cette phase pilote (aménagements hydroagricoles, points d'eau pour le bétail, magasins de stockages, pharmacies villageoises, microprojets environnementaux) ont été entièrement financés par la SAG au compte de la taxe locale de 0,4% prévue dans son avenant. Dans le processus de choix des projets à financer, le CPDS procédait à la mise en place d'une commission composée du maitre de l'ouvrage, des représentants du service déconcentré, de la SAG et de CECI. Le dossier du projet comprenait notamment : une description détaillée du projet, les contraintes techniques liées à la réalisation du projet, l'estimation des coûts, les bénéfices pour les communautés. Un comité de gestion du projet était mis en place par la collectivité bénéficiaire, chargé entre autres, de déposer le dossier du projet au CPDS. Les critères de sélection des projets reposaient essentiellement sur la fréquence des financements de projet dans la localité, la priorité étant donnée à la collectivité ayant reçu le moins de financement de projets. En outre, le projet devait figurer dans le plan de développement de la Préfecture ou d'autres outils de planification du développement local. Il faut noter ensuite une participation communautaire à hauteur de 2 % dans le financement du projet, sous forme d'apport en matériaux et main-d'œuvre locale[401]. L'expérience de la gestion de la CDL à Siguiri par la Cellule de Gestion Autonome (CGA), avec l'assistance technique de l'ONG CECI, a été appréciée par plusieurs rapports d'évaluations et des

---

[400] Ces informations ont été obtenues lors d'un entretien avec Fanta Mady Condé, assistant technique de CECI pendant ce Projet.

[401] Manuel de gestion et d'exécution du projet de développement socio-économique de la Préfecture de Siguiri, aout 2002, page 9.

rapports d'études indépendantes[402]. Ce mode de gestion sera reproduit non sans des réajustements mais avec moins de succès, d'abord, au niveau des CPD de Boké, ensuite, lors de la mise en œuvre du FODEL en 2020. La gestion de la CDL à Siguiri se distingue notamment ; par la domiciliation des fonds dans le compte de l'entreprise, la réalisation de diagnostic participatif pour l'identification des projets, la création et l'opérationnalisation d'un CPDS (Comité Préfectoral de Diagnostic Socio-économique) comme instance de coordination, de supervision, de délibération, d'autorisation de financement et d'évaluation de l'ensemble des activités. Le mode de financement des projets reposait également sur une programmation pluriannuelle et cyclique sur la base de la fréquence des financements dans les localités et les besoins exprimés dans les plans de développement élaborés à l'issus des diagnostics participatifs.

Il est à noter le caractère technique et dépolitisé de l'ensemble du processus de gestion et de mise en œuvre de la CDL à Siguiri. La technisation des modes de gestion de la rente minière est à replacer dans un cadre plus global, au cours des années 1990, de dépolitisation de la gouvernance minière, de privatisation et de désengagement de l'Etat dans l'activité minière. Les mécanismes de gestion du FODEL, déroulés en 2020 dans un contexte de répolitisation de la rente minière, se révèleront aux antipodes des cadres de gestion initiés à Siguiri.

1.2.2. Le FODEL, la rente au service de l'asservissement politique des territoires miniers

Face à la multiplication des tensions sociales dans la zone de Boké en 2017 avec l'arrivée de nouvelles entreprises minières, l'État a procédé à la publication de textes réglementaires pour opérationnaliser les dispositions du Code minier relatives au développement communautaire. L'article 130 du Code minier, adopté en 2011 et amendé en 2013, a en effet instauré le paiement obligatoire d'une contribution au développement local (CDL) appelée FODEL :

« …Le montant de la Contribution au Développement Local, contribution financière du titulaire d'un Titre d'exploitation minière au développement de

[402] Voir Rapport d'évaluation des CPD du Ministère de l'Administration du Territoire et de la Décentralisation ; Mamadou Chérif Diallo et al., *Les enjeux de la gouvernance minière en Guinée,* Conakry, GIZ, mars 2011.

la Communauté locale, est fixé à zéro virgule cinq pour cent (0,5%) du chiffre d'affaires de la société réalisé sur le Titre minier de la zone pour les substances minières de catégorie 1 et à un pour cent (1%) pour les autres substances minières... »[403].

Cette disposition fixe le montant de la CDL à 0,5% du chiffre d'affaires de l'entreprise réalisé au cours de l'année précédente, pour les substances de catégorie 1 (bauxite, fer) et 1% pour les pierres précieuses (or, diamant). Pour le calcul de ce montant, le CPDM (Centre de Promotion et de Développement Minier) émet un avis de paiement à l'entreprise sur la base des données disponibles au niveau du Bureau de Stratégies et de Développement (BSD) du Ministère des Mines[404]. L'entreprise procède au virement du montant sur le compte principal du FODEL domicilié dans une agence de la Banque Centrale de la République de Guinée (BCRG). Cette contribution ne concerne que les entreprises en phase de production commerciale[405]. Le Code subordonne normalement le paiement de cette contribution au développement local à la signature d'une convention de développement local :

« Tout titulaire d'un Titre d'exploitation minière doit contracter une Convention de Développement Local avec la Communauté locale résidant sur ou à proximité immédiate de son Titre d'exploitation minière. Les modalités d'élaboration de ces conventions sont définies par arrêté conjoint des Ministres responsables des Mines et de la Décentralisation »[406].

L'élaboration et la signature de la Convention de Développement Local contractualisent l'implication de l'entreprise minière au développement local, dépassant ainsi le cadre volontaire qui a prévalu jusque-là. La loi minière indique que la convention doit définir les

---

[403] Article 130 du code minier de la Guinée, 2011.

[404] Le CPDM est une structure de l'État qui gère le cadastre minier. Elle dispose d'une base de données des entreprises minières en exploitation. Le BSD est un service du Ministère des Mines qui collecte les données financières et techniques des entreprises minières (chiffres d'affaires, quantité de production). Le Montant du FODEL est calculé sur la base du chiffre d'affaires des entreprises en phase effective de commercialisation.

[405] Au Pérou, selon une loi de 2008, ce montant investi dans la construction d'infrastructures de développement dans les communautés représente la moitié des paiements de l'entreprise versés à l'État. [383] Article 130 du code minier de la Guinée, 2011.

[406] Article 130 du code minier de la Guinée, 2011.

domaines prioritaires d'intervention de l'entreprise dans la contribution au développement local, notamment la formation, la protection de l'environnement et la santé des communautés.

« L'objet de cette Convention de Développement Local est de créer les conditions favorisant une gestion efficace et transparente de la Contribution au Développement Local payée par le titulaire du Titre d'exploitation minière, et de renforcer les capacités de la Communauté locale dans la planification et la mise en œuvre du programme de développement communautaire. La Convention de Développement Local doit inclure, entre autres, les dispositions relatives à la formation de la Communauté locale et plus généralement des Guinéens, les mesures à prendre pour la protection de l'environnement et la santé de la Communauté locale, et les processus pour le développement de projets à vocation sociale. Les principes de transparence et de consultation seront appliqués à la gestion du Fonds de Développement Economique Local ainsi qu'à toute Convention de Développement Local qui sera publiée et rendue accessible à la Communauté locale »[407].

En 2020, lors du lancement de la mise en œuvre des projets financés par le FODEL, aucune entreprise minière n'avait encore contractualisé une Convention de Développement Local conformément aux dispositions de l'article 130[408]. L'État a donc procédé à la mise en place d'un outil alternatif qui reposait sur les acteurs membres des CPD, organes dont l'État avait déjà acquis le contrôle politique en redéfinissant le rôle institutionnel[409]. Un comité technique, le CAGF (Comité d'Appui à la Gestion du FODEL), dont les membres sont issus du CPD, a ainsi été constitué pour opérationnaliser le fonds de développement local, en lieu et place des conventions de développement local prévu par le code minier. Ce contournement a permis une forte politisation du mécanisme à travers des agents recrutés par l'administration publique[410].

---

[407] Article 130 du code minier de 2011 amendé en 2013.

[408] Nous avons assisté au lancement des projets FODEL dans la région de Boké, à Dinguiraye et à Boké. Cette expérience empirique nous a permis de vivre et de suivre de près le processus d'évolution du FODEL entre 2020 et 2021.

[409] Arrêté a/2013/4360/MATD/CAB/SGG du 26 aout 2013, portant création, mission, organisation et fonctionnement des conseils préfectoraux de développement (CPD).

[410] Les membres du FODEL, au nombre de 7 sont normalement désignés par les structures siégeant au CPD, ils ont un rôle consultatif dans le mécanisme du FODEL. Le secrétariat du FODEL est composé d'agents recrutés par l'administration publique sur la base d'un test organisé par un consultant. Nous avons assisté, en

Le nouveau dispositif institutionnel (comité consultatif), issu du CPD, procèdera à la validation des projets présélectionnés par les communes dans leur PAI ainsi que les projets portés par les groupements de jeunes et de femmes[411]. Dans ce cadre, une session budgétaire mobilisant tous les acteurs concernés (élus, administration, société civile, entreprises minières) sera organisée au niveau préfectoral pour discuter de la pertinence et de la validité des projets soumis. Plusieurs textes réglementaires ont ainsi été pris pour déterminer les modalités concrètes de constitution et de choix des projets à financer[412]. L'article 13 du décret 285 définit les critères qui président à la sélection des projets à financer :

- Répondre aux préoccupations des collectivités abritant les sites d'exploitation minière, celles situées hors du site d'exploitation minière à l'intérieur du périmètre du titre, celles voisines du périmètre du titre minier, et celles autrement impactées par l'activité minière.
- Être inscrits dans le programme annuel d'investissement de la collectivité concernée.
- Avoir un effet d'entrainement sur d'autres activités économiques menées dans les collectivités pendant et après l'exploitation de la mine.
- Avoir un impact positif sur la qualité de vie des populations des collectivités abritant les sites d'exploitation minière et celles voisines[413].

La session budgétaire sera présidée et conduite par un comité conjoint au niveau national composé des hauts fonctionnaires du Ministère des Mines et ceux du ministère de l'Administration du Territoire. La substitution des CPD par le comité conjoint comme espace de concertation démocratique et de validation des projets à

---

réalité, à une cooptation politique et sociale de la plupart des membres du FODEL aussi bien du comité consultatif que du secrétariat exécutif.

[411] Notre enquête nous a montré que les projets ne sont pas choisis dans les PAI des communes, mais reposaient d'une lecture politique et électoraliste quant à leurs impacts.

[412] Les modalités de mise en œuvre de cette convention ont été spécifiées et déclinées par des textes réglementaires, notamment, le décret D/2017/285/PRG/SGG portant modalités de constitution et de gestion du FODEL et l'arrêté conjoint A/2017/6326/MMG/MATD/SGG portant modalité d'utilisation, de gestion et de contrôle du FODEL.

[413] Article 13 du décret D/2017/285/PRG/SGG.

financer, au profit d'une instance éloignée du terrain et à forte connotation politique, est révélatrice du retour d'un processus de répolitisation de la rente minière. Nous avons constaté lors de notre enquête de terrain une forte politisation des sessions budgétaires. Les cadres de l'administration qui participaient à la validation des projets, en vertu du contrôle de régularité et de conformité que l'administration exerce sur les communes, avaient une lecture plus politique que technique des projets soumis[414]. La plupart des projets validés lors de cet exercice, plus particulièrement les projets agricoles, ont connu des échecs[415]. Certains de ces projets agricoles ont été validés et exécutés sans tenir compte des conditions météorologiques, des caractéristiques pédologiques des sols et de la volonté des communes. Conformément au Code des collectivités et à l'article 7 du décret 285, « *la gestion des ressources allouées aux collectivités locales par le FODEL relève de leur strict ressort* ». L'enchevêtrement institutionnel dans la gestion des fonds versés par les entreprises minières, alliant la volonté d'autonomiser la gestion par les communes et l'exigence de contrôle de tutelle exercée par l'administration, a contribué à une forte empreinte du politique sur le mécanisme[416]. Par ailleurs, nous avons constaté au cours de nos différentes enquêtes que les projets présélectionnés par les communes ne répondaient pas, dans leur majorité, aux critères de sélection prédéfinis. Il était fréquent de constater des courriers émanant des conseillers communaux fustigeant les méthodes de sélections employées par l'exécutif communal, tout en s'abstenant à toute participation à la session budgétaire projetée par le comité conjoint. Un arrêté conjoint du Ministère des Mines et de l'Administration du

---

414 La session budgétaire de Boké a validé des projets d'aménagements agricoles sur des dizaines d'hectares, notamment celui de la plaine de Dabiss, qui ne répondaient à aucun critère de validité technique. Le projet a été financé à hauteur de 2 milliards GNF (soit 200.000 €), mais n'a jamais été exécuté. Nous avons pu visiter cette plaine de Pompokadjimé qui devait abriter le projet d'aménagement agricole. Selon les explications obtenues sur place et au CAGF de Boké, le marché avait été attribué, sur instruction politique venue de Conakry, à un proche du député du RPG (parti au pouvoir) de Boké. Les montants auraient été décaissés des comptes du CAGF, mais le projet n'a jamais été réalisé.

415 Dans la préfecture de Dinguiraye, un projet d'aménagement agricole de plus de 80 ha, de plus de 200 000 euros, s'est soldé par un échec total. Les conditions naturelles et physiques du domaine étaient inadaptées à ce type d'investissement.

416 L'une des sessions de formation à laquelle nous avons assisté à Dinguiraye, en juillet 2020, était particulièrement dominée par des discours de mobilisation politiques des cadres de l'administration en préparatif des élections présidentielles contestées d'octobre 2020.

Territoire fixe les critères de validation des projets présentés par les communes[417]. Ces critères de validation des projets sont regroupés en trois (3) indicateurs de validité, notamment :

➢ L'inscription du projet dans le PAI/PDL de la collectivité pour aligner les actions sur le cadre stratégique de développement de la collectivité.

➢ La validation de la « *viabilité économique et de la faisabilité technique* » du projet.

➢ L'obtention de « *la caution morale* » de la collectivité.[418]

Il faut noter, à ce titre, que lors du lancement du processus du FODEL en 2020, les PDL des communes étaient pour la plupart obsolètes. Sur instruction politique, une grande priorité a été ainsi donnée aux projets agricoles à cause de leur visibilité (spatiale) et de leur potentiel mobilisateur, mais sans au préalable des études techniques qui garantiraient leur réussite. Ces projets agricoles (Boké, Dinguiraye, Siguiri) ne figuraient sur aucun PDL ou PAI des communes concernées.

---

417 L'arrêté conjoint A/2017/6326/MMG/MATD/SGG portant modalité d'utilisation, de gestion et de contrôle du FODEL.

418 Article 11 du décret D/2017/285/PRG/SGG. Cette caution morale concerne essentiellement les projets portés par les jeunes et les femmes, plus tard réintroduits dans le mécanisme.

PREFECTURE DE DINGUIRAYE
COMMUNE URBAINE DE DINGUIRAYE

Les Conseillers Communaux

A

Monsieur le Président du CAGF
de Dinguiraye

Objet : demande d'annulation des
Projets et actions de la CU de Dye.

Monsieur le président,

Nous avons l'honneur de vous informer qu'en raison de l'élection des actions ou projets, de leur attribution aux bénéficiaires, nous n'avons pas été associés.

En ce sens que l'exécutif seul élit les projets, désigne les exécutants sans tenir compte des tous les Districts et quartiers.
C'est aussi l'occasion de vous informer que ces actions sont données à des acteurs sous couverts du Maire et son 1er Adjoint sans aucune conservation avec les élus. (Conseillers et présidents de districts).

Monsieur le Président, nous pensons qu'il est important de sursoir à toute attribution au acceptation des projets soumis par la Mairie de la Commune urbaine et aussi la désignation du conseiller affecté au sein du comité de suivi des projets FODEL en attendant que l'exécutif associe les conseillers dans toutes ces activités.

Monsieur le Président, en attendant une suite favorable à notre requête, veuillez recevoir l'expression de notre très respectueuse considération.

Dinguiraye, le 02 Juin 2021

Les Conseillers Signataires :

Figure 8: demande d'annulation des projets FODEL à Dinguiraye

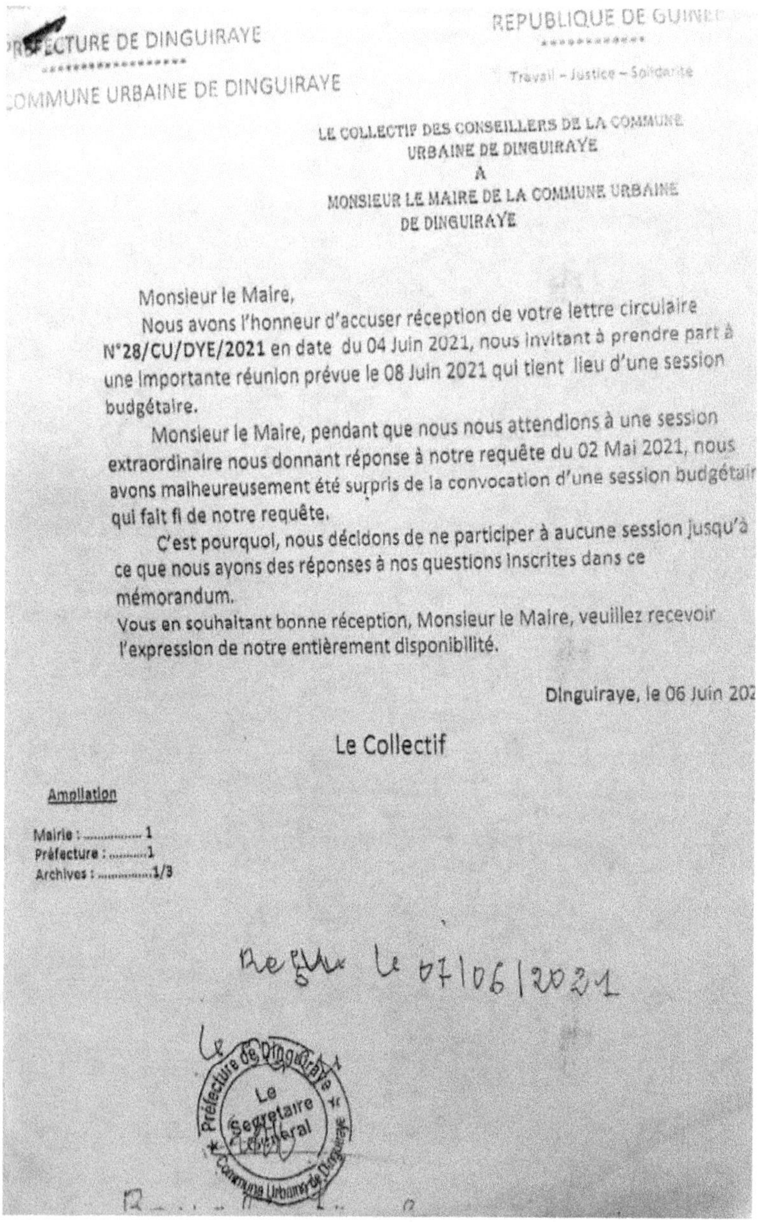
PRÉFECTURE DE DINGUIRAYE
****
COMMUNE URBAINE DE DINGUIRAYE

REPUBLIQUE DE GUINEE
****
Travail – Justice – Solidarite

LE COLLECTIF DES CONSEILLERS DE LA COMMUNE URBAINE DE DINGUIRAYE
A
MONSIEUR LE MAIRE DE LA COMMUNE URBAINE DE DINGUIRAYE

Monsieur le Maire,

Nous avons l'honneur d'accuser réception de votre lettre circulaire **N°28/CU/DYE/2021** en date du 04 Juin 2021, nous invitant à prendre part à une importante réunion prévue le 08 Juin 2021 qui tient lieu d'une session budgétaire.

Monsieur le Maire, pendant que nous nous attendions à une session extraordinaire nous donnant réponse à notre requête du 02 Mai 2021, nous avons malheureusement été surpris de la convocation d'une session budgétair qui fait fi de notre requête.

C'est pourquoi, nous décidons de ne participer à aucune session jusqu'à ce que nous ayons des réponses à nos questions inscrites dans ce mémorandum.

Vous en souhaitant bonne réception, Monsieur le Maire, veuillez recevoir l'expression de notre entièrement disponibilité.

Dinguiraye, le 06 Juin 202

Le Collectif

Ampliation

Mairie : 1
Préfecture : 1
Archives : 1/3

Reçu le 07/06/2021

Préfecture de Dinguiraye
Le Secrétaire Général
Commune Urbaine de Dinguiraye

Figure 9: lettre des conseillers de Dinguiraye pour la non-participation à la session budgétaire

Par ailleurs, les normes de transparence proclamées dans les textes réglementaires qui encadrent le FODEL se sont révélées inefficaces. En effet, la gestion de ce fonds s'appuie sur les normes de transparence en matière de divulgation des données promues par la norme ITIE.

L'article 5 du décret 285 rend obligatoire la diffusion par voie de presse des paiements effectués dans le cadre du FODEL et rappelle l'exigence de redevabilité qui incombe aux élus de relayer cette information auprès des communautés. Le paiement du montant par l'entreprise est rendu public 5 jours ouvrés après son paiement, soutenu par un document libératoire. Dans certaines communes, comme celle de Dinguiraye, au nord-est du pays, les montants payés par les entreprises minières n'ont été rendus publics qu'à la suite d'une grande mobilisation sociale suivie par des violences. En outre, le principe de la gestion autonome des fonds par les communes proclamées au niveau de l'article 7 du décret D/2017/285/PRG/SGG a été constamment violé à travers l'immixtion constante des autorités administratives dans le choix des projets et dans la passation des marchés publics financés par le FODEL. Les projets d'aménagement agricole à Boké, à Dinguiraye et à Siguiri qui totalisent près de 8 milliards GNF (800 000 €) n'ont été soumis à aucune procédure de passation des marchés publics. Ils ont été attribués soit par le consultant recruté pour la mise en œuvre du FODEL, soit par l'administration centrale et déconcentrée. Le contexte politique général de la Guinée en 2020 a été marqué par le projet de referendum contesté pour un 3e mandat en faveur du Président Alpha Condé. Le lancement du FODEL pendant la même période en a fait un « instrument financier » qui a servi de levier de mobilisation des populations en faveur du projet politique du Président Alpha Condé.

Les initiatives formulées en Guinée en ce qui concerne les politiques redistributives des rentes se sont développées dans un environnement de précarités des infrastructures. Les insuffisances généralisées en infrastructures sociales et économiques dans les zones minières ont ainsi incité l'État à diversifier les domaines et la sphère d'intervention des fonds FODEL, par le biais d'une formule de péréquation des ressources versées par les entreprises dans un compte principal de la Préfecture. L'article 12 de l'arrêté conjoint de 2017 fixe la clé de répartition des montants par collectivité en fonction du degré d'impact, de la superficie et de la démographie :

« Les collectivités abritant les mines en exploitation et situées dans le périmètre du titre d'exploitation, 35% reparti au prorata des superficies des collectivités concernées

; les collectivités (tout ou partie) hors exploitation situées au sein du périmètre du titre d'exploitation, 25% reparti en fonction de la population effective de chaque collectivité telle que déterminée par le dernier recensement validé par l'Institut National des Statistiques (INS) et utilisé par la Direction nationale de la Population et du Développement (DNPD) ; les collectivités (tout ou partie) impactées, sur la base de l'étude d'impact environnemental et social et situé en dehors du périmètre du titre d'exploitation, 20% reparti en fonction de la population effective de chaque collectivité telle que déterminée par le dernier recensement validé par l'INS et utilisé par la DNPD ; les autres collectivités de la (des) préfectures abritant le titre d'exploitation, 15% réparti en fonction de la population effective de chaque collectivité telle que déterminée par le dernier recensement validé par l'INS et utilisé par la DNPD »[419].

La répartition des montants en fonction de la gravité des impacts et du poids démographique vise aussi bien à « compenser » et (ou) à « contenter » ceux qui subissent le plus les effets de l'extraction sur l'environnement, qu'à faciliter la construction d'infrastructures dans les zones de forte explosion démographique. Les zones minières sont en effet caractérisées par une explosion démographique de l'ordre de 100% dans certaines localités, au bout de cinq ou dix ans[420]. Nous avons constaté au cours de notre enquête sur le terrain que les collectivités bénéficiaires ne sont pas associées au processus de calcul et de répartition des montants payés par les entreprises minières. Ce qui a contribué à entretenir un flou chez les populations quant à l'exactitude des montants payés. Le chiffre d'affaires réel des entreprises minières, qui sert de base de calcul au montant à payer, est par ailleurs une donnée inaccessible aux collectivités et aux acteurs de la société civile pour des fins de vérification.

Lorsque les entreprises minières payent les montants dus au titre du FODEL, ces derniers sont versés dans un compte principal domicilié au niveau préfectoral, dans une agence de la Banque Centrale de Guinée (BCRG). Ce montant est ensuite reparti entre les différentes collectivités selon la clé de péréquation indiquée plus haut. Dans le contexte politique de 2020, une partie des montants a été orientée pour financer des projets portés par des groupements de jeunes et de femmes. Ces dispositions ne figurent dans aucun texte réglementaire du FODEL. Sur la base d'une instruction du Président de la République, dans chaque collectivité, une seconde clé de répartition du montant reçu par la commune a été imposée aux collectivités[421]. Selon cette nouvelle

---

[419] Rapport d'évaluation du premier exercice du FODEL, Action Mines Guinée, avril 2022, page 11.

[420] [397] L'arrivée de GAC dans la zone de Kamsar et le début de construction de ses infrastructures a fait sortir de terre des quartiers entiers : Madina

[421] Entretien réalisé à Dinguiraye en aout 2020, avec un conseiller technique du FODEL, fonctionnaire au Ministère des Mines et de la Géologie

instruction, les projets portés par les jeunes et les femmes organisées en groupements vont bénéficier sous forme de prêts d'une partie des fonds alloués à chaque collectivité, sans tenir compte cependant des domaines prioritaires indiqués (formation, santé, environnement) dans le second paragraphe de l'article 130 du Code minier et dans les textes réglementaires cités ci-dessus. Cette nouvelle répartition sur la base d'une instruction du Président de la République, en faveur des projets portés par les groupements de jeunes et de femmes, absorbe 40% des montants de la collectivité.

La nouvelle grille de répartition des montants reçus par chaque collectivité

Types de projets	**Pourcentage de financement**
Projets sociaux de la collectivité	21% du montant reçu par la collectivité
Projets économiques de la collectivité	30% du montant reçu par la collectivité
Projets GIE de jeunes	20% du montant reçu par la collectivité
Projet GIE de femmes	20% du montant reçu par la collectivité
Montants destinés à la communication, à la formation, au suivi et l'appui au budget de la commune	9% répartis entre divers domaines

Figure 10: Grille de répartition des montants par collectivité

Source : Oumar Barry et Tidiane Barry

Cette improvisation dans la répartition des montants du FODEL, au nom du développement de l'entrepreneuriat jeune comme objectif, a été le principal goulot d'étranglement social et politique dans le déroulement du mécanisme. Le choix des groupements à financer devrait en effet reposer, selon le manuel de procédures amendé à cet effet, sur la pertinence du projet, les emplois susceptibles d'être créés, et sur l'impact environnemental. Notre enquête de terrain nous a permis de comprendre que le clientélisme politique et le népotisme ont largement prévalu comme base de sélection des projets portés par les groupements de jeunes et de femmes. Nous avons constaté, à Siguiri et à Boké, le choix et le financement de groupements reposant essentiellement sur l'allégeance politique et sur des liens sociaux et politiques avec des responsables politiques et administratifs[422]. Cette situation a entrainé des difficultés énormes dans l'exécution des projets, le remboursement des prêts, la cohésion des groupes, la gestion comptable des projets, et certains groupements ont tout simplement disparu avec l'argent reçu[423].

Cette réorientation des fonds du FODEL vers le financement des projets portés par des jeunes et des femmes s'oppose en fin de compte aux axes prioritaires indiqués dans l'article 130 du Code minier, et elle constitue également une atteinte à l'autonomie des collectivités locales dans la gestion de leurs ressources. Cette intrusion du politique est à resituer, comme nous l'avons déjà dit, dans le contexte politique de la modification constitutionnelle de mars 2020 aboutissant au 3e mandat contesté de Alpha Condé. Cette clé de répartition apparait en contradiction avec toutes les dispositions juridiques et réglementaires de gestion des fonds issus de la contribution des entreprises minières pour le développement local. La mise en œuvre de cette clé a entrainé l'immixtion des responsables politiques dans l'attribution des financements sur la base de l'allégeance politique. Et les résultats se sont révélés vite décevants après deux ans d'exercice marqué par une forte politisation du mécanisme. L'obligation de validation des projets par une structure politique au niveau central (le comité conjoint), composé des cadres du Ministère des Mines et de ceux de l'Administration du Territoire, a de fait permis un filtrage politique des projets sociaux et économiques proposés par les collectivités. Les critères de sélection des projets définis dans le décret et spécifiés dans l'arrêté conjoint ont été régulièrement abandonnés au profit de l'allégeance politique des porteurs de projets.

Par ailleurs, la politisation à outrance du processus, a perverti la mission du CAGF dans le mécanisme de mise en œuvre du FODEL. Le CAGF, institué comme une structure technique d'appui aux collectivités dans la bonne gestion du FODEL, devait s'assurer du suivi

---

[422] Un des groupements que nous avons rencontré à Siguiri bénéficiaire de plus de 200 millions de financements était la propriété de la présidente des femmes du RPG, le parti au pouvoir, de la région. Le groupement fabriquait des savons dont le nom commercial était le « savon RPG ». À Dinguiraye, les élus de la commune ont été les premiers bénéficiaires des projets de mototaxi, arbitrairement imposés aux communes par le comité conjoint, au nom d'un supposé soutien à des jeunes au chômage. À Boké également, plusieurs groupements que nous avons visités appartenaient à des proches de responsables politiques locaux et nationaux.

[423] Dans la commune de Kamsar, les membres d'un groupement de femmes financé dans le domaine de la culture maraichère ont disparu dans la nature, sans aucune trace.

et de la bonne exécution des projets en veillant à l'efficience et à l'efficacité de tous les projets. Il devait participer au renforcement des capacités des collectivités locales dans le pilotage du développement local. D'ailleurs la composition du comité reprend l'ensemble des acteurs qui composent le CPD (les élus, la société civile, les jeunes, les femmes, la société civile, l'administration publique), et il dispose en son sein d'un secrétariat permanent qui administre au quotidien les responsabilités dévolues au comité. À partir de 2020, date du début de l'opérationnalisation du FODEL, quatre (4) CAGF ont été institués à Boké, Siguiri, Dinguiraye et à Boffa[424]. Nous avons constaté, lors de notre enquête, que les prérogatives des CAGF dans la validation des projets ont été détournées par l'administration politique au profit de l'organe central de supervision du FODEL, le comité conjoint. L'article 11 de l'arrêté conjoint de 2017 instituant le mécanisme de mise en œuvre du FODEL stipule que le *« les projets sont examinés et validés par le CAGF en vue de leur financement ».* Le CAGF devait, conformément à cet article, étudier et valider tous les projets soumis au financement du FODEL au cours d'une session budgétaire. Dans la pratique, ce sont les membres du comité conjoint représenté par des cadres des administrations centrales et déconcentrées qui ont procédé à la validation des projets. La conséquence de cette violation des prérogatives s'est traduite par le filtrage politique des projets sélectionnés et la mise en avant de l'allégeance politique dans le choix des bénéficiaires du financement. Voilà très concrètement comment s'est trouvé réinséré dans une logique de rente et de relations de pouvoir le dernier des dispositifs innovants en matière de réorientation de la richesse minière au bénéfice de la population majoritaire et du développement du pays.

En 2020, trois localités minières ont connu la mise en exécution du premier exercice du FODEL. La préfecture de Boké a reçu un montant global de 41.337.282.658 GNF (soit plus de 4 millions d'euros).

Le tableau ci-dessous montre les contributions par entreprises dans la région de Boké, qui couvre la période de 2015 à 2018 :

---

[424] Le secrétariat permanent du CAGF est composé d'un Président statutairement représentant le CPD, un ingénieur chargé du suivi des chantiers, un comptable chargé des finances.

Société	Bénéficiaires	Montant CDL
SMB	Collectivités locales	35.483.808.483
CDM-CHINE	Collectivités locales	3.224.759.292
COBAD	Collectivités locales	561.860.750
SMB/CDM/COBAD	Collectivités locales	39.270.418.525
Total CDL 2015-2018	Collectivités locales	**41.337.282.658**

Figure 11: répartition des montants par société contributrice

Source : Oumar BARRY.

Le tableau montre une forte contribution de la société minière SMB, une entreprise chinoise, dans le fonds FODEL. Cette société entrée en production à partir de 2015 regroupe des intérêts chinois, singapourien et l'État guinéen, dans la filière de la bauxite. En 2024, elle a exporté plus de 40 millions de tonnes de bauxite. Le paiement de la CDL (Contribution au Développement Local) étant adossé au chiffre d'affaires, l'augmentation vertigineuse de sa production a fait exploser, par ricochet, le montant qu'elle paye au titre de la CDL, ce qui n'est pas sans incidence sur les représentations des populations quant à l'impact des entreprises sur le développement communautaire. En effet, dans la même zone minière, cohabitent des entreprises chinoises, russes, américaines, indiennes, anglaises, générant chacune des perceptions et des représentations sur la contribution des entreprises minières au développement local.

Les montants reçus dans le cadre du FODEL sont énormes eu égard à la faiblesse des ressources locales des collectivités. En 2020, les ressources en provenance des entreprises minières représentaient 80% de l'ensemble du budget de la commune urbaine de Boké[426]. Cette dernière a capté le plus gros montant, représentant 22% du montant

[426] Selon, le receveur de la commune urbaine, le budget prévisionnel de la commune pour 2020 était de 15 milliards GNF (1,5 million d'euros), les ressources prévisionnelles en provenance des revenus miniers, au titre du FODEL et du FNDL, représentaient 12 milliards GNF (soit 1,2 million d'euros).

global, soit près de 9 milliards GNF (près de 900 000 euros) sur les 41 milliards GNF versés par l'ensemble des entreprises minières. Cette situation s'explique par la proximité des mines en exploitation du centre urbain de Boké (cumulation des critères de répartition d'impact et de démographie). L'effet pervers de cette explosion de la manne financière accordée à la commune urbaine se traduit par la multiplication des défis environnementaux et sociaux. La proximité à vue d'œil des mines de bauxite par rapport au centre-ville de Boké est une première dans l'histoire de l'exploitation minière en Guinée. L'utilisation des fonds n'a pas tenu compte de cet enjeu environnemental d'une extrême gravité, il est à relever à ce sujet qu'aucun projet de protection ou de restauration environnementale ne figure dans les activités portées par la commune, bien que l'existence du FODEL se justifie avant tout par la compensation de la perte des ressources naturelles et la restauration des moyens d'existence des communautés. L'absence de projets environnementaux dans les projets financés reste donc le défi majeur dans le processus d'identification des projets.

Globalement, 56 projets socio-économiques et 465 microprojets de groupements de jeunes et de femmes ont été couverts par l'enveloppe du FODEL à Boké. L'ONG Action Mines Guinée a procédé, en décembre 2021, à une évaluation du niveau d'exécution des projets couverts par l'enveloppe financière du FODEL. L'évaluation reposait sur un calcul du taux d'efficacité des projets en comparant les projets prévus aux projets réalisés. La tendance générale a montré un taux moyen de réalisation des projets se situant autour de 50%. Les difficultés rencontrées dans la réalisation des projets se sont situées à la fois sur les capacités techniques des entrepreneurs recrutés et sur la disponibilité des fonds à partir des comptes du CAGF. Les processus d'appels d'offres et de passation des marchés déroulés par les collectivités ont été biaisés et ont subi des contraintes politiques quant aux choix des entrepreneurs. Le mécanisme a également révélé la faible capacité des collectivités dans la maitrise d'ouvrage des projets d'infrastructures (défaillances des cahiers de charges, absence de suivi technique des travaux, infrastructures inadaptées).

L'incohérence observée entre les infrastructures et des plans d'aménagement obsolètes a contribué à rendre inadaptées les infrastructures construites par rapport à l'évolution des demandes sociales (des aménagements agricoles dans des domaines désormais soumis à des contraintes hydrographiques et pédologiques importantes par exemple). Le dernier plan d'aménagement de la région de Boké remonte en effet à 1992, une époque où seule la CBG était opérationnelle dans la zone. En 2022, plus d'une dizaine d'entreprises minières sont en activité dans la même région. La capacité des collectivités locales à maintenir en bon état ces infrastructures est également à questionner, car les collectivités locales sont dépourvues de capacités techniques, financières et managériales en matière de gestion des infrastructures.

Dans l'évaluation menée par Action Mines Guinée en 2021, l'efficience des projets réalisés a fait l'objet d'une attention particulière. Le Code des collectivités de la République de Guinée subordonne le pilotage du développement local à l'élaboration de PDL assorti de PAI. Tous les projets de développement, quelle que soit l'origine de leur financement, sont puisés dans ces outils de planification. La mise en œuvre des projets FODEL intervenue dans un contexte politique marqué par le projet de modification constitutionnelle a donc à l'inverse « autorisé » la sélection de projets non-inscrits dans les outils de planification du développement local. La plupart des projets retenus dans cette logique se sont soldés par des échecs. C'est dans ce cadre que se situent par exemple le projet d'aménagement d'une plaine agricole de 200 ha à Kamagan dans la préfecture de Siguiri en Haute Guinée, un projet initié en dehors du PDL/PAI de la commune et qui a mobilisé 4 milliards de GNF (400.000 euros) sans aucun résultat. De même le projet d'aménagement d'une plaine de 80 ha à Bambadala dans la préfecture de Dinguiraye, qui a débouché sur une inondation et la destruction totale des récoltes. Ou encore, dans la région de Boké, le projet d'aménagement de la plaine de Dabiss qui a mobilisé 2 milliards GNF (200.000 euros) et n'a connu aucune phase d'exécution bien que les montants alloués aient été décaissés dans les comptes du FODEL.

Le choix politique des projets financés sur la base des représentations politiques ou des incidences électorales a rencontré également des échecs, car ces projets échappaient généralement à la capacité de maitrise d'ouvrage des collectivités locales, compromettant ainsi leur durabilité. Ces incohérences ont révélé à nouveau l'une des problématiques fondamentales dans le développement des zones minières : l'absence d'un cadre stratégique national harmonisé de développement des zones minières, et les improvisations et interventions unilatérales qui ont été régulièrement constatées. On note ainsi l'intervention non coordonnée, désarticulée sur le même territoire, de plusieurs approches et politiques de développement : FODEL, RSE des entreprises, PAI des communes, PACV. La fonction stratégique de l'État acteur de programmation du développement a ainsi été souvent occultée au profit de l'État capteur de rentes. La multiplication des outils et instruments d'intervention dans le développement de ces localités minières disperse les compétences et les priorités et rend difficile l'appropriation efficace de la maitrise d'ouvrage par les collectivités locales. Lors du lancement du FODEL, les collectivités ont dénoncé dès le départ la complexité du mécanisme par rapport aux instruments déjà connus, notamment ceux déroulés sous la coupole des CPD[427]. Par ailleurs les agents de développement locaux (ADL) recrutés par le programme PACV dans le volet renforcement des capacités des collectivités dans la maitrise du développement n'ont pas été associés au mécanisme du FODEL. Tandis que les conseils communaux sont constitués dans plusieurs localités de personnes n'ayant jamais été scolarisées[428]. Certes les ADL et les secrétaires généraux des communes sont les agents techniques qui appuient les élus dans le pilotage du développement local[429]. Les ADL participent à l'élaboration des PDL/PAI des communes, à l'exécution des projets et au renforcement des capacités techniques des élus. Mais dans la plupart des communes minières qui ont bénéficié du FODEL, nous avons constaté que les ADL n'étaient pas suffisamment impliqués dans le processus du FODEL. Ils étaient plus portés sur les projets financés par l'ANAFIC (Agence Nationale de Financement des Collectivités), lesquels semblaient plus intéressants financièrement[430].

Le tableau ci-dessus montre le taux de réalisation des projets dans certaines collectivités.

---

[427] Entretien avec les Maires des communes rurales de Sangaredi, Kanfarandé, Malapouya. Ces communes sont situées au centre des opérations de plusieurs entreprises minières.

[428] Par exemple dans la commune rurale de Tanéné, dans la préfecture de Boké où 3 grandes entreprises minières font de l'extraction de la bauxite, sur les 23 membres du conseil communal, 4 seulement ont un diplôme d'études universitaire.

[429] Dans le cas guinéen, les secrétaires généraux des communes sont des fonctionnaires détachés par le Ministère de l'Administration du Territoire pour soutenir techniquement le processus de décentralisation. Les ADL ont été recrutés par le PACV pour appuyer les communes dans la planification du développement local.

[430] ANAFIC est un autre instrument de redistribution des revenus miniers, cette fois-ci, au bénéfice de toutes les collectivités du pays, minières et non minières. Le FODEL est orienté vers les collectivités où il existe une activité d'extraction minière.

Communes	Projets sociaux		Projets économiques		Taux de réalisation (TR)	Interprétation
	Prévus	Réalisés	Prévus	Réalisés		
C.U. Boké	5	3	3	1	50%	Moyennement satisfaisant
Dabiss	4	0	4	2	25%	Peu satisfaisant
Tanéné	3	2	4	4	86%	Satisfaisant
Kamsar	3	3	2	2	100%	Satisfaisant
Kolaboui	4	4	3	3	100%	Très satisfaisant

Figure 12: Évaluation de la mise en œuvre du FODEL

Source : rapport d'évaluation du FODL réalisé par Oumar BARRY et Tidiane BARRY

Au-delà des échecs constatés liés au caractère improvisé de la démarche et de sa forte coloration politique, la prise en compte des enjeux liés au développement des possibilités d'entrepreneuriat des jeunes et des femmes dans les zones minières est, tout du moins, une alternative intéressante pour soutenir un processus d'intégration de l'activité minière à l'économie locale. Alliant des considérations électorales à des nécessités sociales et économiques, le mécanisme du FODEL a de fait ouvert les fonds aux initiatives des jeunes et des femmes en matière d'activités génératrices de revenus, deux catégories qui représentent plus de la moitié de la population du pays, et qui sont, en outre très actives dans les mouvements de contestation sociale dans les localités minières. L'enclavement géographique et économique des zones minières, qui a fait l'objet de l'étude approfondie de Magrin

(2013) en Afrique centrale, explique la faiblesse du lien entre l'industrie minière et les structures économiques locales. L'extraversion qui en résulte transforme ces localités en « enclaves » où la prospérité se limite principalement aux salaires versés aux travailleurs locaux.

Le FODEL se voulait une opportunité de développement de petites structures économiques locales qui participeraient à la captation des énormes investissements et revenus miniers[431]. Ces structures organisées en GIE (Groupement d'Intérêt Économique), exerçant dans des secteurs variés d'activités économiques (maraichage, construction, réparation, prestation de service, petites fabriques mécanisées…), pourraient bénéficier à travers le FODEL d'opportunités de financement de leurs activités. Dans la région de Boké, 456 groupements (GIE) ont ainsi reçu du financement des fonds FODEL, et généré plus de 14.000 emplois entre 2020 et 2022. Le processus de choix de ces groupements aurait certes dû reposer sur l'incidence du projet en matière de création d'emplois, sur ses expériences antérieures, sur ses impacts environnementaux et son niveau de structuration, les montants accordés étant des prêts remboursables au bout de trois (3) ans. En 2022, le niveau de remboursement était ainsi encore loin d'atteindre les exigences annuelles prévues dans les plans de remboursement de chaque projet.

La convergence entre les exigences de protection de l'environnement et la nécessité de développer des projets structurants a par ailleurs représenté la préoccupation majeure des acteurs de la société civile. L'ONG Action Mines Guinée soulignait ainsi dans un documentaire diffusé en septembre 2021 le financement par le FODEL de projets qui participaient à la destruction de la forêt[432]. Par exemple dans la collectivité de Kolaboui, laquelle est un espace de convergence de quatre (4) entreprises minières (CBG, GAC, SMB), et où les défis liés à la protection de l'environnement conditionnent les capacités de la collectivité à survivre à l'après-mine. Un rapport du PAGSEM de juin 2019 montre à travers des images satellitaires une concentration des zones cultivées et des fonds de vallées dans la zone de Kolaboui, à l'intersection des infrastructures de transport minier (routes minières, chemin de fer). On note également une plus grande disponibilité des

[431] Ces dix (10) dernières années, plus de 6 milliards de dollars ont été investis dans la région de Boké par les entreprises minières.

[432] Un groupement évoluant dans la scierie de bois dans les forêts primaires a été financé dans la collectivité de Kolaboui, à plus de 200 millions de GNF (20.000 euros).

sols de haute fertilité dans la même zone de Kolaboui. Le rapport note une prédominance des sols fertiles dans cette zone à proximité de la bande côtière, près des grands centres de concentration démographique et d'infrastructures minières.

« Une section de très bons sols situés à proximité des centres de population et des infrastructures »[433].

Le paradoxe saisissant entre exploitation minière et taux de pauvreté élevé dans la région de Boké s'explique en partie par le cloisonnement existant entre développement minier et développement agricole. Cette désarticulation fait que « *l'industrie minière a globalement fonctionné en autarcie* »[434]. La forte empreinte de l'exploitation minière sur les moyens d'existence basés essentiellement sur les ressources naturelles (agriculture, élevage, pêche), et la faiblesse des opportunités d'emplois offerts par le secteur minier, accentue les facteurs de pauvreté. Le rapport du PAGSEM souligne que

« *Les analyses statistiques disponibles sur les revenus au niveau subrégional montrent que la région de Boké a une incidence de pauvreté plus élevée que la moyenne guinéenne* »[435].

Les hypothèses les plus réalistes exprimées dans le rapport du PAGSEM mettent en lumière la possibilité de développer un secteur non minier qui serait beaucoup plus rentable. La mise en valeur des 40% de terres propices à l'agriculture dans la région de Boké pourrait générer plus de 700 millions de dollars de valeur ajoutée par an, et le scénario mis en exergue par l'étude indique douze (12) catégories de plantes porteuses de valeurs ajoutées, adaptées aux sols et au climat de Boké. Le FODEL a accordé une priorité dans le financement des projets d'exploitation agricole des petits groupements. Les aspirations des populations rapportées par plusieurs études sont orientées vers des investissements dans l'agriculture. Des dizaines de groupements, de femmes pour la plupart, ont bénéficié de financement FODEL pour développer des projets de production arachidière, de cultures maraichères, de légumes frais. Ils se sont heurtés pour la plupart à des difficultés énormes compromettant leur viabilité. Les principales

---

[433] Rapport du PAGSEM, stratégie pour un développement durable de la préfecture de Boké, juin 2019, page 95.

[434] Idem, Page 62.

[435] Rapport du PAGSEM, stratégie pour un développement durable de la préfecture de Boké, juin 2019, Page 100.

difficultés auxquelles sont confrontées ces groupements résident à la fois dans le caractère informel de leur organisation, la faiblesse des capacités techniques de gestion comptable, managériale et financière, mais aussi, et surtout, dans l'absence de convergence entre les projets développés et les conditions naturelles et physiques de leur milieu d'implantation. L'agriculture demeure pourtant un levier important pour lutter contre la pauvreté et créer de l'emploi pour les populations locales.

« La plupart des habitants de la préfecture comptent sur l'agriculture pour survivre. L'activité économique consiste principalement d'agriculture vivrière et de pêche »[436].

L'impact de ce mécanisme sur la vie des communautés est par endroit très lisible en matière d'emplois, de dynamisme économique et d'inclusion sociale. Dans la commune rurale de Tanéné, des personnes porteuses de handicaps physiques et en marge de la société, sans aucune possibilité de recrutement dans une entreprise minière, ont ainsi pu bénéficier de financement FODEL pour développer un projet de coiffure moderne. Cette intervention du FODEL en faveur des personnes vivant en situation de handicap contribue à résorber les inégalités qui se creusent de plus en plus dans les zones minières. Ces inégalités prennent plusieurs formes et touchent un grand nombre de personnes, celles vivant avec un handicap se retrouvant souvent marginalisées dans les mécanismes de redistribution des revenus miniers.

« C'est grâce à la pauvreté que ma femme m'a quitté, elle a eu 3 enfants pour moi. Mais la pauvreté a chassé. Elle m'a quitté. Maintenant que j'ai eu ce fonds, elle-même veut revenir, mais je n'ai pas accepté. Mes enfants étudient très à Conakry. Moi aussi ça va maintenant »[437].

Dans les îles de Kanfarandé, enclavées et dépourvues de toute opportunité de développement économique, les femmes évoluant dans le secteur de l'extraction du sel ont bénéficié de financement leur

---

[436] Rapport du PAGSEM, stratégie pour un développement durable de la préfecture de Boké, juin 2019, page 84.

[437] Entretien avec Oumar SANE, personne en situation de handicap physique, à Tanéné, dans la préfecture de Boké. Nous l'avons rencontré lors de notre visite en juin 2021.

permettant d'améliorer les méthodes d'extraction et de commercialisation. L'extraction du sel est une activité pratiquée, on l'a dit, depuis des siècles par les femmes vivant près de la région côtière. La multiplication des activités minières menace la survie de l'activité, notamment l'envasement des côtes provoqué par les bateaux de plus en plus nombreux et la destruction de la mangrove, espace de travail des saliculteurs, pour construire des ports miniers. Le déversement des huiles et le pétrole dans la mer limitent fortement les rendements de l'activité, autant de défis qui compromettent l'avenir de la saliculture dans cette région. Le financement d'un groupement de femmes dans les îles de Kanfarandé a cependant redonné un nouvel élan à cette économie sociale et solidaire.

« Ça fait longtemps que nous faisons de l'extraction du sel ici, mais l'arrivée du FODEL cette année a changé notre vie. Son arrivée nous a beaucoup aidés. Ça fait 12 ans que nous pratiquons ce travail, mais cette fois-ci nous avons compris que c'est un travail plus rentable encore. Nous travaillions en groupe. Nous sommes au nombre de 9. Nous avons fait une réunion où nous avons décidé de comment utiliser le financement que nous avons reçu. Nous avons acheté tout le matériel de travail. Aujourd'hui, notre travail s'est amélioré. Notre groupement Mounafany (avantage). Et nous avons beaucoup plus de bénéfices »[438].

Dans la sous-préfecture de Kolaboui, le centre de toutes les révoltes sociales contre les entreprises minières depuis 2015, les jeunes citent quant à eux le manque d'emploi comme la première revendication parmi toutes celles portées contre les sociétés minières. La question de l'emploi est au cœur de toutes les revendications sociales qui ont secoué cette collectivité ces dernières années. En dehors de l'agriculture, il n'existe aucune autre activité économique dans cette localité située au carrefour de toutes les infrastructures de transport de la bauxite. En effet, Kolaboui est traversée en plein centre-ville par le chemin de fer de la CBG, le chemin de fer de GAC et les nombreuses routes minières de la SMB. Le financement de projets d'activités génératrices de revenus portés par des jeunes, grâce aux fonds FODEL, a ouvert un nouvel espoir pour des milliers de jeunes désœuvrés.

[438] Rencontre avec un groupement de femmes dans les îles de Kanfarandé lors de notre visite de terrain en aout 2020.

« J'avais déjà quelques formations en entrepreneuriat, mais je manquais de financement. Lorsque le FODEL est venu, j'ai postulé pour le développement d'une ferme avicole. Celle-ci peut employer beaucoup plus de jeunes. Moi j'emploie aujourd'hui 15 personnes dans mon projet grâce à ce financement. C'est vrai que le processus a manqué de transparence à certains niveaux. La politique a dominé partout. Si tu n'es pas du parti au pouvoir, difficilement tu bénéficies. Moi j'ai eu 75 millions GNF (7000 euros) comme financement »[439].

La sous-préfecture de Sangaredi abrite la plus grande mine de bauxite au monde, exploitée par la CBG depuis 1973. Et comme nous l'avons vu, l'absence de politique sociale de l'État dans cette localité a contraint la CBG à s'ériger en « micro-Etat », fournissant gratuitement aux populations de l'eau, de l'électricité et l'assainissement de la ville. En dehors de l'activité industrielle de la mine, la ville est dépourvue de toute autre activité économique créatrice d'emplois et de revenu pour la collectivité, une situation qui met les 80.000 habitants de Sangaredi sous la dépendance directe et indirecte des activités de la mine. L'arrivée des fonds FODEL a ouvert de ce point de vue des opportunités d'insertion des jeunes et des femmes dans de nouvelles activités déconnectées de la mine. Plusieurs groupements se sont investis dans l'activité agricole et dans la confection des savons avec des produits locaux. L'expérience a montré des possibilités de développer des activités alternatives en dehors de l'activité minière, des espaces d'expérience pour des d'activités qui survivraient à la mine, dès lors que la ville de Sangaredi demeure profondément dépendante des services sociaux fournis par la CBG, et que la ville tire l'essentiel de ces revenus des contributions versées par les entreprises minières au titre du FODEL ou de la taxe superficiaire. C'est le prototype même de la ville minière fonctionnant sous la logique « d'enclave », dépendant essentiellement de la rente payée par les entreprises minières.

« Après notre formation à l'université, nous sommes restés des années sans travail. C'est alors que nous avons commencé à faire des cultures maraichères dans ce bas- fond. Nous avons créé un groupement de 13 membres, dont 5 femmes. Lorsque le FODEL est venu, nous avons fait un plan de financement qui nous a permis d'avoir 70 millions GNF (7000 euros). Cela nous a permis d'ouvrir les canaux collecteurs d'eau, nous avons payé également les gens pour labourer et repiquer le riz dans le bas-fond. Pour le labour et le

[439] Entretien avec Ousmane Camara, leader de jeunes dans la commune rurale de Kolaboui, lors de notre visite de terrain en septembre 2020.

repiquage, nous pouvons employer temporairement jusqu'à 10 personnes. Nous avons plusieurs variétés de riz. On projette de mettre en valeur les 2 ha qui peuvent nous rapporter près de 20 tonnes de riz »[440].

Section 1.3. Le FNDL, un instrument de partage déterritorialisé de la rente minière entre logique écologique, contraintes infrastructurelles et démultiplication des espaces démocratiques locaux

Dans cette section, nous allons étudier la politique de « ruissellement » de la rente minière sous le prisme de l'équité et de la démocratie. Nous nous intéresserons notamment au soutien des acteurs multilatéraux à des processus de redistribution des rentes, lesquels, obligent l'État à réintroduire dans ses approches, des normes internationales de justice sociale et de participation démocratique et environnementale.

1.3.1. Les défis d'un partage équilibré de la rente face à des contraintes structurelles

Les mécanismes de redistribution des revenus miniers pour financer le développement des collectivités sont multiniveaux, en fonction des impacts et du principe constitutionnel de la souveraineté du peuple sur les ressources du pays. La constitution de 2010 proclame en effet l'égalité des Guinéens face aux bénéfices de l'exploitation minière du pays, en mettant en exergue le principe de la propriété collective des ressources minières de la Guinée. Depuis l'indépendance du pays en 1958, l'impact de l'exploitation minière sur la vie des populations est très peu visible, notamment sur le plan de la contribution au développement des infrastructures sociales et économiques. La part la plus importante des revenus miniers est reversée dans les caisses du trésor pour servir aux dépenses courantes de l'État (paiement des salaires, dette extérieure). En 2020, les revenus encaissés par l'État depuis 1958 de la part de la CBG sont estimés à plus de 5 milliards de dollars, ayant principalement servi à payer les charges salariales et créancières de l'État (Soumah, 2007), et les investissements en

[440] Entretien avec un groupement de jeunes agriculteurs à Sangaredi, lors de notre visite de terrain, en septembre 2020.

infrastructures sociales de base par le truchement des revenus miniers a été faiblement visible, d'où le sentiment très répandu en Guinée de « l'inutilité » de l'exploitation minière.

Ce sentiment de déception a été accentué à partir des années 1990 par les vagues de réformes néolibérales imposées par les institutions financières internationales (Kameni, 2013). En 1984, la Guinée a ouvert son secteur minier à plus d'investissements étrangers, en adoptant des codes miniers incitatifs. Ces réformes poussées par les institutions financières internationales ouvraient en retour à la Guinée la possibilité de bénéficier de prêts pour financer le développement des infrastructures sociales qui manquent au pays.

« En échange de prêts financiers dont ils avaient vitalement besoin, ils exécutèrent des plans essentiellement destinés à diminuer le poids des États et à augmenter celui des investisseurs internationaux. Ces PAS visent surtout les secteurs rentables de la filière extractive au détriment des secteurs agricoles et sociaux ».[441]

Ce processus de libéralisation des économies africaines s'est doublé d'un processus d'accaparement des ressources africaines par des groupes multinationaux, transformant les gisements miniers en *« fonds de commerce boursier »*, ce qui revient à dire qu'ils sont « *transformés en titres financiers* ». Les spéculations et la volatilité des prix qui découlent de ces pratiques fragilisent la possibilité des États miniers à vivre de l'extraction de leurs ressources naturelles. Cette intégration des économies minières dans la mondialisation libérale s'est opérée par le truchement de l'adoption de codes miniers libéraux, supposés attractifs. Campbell (2010) estime que ces mutations juridiques ont conduit à l'affaissement des revenus de l'État, passant de 50% des prélèvements fiscaux en 1975 à 35% en 1994. Les royalties payées à l'État sont passées pour la même période de 6% à 3,7[442]. C'est le croisement de deux logiques contradictoires : augmentation des investissements directs étrangers et diminution des recettes de l'État, lesquelles compromettent ainsi la capacité de l'État à exercer sa fonction développementiste. Campbell (2010) note également que la « *capacité de la Guinée à définir et à mettre en application ses propres stratégies de développement a notamment été tributaire des modalités selon*

[441] KAMENI, Apoli Bertrand. *Minerais stratégiques, enjeux africains*, 2013, page 123.
[442] [419]*Ibid.*, page 123.

lesquelles le pays a pu négocier son accès aux revenus provenant de son riche secteur bauxite-alumine »[443].

Les réformes libérales qui ont traversé les États riches en ressources minières ont fortement affaibli les capacités de prestations sociales de ces États, avec l'affaissement des taux d'imposition. En Guinée, les revenus les plus importants et les plus stables provenaient de la TSPM (Taxe spéciale sur les Produits Miniers) mise en place en 1975. Cette taxe représentait une imposition de 13 dollars américains par tonne métrique appliquée à chaque tonne de bauxite exportée. Le paiement de cette taxe avait permis, sous le premier régime, de financer les politiques agricoles du plan quinquennal (1973- 1978)[444] en important des milliers de tracteurs de la Roumanie (Soumah, 2013)[445]. En 1999, les négociations engagées avec les sociétés minières dans le sillage des Politiques d'Ajustement Structurel (PAS) ont conduit à la suppression de cette taxe qui rapportait près de 200 millions de dollars américains par an. Les contributions du secteur minier aux recettes publiques ont connu une chute vertigineuse à partir de cette période, passant de 70% dans les années 80 à 29% en 1995[446]. La contribution du secteur minier aux recettes publiques a drastiquement diminué au fil des ans pour se situer en 2020 à 26% (ITIE 2020) alors que la production est passée de 19 millions en 2010 à plus de 100 millions de tonnes en 2023. Pour Ferguson (2006), la déconnexion des mines des relations sociales, économiques et politiques nationales a été encouragée par la privatisation et l'évacuation quasi totale de l'État des entreprises minières à partir des années 1990[447].

L'affaissement des revenus de l'État a eu pour principales conséquences la réduction des « capacités de développement » de l'État, entrainant un sous- investissement chronique dans les infrastructures sociales, et le désenchantement des populations par

---

443 CAMPBELL, Bonnie. *Ressources minières en Afrique, quelle réglementation pour le développement* ? 2010, Québec, page 72.

444 COURNANEL, Alain. « Le capitalisme d'État en Afrique : le cas Guinéen ». *Revue française d'études politiques africaines* 11 (123) : 18-51, 1976, page 30.

445 SOUMAH, Ibrahima. *Avenir de l'industrie minière en Guinée*, Harmattan, Paris, 2013.

446 CAMPBELL, Bonnie. *Ressources minières en Afrique, quelle réglementation pour le développement* ? 2010, Québec, page 84.

447 MAGRIN, *Géraud, Voyage en Afrique rentière, une lecture géographique des trajectoires du développement*, Territoires en Mouvement, 2013, page 229.

rapport à l'exploitation minière s'est traduit dans les zones minières par des violences contre les installations des entreprises, avec pour conséquence une instabilité sociale qui entrave les possibilités d'investissement et de développement minier. Les zones minières sont en effet sujettes à des violences graves qui démobilisent les entreprises minières, et en 2017 la région de Boké a connu des scènes de violences répétitives, avec des destructions de biens et des pertes en vie humaine. Nous pouvons citer par ailleurs la destruction des installations de Guiter Mining en 2018 à Banankoro, dont le bilan a été chiffré à 10 morts et des millions de dollars de pertes en bien matériels, ainsi que la destruction suivie de pertes en vies humaines des installations de Vale à Zogota, l'incendie des matériels roulants de la SMB, la destruction des matériels de la SAG, la destruction des matériels de la SMM.

Les réformes juridiques introduites par le Code minier de 2011, amendées en 2013 se sont voulues comme des réponses préventives à ces tensions sociales, et elles innovent ainsi en matière de renforcement des capacités développementalistes de l'État à partir des ressources générées par le secteur minier. L'article 165 du Code minier introduit notamment le principe de la redistribution des revenus miniers à toutes les collectivités de la Guinée avec la création du FNDL (Fonds National de Développement Local), un mécanisme qui va permettre le partage de la rente minière à toutes les collectivités de la Guinée. Si le FODEL bénéficie uniquement aux villes où il existe une ou des sociétés minières en production, le FNDL bénéficie, quant à lui, à toutes les collectivités de la Guinée[448]. Par ce mécanisme, la rente minière est déterritorialisée, irriguant ainsi les collectivités qui n'ont jamais connu d'activités extractives. Ainsi nous assistons au déploiement de deux (2) logiques spatialisées de distribution de la rente minière, le FODEL selon une logique de redistribution territorialisée dans les zones minières, et le FNDL (Fonds National de Développement Local) selon une logique déterritorialisée de redistribution de la rente minière dans toutes les collectivités du pays. La rente minière participe, à travers ces mécanismes, à la transformation des relations de pouvoir dans toutes les collectivités, minières ou non, de la Guinée, et il s'agit, selon les termes de Leclerc Olive (2001), *de requalifier le politique en relégitimant l'État* en investissant dans la construction des infrastructures de base, en promouvant le jeu démocratique local, et en

---

[448] Sur les 33 Préfectures de la Guinée, seules 6 Préfectures ont des sociétés minières en production, donc sont concernées par le FODEL.

favorisant la diffusion de normes écologiques aux antipodes des logiques extractivistes dominantes (centralité, extraversion, inégalité, enclave, pollution).

Le mode de répartition des revenus miniers à travers le mécanisme du FNDL est prévu par l'article 165 du code minier de 2013.

« Les droits fixes, la taxe sur l'extraction des substances minières autres que les Métaux précieux, la taxe sur la production industrielle ou semi-industrielle des Métaux précieux, la taxe sur les Substances de carrières, la taxe à l'exportation sur les substances minières autres que sur les substances précieuses et la taxe à l'exportation sur la production artisanale d'or payés au Budget national par les titulaires des Titres miniers ou d'autorisations, sont répartis comme suit : Budget national.......Quatre- vingts pour cent (80%), Appui direct au budget local de l'ensemble des Collectivités locales du pays. Quinze pour cent (15%), Fonds d'Investissement minier Cinq pour cent (5%) »[449].

Les revenus collectés à travers ce mécanisme de l'article 165, notamment ceux concourant à l'alimentation du FNDL, sont abondés dans un budget d'affectation spéciale (BAS) créé par la loi de finances de 2016[450]. La gestion de ce fonds est attribuée à une agence nationale dénommée l'ANAFIC (Agence Nationale de Financement des Collectivités), qui s'occupe de la gestion et du suivi de l'utilisation des montants accordés aux collectivités. Le décret D/2017/298/PRG/SGG portant création de l'ANAFIC fixe en son article 2 les attributions de l'agence en ces termes :

« La mobilisation de ressources intérieures et extérieures pour le financement du développement des collectivités. Faciliter l'accès des collectivités aux prêts confessionnels pour financer des projets d'investissements prélevés dans leur PDL à travers leurs organes délibérants. Procéder à la réallocation à travers des fonds du FNDL à toutes les collectivités de la Guinée par un système de péréquation défini dans le manuel de procédures. Apporter l'appui technique aux collectivités ou prendre en charge des projets d'appuis techniques par les services déconcentrés ou toutes autres expertises techniques pour assurer la maitrise d'ouvrage des collectivités ou la définition de programme. Collecter en faveur des collectivités locales les dotations budgétaires sectorielles affectées aux compétences transférées, et veiller à leur inscription effective au FNDL. Encourager les Partenaires techniques et Financiers (PTF) à respecter les

[449] Article 165 du code minier de 2011 de la Guinée, amendée en 2013.

[450] Le Fonds National de Développement Local (FNDL) a été créé par la Loi N° 2016/001/AN du 18 janvier 2016 portant Loi de Finances initiales pour l'année 2016.

procédures nationales en vigueur, en matière de financement de la décentralisation et du développement local. Contribuer à l'harmonisation des procédures nationales de financement des collectivités locales. Tenir des statistiques et une base de données de financement du développement local ainsi que de l'appui aux services d'accompagnement »[451].

Le décret attribue à la nouvelle agence ANAFIC des missions jusque-là exécutées par une diversité d'acteurs et de programmes (PACV, PDLG, PACB)[452]. Cette diversité des acteurs intervenants dans le financement et la gestion des programmes destinés au développement des collectivités apparaissait en effet comme un obstacle à la formulation d'une politique harmonisée et coordonnée à l'échelle nationale des interventions en faveur du développement local, car la multiplication des intervenants dans des cadres divergents pose des difficultés sur la rationalité et l'efficience dans l'utilisation des ressources financières mobilisées. Le décret de création de l'ANAFIC assigne à l'agence la mission de niveler ces disparités en lui transférant la gestion de tous les fonds destinés au financement du développement des collectivités locales, quelles que soient leurs provenances :

« Les subventions du budget de l'État destinées au fonctionnement et aux investissements des collectivités locales. Les ressources transférées par les ministères sectoriels en contrepartie des compétences transférées. Les ressources mises à la disposition des collectivités locales par les partenaires techniques et financiers en faveur du développement local, conformément aux accords et conventions signées avec le gouvernement. Les ressources mises à la disposition des collectivités locales dans le cadre des accords de partenariats et de jumelage. Les subventions, dons et legs octroyés par tout autre organisme national et international, conformément à la réglementation en vigueur. Tout autre financement licite versé au profit des collectivités locales »[453].

La multiplicité des fonds qui abondent sur les comptes de l'ANAFIC, en plus du FNDL, le plus important jusque-là, exige un

---

[451] Article 2 du décret D/2017/298/PRG/SGG

[452] Ce sont les grands projets de développement local en Guinée depuis 1984. Le PACV ou le Programme d'Appui aux Communautés villageoises, le PDLG ou le Programme de Développement Local en Guinée et le PACB ou le Programme d'Appui aux Collectivités de Boké.

[453] Article 11 Article 2 du décret D/2017/298/PRG/SGG. En 2022, une réforme institutionnelle a été initiée par le CNRD en vue de mettre le FODEL sous la coupole de l'ANAFIC.

contrôle rigoureux et des procédures de gestion comptable et financière. D'où la nomination d'un contrôleur financier par le Ministère responsable des finances pour le contrôle à priori des dépenses effectuées par l'agence. En effet, le volume des montants qui tombent dans les comptes de l'ANAFIC exige une attention des corps de contrôle des finances publiques[454]. Le premier obstacle dans la gestion de cette manne financière tient cependant à son mode de répartition entre toutes les collectivités du pays. La loi de finances de 2016, qui a créé le FNDL, a formulé une première clé de péréquation des fonds collectés à l'ensemble des collectivités de la Guinée. Sur une base égalitaire, toutes les collectivités de la Guinée reçoivent le même montant, et le reste est réparti en proportion de la démographie. En 2019, la formule d'affectation du FNDL entre les 337 collectivités du pays se dessine comme suit :

Dotation de l'année(t) = 1.000.000.000 GNF + [95% BAS(t)–337.000.000.000

La formule repose sur le postulat d'une répartition équitable des fonds entre les collectivités au nom du principe de l'égalité des citoyens face aux ressources minières du pays, tout en procédant à une discrimination positive qui tient compte du poids démographique. Le FNDL est destiné à 95% aux investissements en faveur des infrastructures dans les collectivités bénéficiaires[455]. Les données de base sur la démographie qui supportent les calculs font cependant l'objet de critiques quant à leur exactitude et à leur actualisation, et les recensements démographiques en Guinée sont exposés à des critiques sur leurs possibles connotations politiques. Les données populationnelles utilisées par l'ANAFIC sont donc celles de l'Institut National de la Démographie, une institution dont les données sont fréquemment contestées par les acteurs sociaux et politiques, notamment les données démographiques du recensement de 2014 qui sert de base de calcul pour la ventilation des montants du FNDL.

[454] En 2020, les mobilisations financières de l'ANAFIC dans le cadre du FNDL, uniquement, dépassaient 61 millions de dollars. Ce chiffre nous a été communiqué par le chargé du suivi-évaluation de l'agence lors d'un entretien, en 2021.

[455] Les 5% restants après l'allocation des 95% aux investissements des collectivités représentent les coûts de fonctionnement de l'agence. Ce pourcentage a été augmenté à 10%.

Collectivités locales	**Dotation du FNDL en 2019**	**%**
Région de Boké	55 960 950 284	11%
Région de Faranah	58 483 824 845	12%
Région de Kankan	92 353 915 286	19%
Région de Kindia	72 317 487 548	15%
Région de Labé	70 383 083 575	14%
Région de Mamou	48 794 565 984	10%
Région de Nzérékoré	93 630 422 478	19%
Total	**491 924 250 000**	**100%**

Figure 13: répartition des montants de la FNDL par région

Source : rapport d'exécution de l'ANAFIC de 2020, page 18.

Pour sa première expérience, l'essentiel des fonds de l'ANAFIC est venu du FNDL, abondé par les entreprises minières. Pour sortir de la forte dépendance de l'agence à des revenus miniers volatiles, celle-ci a procédé ensuite à la signature de deux (2) accords de financement avec l'AFD (Agence française de Développement) et la BM (Banque Mondiale). Ces financements couvrent la composante liée au renforcement de capacités des collectivités locales, avec un projet d'appui à l'Agence Nationale de Financement des Collectivités (PANAFIC) à hauteur de 10 millions de dollars financé par l'AFD et la convention de financement du projet d'appui à la gouvernance locale (PAGL) à hauteur de 40 millions de dollars par la Banque Mondiale[456]. Ces projets constituent le volet renforcement des capacités techniques et institutionnelles des structures de gouvernance locales. La finalité essentielle de ces formations est de contribuer au renforcement des

[456] L'intervention de ces partenaires a été conditionnée au respect des normes écologiques, de prise en compte du genre et la promotion de la démocratie locale.

capacités des collectivités dans l'exercice de la maitrise d'ouvrage du développement local, sachant que la faible capacité des élus dans le pilotage du développement a été souvent citée comme l'un des principaux obstacles dans l'efficacité des mécanismes de développement local[457].

Le rapport d'exécution de l'ANAFIC de 2019 souligne les résultats quantitatifs atteints par l'agence dans cette perspective de renforcement des capacités des collectivités locales. Plus de 4.475 personnes, dont 778 femmes, ont été formées aux problématiques de gouvernance locale. Le rapport cite les types de formation déployée par l'agence dans ce cadre : *« L'assistance technique à la réalisation d'une planification locale participative et inclusive, l'élaboration des programmes opérationnels et à la réalisation des projets d'investissement obéissant aux normes de sauvegarde environnementale et sociale. La coordination des activités, la gestion et le suivi-évaluation, toutes choses concourant à garantir la soutenabilité des procédures et mécanismes mis en place pour la gestion efficace et transparente des ressources du FNDL »*[458]. Les expériences ont démontré que l'amélioration de la gouvernance locale va au-delà des performances chiffrées en matière de formation. La nature des rapports de tutelle de l'administration déconcentrée sur les collectivités participe à l'écrasement des compétences dévolues aux collectivités, les rendant ineffectives. Nous avons constaté, à ce titre, au cours de notre enquête de terrain, que des Préfets obligeaient les élus locaux à leur verser les taxes superficiaires payées par les entreprises minières, une taxe pourtant entièrement destinée au budget de la collectivité locale[459]. Une décision politique a également accordé aux préfets et aux gouverneurs une partie des fonds de l'ANAFIC pour, dit-on, assurer le suivi de la bonne exécution des projets d'infrastructures financés par le FNDL[460].

Pour rendre opérationnelles et efficaces ces différentes interventions techniques en faveur des collectivités, l'ANAFIC a procédé au recrutement et à la prise en charge financière d'un personnel d'appui, les ADL (Agent de Développement Local), dans toutes les collectivités

---

[457] La majorité des élus des collectivités minières sont analphabètes.

[458] Rapport d'exécution des activités, janvier, juillet 2019, ANAFIC, page 7.

[459] Entretien avec le Maire de la commune rurale de Banora, Mamadou Barry, dans la préfecture de Dinguiraye.

[460] Nous ne disposons d'aucune référence juridique de cette décision, mais nous avons constaté qu'elle est effective.

du pays. Ces agents, nous l'avons dit, ont la responsabilité d'accompagner le processus de renforcement des capacités de maitrise d'ouvrage de l'administration locale. Ils aident les communes à réactualiser les outils de planification du développement local (PDL, PAI), et à développer les compétences de l'administration locale en matière de maitrise d'ouvrages[461]. Les collectivités représentent, dans la loi guinéenne, le niveau le plus pertinent en matière de planification et d'exécution des programmes de développement. Dans ce cadre, le FNDL est conçu comme l'instrument intégré de financement du développement local le plus important ces dernières années. Il s'agit d'un alliage, en somme, entre la politique de décentralisation et la politique de redistribution des revenus miniers. La décentralisation née d'une impulsion institutionnelle étatique fondée sur le transfert aux collectivités de compétences exercées autrefois par l'État central se combine alors avec le développement local reposant sur la mobilisation des ressources endogènes ou exogènes (Magrin, 2013)[462]. Pour Magrin (2013), le développement est en principe aux antipodes du système de rente, extravertie, et il repose davantage sur « la mobilisation des ressources humaines, matérielles pour la réalisation de projets à finalité productive inscrits dans un territoire ». Il reprend ainsi la thèse « des dynamiques endogènes de développement économique des territoires ou le développement territorial » proposée par Bernard Pecqueur (1993). Par contre, le concept tel qu'importé en Afrique, dans les années 1990, par des acteurs internationaux, porte généralement sur « l'appui institutionnel aux collectivités locales, à la société civile et aux organisations de producteurs, la construction d'infrastructure et dans certains cas rares, de la gestion des ressources naturelles »[463]. Le développement local se matérialise d'abord et avant tout par l'inscription dans les territoires des orientations politiques et stratégiques définies dans des instruments de planification du

---

[461] Entretien réalisé en avril 2021 à Boké avec Toumani Mara, agent de développement local en poste à la commune urbaine de Boké.

[462] Pour Magrin (2013), le développement est en principe aux antipodes du système de rente extravertie, il repose davantage sur la mobilisation des ressources humaines, matérielles pour la réalisation de projets à finalité productive inscrits dans un territoire. Par contre, le concept tel qu'importé en Afrique, dans les années 1990, par des acteurs internationaux porte l'appui institutionnel aux collectivités locales, à la société civile et aux organisations de producteurs, la construction d'infrastructure et dans certains cas rares, de la gestion des ressources naturelles.

[463] MAGRIN, Géraud. *Voyage en Afrique rentière, une lecture géographique des trajectoires du développement*, Territoires en Mouvement, 2013, page 255.

développement et dont les modes d'élaboration répondent à des exigences d'acteurs étrangers (institutions internationales, acteurs bilatéraux, agence de financement, banques et préteurs proches des entreprises minières)[464].

Les objectifs assignés à l'ANAFIC en matière d'appui au développement local s'alignent sur l'un des axes stratégiques du PNDES (Plan National de Développement Économique et Social) en matière de développement local, notamment le résultat stratégique 2 *: l'action publique est efficace, efficiente, inclusive et durable.* Ce cadre oriente les politiques publiques vers des changements qualitatifs durables en matière de gouvernance locale[465].

Dans la loi de finances 2019, le Budget d'Affectation Spéciale (BAS) qui abonde le FNDL était dans une prévision de l'ordre de 517.815.000.000 GNF (50 millions d'euros), prélevés sur 15% de six taxes minières conformément aux dispositions de l'article 165 du Code minier. Un montant de 149 milliards GNF (15 millions d'euros) devait également être ventilé au titre des dotations sectorielles pour financer l'exercice des compétences transférées aux collectivités locales dans le cadre de la décentralisation. Nous l'avons dit plus haut, l'ANAFIC centralise désormais tous les financements destinés aux collectivités locales. L'agence a obtenu également un appui financier de l'AFD à hauteur de 16.487.260.000 GNF (1.600.000 $) et de la Banque Mondiale à hauteur de 42.916.084.000 GNF (4 millions $) pour financer des programmes de renforcement des capacités institutionnelles et de maitrise d'ouvrage des collectivités locales. Le volume des financements brassés fait de l'ANAFIC la plus grande caisse de financement du développement local. Les revenus miniers constituent, bien évidemment, la part la plus importante des fonds transférés dans les comptes de l'ANAFIC, ce qui expose davantage la capacité de l'État à financer le développement local face aux fluctuations des cours des matières premières. La logique extravertie et rentière reparait ainsi dans ce principal mécanisme de redistribution de ce « national cake »[466], autant dans la forte dépendance des sources de

---

[464] Les DRSP, le PNDS et le PRI sont des instruments de planification nationale conçus avec le financement des partenaires financiers multilatéraux de la Guinée et répondent davantage à leurs exigences.

[465] https://www.invest.gov.gn/document/pnds-document-principal.

[466] Le « Gâteau national », qualificatif désignant dans certaines constitutions les revenus miniers ou pétroliers qui font l'objet de mécanisme spécifique de partage entre les régions ou les collectivités du pays (Magrin, 2013 :121).

financement à la rente minière que dans l'impulsion, à partir d'acteurs étrangers, des instruments de référence et de planification sur lesquelles reposent les interventions de l'ANAFIC.

Du point de vue de la politique de décentralisation telle qu'instituée en Guinée, le développement des collectivités locales repose sur des instruments de planification bien connus, dont le PDL (Plan de Développement Local) élaboré à l'issue, sur le plan théorique, d'un processus de diagnostic participatif. Ce diagnostic permet d'identifier tous les besoins et problématiques qui se posent au développement de la collectivité sur une période de 5 ans au plus. Chaque année, un PAI (Plan Annuel d'Investissement) est extrait de ce PDL pour planifier des projets à financer selon les disponibilités budgétaires de la commune et la part de ressources prévisionnelles attendues des revenus miniers. Le PDL s'aligne également sur les cadres nationaux et sectoriels de planification du développement (PNDS, politiques sectorielles de l'éducation, de la santé et de l'environnement). Les interventions des partenaires techniques et financiers externes s'insèrent dans ce cadre stratégique national et tiennent compte des objectifs projetés dans les instruments locaux de développement. Les actions financées dans ces collectivités doivent être inscrites dans le PAI de la commune. En 2019, ce sont 791 microprojets qui ont été soumis par les collectivités locales pour financement dans le portefeuille du FNDL. Il est à constater un écart entre les coûts des projets prévus pour financement et les montants effectivement transférés aux collectivités. Ces écarts s'expliquent à la fois par les difficultés de mobilisation des recettes au niveau des régies financières de l'État et un ensemble de contraintes associées au secteur minier : volatilité des revenus, pertes de revenus, fraudes fiscales, corruption, fluctuations en lien avec les prévisions d'exportation des minerais au niveau des entreprises minières, contraintes de cadrage budgétaire et d'arbitrage des priorités au niveau de la Direction du budget. Il s'agit d'un constat qui pose une fois encore la nécessité de rendre les collectivités de plus en plus autonomes dans la mobilisation des financements pour leur développement[467].

[467] Lors de notre enquête, nous avons constaté que dans la majorité des communes minières, le financement de leur PDL/PAI dépend à 80% des fonds du FODEL et (ou) de l'ANAFIC. C'est notamment le cas des communes de Sangaredi, Boké, Kamsar, Banora.

N°	Région	Nombre de CL financé	%	Montant réel des PAI reçus	Montants transférés aux CL	%
1	Boké	37	100	52.584.144.013	29.764.186.248	43
2	Faranah	42	100	55.154.387.197	33.355.121.203	40
3	Kankan	58	100	86.207.708.063	50.227.053.079	42
4	Kindia	45	100	69.476.910.077	40.264.435.348	42
5	Labé	53	100	65.599.134.675	40.400.477.082	38
6	Mamou	36	100	47.653.024.101	29.325.535.668	38
7	N'Nzérékoré	66	100	86.603.635.209	48.581.342.837	44
Total		**337**	**100**	**463 278 943 335**	**191.360.788.870**	**41**

Figure 14 : Aperçu des montants du FNDL et les décaissements effectifs

Source : Rapport ITIE 2020, page 121.

La diversification des sources de financement de l'ANAFIC constitue la clé qui doit garantir la pérennisation des politiques publiques d'accompagnement des collectivités, au-delà du paradigme de la redistribution des revenus miniers ayant présidé à la création de l'initiative. Les limites imposées par la faiblesse de la mobilisation des fonds ont affecté la qualité des infrastructures réalisées, compte tenu des écarts énormes, de près de 60%, entre les coûts sollicités par les collectivités et les montants accordés par l'ANAFIC. Les ingénieurs-conseils recrutés par les collectivités pour le suivi technique des travaux, conformément aux spécifications contenues dans les cahiers de charges, reçoivent 6% du coût du projet comme rémunération. Cependant le rôle de l'ingénieur-conseil aurait pu être supporté par les services techniques de l'administration déconcentrée (Habitat, urbanisme, développement rural, éducation, pêche) qui disposent des mêmes compétences (ingénieurs). Lors de notre entretien avec le chargé du suivi d'évaluation de l'ANAFIC, ce dernier nous a informés que des efforts sont en train d'être faits pour diminuer les honoraires des ingénieurs-conseils à 3% dans le coût des infrastructures réalisées[468].

Les projets de construction des infrastructures scolaires prédominent largement dans les domaines d'activités financés par l'agence, puis viennent les infrastructures sanitaires et les infrastructures administratives. Ce qui une nouvelle fois dénote d'un désinvestissement chronique de l'État dans les infrastructures, en lien avec les politiques de « désétatisation » des années 1990, c'est-à-dire le désengagement de l'État dans la prestation des services sociaux de base sur injonction des institutions financières internationales face à la crise de la dette africaine[469]. La conjoncture internationale était également marquée, dans les années 1990, par une volatilité des prix des matières premières se répercutant sur les activités des entreprises minières et par conséquent sur les caisses de l'État (aggravation des coûts de production, diminution des revenus de l'État). Pourtant, la faiblesse des revenus de l'État, largement dépendant des rentes minières, accentue les difficultés sociales en même temps qu'elle démultiplie les demandes des communautés auprès des entreprises minières pour la fourniture des services sociaux de base. La dégradation des prestations sociales

---

[468] Entretien avec Monsieur N'Fansou Sylla, responsable suivi-évaluation et capitalisation de l'ANAFIC (Agence Nationale de Financement des Collectivités Locales).

[469] Il est mis en annexe un tableau qui montre la répartition des projets par domaine d'activités.

offertes par les structures publiques au fil des années se mue alors en révoltes populaires dans les zones minières. Ces localités subissent, parallèlement au désengagement de l'État, les effets pervers des activités minières sur les moyens d'existence. Les pertes des principales sources de vie (terre, eau, forêt), qui sont aggravées par le retrait de l'État, engendrent une situation de désenchantement qui s'est transformée en 2017 en défiance envers l'autorité de l'État dans toute la région minière de Boké. Cela se traduit concrètement par le ciblage et l'incendie par les populations de toutes les infrastructures de l'État (poste de police, de gendarmerie, siège de la collectivité, bâtiment de EDG, de la SEG).

Le choix des infrastructures à réaliser, ainsi que le processus de passation des marchés, répond à des procédures définies dans un manuel élaboré par l'ANAFIC. Les pratiques en la matière se recoupent avec les règles déjà développées par le PACV. Le mécanisme repose essentiellement sur l'implication des collectivités dans toute la chaine de décision de mise en œuvre des projets de développement : choix des projets, élaboration des cahiers des charges, passation des marchés, exécution des travaux. Le rapport d'activité de l'ANAFIC décrit ainsi la procédure suivie dans la réalisation des projets financés par le FNDL :

« Conformément aux directives indiquées dans le manuel de procédures de gestion du FNDL, les Collectivités locales, après avoir élaboré et validé leur PAI au niveau préfectoral et régional, ont procédé à une large publication des avis d'appels d'offres pour le recrutement des PME. Pour la conduite de ce processus, les ADL, les cadres de SPD/STD et les ingénieurs-conseils ont appuyé les Collectivités locales bénéficiaires dans la mise en place des commissions de passation des Marchés, des Comités de Suivi et de Gestion et ont assuré leur formation en maitrise d'ouvrage, gestion et entretien des infrastructures. Aux termes des activités de passation des marchés, lorsqu'ils ont été approuvés par le niveau régional et national de l'ANAFIC, que les procédures de passation des marchés ont été respectées, les Collectivités locales ont été invitées à passer les marchés et à signer les contrats avec les PME. C'est seulement après avoir franchi toutes ces étapes que les conventions sont signées »[470].

Lors de notre entretien avec le chargé du suivi-évaluation et la capitalisation de l'ANAFIC, ce dernier a relevé la procédure parfois

---

[470] Rapport d'activité 2020 de l'ANAFIC, page 21.

complexe, et les difficultés de sélection des projets à partir des besoins formulés par les citoyens dans les instruments de planification du développement local (PDL, PAI). Le filtrage technique, légal et stratégique des projets au niveau de la tutelle administrative n'est pas exempt de considérations politiques et sociales en lien avec l'omniprésence des Préfets dans la gouvernance locale. N'Fansou Sylla nous explique ainsi le cheminement des projets pris en charge par l'ANAFIC :

« Quand les ressources sont déclarées, nous faisons notre formule de péréquation, le montant qui doit aller dans chaque collectivité est connu, nous faisons une lettre d'information pour dire « attention cette année c'est tel montant qui est prévu », mais nous voudrions que cet argent soit dans le domaine de l'éducation, nous faisons une orientation politique en fonction de la politique sectorielle, c'est en fonction de ça qu'ils actualisent leur plan de développement, chaque collectivité a un plan de développement, ils font intervenir les différents districts qui demandent les besoins et font l'arbitrage jusqu'à identifier les microprojets dont le coût correspond au montant qui lui a été affecté, il recrute un ingénieur-conseil pour faire le dossier d'appel d'offres, des études et une fois que ce plan est terminé, le plan annuel d'investissement est transmis à la préfecture pour un contrôle de validation »[471].

L'assistance technique de l'ANAFIC en faveur des collectivités repose en somme sur le principe de « faire faire », l'objectif étant d'amener les collectivités à développer des compétences propres pour conduire des actions de développement. N'Fansou Sylla explique les contraintes en ressources de l'ANAFIC qui motivent cette stratégie de développement auto-impulsé :

« Nous en fait on ne peut pas être sur le terrain parce qu'on n'a pas de personnel suffisant pour le suivi du terrain, qu'est-ce qu'on a fait ? Nous avons adopté l'option de « faire faire » ce qui fait qu'au lieu que ça soit nous on a responsabilisé toutes les 337 collectivités à la base et qui ont démarré. Si c'était à l'Anafic de passer 337 marchés on ne serait pas là c'est lourd donc il fallait faire tel que le PACV l'a fait on a adopté le principe de faire faire on accompagne les collectivités et on les forme, on met un dispositif de suivi de proximité sur la qualité »[472].

---

[471] Entretien avec Monsieur N'Fansou Sylla ; responsable suivi-évaluation et capitalisation de l'ANAFIC (Agence Nationale de Financement des Collectivités Locales).

[472] Entretien avec Monsieur N'Fansou Sylla ; responsable suivi-évaluation et capitalisation de l'ANAFIC (Agence Nationale de Financement des Collectivités Locales)

L'expérience sur le terrain, loin d'être satisfaisante en matière de transfert de compétences, a néanmoins l'avantage de poser les bases d'une démocratisation du développement local. Elle soutient le processus d'appropriation et d'autonomisation du développement local qui sous-tend toute politique de décentralisation.

1.3.2. La difficile démocratisation des questions de développement local : la rente au service de la participation, du genre et de l'écologie

L'une des innovations majeures de l'ANAFIC réside dans la prise en charge des questions environnementales et de genre dans le choix des projets à financer. Grâce à l'appui financier de l'AFD dans le cadre du programme PANAFIC, une priorité a été accordée au financement de projets s'inscrivant dans le cadre de la préservation des ressources naturelles. Dix (10) projets participant à la réduction des émissions de gaz à effet de serre et à la prise en compte de l'aspect genre ont ainsi été financés à hauteur de 10.500.000.000 GNF (1 million d'euros) par l'AFD. L'inscription de la préservation de l'environnement dans les projets financés par les fonds publics associés à des fonds en provenance des revenus miniers est une innovation majeure, ces fonds étant symboliquement des fonds de compensation des effets négatifs de l'activité minière sur les écosystèmes. Les femmes sont également parmi les principales victimes des conséquences négatives de l'exploitation minière[473]. Il est à noter en ce sens la prise en compte des préoccupations liées au genre (20%) et à l'inclusion sociale dans le choix des projets financés. Cela se traduit par l'implication d'un quota de 30% de femmes et de personnes vulnérables dans les comités de gestion des infrastructures, et par l'obligation de mener des études d'impact environnemental assorti d'un PGES dans les projets couverts. L'ANAFIC a procédé dans ce cadre au développement des compétences des ADL et des cadres de SPD/STP dans l'élaboration et la mise en place d'une stratégie de sauvegarde environnementale et sociale (CGES)[474]. Chaque microprojet porteur d'impacts négatifs sur

[473] Les femmes subissent de lourdes conséquences liées à l'exploitation minière, elles sont dépossédées des terres où elles cultivent et sont privées des maigres compensations, à cause des pesanteurs culturelles en matière de propriété foncière dans les zones rurales. La terre appartenant aux hommes et non aux femmes.

[474] Les SPD/STP sont des services techniques de l'administration déconcentrée, notamment l'habitat, l'urbanisme, l'aménagement, le développement rural.

l'environnement est assujetti à un PGES (Plan de Gestion Environnementale et Sociale). La préoccupation est double : faire profiter toutes les collectivités de la Guinée des ressources financières de l'exploitation minière et développer dans ce cadre des projets qui s'inscrivent dans la préservation des écosystèmes. La démarche concilie la redistribution équitable des revenus miniers, tout en participant à la sauvegarde de l'environnement dans leur utilisation.

L'implication des citoyens dans la planification du développement local et le suivi des activités a été insérée dans les objectifs opérationnels de l'ANAFIC. Des outils d'engagement citoyen comme le SEP (Suivi Évaluation Participative) et la BP (Budgétisation Participative) ont été développés et partagés avec les acteurs locaux. La participation citoyenne est présentée comme un garant de l'inclusivité et de la durabilité des projets de développement. Plus de 300 citoyens ont ainsi été formés sur les outils d'implication citoyenne dans la gouvernance locale. Les citoyens sont insérés dans la politique de démocratisation de la gouvernance locale et d'inclusion dans les procédures de planification du développement. L'une des principales faiblesses attribuées aux projets issus des mécanismes de redistribution des revenus miniers est en effet la non- implication des populations dans le choix et le suivi des projets, sachant que les entreprises minières financent souvent des projets qui s'inscrivent dans le renforcement de leur politique de visibilité et de mécénat, sans véritable incidence dans la lutte contre la pauvreté. Cette dissonance entre les besoins des populations et les projets financés a entravé jusqu'à nos jours la pérennité des projets et aggravé le sentiment de désenchantement des communautés quant aux bénéfices réels de l'extraction minière. Des structures de facilitation de l'engagement citoyen dans le développement local ont donc été instituées (comités de suivi-évaluation participatif et comités de pilotage du budget participatif). Le principe de l'ouverture aux citoyens des procédures de planification du développement permettrait en outre d'instaurer un climat de confiance et de redevabilité entre les élus et les citoyens. Le dispositif de suivi des projets de l'ANAFIC s'appuie de son côté sur la « responsabilisation » des citoyens à la base dans le suivi des chantiers. L'opération a le double avantage de faciliter l'apprentissage du processus de développement local et d'afficher de la transparence dans la gestion des fonds. N'Fansou Sylla nous décrit la stratégie de suivi-évaluation de proximité déroulée par l'ANAFIC :

« Quand on fait une école, il y a la population qui est à proximité. Forcément une école doit être dans un district, soit le chef-lieu de la CR ou bien dans un district pas loin de la CR, il y a des habitants là-bas, qu'est-ce qu'on fait : on a le président de district et quelques membres de la société civile du district qu'on a formés sur le suivi de la qualité du matériel, le dosage, ils savent, ils sont formés ils ont des outils pour mesurer le nombre de brouettes qu'il faut le nombre de briques qu'il faut, la qualité du sable qui doit être utilisé, la qualité de fer qui doit être utilisée pour les poteaux ils savent ça, là où il faut mettre le fer 10 tu mets le fer 8, ils te diront que ce n'est pas ce qui était prévu, ils savent lire aussi. Chaque jour, ils viennent faire le suivi auprès de l'infrastructure en construction, ils ont un cahier de suivi si le travail est fait jusqu'à un certain niveau et qu'on arrive à un point de paiement, tant qu'on n'a pas leur rapport d'évaluation parce qu'ils ne peuvent pas dire que les travaux sont à 50%. Mais ils peuvent dire que le mur est au niveau du pion ; les tôles sont déjà fixées, les portes sont fixées, donc en fonction de ça nous nous savons ça correspond à quel pourcentage automatiquement on peut savoir si c'est le lieu de payer ou pas. Donc tous ces mécanismes de suivi de chantier, ils sont formés et outillés par rapport à ça, l'ingénieur-conseil donc étant sur plusieurs chantiers, c'est ce membre de comité qui fait le suivi quotidien, quand il arrive l'ingénieur-conseil regarde les cahiers, s'il y a des anomalies directement c'est corrigé »[475].

Parallèlement, l'ANAFIC a développé dans les 33 communes urbaines un système de gestion des réclamations des citoyens sur les actions de la commune. L'outil de formation développé à cet effet conjuguait de manière détaillée un processus de traitement des plaintes qui se déclinait en 3 étapes : la formulation, la réception, et le traitement des réclamations des citoyens sur les actions de la commune. Un système participatif de gestion des réclamations a été institué dans ces communes à travers des comités de gestion des réclamations dans les communes urbaines. Les statistiques recueillies pendant cette période montrent 256 réclamations formulées, dont 150 ont connu un traitement accéléré dans un délai de 21 jours, comme indiqué dans le processus de gestion élaboré à cet effet[476]. Le mécanisme a également conduit à la mise en place d'un système d'alerte précoce et de réponse (SAPR) grâce à l'appui de la Banque Mondiale. La région minière de Boké étant traversée par des conflits violents entre les communautés et les sociétés

---

[475] Entretien avec Monsieur N'Fansou Sylla, responsable suivi-évaluation et capitalisation de l'ANAFIC (Agence Nationale de Financement des Collectivités Locales).

[476] Rapport annuel d'Activités 2020 de l'Agence Nationale de Financement des Collectivités locales (ANAFIC), Page 31.

minières, elle a servi de cadre pilote pour ce mécanisme, et sept (7) communes ont connu l'opérationnalisation de l'outil, en collaboration avec le projet WANEP (West Africa Network for Peacebuilding)[477].

La collaboration avec WANEP a permis d'opérationnaliser une plateforme de collecte des alertes de conflits émis par des citoyens[478]. Les moniteurs locaux recrutés dans le cadre de ce projet fonctionnent comme des « agents de renseignements », ils compilent les informations brutes et les transmettent à l'ADL qui les traite et les transmet au groupe d'action qui agit comme vecteur de solution du problème soulevé. Le responsable de l'ANAFIC nous a expliqué au cours de notre entretien le fonctionnement de ce système inédit de prévention et de résolution des conflits dans les localités minières :

> « On a mis en place une plateforme qui nous permet de déclencher l'alerte, de la mettre sur la plateforme et de mettre en place un groupe d'action dans chaque commune composée de toutes les forces vives : il y a les notables, les cadres de concertations dans les localités minières (CCLM), toutes les structures qui évoluent dans la prévention et la gestion des conflits sont membres, ils sont au nombre de 15. Donc on a identifié les moniteurs à qui on a donné des téléphones, dans tous les districts y a un moniteur qui a un registre d'enregistrement des alertes. Une fois qu'il y a des signaux, on déclenche l'alerte automatiquement, l'agent de développement qui est au niveau du chef-lieu a un smartphone où il y a l'application, l'information est enregistrée non seulement dans le registre du moniteur, mais aussi dans le registre de l'ADL. Donc l'ADL quand il vient il analyse l'information automatiquement, il informe le groupe d'action, le groupe d'action se réunit tout de suite et essaye de résoudre le problème avant que ça ne soit trop tard. Maintenant l'innovation qu'on a faite c'est qu'au niveau de chaque district une petite cellule d'appui à ce groupe d'action parce qu'il se pourrait que le groupe d'action ne se réunisse pas rapidement ou n'aient pas les moyens de se déplacer donc c'est cette cellule d'appui au groupe d'action qui a réglé le problème il y a beaucoup de conflits qui ont été évités »[479].

L'ampleur du nombre des alertes remontées par les moniteurs traduit la complexité de la situation que vivent les zones minières. Entre le 15 décembre 2019 et le 15 juin 2020, le système WANEP a enregistré 547

---

[477] Voir plus : http://www.irenees.net/bdf_fiche-acteurs-685_fr.html/

[478] Entretien réalisé à Boké en juillet 2020 avec Alpha Mara, responsable WANEP à Boké.

[479] Entretien avec Monsieur N'Fansou Sylla ; responsable suivi-évaluation et capitalisation de l'ANAFIC (Agence Nationale de Financement des Collectivités Locales).

alertes de conflits dans la zone de Boké, dont 189 ont pu être résolus grâce au groupe d'action et de réponse à l'alerte[480]. L'analyse faite par WANEP démontre que 60% des alertes se rapportent à des revendications pour la fourniture de l'eau et de l'électricité, 11% en rapport avec les questions de chômage, 8% en lien avec la défaillance du mécanisme de compensation et de réinstallation des populations impactées par les opérations minières, et 5% portant sur la gestion des fonds de développement locaux (FODEL, ANAFIC)[481].

Le caractère multilatéral et multidimensionnel de cette politique de redistribution des revenus miniers portée par l'ANAFIC s'observe à travers la multiplication des sources de financement, des domaines d'intervention et des accords de partenariat signés avec les institutions internationales ou les entreprises minières. Ces dernières intègrent dans leurs procédures de gestion de nouvelles normes de performances, de nouvelles pratiques et des représentations dans d'autres référentiels. C'est dans ce cadre que se situe la convention de partenariat entre le PACV et la fondation de la société minière Rio Tinto/Alcan pour le développement des capacités des collectivités de Boké (PRCB). Une convention a, dans ce même schéma, été signée entre le PACV et l'UNICEF pour le développement des infrastructures sanitaires dans 25 communes rurales et l'implication des activités d'orpaillage dans le financement des projets inscrits dans les PAI des collectivités de la préfecture aurifère de Siguiri. Cette synergie d'action entre le mécanisme de redistribution des revenus miniers à travers le FNDL et les acteurs internationaux a mobilisé plus de 30 millions de dollars (IDA et AFD) pour financer des projets d'infrastructures et de capacitation dans les collectivités du pays, y compris celles situées dans les zones minières (Boké, Siguiri)[482]. Cette articulation entre cadre national de pilotage du développement local et acteurs internationaux est aussi un espace de diffusion de normes, de références et de pratiques internationalement reconnues.

---

480 Données de l'ONG WANEP à travers son antenne de Boké.

481 Entretien avec Alpha MARA, représentant local de WANEP. Données de l'article scientifique que nous avons co-écrit avec Issiagha Camara : https://www.sciencepublishinggroup.com/journal/paperinfo?journalid=371&doi=10.11648/j.ijmpem.2021 0603.13.

482 IDA : 10 383 120 USD, AFD : 15 747 946,38USD (14 814 625 euros), Page 30, rapport PACV.

CONCLUSION PARTIELLE

La contribution de la rente générée par l'extraction minière pour financer le développement local est un processus évolutif et contextualisé. En Guinée, les diverses expériences de formulation de stratégies de développement des zones d'extraction minière ont été marquées du sceau de la vision politique des dirigeants et des mutations qui travaillent les zones d'extraction. Les premières expériences d'intervention publique en matière de planification du développement intégré à des projets d'extractivisme remontent au crépuscule de la période coloniale. Dans le cadre du projet industriel de FRIA, pour l'établissement de la première usine d'alumine en terre africaine, l'administration coloniale réalise, dès le début du projet, la complexité des défis sociaux, infrastructurels et environnementaux qui se posent à une telle aventure industrielle, de surcroît dans des zones reculées et dépourvues d'infrastructures. L'ampleur des défis à surmonter exigeait des réponses qui tiendraient compte de la nécessité d'articuler aménagement du territoire, extractivisme et intégration économique. La création de fonds spéciaux ou de structures parapubliques d'intervention pour le développement s'est vite imposée comme une alternative adaptée. L'expérience a été reconduite après l'indépendance dans le cadre du projet de Boké avec des résultats mitigés. De manière générale, la création de ces structures répondait à des impératifs politiques et stratégiques : concilier développement minier, aménagement du territoire et désenclavement économique. Le boom minier à partir de 2015 a impulsé ensuite une nouvelle dynamique dans les interventions publiques en faveur du développement, associant asservissement politique et développement des infrastructures sociales et économiques. Le FODEL et le FNDL se révèlent comme des formes différenciées d'intervention de l'État dans la redistribution de la rente minière. Les modes opératoires auxquels ces fonds font appel reflètent des pratiques qui portent en elles des logiques politiques, de l'extraversion et des rapports de pouvoir. Ces relations de pouvoir mettent en lumière des tensions entre des valeurs socio-environnementales en provenance de l'international, les dynamiques centrifuges du national et la volonté d'émancipation du local.

CHAPITRES IV

LES POLITIQUES DE DÉVELOPPEMENT DES ENTREPRISES MINIÈRES ET L'INTERNATIONALISATION D'UN CONCEPT D'ENCADREMENT DE L'ACTIVITÉ MINIÈRE FACE AUX DÉFIS D'UNE MEILLEURE APPROPRIATION NATIONALE DE LA RÉGULATION

Le développement de l'industrie minière et les conséquences de ses activités sur la société et l'environnement ont suscité des mouvements de mobilisations en faveur de l'instauration de normes d'encadrement et de responsabilisation. La mondialisation libérale a quant à elle repoussé de plus en plus les frontières politiques et juridiques en donnant aux entreprises multinationales la possibilité d'atteindre les territoires les plus isolés du monde, et généralement les plus riches en ressources naturelles. La croissance de l'économie mondiale portée par le marché des « pays émergents » nécessite par ailleurs la conquête de plus de ressources, ce qui n'est pas sans conséquence sur la capacité des pays producteurs à satisfaire à cette demande tout en préservant les écosystèmes naturels. Les pays fournisseurs de matières premières, majoritairement au Sud, sont en effet caractérisés par des institutions politiques fragiles et une gouvernance déficitaire. La dépendance économique de ces pays aux revenus issus de l'activité minière affaiblit de plus leur capacité de régulation du secteur (Campbell, 2012). Ainsi les initiatives de régulation de l'industrie extractive et de responsabilisation vis-à-vis des impacts environnementaux et sociaux des activités des entreprises minières ont-elles d'abord émergé dans des cadres privés, sur fond de préoccupations religieuses et éthiques. Le processus a été, ensuite, domestiqué dans des cadres juridiques et institutionnels internationaux, puis nationaux, en tenant compte du contexte particulier de chaque pays et des multiples acteurs en jeu.

Dans ce chapitre, nous allons aborder l'émergence et l'évolution du concept de responsabilité sociale et environnementale et les différentes mutations qu'il a subies dans des contextes politiques et culturels déterminés. Ensuite, nous analyserons dans quelle mesure ces évolutions ont déteint sur le processus de responsabilisation des entreprises minières en Afrique dans le cadre de la Vision Minière Africaine (VMA)[483].

Section 1.1. Émergence et évolution de la notion de « développement minier responsable » : retour sur les mutations conceptuelles de l'encadrement minier

Dans cette section, nous allons aborder l'émergence de la notion de responsabilisation des entreprises dans le contexte anglo-saxon et les mutations qui l'ont traversé, puis analyser en quoi ces transformations ont-elles influencé le processus africain de responsabilisation des entreprises minières quant aux impacts sociaux et environnementaux de leurs activités

1.1.1. Des racines anglo-saxonnes, religieuses et éthiques de la responsabilisation du développement minier aux approches de responsabilisation

Depuis la crise du capitalisme au XXe siècle jusqu'à l'émergence de la notion de développement durable, la « responsabilité sociétale des entreprises » s'est revendiquée comme une réponse aux multiples défis posés par le développement économique et l'expansion des multinationales dans des pays aux cadres de régulations fragiles. Elle a entrainé le renouvellement de la perception de la place des entreprises dans la société et dans leurs relations avec l'environnement. Au-delà des implications en matière de responsabilité première des États dans l'encadrement du développement, c'est une approche d'autorégulation

[483] Le processus de régulation du secteur minier en Guinée se revendique comme une continuité et un aboutissement de la Vision minière Africaine. Ce document élaboré en 2009 par l'Union Africaine à la suite d'un processus consultatif et inclusif se veut comme un cadre harmonisé au niveau continental des stratégies de développement des ressources minières et d'orientation en matière de régulation des impacts sociaux et environnementaux de l'activité minière.

qui a ainsi été mise en avant par les entreprises[484]. La pression croissante de ces dernières sur les ressources naturelles, l'environnement et la société a par ailleurs très tôt posé la nécessité d'offrir des réponses nouvelles à ces défis. Les critiques négatives croissantes des acteurs sociaux et politiques sur les incidences des activités industrielles sur l'environnement ont alors obligé les entreprises à développer plusieurs réponses allant de l'autorégulation volontaire unilatérale à des réponses multilatérales, en passant par la notion de « redevabilité » qui fait davantage écho à des revendications politiques et démocratiques. Cette dernière perspective se révèle beaucoup plus contraignante, sachant que la nature des revendications portées par les mouvements sociaux détermine le type de réponse fournie par les entreprises[485]. Dans le contexte minier, la multiplication des revendications, les imbrications des facteurs qui sous-tendent ces mobilisations poussent à des changements d'approches et à l'amplification du niveau de contraintes réglementaires associées aux réponses fournies par les entreprises minières. Les mutations qui ont traversé les territoires d'extraction minière, nous l'avons vu dans les précédents chapitres, sont consécutives au mouvement de retrait de l'État dans la prestation des services sociaux de base, en lien avec la poussée libérale des institutions internationales. Les revendications portées à l'égard des entreprises minières par divers acteurs se sont donc progressivement orientées davantage vers l'amélioration des services sociaux de base (fourniture d'eau, d'électricité, soins de santé, éducation).

L'évolution du sens du concept de « responsabilité sociale des entreprises » (RSE) et ses différentes dimensions explique pour partie cette mutation des réponses offertes face aux pressions sociales et politiques, tout en questionnant le rôle et la place de l'entreprise dans la société. Les origines du concept de RSE remontent au début du siècle dernier, avec l'émergence de mouvements de critiques acerbes sur les impacts des industries dans la société et l'environnement. Au XIXe siècle, on notait déjà la naissance aux États-Unis de la National Civic Fédération par des industriels progressistes qui visaient à faire des

---

[484] BELEM, Gisèle. *La responsabilité sociale des entreprises : une réponse organisationnelle à la problématique du développement durable*, ESG UQAM, 2010, page 7.
[485] *Ibid.*, page 7.

entreprises des organisations sociales[486]. Le développement du capitalisme en Amérique du Nord a favorisé l'émergence de courants de pensée et d'action qui s'activaient dans la lutte contre les dérives sociales et environnementales de l'activité industrielle. Les églises protestantes et évangéliques furent parmi les précurseurs de ce mouvement d'indignation contre les excès du « tout » capitalisme.

Sur le plan strictement académique, les études sur les pratiques et discours recouvrant la notion de RSE apparaissent aux États-Unis à la suite de l'ouvrage fondateur de Howard Bowen en 1953[487]. Cette évolution dans la perception de l'entreprise part des bouleversements que traverse le monde capitaliste dans la première moitié du XXe siècle : développement du poids des entreprises, mise en question de leurs contrôle, légitimité et acceptabilité de leur emprise sur la société. Ces réflexions globales sont davantage portées par des organisations sociales ou religieuses dans le contexte américain, mais ces interrogations touchent également les relations organisationnelles entre les cadres dirigeants et les actionnaires des entreprises. Les transformations issues de ces réflexions ont permis de redéfinir le rôle des acteurs de l'entreprise en matière de prise de décision. C'est la diminution progressive du contrôle que les dirigeants exercent sur l'entreprise quant aux choix et domaines d'intervention qui ouvre ainsi la possibilité d'intégrer et d'élargir la liste des parties prenantes aux activités de l'entreprise. Les communautés qui entourent l'espace d'activité de l'entreprise sont désormais perçues comme des acteurs à part entière de la vie de cette dernière. La diversité des profils des nouveaux dirigeants d'entreprise, de plus en plus professionnels, venus des sciences de gestion, du droit, de l'économie, ouvre des perspectives de débats sur les dimensions sociales et sociétales de l'entreprise, des dimensions jusque-là marginalisées (Acquier et al, 2005)[488].

L'œuvre de Howard Bowen pose dans ce contexte précis la question de l'encadrement social de l'entreprise, ce qui implique des formes

---

[486] BETTACHE, Mustapha. *La responsabilité sociale des entreprises, mirage ou réalité*, presse de l'université de Laval, 2015, 102 p, page 22.

[487] ACQUIER Aurélien, Doctorant CGS (Centre de Gestion Scientifique) École des Mines de Paris, et GOND Jean-Pascal doctorant LIRHE (Laboratoire Interdisciplinaire de Recherche sur les Ressources Humaines et l'Emploi) Université Toulouse, *aux sources de la Responsabilité Sociale de l'Entreprise. (Re)Lecture et analyse*, 2005.

[488] Son émergence est située par Okoye (2009) un peu plus avant en 1930 dans un article de Dodd et Berle publié dans le Harvard Law Review. Cité par Campbell (2016).

d'interventionnisme public dans la régulation des activités de cette dernière. Cette interrogation renvoie également aux liens à établir entre les objectifs financiers de l'entreprise en termes de profits et les objectifs de développement de la société en général. L'émergence de la notion de RSE (Responsabilité Sociétale des Entreprises) commence donc dans le milieu des affaires avant d'atteindre le monde académique. Les grands dirigeants d'entreprises de l'époque (Chester Barnard, Henry Ford, Alfred Sloan) s'inscrivent dans des communications à fortes connotations religieuses et philanthropiques. Formulée en interaction avec les notions très américaines de « *public services* » ou de « *trusteeship* »[489]. Cette démarche impliquait des actions philanthropiques et de construction d'un cadre de relations sociales : distribution de vivres et dons à des couches défavorisées, définition d'un cadre de relations publiques pour raffermir l'image de l'entreprise, multiplication du dialogue social pour la résolution des nombreux problèmes sociaux au sein de l'entreprise[490]. Dans le sillage de l'ouvrage fondateur de Bowen, en 1949, la RSE s'est donc inscrite dans une perspective d'éthique chrétienne, grâce au soutien financier de la fondation Rockefeller, d'autant plus que l'ouvrage était une initiative du département de l'église et de la vie économique du comité d'étude du Conseil fédéral des églises du Christ en Amérique[491]. Ce mouvement, né en 1951, résultait de l'association de 29 églises protestantes pour former le Conseil national des églises du Christ aux États-Unis d'Amérique, une force religieuse d'avant- garde en termes d'impulsion de l'éthique des affaires dans l'activité économique, dont la RSE est une des dimensions importantes[492]. L'engagement des religieux sur les questions de société est très prononcé aux USA, et la

[489] Ces notions renvoient à l'idée d'un citoyen actionnaire de la chose publique établissant ainsi une relation plus contractuelle et contraignante entre les dirigeants et les citoyens. Dans le cadre de la RSE, elles permettent la construction d'un lien de redevabilité entre l'entreprise et les communautés. Voir à ce sujet, MOTTIRONI, Henri-Pierre, « Quand le citoyen devint associé : effets de traduction et emprunts au droit des affaires dans la pensée politique française du XVIIIe siècle », *Mots. Les langages du politique*, 2023/2 (n° 132), p. 83-100. URL : https://www.cairn.info/revue-mots-2023-2-page-83.htm

[490] ACQUIER aurélien, (Centre de Gestion Scientifique) École des Mines de Paris, et GOND Jean-Pascal (Laboratoire Interdisciplinaire de Recherche sur les Ressources Humaines et l'Emploi) Université Toulouse, *Aux sources de la Responsabilité Sociale de l'Entreprise. (Re)Lecture et analyse*, 2005, page 6.

[491] https://fr.wikipedia.org/wiki/National_Council_of_Churches.

[492] Ibid., page 8.

perception des églises quant à la finalité sociale de l'entreprise apparait aux antipodes des conceptions capitalistes qui font de la recherche du profit la seule raison d'être du monde des affaires. Face au libéralisme et à la faiblesse de la régulation publique, l'éthique des dirigeants d'entreprise est donc, dans ce cadre, considéré comme l'ultime rempart contre les abus des entreprises.

La crise économique de 1929 marque une pause dans la démarche de légitimation sociale de l'entreprise impulsée sous l'activisme des églises. Les conséquences économiques et sociales du krach boursier portent de sérieux coups à la perception des entreprises par les sociétés, et la quête de bénéfices redevient souvent l'objectif ultime, quitte à briser des vies et à détruire l'environnement. L'État est cependant encore sollicité comme le rempart contre « les monstres » de l'économie que sont les entreprises de très grande taille. En outre, le domaine naturel d'intervention de l'État étant la régulation sociale et la redistribution des richesses en faveur des plus démunis, les conséquences sociales de la crise de 1929 portent un sérieux coup à la confiance des populations vis-à-vis des entreprises, le chômage de masse et la famine provoquant une onde de choc au sein de l'opinion. Le capitalisme financier incarné par les grandes entreprises cotées en bourse est pointé du doigt comme la cause principale de ce désastre, et celles-ci sont accusées de se livrer à une course au profit au détriment du progrès de la société et de la préservation de l'environnement.

La Seconde Guerre mondiale offre, aux États-Unis, une nouvelle opportunité aux entreprises pour se présenter comme un acteur impliqué dans le développement social et économique. La participation des entreprises à « l'effort de guerre » et la mobilisation de la nation autour de la défense des valeurs de liberté facilitent la rencontre des démarches sociales des dirigeants d'entreprise avec les exigences des sociétés et des populations, plus préoccupées quant à elles par les questions environnementales et sociales. Les entreprises fournissent à l'armée américaine du matériel et mobilisent l'économie autour de la victoire des Alliés (Acquier et al, 2005), tandis que la guerre contre les « dictatures » est une opportunité de mobilisation des « forces de la liberté » contre les abus de toute sorte. Les entreprises américaines sont en première ligne dans la mobilisation de « l'effort de guerre », et la victoire leur permet de redorer l'image d'entreprises au service des intérêts de la nation américaine. Keohane (2005) souligne à cet effet l'avantage compétitif des entreprises américaines par rapport à celles européennes dans le contexte de la guerre et qui leur ouvre une place prépondérante dans la société et l'économie américaine (Campbell, 2016).

Par ailleurs, les premières années de développement de la RSE vont être marquées par la forte dimension personnelle des dirigeants des grandes entreprises américaines de l'époque. Une évolution qu'on ne peut dissocier de la « professionnalisation » des dirigeants d'entreprises qui proviennent désormais des grandes universités américaines. Caroll (1999) souligne cette notion de philanthropie centrale pour appréhender l'engouement des grands dirigeants d'entreprises américaines face aux investissements sociaux et pour une meilleure implication dans le développement social du pays. La guerre a offert une ouverture pour laisser s'exprimer ce type d'initiative individuelle[493].

« Dès la fin de la guerre, une liste impressionnante de grands dirigeants tira parti de ce climat favorable pour s'exprimer publiquement sur leur responsabilité sociale (parmi les plus médiatisés, on peut citer Abrams, alors dirigeant de la Standard Oil Company (Abrams 1951), Randall de l'Inland Steel Company (Randall 1952) dont l'ouvrage sera largement diffusé, ou bien Richard Eells de General Electric »[494].

Ces évolutions de la RSE en lien avec la guerre sont à l'origine du développement d'une réflexion scientifique autour de la notion et d'une démarche de mise en pratique d'idéaux portés par les dirigeants des grandes entreprises américaines de l'époque. La vision de la RSE dans le spectre de l'éthique chrétienne confère aux dirigeants un rôle primordial dans l'établissement d'une relation fructueuse entre l'entreprise et la société, les dirigeants des entreprises apparaissant comme de « *bons pères de famille* » qui contribueraient à l'épanouissement de leurs employés et leurs milieux. Ainsi, la professionnalisation des dirigeants des entreprises, doublée de la dynamique de séparation entre la fonction de manager et de celle d'actionnaire, va alors contribuer à une plus grande responsabilisation des managers en matière d'éthique des affaires.

Le développement des activités économiques en lien avec les progrès du libéralisme assigne à l'entreprise une fonction davantage sociale liée notamment à l'offre d'emploi, à la production de biens de consommation et la distribution de profits aux actionnaires et à l'État.

---

[493] CARROLL, A. *Corporate Social Responsability: Evolution of a definitional construct. Business and Society,* 38 (3), 26_-295, 1999. Cité par CAMPBELL 52016).

[494] ACQUIER aurélien, CGS (Centre de Gestion Scientifique) École des Mines de Paris, et GOND Jean- Pascal, LIRHE (Laboratoire Interdisciplinaire de Recherche sur les Ressources Humaines et l'Emploi) Université Toulouse, *aux sources de la Responsabilité Sociale de l'Entreprise. (Re)Lecture et analyse*, 2005, page 7.

Cependant, les critiques répétées contre le libéralisme et ses effets pervers amènent les États à réinvestir la sphère sociale, notamment par la fourniture des services sociaux de base, et elles s'orientent contre les fonctions économiques et rémunératrices de l'entreprise. La montée en puissance des grandes entreprises multinationales ouvre le débat sur la capacité des États à réguler les activités de ces firmes. Le débat sur la RSE évolue parallèlement, passant d'une vision d'éthique chrétienne reposant sur la bonne volonté des dirigeants des entreprises industrielles à une forme de responsabilité collective de l'entreprise[495].

Ce changement de perception sur le rôle de l'entreprise est en lien avec le développement de la « dérégulation », qui va offrir des possibilités d'action très larges aux firmes[496]. Campbell et Laforce (2016) évoquent, à ce titre et dans le cadre des économies riches en ressources minières, un processus mené par les institutions financières internationales (BM) et qui visait à un abaissement des normes dans des domaines stratégiques pour le développement économique et social. Pour stimuler les investissements privés, un questionnaire a été conçu par la Banque Mondiale dans le cadre de ce processus de réforme, évoqué ci-dessous, et soumis à diverses compagnies minières dans le but de comprendre et d'orienter les réformes dans le sens des intérêts des entreprises minières[497]. Cette dérégulation touchait également la souveraineté des États qui cherchaient à attirer de plus en plus d'investisseurs pour développer leurs énormes potentialités. Ce qui s'exprimait notamment par la réforme des cadres d'investissement, les allègements fiscaux et les privatisations. Par ailleurs, ces mesures contribuaient à la fragilisation des capacités des États et accentuaient les critiques des acteurs sociaux sur la contribution réelle des entreprises au développement des sociétés. Les critiques tentaient de remettre en question le modèle de développement porté par ces entreprises très productivistes en poussant au consumérisme, tout en relançant au passage les débats sur la RSE.

---

[495] BELEM, Gisèle. *La responsabilité sociale des entreprises : une réponse organisationnelle à la problématique du développement durable*, ESG UQAM, 2010, page 9.

[496] Selon CAMPBELL (2016), « ce processus désigne le désengagement des États et la libéralisation des économies impliquant une révision des normes à la baisse dans des domaines critiques pour le développement économique et social ».

[497] CAMPBELL (dir.), *La responsabilité sociale des entreprises dans le secteur minier, réponse ou obstacle aux enjeux de légitimité et de développement en Afrique* ? Presse de l'Université du Québec, 2016, page 5.

« C'est dans un tel contexte de retrait programmé des politiques publiques, de rétrécissement des budgets des États et de leurs capacités institutionnelles, financières et en ressources humaines qu'émergeront des problèmes de légitimité pour les activités dans le secteur minier, auxquels les entreprises tenteront notamment de remédier à l'aide de stratégies de RSE »[498].

Dans les décennies d'après-guerre, les débats autour de la RSE convergeaient vers une interrogation de la possibilité de régulation des firmes, de plus en plus puissantes et émancipées des pouvoirs de régulation étatique, que sur leur impact sur le développement des sociétés. Dans ce contexte d'affaiblissement des États face au pouvoir économique des entreprises, les initiatives volontaires unilatérales et celles qui sont multipartites apparaissent comme des tentatives d'encadrement des activités des entreprises et de promotion de leur contribution à la satisfaction des objectifs globaux de la société. Mais cette situation résulte également d'un processus de redéfinition et de redéploiement des sphères de responsabilité et de pouvoir (prestation des services de santé, éducation, routes) de l'État vers des acteurs privés, entrainant ce que Harvey (2014) appelle une opacité dans la démarcation entre les « sphères de responsabilité respectives ». Les entreprises sont ainsi perçues comme de véritable « agent de développement ». (Campbell, 2016).

La question de la responsabilisation des entreprises va connaitre par la suite plusieurs phases organisationnelles. Nous distinguons plusieurs phases d'évolutions de cette question, articulées aux mutations que traversent l'économie et les sociétés. Bettache (2015), distingue quatre phases d'évolution de la RSE qui nous semble intéressante à saisir pour comprendre les mutations qui ont travaillé ce concept :

- Une première phase qui commence dans les années 1950 avec la *Corporate Social Stewardship* de 1950 à 1960, dans un contexte de paternalisme social marquant la conduite des entreprises. Les actionnaires détenaient alors le pouvoir dans la conduite de l'entreprise et la définition de ses objectifs opérationnels.
- La *Corporate Social Responsiveness* (1960-1970) dans un contexte de participation des entreprises à la redistribution des profits dans un cadre volontaire. C'est le début de la multiplication des initiatives volontaires d'investissement dans des projets sociaux ou dans la protection de l'environnement. Par ailleurs, cette période

[498] Ibid., page 5.

marque la formalisation technique et managériale de la notion de RSE (Caroll, 1999 ; cité par Campbell, 2016).

- La *Corporate/Business Ethics* (1980-1990) marquée par le début des formes de régulation formelle des entreprises en matière de RSE. Face à la multiplication de la pression sociale contre les effets des activités des entreprises sur l'environnement, on assiste alors à l'émergence des premières normes de responsabilisation.
- Enfin, la *Corporate Social Citizenship* (1990-2000) correspond quant à elle à la multiplication de l'activisme social en matière de régulation[499]. Les initiatives portées par des acteurs sociaux se diversifient, mobilisant parallèlement les pouvoirs publics et les organisations internationales pour une plus grande application du principe de la redevabilité.

Cette analyse chronologique sur l'évolution de la RSE, bien que linéaire, permet de saisir assez facilement les évolutions temporelles dans la démarche de RSE des entreprises, et cela même si elle renvoie au contexte propre à une société américaine très capitaliste. Dans le contexte américain, la RSE relève plus d'initiatives privées et individuelles et difficilement dissociables de l'empreinte des organisations religieuses. Elle reste de nos jours sujette à des considérations éthiques et philanthropiques résultant de ces origines tout en s'ouvrant à de nouveaux acteurs et parties prenantes qui questionnent davantage l'articulation entre RSE et politiques publiques. Par ailleurs, cette chronologie ne permet donc pas de saisir précisément les évolutions qui touchent d'autres parties du monde. Parallèlement au développement de ce concept dans des contextes déterminés (libéralisation, ouverture des frontières, abaissement des barrières réglementaires et fiscales), Belem (2010) note la multiplication d'autres cadres d'encadrement et de responsabilisation des entreprises minières répondant à des choix et des exigences différents.

1.2.1. Aperçu des autres initiatives volontaires d'encadrement de l'activité minière

La mondialisation libérale et les mutations des structures sociales dans les États bouleversent les pratiques des entreprises. Les entreprises sont de plus en plus contraintes d'offrir des réponses aux multiples

---

[499] BETTACHE, Mustapha. *La responsabilité sociale des entreprises, mirage ou réalité*, presse de l'université de Laval, 2015, 102p.

revendications des sociétés, dans un contexte d'affaiblissement des capacités des États à offrir des services de médiation sociale. Les programmes d'ajustement structurels adoptés à partir des années 1980 sous l'impulsion des institutions financières internationales ont notamment introduit des mesures visant à réduire les interventions de l'État dans les secteurs économiques et sociaux et impliqué une forte restriction des politiques publiques dans ces domaines (Campbell, 2016). Cette situation a favorisé l'émergence des pratiques de RSE s'inscrivant davantage dans un processus plus large de restructuration des champs d'interventions des acteurs publics et privés (Harvey, 2014)[500].

Les premières formes de responsabilisation des entreprises minières sont à situer dans le cadre des stratégies internes des entreprises. Ces réponses d'ordres internes à l'entreprise et d'application volontaire reposent le plus souvent sur les « codes de conduite » élaborés par les services juridiques et de conformité de l'entreprise. Ces codes couvrent des domaines variés qui peuvent aller du respect des droits de l'homme ou des valeurs des communautés riveraines à la lutte contre la corruption, les discriminations, les violences et les harcèlements. La CBG dispose à titre illustratif d'un code de conduite qui prend en compte ces différentes problématiques. Ce code est rendu public et son respect doit être soumis à des procédures de vérifications internes[501]. Il se veut être une forme de prévention contre des pratiques qui porteraient atteinte à la réputation de l'entreprise. La plupart des entreprises se targuent de posséder des codes de conduite qui prohibent les pratiques contraires à l'éthique des affaires et aux droits humains. Ces approches volontaires reposent également sur des politiques de communication des performances environnementales et sociales de l'entreprise. Ces communications s'appuient sur des outils standardisés de divulgation comme le GRI, le *Global Reporting Initiative* (Belem, 2010)[502]. Ces mécanismes d'autorégulation visent à prévenir les dérives et à entretenir

---

[500] HARVEY, B. *Social Developemnt Will not Deliver Social to Operate for the Extractive Sector. The Extractive Industries and Society*, 1(1), 7-11, 2004. Cité par CAMPBELL (2016).

[501] À ce titre, nous n'avons pas pu vérifier l'effectivité du respect de ce code au sein de l'entreprise sur des questions de droits de l'homme, notamment la lutte contre le harcèlement, la discrimination, etc.

[502] Global Reporting Initiative (GRI) est une initiative internationale, à but, non lucrative et volontaire qui proposent des lignes directrices aux entreprises qui veulent communiquer sur leurs performances sociales et environnementales.

l'image d'entreprise vertueuse et respectueuse de l'environnement (Narine, 2013)[503].

Dans les pays bien dotés en ressources naturelles, les entreprises optent plus naturellement pour les formes volontaires et internes de régulation des questions sociétales, la faiblesse des institutions politiques et administratives en matière de régulation et de suivi des activités extractives ouvrant la possibilité de s'adosser à des procédures internes peu contrôlables et peu contraignantes. Dans les mines de bauxite au nord-ouest de la Guinée notamment, les entreprises font un recours systématique à un mode de RSE orientée sur leurs propres normes et procédures. L'absence d'une réglementation nationale contraignante en matière de RSE sert de prétexte à cette permissivité, et l'on peut dire qu'il y a autant de pratiques de RSE que d'entreprises minières.

Il convient de noter au passage que les entreprises minières sont également soumises à de nouvelles formes de pression régulatrice en provenance des consommateurs et des associations. Les consommateurs ont une grande influence sur l'attitude des entreprises en matière de respect des normes sociales et environnementales. Mais dans les industries extractives, cette forme de régulation est difficile à exercer. La chaine de l'industrie des matières premières minières, notamment celle de la bauxite, implique une multitude de maillons qui éloigne à la fin le consommateur final du producteur de la matière première. Dans le cas de la bauxite exploitée en République de Guinée, l'extraction de la matière première se fait dans une mine, quelque part dans la région de Boké, puis le produit est vendu à l'étranger en passant par une multitude de sociétés de « Trading ». La bauxite est ensuite transformée en alumine dans l'une des nombreuses raffineries situées dans des pays disposant de sources d'énergie moins coûteuses (au Moyen-Orient, en Russie, au Canada, en Chine ou dans les pays émergents). L'alumine est revendue ensuite pour être transformée en aluminium dans des pays disposant non seulement d'énergie, mais aussi de la technologie adaptée. L'aluminium subit également une série de transformations pour la fabrication de produits dérivés (laminage) qui seront à leur tour utilisés dans divers secteurs industriels. La régulation par le boycott des consommateurs finaux, dans le cadre de la bauxite en Guinée, se heurte donc à la complexité de la chaine de valeur qui

---

[503] NARINE, M. *From Kansas to the Congo; Why naming and shaming corporations through the Dodd6frank Act's corporate governance disclosure won't solve a human rights crisis*. Regent University Law Review, 25 (2), 351-401, 2013.

brouille l'identification d'un acteur précis qui porterait la charge de la « honte » face à des abus.

La faiblesse des mécanismes de contrôle de l'application des approches volontaires et unilatérales de performances sociales et environnementales a suscité le développement d'approches de cogestion impliquant plusieurs acteurs et intégrant des mesures de reddition des comptes. Ces approches multipartites réunissent des acteurs de la société civile, des organisations internationales, des entreprises minières et des gouvernements.

Avec l'adoption des Objectifs du Millénaire pour le Développement en 2000, la mise en œuvre d'un modèle de développement est davantage centrée sur les conditions de vie des individus (Thérien, 2012). Le secteur privé est davantage sollicité comme levier essentiel à l'atteinte de ces objectifs (Goyette, 2011)[504]. Le développement de ces mécanismes multi-acteurs peut constituer, en outre, un facteur de crédibilisation de la démarche, obligeant les acteurs qui y participent à appliquer les engagements pris sous peine de se voir exclure du cadre ou de s'exposer au paiement de pénalités. La diversité des acteurs impliqués dans ce type de régulation multilatérale dénote également une volonté de recherche d'alliances stratégiques avec des acteurs travaillant sur des thématiques de société. La diversité des intérêts des parties en jeu dans ce genre de processus révèle cependant des divergences de perceptions sur la place de l'entreprise dans le développement social et la protection de l'environnement. Parmi ces cadres multipartites, nous pouvons citer la norme ISO 26 000, les principes directeurs des Nations Unies, le Global Compact, les normes de l'OCDE, l'ICMM[505]. L'utilisation de l'espace onusien comme cadre de discussion pour la formulation des politiques de RSE peut également relever d'une démarche de *« bluewashing »,* consistant à « se blanchir » sous le « manteau bleu » des Nations Unies, sans résultats concrets en matière de développement durable et de respect des droits humains.

Dans les pays qui ont des capacités institutionnelles fragiles et des ressources humaines limitées, la mise en œuvre des engagements unilatéraux et multilatéraux en matière de RSE relève encore

---

[504] GOYETTE, G. *Les transformations de l'aide canadienne ; quelle efficacité pour quel développement ? Techniques financières et développement*, 105, 71-85, 2011.

[505] BELEM, Gisèle. *La responsabilité sociale des entreprises : une réponse organisationnelle à la problématique du développement durable*, ESG UQAM, 2010, page 20.

uniquement du bon vouloir des entreprises. Dans ce cadre, elles publient sur leurs canaux de communications une liste des principales réalisations sociales effectuées dans leur zone d'intervention, et l'État ne dispose généralement pas des ressources institutionnelles et humaines requises pour évaluer la conformité des réalisations déclarées par rapport aux engagements nationaux et internationaux revendiqués. Les initiatives multipartites s'inscrivent dans une logique d'élargissement des domaines d'intervention que recouvre la RSE. Elles reprennent à ce titre des questions en rapport avec les droits de l'homme, la santé, l'éducation, la sécurité, l'environnement, la culture, les communautés et la biodiversité, un élargissement qui rend ainsi difficile et coûteux leur processus de contrôle (Belem, 2010). L'élargissement des domaines couverts par la RSE pose en somme de sérieuses contraintes institutionnelles, logistiques et de ressources humaines quant au contrôle, et les expériences vécues à partir du cas guinéen montrent bien la complexité d'un tel processus.

Dans le cadre de l'industrie minière, les initiatives de régulation en matière de RSE sont cependant encore largement embryonnaires. La SFI présente le processus le plus avancé dans le cadre de l'exigence de respect des normes environnementales et sociales. Sa participation au financement des projets miniers repose sur l'application de sept (7) normes de performances sociales et environnementales, et les entreprises minières en Guinée les plus citées dans le respect des normes environnementales et sociales sont celles qui sont sous financement de la SFI, notamment la CBG et GAC[506]. Il faut également citer l'exemple de Oxfam Australie dans la mise en place d'un mécanisme de réception et de gestion des plaintes des communautés riveraines des entreprises minières australiennes, le Canada présentant de son côté le processus le plus inclusif en la matière (Laforce, 2012).

---

[506] En février 2006, les politiques de sauvegarde jusque-là en vigueur ont été remplacées par les normes de performance et les politiques sur la durabilité environnementale et sociale. Dans la région de Boké, un groupe de 13 villages avait engagé une procédure de plainte contre une entreprise minière qui bénéficiait des fonds de la SFI. Soutenue par un consortium d'ONG, la plainte portée par le groupe de villages dénonçait la pollution et la dégradation des terres. Première du genre dans l'environnement minier de la Guinée, cette possibilité d'avoir accès aux voies de recours que ce type de financement offre, a un rôle dissuasif. Dans la cartographie des 25 entreprises minières en activité, seules deux entreprises bénéficient de financement de la SFI et sont donc susceptibles de subir ce type de pression citoyenne, ce qui limite considérablement on le comprend l'étendue du mécanisme de plainte de la SFI dans l'environnement minier de la Guinée.

À l'issue d'un processus consultatif, le gouvernement canadien a en effet produit un rapport qui indique la mise en œuvre d'un cadre de RSE pour les entreprises œuvrant à l'étranger. Le rapport recommande la publication régulière des performances sociales et environnementales et la mise en place d'un mécanisme de conformité et d'imputabilité. C'est l'une des grandes innovations du mécanisme canadien de RSE qui revendique sa participation au développement sociétal d'une manière globale[507]. Cette approche canadienne a fait l'objet d'une tentative d'appropriation par la CBG au travers d'un accord de délégation de gestion des fonds de développement communautaire qu'elle a signé avec l'ONG canadienne CECI[508].

L'Union européenne a également mis en place en 1993 un système harmonisé de gestion de la performance sociale et environnementale. C'est le système de gestion de l'environnement et d'audit environnemental (Eco-Management and Audit Scheme- EMAS). Ce système permet à tout type d'organisation, dans tous les secteurs d'activités, d'évaluer ses performances environnementales et sociales et de produire des rapports accessibles au public. Le caractère volontaire du processus restreint cependant, pour l'heure, sa portée. L'organisation a par la suite développé plusieurs outils alliant approches volontaires et normes contraignantes, on parle alors de « système hybride de régulation des activités des entreprises », un système que l'UE cherche par ailleurs à exporter hors de ses frontières[509]. Globalement, la perspective répond à une logique *Top down* (du sommet vers la base) impulsée à partir des institutions européennes. Cette forme de régulation des activités des entreprises minières généralement désignées par le vocable « transnationale » est largement décrite par Denis Tougas (2016) dans une analyse sur les multiples tentatives de réglementation dans l'approvisionnement des minerais de conflits et d'imputabilité des sociétés transnationales

---

[507] *Ibid.*, page 80.

[508] Parmi les actionnaires de la CBG, figure le groupe Rio Tinto/Alcan. L'étude de l'accord de gestion, que nous ferons dans les chapitres 5 et 6, démontre une stratégie de légitimation et de soutien aux entreprises canadiennes qu'un véritable accord qui participe au développement local.

[509] Ces outils sont déclinés à travers le concept publié dans des séries de communication en 2002, 2006- et 2011.

opérant en RDC (Campbell, 2016)[510]. Cette approche de régulation de la RSE à partir des institutions européennes diffère des pratiques de RSE qui ont émergé et ont été pratiquées aux États-Unis dès après la seconde guerre mondiale. Dans un contexte de capitalisme libéral, de dérégulation ou de privatisation des normes sociales et environnementales encadrant les activités des entreprises industrielles, celles-ci reposaient davantage, à l'époque et maintenant, sur les fondations et les choix éthiques des dirigeants des grandes entreprises industrielles américaines[511]. Elle s'inscrivait donc dans une logique de *Bottom up* (de la base au sommet). Le modèle de régulation des activités minières, en cours de construction en Guinée, peut se saisir à l'intersection de ces deux expériences historiques de développement de la RSE, celles des Etats-Unis suivant le modèle « Bottom up » et celles de l'Union européenne à partir de la logique du « Top down »

Section 1.2. Le cadre africain de la RSE au croisement des perspectives de régulation holistique et de développement communautaire

Dans cette section, nous analyserons les grandes orientations en Afrique de la RSE liée au développement des communautés impactées par l'activité minière. Cette régulation questionne la manière par laquelle les pays africains s'efforcent de « domestiquer », au niveau

---

[510] CAMPBELL, Bonnie (dir), *La responsabilité sociale des entreprises dans le secteur minier, réponse ou obstacle aux enjeux de légitimité et de développement en Afrique* ? Presses de l'Université du Québec, 2016, page 163.

[511] Actuellement, il faut noter dans le cadre des USA l'existence de deux instruments juridiques de régulation des activités des entreprises industrielles ; la loi Dodd-Frank (Dodd-Frank Wall Street Reform and Consumer Protection Act) adoptée en 2010 à la suite de la crise financière de 2008. Elle vise à accroitre la transparence des marchés financiers et en matière de minerais de conflits. En Vertu de l'article 1502 de cette loi, les entreprises inscrites à la Securities and Exchange Commission (SEC), environs 6000 entreprises sont ténues de divulguer annuellement certaines informations concernant leurs chaines d'approvisionnement, CAMPBELL (2016).
Selon la loi *Alien Tort Claims Act, (ATCA) les entreprises privées peuvent être ténues responsables, en raison de leur complicité, dans des violations graves de droits de l'homme, crime de guerre, esclavage et génocide. Voir* ;https://www.cairn.info/revue-internationale-des-sciences-sociales-2005-3-page-597.htm#:~:text=En%20vertu%20de%20l'Alien,cit%C3%A9e%2C%20pour%20travail%20forc%C3%A 9%20et.

africain et sous régional, les activités des multinationales évoluant dans l'industrie extractive. La domestication de ces cadres africains de la RSE s'inscrit dans des contextes politiques complexes et variés. Les limites imposées par ce type de contraintes politiques et sociales amènent à relativiser les grandes ambitions et les espoirs suscités lors de l'élaboration de la VMA et des principes directeurs de la CEDEAO.

1.2.1. La vision minière africaine comme réponse à une meilleure appropriation africaine du développement minier

Le secteur minier représente pour beaucoup de pays africains une grande opportunité de développement social et économique. Les ressources générées par ce secteur constituent pour certains plus d'un tiers des ressources publiques[512]. La prédominance de ce secteur sur l'économie de l'exportation et les recettes publiques contribue à la fragilisation des autres secteurs d'activités économiques, et elle entraine une forte dépendance de l'État aux rentes minières. La capacité de l'État à offrir des services sociaux de base aux populations tient alors de la disponibilité des rentes. Le développement des politiques de décentralisation dans les années 1990 et le faible transfert des ressources aux collectivités ont participé à une dynamique de fragilisation de la disponibilité des services sociaux de base en faveur des populations. Cette situation apparait plus dramatique encore dans les zones d'exploitation minière. Dans ces zones, l'exploitation des ressources minières s'accompagne à la fois et de manière contradictoire d'une diminution des ressources vitales des populations et d'une explosion des besoins en services sociaux de base : destruction des terres agricoles, raréfaction des zones de pâturages, pollution des zones de pêche fluviale et maritime, explosion démographique, insécurité. Les réponses offertes contre ces défis sont venues dès lors des politiques publiques, mais également d'initiatives volontaires des entreprises ou de cadres multilatéraux d'aide publique au développement[513]. En Afrique, plusieurs processus de réforme des cadres de gouvernance du secteur minier ont été entamés au niveau des institutions régionales et

---

[512] En 2018, les revenus miniers représentent 30% du budget de l'État guinéen (ITIE).

[513] Dans la zone minière de Boké, nous observons la convergence, sans véritable coordination, de ces trois formes de réponses aux demandes sociales. Celle des politiques publiques redistributives, celle de la RSE des entreprises minières aux fondements et aux origines différenciés et celle de l'aide publique au développement des institutions internationales.

sous-régionales, des institutions dont l'objectif est de faire du secteur extractif un levier de développement social et économique orienté vers la durabilité, l'inclusivité et l'intégration économique[514]. C'est dans cette perspective que s'inscrivent les processus des directives de la CEDEAO et du régime minier de l'Afrique[515].

La vision du régime minier de l'Afrique est une initiative conjointe de la commission économique des Nations Unies pour l'Afrique (CEA) et la commission de l'Union africaine. Elle est le résultat du travail d'un groupe de réflexion technique mis en place par les Nations Unies et l'UA et a mobilisé les plus grands experts internationaux de l'industrie extractive. Le rapport rassemble des réflexions à la fois théoriques et empiriques traitant de toute la chaine de valeur de l'industrie minière et il analyse les transformations historiques et actuelles en rapport avec le marché des matières premières et les implications sur les politiques publiques des États riches en ressources minières. Le document articule ses principales conclusions avec les grandes orientations stratégiques déclinées dans la vision minière africaine (VMA) élaborée en 2009[516]. Il s'agit donc d'un document stratégique qui décline la vision de l'Afrique dans le secteur minier, visant à faire de ce secteur un levier de connaissance, et qui participe pleinement au développement d'une économie intégrée et diversifiée[517]. La vision minière africaine s'appuie

---

[514] CAMPBELL, Bonnie (dir.), *La responsabilité sociale des entreprises minières dans le secteur minier, réponse ou obstacle aux enjeux de légitimité et de développement en Afrique* ? Presses de l'Université du Québec, page 9.

[515] Ces réflexions ont mené à la production de la Vision minière Africaine en 2009, le rapport sur le régime minier de l'Afrique qui a mobilisé la contribution des plus grands experts de l'industrie extractive à travers le monde et les directives de la CEDEAO pour l'harmonisation des politiques minières.

[516] Son élaboration fait suite à un long processus qui va de 1997 à 2009, notamment lors de ; la Déclaration politique de Johannesburg et le Plan de mise en œuvre [chapitre 46 et aux paragraphes (f et g) du chapitre 62 (Développement durable pour l'Afrique)] du Sommet mondial sur le développement durable de 2002 ; la Vision de Yaoundé sur l'Exploitation minière artisanale et à petite échelle ; le partenariat minier africain sur la Charte de développement durable et le Cadre de politique minière ;le Cadre de la Communauté de développement d'Afrique australe (SADC) de Mise en œuvre de l'harmonisation des politiques minières, les normes, les Cadres législatifs et réglementaires ; la Politique minière commune de l'Union économique et monétaire ouest-africaine (UEMOA) ; le Code minier communautaire ; le rapport sommaire « Big Table » de 2007 sur la « Gestion des ressources naturelles minières de l'Afrique pour la croissance et la réduction de la pauvreté » et les travaux du Groupe d'étude international (ISG) chargé de la Révision des régimes miniers d'Afrique.

[517] En prélude à la première conférence des Ministres Africains en charge du développement des ressources minières, La Commission Economique des Nations

sur neuf domaines ou programme d'action qui englobent les grands défis d'une gouvernance minière africaine, transformatrice, durable et harmonisée avec des outils internationaux de planification du développement (ODD, Agenda 2063 de l'UA)[518]. La réalisation d'une convergence d'objectifs entre des instruments de planification du développement à partir des ressources générées par le secteur extractif suppose l'allocation des rentes tirées de l'extraction minière à la lutte contre la pauvreté et les inégalités, la création de la valeur ajoutée en lien avec le concept de contenu local, et la transformation des ressources humaines par des investissements dans l'éducation, la recherche et le développement[519]. Les domaines d'action de la VMA concernent plus précisément la gestion des régimes et des revenus fiscaux, les systèmes d'information géologique et minière, le renforcement des capacités humaines et institutionnelles, les activités minières artisanales et à petite échelle, la gouvernance du secteur minier, les investissements et la diversification, les enjeux environnementaux et sociaux[520]. S'il est à noter que l'élaboration de cette norme africaine d'encadrement et de régulation dans le secteur extractif représente une avancée majeure dans le cadre normatif, son opérationnalisation et sa prise en charge dans les politiques publiques des États et les stratégies de RSE des entreprises minières reste encore un défi majeur, comme nous le verrons dans les prochains chapitres.

« La Vision minière africaine a été lancée officiellement il y a 8 ans en 2009, visant à assurer l'utilisation stratégique par le continent de ses ressources minières afin de parvenir à un développement social et économique inclusif reposant sur une assise large. Elle incarne l'aspiration de l'Afrique de passer du statut de suiveur de norme à celui de créateur de norme en matière

---

Unies pour l'Afrique (CEA) a mobilisé un groupe d'experts qui se sont penchés en 2008 sur cadre régulateur des politiques minières des États africains.

[518] L'Agenda 2063 est un cadre de développement à long terme élaboré par l'Union africaine qui vise à la transformation durable de l'Afrique. Il énonce sept aspirations globales et propose des stratégies pour leur réalisation : la croissance inclusive et le développement durable ; l'intégration régionale ; la démocratie et la primauté de l'état de droit ; la paix et la sécurité ; une forte identité culturelle ; le développement axé sur les populations ; et l'Afrique qui agit en tant qu'acteur et partenaire fort, uni et influent sur la scène mondiale. L'Agenda 2063 est perçu comme le pendant régional aux Objectifs de Développement Durable (ODD) qui existent sur le plan mondial.

[519] Note d'information d'OXFAM, *De l'aspiration à la réalité, analyse de la vision minière africaine*, mars 2017, page 8.

[520] *Ibid.*, page 12.

de gouvernance de son secteur minier, et de vaincre le pessimisme qui plombe les ressources minières du continent »[521].

Pour opérationnaliser les grands axes définis dans cette vision minière, un plan d'action et de domestication de la vision dans les cadres juridiques nationaux et sous régionaux a été défini et décliné à l'aide d'une matrice temporelle à court (0 à 5 ans), moyen (5 à 20 ans) et long terme (20 à 50 ans). Pour assurer la mise en œuvre de la VMA dans les États membres, trois instruments politiques ont été créés à cet effet, à savoir la Vision Minière Nationale (VMN), le Cadre de Gouvernance Africain du Secteur Minier (CGASM), et le Pacte avec le secteur privé de la vision minière africaine. La VMN (Vision Minière Nationale) est un guide destiné aux États pour orienter l'adoption nationale de la VMA (Vision Minière Africaine) au travers d'un processus consultatif et de dialogue. Il doit aboutir à l'élaboration d'une politique nationale du secteur minier qui répond aux objectifs de la VMA, notamment dans le domaine social et environnemental. En Guinée, le document a été élaboré en 2017 et il est intitulé « Déclaration de politique minière pour un secteur minier performant, catalyseur de la transformation structurelle de l'économie pour un développement durable ». Le Cadre de Gouvernance Africain du Secteur Minier (CGASM) est, quant à lui, un document de suivi-évaluation de la mise en œuvre de la VMA qui s'appuie sur des mécanismes d'évaluation multi-acteurs (société civile, communautés, entreprises, UA, administrations publiques) au niveau de la mise en œuvre de chaque domaine d'action de la VMA par les États membres[522]. Le Pacte avec le secteur privé de la Vision minière Africaine a été lancé en 2016, et il est inspiré du Pacte mondial des Nations unies. Il se présente comme une déclaration d'intention entre le secteur privé africain qui évolue dans le secteur minier et l'UA, sous l'égide des chambres des mines nationales et (ou) régionales, pour un développement durable et responsable du secteur minier[523]. Il est le moins abouti des trois

---

521 498*Ibid.*, page 30

522 Il repose sur des évaluations triennales et multi acteurs des secteurs miniers dans les pays de mise en œuvre de la VMA.

523 Le pacte recense un ensemble de principes à respecter par les entreprises privées et qui répondent aux objectifs de la VMA : 1) la gestion des régimes et des revenus fiscaux ; 2) les systèmes d'information géologique et minière ; 3) le renforcement des capacités humaines et institutionnelles ; 4) les activités minières artisanales et à petite échelle ; 5) la gouvernance du secteur minier et la participation publique ; 6) les liens,

instruments de mise en œuvre de la vision minière africaine, du moins dans le contexte guinéen de responsabilisation des entreprises minières.

Un organisme technique spécialisé de la commission de l'UA dénommé le Centre Africain pour le Développement Minier (CADM) est chargé de mettre en œuvre la VMA en partenariat avec des organismes internationaux (PNUD, BAD, UE, CEA)[524]. Les codes miniers des États, les instruments politiques de gouvernance minière, et les directives des organisations sous régionales sont supposés s'aligner sur les orientations de la VMA, notamment celles en lien avec la régulation des impacts environnementaux et sociaux et la contribution au développement des communautés[525]. En matière de régulation de l'activité minière et de contribution au développement local, la VMA décline les grands axes d'orientation de la contribution du secteur minier au développement social et économique. Le cadre de régulation en matière communautaire et d'intégration de l'activité minière à l'économie locale nous intéresse plus particulièrement. Les instruments de la gouvernance minière de la Guinée (code minier, déclaration de politique minière, lettre nationale de politique de RSE) revendiquent leur alignement à ces instruments africains d'orientation stratégiques et de régulation, généralement sous le prisme d'énoncé de valeurs de référence ou de principes de référence. Cependant le caractère volontaire de ces instruments africains réduit leur portée normative et en fait de simples outils de « verdissement » des politiques publiques sans véritable incidence dans l'amélioration des conditions de vie des populations dans les zones d'extraction minière, comme nous le verrons dans les prochains chapitres[526].

---

les investissements et la diversification ; 7) les enjeux environnementaux et sociaux ; et 8) les visions minières régionales.

[524] Le CADM a été créé en 2013 et financé par les gouvernements du Canada et de l'Australie. Il apporte des soutiens techniques et financiers à des États qui le désirent pour faciliter la domestication de la VMA. Lors du Sommet de l'UA en 2015, il a été décidé d'implanter le centre en République de Guinée au sein de l'Institut Mines et Géologie de Boké.

[525] Le code minier guinéen de 2011, la politique minière de la Guinée de 2017 et le Plan de Développement du Secteur Minier (PDSM) s'alignent sur les orientations de la VMA. Le cadre de développement communautaire et de gestion des impacts sociaux et environnementaux en place s'inspire de la VMA.

[526] Un rapport d'étude d'Oxfam, rapportait en mars 2017 quelques faiblesses liées à la mise en œuvre de la VMA dont entre autres : Sa portée limitative au secteur minier et non au secteur pétrolier et gazier, la faiblesse des mesures précises d'inclusion des femmes dans les neuf domaines d'actions et dans les trois instruments politiques de mise en œuvre, la limitation des mesures pour la réglementation environnementale à

Pour faire du secteur minier un levier de développement social et économique, les États africains ont longtemps privilégié la création de sociétés publiques comme modalité de captation de la rente minière. Les résultats décevants enregistrés par ces entreprises publiques ou mixtes ont poussé à leur privatisation ou au retrait considérable de l'État dans l'activité d'extraction[527]. Parmi les facteurs ayant entrainé le déclin du modèle d'entreprises publiques, on peut citer entre autres : les interférences politiques dans la prise de décision, le manque de respect ou l'inadéquation de l'expertise managériale et technique, un réinvestissement insuffisant qui a entrainé la consommation du capital, le manque d'accès aux financements, l'affaissement des prix des minerais[528].

« Dans les années 1960 et 1970, conformément à la question récurrente de la souveraineté nationale qui prévalait alors suite à la fin du colonialisme, la pensée dominante consistait à considérer que le développement ne pouvait être atteint que si l'État disposait d'une bonne part ou mieux, de la pleine propriété des compagnies minières. Cela a permis la nationalisation d'importantes entreprises privées ; et dans nombre de pays dont le Ghana, la Guinée et la Zambie, l'État a pris le contrôle des industries. On espérait que la nationalisation serait le moteur de la croissance et d'une industrialisation rapide qui généreraient des bénéfices économiques énormes à la nation et amélioreraient les conditions de vie des populations »[529].

La vague libérale des années 1980 a donc impulsé une nouvelle dynamique dans les politiques publiques de gouvernance des ressources minières. Les nouvelles réformes ont visé notamment le cadre juridique, institutionnel, fiscal et réglementaire de gouvernance du secteur minier. Le contexte international de renchérissement du prix des matières premières avec l'émergence des géants asiatiques a accéléré le développement de ces réformes. Les mesures d'incitation fiscale permettant d'attirer plus d'investissements étrangers ont été introduites

---

l'étape de l'exploration, oubliant ainsi les mutations sociales et écologiques en phase d'exploitation (gestion de l'eau et les drainages acides), la faible marge de manœuvre de la société civile et des communautés dans l'élaboration des VMN et dans le suivi-évaluation, la faible attention accordée à l'accès à l'information minière, la concurrence des accords économiques et commerciaux sur le développement du contenu local et la faible appropriation de la VMA au sein de l'opinion africaine.

527 Ces processus de nationalisation de l'activité minière ont été observés notamment en Guinée, au Ghana, en Zambie.

528 Document de la Vision du Régime Minier de l'Afrique en 2050, page 11

529 VMA, page 11.

dans les réglementations minières, non sans conséquence sur les revenus des États. Elles étaient marquées, également, par une faible prise en compte des normes sociales et environnementales dans les activités minières. Au début du 21ème siècle, des voix se sont alors élevées pour dénoncer l'inadéquation entre le volume des investissements miniers et leurs impacts sur le développement local. Les incitations fiscales accordées aux entreprises minières pour stimuler les investissements ont en effet participé à l'affaissement des revenus de l'État, indispensables au financement des programmes de développement sociaux. Les maigres revenus engrangés ne pouvaient compenser, en outre, les impacts subis sur le plan environnemental, social et culturel. Les critiques se sont également portées sur la distorsion entre politiques minières et réduction de la pauvreté. Le processus de réforme mis en œuvre dans les années 1990 s'est appuyé sur des approches bilatérales entre gouvernements et secteurs privés. Les communautés locales, principales victimes des impacts de l'activité minière, ont été de fait exclues des consultations qui ont mené à ces réformes. Les sujets relatifs aux principaux enjeux du développement local ont été absents des cadres de discussion et dans les codes miniers qui en sont issus[530]. L'asymétrie dans les rapports de pouvoir lors de la négociation de ces contrats n'a pas permis aux États africains, notamment la Guinée, de faire avancer les valeurs se rapportant au développement local à la protection de l'environnement (Campbell, 2010)[531].

Pour remédier à cette faible contribution du secteur minier au développement social et économique, la VMA fait des recommandations dans son volet d'action « amélioration de la capacité de gestion des ressources minières ». S'il est rare en effet de voir dans les États africains des projets miniers entièrement financés par les pouvoirs publics, il est fréquent d'observer dans les régimes miniers en développement ces dernières années des modes de prise de participation minoritaire des États ou des communautés dans les projets miniers[532].

---

[530] Vision du régime minier de l'Afrique, février 2009, UA. Accessible sur le site de l'Union africaine, page 15.

[531] CAMPBELL, Bonnie, (dir.), *Ressources minières en Afrique, quelle réglementation pour le développement ?* Presse de l'Université du Québec, 2010, page 77.

[532] La Royal Bafokeng Nation (RFN) d'Afrique du Sud est un exemple d'une communauté qui a su tirer profit de sa participation dans les projets d'exploitation minière réalisés sur ses terres

Le modèle le plus répandu de captation de la rente est l'allocation des revenus ou le partage de bénéfices. Les motivations déterminantes dans l'allocation ou la répartition des bénéfices varient de « l'équité », à la « justice sociale » en passant par la « solidarité nationale », comme nous l'avons vu dans le cadre des instruments du FODEL et du FNDL. Les bénéfices reversés aux communautés peuvent prendre plusieurs formes allant des redevances superficiaires aux transferts infranationaux des bénéfices de l'activité minière du niveau central vers le local, en passant par l'établissement de convention de développement local avec les entreprises minières, le développement d'outils de RSE ou la constitution de fonds souverains. La Vision Minière Africaine reconnait les défis liés à un tel processus de partage de revenus et préconise :

« Le défi majeur reste la diversification de l'économie pour éviter la création des communautés minières qui dégénèrent en villes fantômes après l'épuisement des ressources. Une attention particulière devra être portée sur la formation de ces communautés en gestion des recettes, sur le renforcement de leurs capacités de négociation avec les gouvernements et le secteur privé, ainsi que leurs capacités à investir dans les activités économiques après l'exploitation minière et dans les infrastructures utilitaires »[533].

Les instruments de gouvernance minière de la Guinée (code minier, politique minière) reconnaissent ces défis et déclinent des mécanismes de financement du développement local dans les zones minières qui visent surtout à développer des activités alternatives à la mine. La réalité observée dans les minières démontre une forte dépendance des villes minières aux revenus provenant de l'exploitation minière. Nous aborderons plus en détail ces éléments dans le chapitre consacré aux dynamiques territoriales dans les villes de Kamsar et Sangaredi. Les faiblesses observées dans la mise en œuvre des orientations de la VMA en matière de développement durable n'ôtent en rien la valeur stratégique de ces orientations.

Les aspirations au développement communautaire consécutives à la présence d'une entreprise minière dans certaines localités se sont vite transformées néanmoins en déceptions et en révoltes. Les pressions orientées contre les entreprises minières sont à l'origine du développement de nouvelles approches de responsabilité pour le développement social et économique des communautés locales. L'objectif est d'établir de nouveaux « contrats sociaux » entre

---

[533] VMA, page 27.

entreprises minières et communautés, pour un meilleur partage des bénéfices de l'exploitation minière. C'est l'émergence dans les stratégies des entreprises du concept de RSE comme outil supposé de contribution au développement local. De nouveaux instruments de redistribution des bénéfices de l'exploitation minière sont élaborés avec des clés de répartition qui prennent en compte le niveau des impacts subis, le poids démographique, la dimension genre. Nous assistons à la mise en œuvre simultanée de mécanismes volontaires de développement local promus par les entreprises, et d'instruments publics renforcés, plus contraignants, de financement du développement local à partir des rentes minières. La conception des entreprises minières de ce que sont les relations communautaires évolue également, en passant du « strictement affaires » à celui de « partenariat au développement ». Ce changement de paradigme sur le rapport entreprise/communautés modifie la forme et le contenu des outils mis en œuvre. La formulation des projets implique des démarches participatives et les contenus doivent refléter les besoins des communautés en matière de développement. La réussite d'une entreprise minière est désormais évaluée sur ses dimensions financières, sociales et environnementales. Les recommandations de la Vision Minière Africaine ciblent des aspects particuliers du développement des communautés, notamment la catégorisation des formes de revenus versés aux communautés et leur gestion saine et durable. Ces revenus peuvent revêtir la forme de fonds de compensation ou de location des terres, de paiements ou transferts infranationaux, d'offre d'emplois locaux, de prestation de services sociaux de base et d'accès aux infrastructures[534].

La Vision Minière Africaine porte une attention particulière aux modalités de gestion des fonds versés aux communautés, à la fois par les entreprises et par le gouvernement. Dans ce cadre, le développement d'une économie locale diversifiée qui survivrait à l'après-mine reste un défi majeur. Pour atteindre cet objectif, les stratégies doivent être orientées sur le renforcement des capacités de gestion des revenus par les institutions locales et sur le développement de cadres de coopération pour le développement d'infrastructures. Ces processus de développement locaux impliquant les entreprises et les communautés peuvent reposer sur des cadres contractuels qui définissent les droits et les obligations de chaque partie. Ces accords peuvent contenir des

---

[534] *Ibid.*, page 29.

possibilités d'accès des communautés aux installations énergétiques et routières des entreprises, mais elles peuvent également concerner des projets d'infrastructures financés par avances sur les redevances dues, le recrutement et l'utilisation préférentiels de la main-d'œuvre et des PME locales, notamment pour des prestations ne nécessitant pas de qualification particulière. La Vision Minière Africaine cite à titre d'exemple les accords signés par les entreprises aurifères du lac Victoria en Tanzanie, dont les dispositions recouvrent les défis cités ci-dessus[535].

Dans la zone de Boké, les concessions minières occupent plus de la moitié de la superficie de la région, et elles engendrent des bouleversements spatiaux d'une grande ampleur. Elles impactent pratiquement tous les écosystèmes liés aux bassins du Rio Nuñez, du Rio Pongo et du Kogon, les plus grands fleuves de la région. La gestion séparée des cadastres miniers et des cadastres agricoles entraîne un manque de coordination institutionnelle et de réglementation. En Guinée, le cadastre est en effet géré par le ministère des Mines à travers le Centre de Promotion et de Développement minier. Il est possible de connaitre l'inscription spatiale, quoique virtuelle, des concessions minières à travers une carte accessible en ligne[536]. Sur le terrain, il est à remarquer qu'une concession minière ne fait l'objet d'aucune délimitation matérielle. La compensation des moyens de subsistance affectés par l'extension des concessions minières est encore tributaire des stratégies volontaires des entreprises minières. Cette situation résulte de l'absence d'une norme nationale contraignante en matière de compensation et de réinstallation des personnes affectées par un projet minier.

Plusieurs phénomènes sont souvent observés. Les inégalités sociales entre les hommes et les femmes ou entre travailleurs et chômeurs, ou encore entre bénéficiaires d'indemnités et ceux qui en sont privés, s'aggravent et se creusent. Les femmes sont soumises à des contraintes sociales (faible scolarisation, abandon scolaire, mariage précoce, pesanteurs culturelles) qui réduisent leur chance d'accéder à des emplois dans les entreprises minières. Les fractures sociales explosent entre les groupes sociaux à propos de l'appropriation des domaines fonciers faisant l'objet de compensation, d'autant plus que dans les zones rurales le droit coutumier foncier prédomine encore sur le droit

---

[535] Vision du régime minier de l'Afrique, février 2009, UA. Accessible sur le site de l'Union africaine.

[536] https://guinee.cadastreminier.org/fr/.

foncier formel. Les besoins de construction des infrastructures minières et de la mine provoquent des déplacements de populations sans le respect des procédures adéquates en matière de réinstallation. L'indemnisation des personnes qui subissent les déplacements varie selon les pratiques des entreprises minières, la nature des investissements, ou les exigences réglementaires. Elles peuvent comprendre des paiements monétaires, l'application du principe de « terre contre terre », ou la possibilité d'emplois ou de formations.

Le groupe d'études mandaté conjointement par l'Union Africaine et la CEA pour analyser les répercussions des industries extractives dans le développement de l'Afrique égrène une liste de problématiques sociales et environnementales associées aux activités extractives, ainsi que des pistes de régulation appropriées. L'implantation d'une entreprise minière dans les zones rurales s'accompagne toujours en effet d'un vaste mouvement de déplacement des populations, impliquant la perte des moyens de subsistance. Les concessions minières accordées par l'État aux entreprises minières sont souvent situées dans des zones habitées par des populations, ou se trouvent à côté d'écosystèmes sensibles. Le rapport du groupe d'étude souligne les transformations sociales induites par les entreprises minières dans les sociétés affectées par l'extraction minière :

« L'aggravation de la pauvreté, des inégalités économiques et de la dépendance risque également d'aggraver les questions sociales, notamment la recrudescence de l'usage de l'alcool et de drogues, la prostitution, le jeu et la perte de la cohésion culturelle interne. L'afflux d'étrangers ou de mineurs migrants, qui ne sont pas intégrés à la communauté ou sont soumis à ses contraintes sociales, complique le problème. Ces étrangers risquent d'entrer en conflit avec les résidents en raison des différences entre les valeurs socioculturelles et de la compétition pour des ressources locales limitées »[537].

---

[537] Rapport du groupe d'étude sur le régime minier de l'Afrique, UA, CEA, page 70, élaboré en 2011. Le rapport a été établi par le Groupe international d'étude, sous la direction et la supervision de M. Abdoulie Janneh, Secrétaire adjoint de l'ONU et Secrétaire exécutif de la CEA, et de M. Jean Ping, Président de la Commission de l'Union africaine (CUA). Les noms de quelques contributeurs ;
M. Cheickna Seydi Diawarra Consultant, ancien Ministre des Mines Mali,
Mme Evelyn Dietsche Chargée de cours CEPMLP Université de Dundee Écosse, UK,
Mme Aster Gebremariam Assistante de recherches Commission économique pour l'Afrique Addis- Abeba, Éthiopie,
Mme Tarik Kassa Consultante, RITD Commission économique pour l'Afrique Addis-Abeba, Éthiopie,
M. Mkhululi Ncube Assistant de recherche, RITD Commission économique pour l'Afrique Addis-Abeba, Éthiopie,

Les répercussions de ces mutations sur les rapports entre les institutions politiques et les citoyens entrainent une rupture du « contrat politique », provoquant ainsi l'effondrement du lien national. La situation à l'est de la République Démocratique du Congo est illustrative à ce sujet, les tensions sociales autour de la gestion des mines étant à l'origine du phénomène de « guérilla » dans les zones minières, soutenues sur le plan financier et logistique par des entreprises peu soucieuses des questions de droits de l'homme. La régulation de telles conséquences sociales associées à la présence des entreprises minières fait appel à des politiques législatives, au développement de normes de compensation et de qualité, et à la mobilisation de moyens techniques et humains. Le rapport évoque la diversité des approches de régulation des effets sociaux et environnementaux des industries extractives :

« De nombreux systèmes juridiques nationaux et internationaux comportent des dispositions pour protéger les sites naturels et culturels et limiter ou interdire les activités minières dans ces zones; exiger des évaluations des effets avant d'autoriser certaines activités; établir des normes, notamment pour la qualité de l'air et de l'eau ou fixée des limites pour les rejets dans l'eau ou les émissions dans l'atmosphère ; imposer des conditions pour la fermeture des mines et le versement d'indemnités pour la perturbation des moyens de subsistance, notamment le déplacement loin des terres agricoles »[538].

M. Ousmane Cissé Expert technique UNOPS Dakar, Sénégal, M. Benjamin Aryee Directeur exécutif Commission pour les minéraux Accra, Ghana,
Dr Melaku Desta Chargé de cours principal en Droit CEPMLP Université de Dundee Écosse, R.U,
M. Saul Kavonic Consultant Australie,
Dr Marian Lydall Directeur : Développement minier régional Unité de l'économie et de la stratégie minières MINTEK Afrique du Sud,
M. Hudson Mtegha Chargé de cours principal Université de Witwatersrand Afrique du Sud,
M. Nehrunaman Pillay Économiste principal MINTEK Afrique du Sud.
Voir :https://www.business-humanrights.org/fr/derni%C3%A8res-actualit%C3%A9s/les-ressources- min%C3%A9rales-et-le-d%C3%A9veloppement-de-lafrique-rapport-du-groupe-d%C3%A9tudes- international-sur-les-r%C3%A9gimes-miniers-de-lafrique//

[538] Rapport du groupe d'étude sur le régime minier de l'Afrique, les ressources minérales et le développement de l'Afrique, UA, CEA, 2011, page 71. https://www.business- humanrights.org/fr/derni%C3%A8res-actualit%C3%A9s/les-ressources-min%C3%A9rales-et-le- d%C3%A9veloppement-de-lafrique-rapport-du-groupe-d%C3%A9tudes-international-sur-les- r%C3%A9gimes-miniers-de-lafrique//

Le rapport de la CEA pose une équation fondamentale qui semblait jusque-là échapper au pouvoir public dans les pays riches en ressources minières. L'évaluation de la contribution des entreprises minières ne reposait que sur l'arithmétique financière de leur contribution aux recettes publiques, et elle ignorait ou passait sous silence la « responsabilité sociale » de ces entreprises au-delà de ce que supposaient les structures juridiques et politiques en place[539]. La nouvelle conception de la RSE dans le rapport de la VMA transforme la définition du concept que les auteurs du rapport proposent comme étant « l'ensemble des mesures par lesquelles l'entreprise inscrit dans sa stratégie et ses pratiques commerciales des préoccupations relatives à la société, y compris l'environnement, l'économie et les affaires sociales. Le respect de la loi est un minimum que les entreprises doivent observer ». Cette transformation conceptuelle bouscule les frontières de la RSE en la portant au-delà d'un simple cadre volontaire pour l'inscrire dans une forme d'obligation, bien qu'au contour quelque peu flou. La RSE passe aussi d'une activité périphérique et philanthropique à une activité stratégique, qui participe aux objectifs globaux et harmonisés de l'entreprise et de la société dans laquelle elle opère.

Le rapport aborde par ailleurs l'épineuse question de la démarcation entre les responsabilités de l'État envers ses citoyens et les modalités par lesquelles la RSE d'une entreprise minière complète les efforts de l'État. La faiblesse dans la coordination entre la planification et l'investissement par l'État, d'une part, et l'investissement dans le cadre de la responsabilité sociale de l'autre, apparait ainsi comme étant au cœur de la problématique de la RSE des entreprises minières dans la région de Boké. Ce qui implique la question fondamentale de savoir « dans quelle mesure la responsabilité sociale des entreprises peut contribuer à résoudre certains des nombreux problèmes de développement que rencontrent les pays riches en minerais »[540]. La lettre de politique nationale de RSE de la Guinée élaborée en 2017, que nous allons aborder dans le prochain chapitre, se réclame comme une réponse à ce questionnement.

« Il est nécessaire pour les compagnies minières d'adopter la notion de responsabilité sociale des entreprises afin de contribuer à la réalisation d'objectifs de développement plus vastes. Les initiatives de responsabilité sociale des entreprises pouvant être volontaires ou faire l'objet d'une loi, il

---

[539] *Ibid.*, page 89.
[540] *Ibid.*, 98.

importe d'ancrer cette responsabilité dans tout cadre directif d'une manière propre à faire ressortir clairement les responsabilités des compagnies minières et des pouvoirs publics »[541].

Le second volet de la stratégie mise en avant par le régime s'appuie sur le développement d'un secteur minier fondé sur l'interdépendance entre l'extraction minière et les autres secteurs d'activités économiques. Cette interdépendance peut se situer en amont ou en aval. L'interdépendance crée un lien économique entre l'industrie minière et les secteurs de fournitures de biens et de services qui participent à l'activité de production minière. L'économie locale des zones d'extraction minière doit être la principale contributrice dans la construction de ce lien. Les communautés des zones d'extraction minière peuvent fournir aux entreprises minières des ressources alimentaires, des biens de consommation et offrir des prestations pour lesquelles elles disposent de qualifications.

Cette interdépendance en amont est autrement appelée « contenu local » dans le cadre des politiques publiques. Plusieurs expériences ont montré le peu de capacité des économies des zones d'extraction minière à offrir des prestations et des biens qui participent à la production minière. Cette situation explique souvent le phénomène de désinvestissement qui caractérise les investissements miniers en Guinée. Un rapport du gouvernement de 2019 sur les investissements miniers explique cette faiblesse d'absorption des investissements miniers par les économies locales. Entre 2010 et 2019, les investissements miniers ont représenté 6,5 milliards de dollars. Les achats locaux de biens et services ont représenté 800 millions de dollars durant la même période, soit environ 20% des investissements globaux[542]. La contribution du secteur minier au développement local passe par la capacité des États à absorber une partie des investissements miniers dans le respect des normes sociales et environnementales nationales et internationales.

L'interdépendance peut se situer également dans le fonctionnement courant, comme le relève la Vision Africaine. À ce niveau le secteur minier doit créer une connexion entre ses activités et le secteur des infrastructures (énergie, eau, logistique, communication), mais aussi l'économie du savoir (universités, centre de formation professionnelle,

---

[541] *Ibid.*, 98.

[542] Nous avons produit ces chiffres à partir d'un rapport du gouvernement guinéen sur la gouvernance minière publié en juin 2021.

RD). L'activité minière nécessite une forte utilisation de ressources humaines, énergétiques et hydrologiques. Les entreprises minières développent généralement leurs propres capacités de production énergétiques et hydrologiques, et elles possèdent une politique de formation et de renforcement des compétences en ressources humaines. Les populations riveraines des zones d'exploitation minière sont souvent cependant exclues des services d'eau et d'électricité fournies par les entreprises en faveur de leurs travailleurs et installations. Le développement minier doit donc être connecté à la possibilité de développement des capacités énergétiques et hydrologiques. Dans la zone de Boké, les violences sociales récurrentes ces dernières années sont motivées par les revendications des populations pour la fourniture régulière d'eau et de courant électrique[543]. Cette violence répétitive trouve son explication dans la combinaison de ces trois facteurs : la situation d'enclave des zones d'extraction minière, les politiques de RSE des entreprises minières orientées vers des actions sociales visant seulement à défendre leur réputation, et « l'absence sélective » de l'État dans la planification de politique stratégique et intégrée de développement[544].

L'interdépendance en aval traduit la possibilité des activités d'extraction de matière brute d'être suivie par une transformation industrielle en produit fini et semi-fini. Les industries extractives en Afrique sont en effet caractérisées par une spécialisation géographique et fonctionnelle. L'activité d'extraction des matières brutes est localisée en Afrique et la transformation située dans les pays industrialisés disposant de fortes capacités énergétiques, technologiques et humaines. Une situation évoquée comme la principale source d'inégalité dans la répartition des profits de l'industrie minière, le segment en aval rapportant davantage en termes de plus-value que les opérations en amont. Ce segment participe en outre au développement d'un savoir industriel et technologique profitable à l'ensemble de l'économie. La connaissance du patrimoine minier est également l'une des ambitions affichées par le nouveau régime minier africain, et elle est présentée comme une étape indispensable à la maitrise du processus de développement des ressources minières. Dans la pratique, il est à noter

---

543 Vision du régime minier de l'Afrique, février 2009, UA. Accessible sur le site de l'Union africaine.

544 La situation d'enclave a fait l'objet des premiers chapitres et l'étude empirique des stratégies de RSE et la stratégie d'absence sélective de l'État dans les chapitres IV et V.

que les principales prospections géologiques en Afrique ont été menées, en Africaine francophone, pendant la période coloniale, notamment à travers le BRGM (Bureau de Recherche Géologique et Minière de la France). Après les indépendances, les entreprises minières effectuaient elles-mêmes les recherches géologiques préalables au développement d'un projet minier. Les données de ces missions d'exploration sont gardées par ces entreprises qui les revendent parfois sur les marchés boursiers, en générant des bénéfices considérables[545].

Au final, tous les instruments de gouvernance minière actuels de la Guinée (code minier, PDSM, Politique nationale de la RSE) revendiquent une affiliation aux principes et aux valeurs prônés par la VMA. Au-delà des références théoriques à la VMA, les pratiques en Guinée sont cependant très éloignées des grands axes d'orientations contenus dans la VMA, notamment ceux en lien avec l'économie du savoir dans le développement des ressources minières, la diversification économique, la participation publique et une plus grande imputabilité en matière de RSE.

1.2.2. Les directives de la CEDEAO : un cadre d'encadrement adapté au contexte guinéen ?

Les différentes dispositions de la Vision Minière Africaine et les conclusions du rapport du groupe d'étude s'articulent avec les directives des organisations sous- régionales. Au niveau de la CEDEAO, organisation dont la Guinée est membre, la Directive C/DIR 3/05/09 en date du 27 mai 2009 portant sur l'harmonisation des principes directeurs et des politiques dans le secteur minier a été prise. Les dimensions couvertes par ces directives s'alignent sur les considérations partagées avec des normes internationales comme les principes directeurs des Nations Unies. L'Article 2 de la directive de la CEDEAO décline les objectifs de la directive en ces termes :

« Assurer l'harmonisation des principes directeurs et des politiques dans le secteur minier des États membres basés sur des normes standard de haut niveau de responsabilité pour les compagnies minières et les gouvernements afin de promouvoir les droits de l'homme, la transparence et l'équité sociale

[545] *Ibid.*

et de garantir la protection des communautés locales et de l'environnement dans les zones minières de la sous- région »[546].

Cette directive de la CEDEAO fait de la question de la responsabilité sociale des entreprises minières un outil indispensable pour assurer un développement harmonisé des politiques minières dans l'espace ouest-africain de la CEDEAO. La directive innove en différenciant la propriété juridique de l'État sur les ressources minières et la propriété privée du foncier et des biens meubles et immeubles des populations. Elle renforce au passage la question du droit à l'indemnisation des populations dont les biens sont affectés par un projet minier ;

« Pour le calcul de toute compensation en vue de l'acquisition de terrain pour la mise en valeur d'une ressource minérale il doit être tenu compte des pertes subies par l'utilisateur du terrain, des désagréments causés au propriétaire terrien et à l'occupant dûment évalués, des pertes et des dégâts causés aux biens immeubles et à leurs dépendances, du manque à gagner, y compris les éventuelles pertes de revenu agricole et autres pertes raisonnablement prouvées, en versant une indemnité compensatrice conformément aux meilleures pratiques internationales en vigueur dans ce domaine »[547].

Les dimensions couvertes par la directive s'étendent également à la dimension environnementale. La directive demande aux États d'obliger les entreprises à mener les études d'impact environnemental nécessaires à l'obtention des autorisations ou des licences d'exploitation minière. Ces dispositions ont été « domestiquées » et intégrées dans les différents codes miniers des États, notamment celui de 2011 pour la Guinée. L'effectivité de ces dispositions souffre cela étant de la faiblesse des ressources institutionnelles, humaines et logistiques de l'État, ce qui rend difficile le contrôle de conformité des entreprises à ces dispositions. Les directives renforcent la dimension RSE des entreprises minières en suggérant le retrait des titres miniers pour les entreprises dont la RSE ne se conformerait pas aux procédures et aux finalités définies dans la directive :

---

[546] Directive C/DIR 3/05/09 en date du 27 mai 2009 portant harmonisation des principes directeurs et des politiques des États de la CEDEAO dans le secteur minier, page 3. Voir http://cndh.info/wp- content/uploads/2016/03/La-Directive-mini%C3%A8re-de-la-CEDEAO-Demba-SEYDI.pptx.

[547] Directive C/DIR 3/05/09 en date du 27 mai 2009 portant harmonisation des principes directeurs et des politiques des États de la CEDEAO dans le secteur minier, page 3. Voir http://cndh.info/wp-

« Les États membres veillent à ce que la Responsabilité Sociale des Entreprises (RSE) minières, et les programmes alternatifs de subsistance soumis au présent article fassent partie des conditions requises pour l'octroi d'un droit ou titre minier. Ces programmes doivent contribuer à l'amélioration des conditions de vie des communautés minières et établis avec la participation active et le consentement des communautés locales. Le non-respect par un titulaire de droit ou de titre minier des programmes mentionnés à l'alinéa (2) du présent article constitue une cause de révocation du droit ou titre minier »[548].

Dans la plupart des États miniers africains, la production d'une politique de RSE ne représente pas encore une obligation qui conditionne l'obtention des licences minières. La RSE est généralement perçue sous l'angle volontaire de contribution au développement local, amenant les entreprises à en faire un instrument de relation publique et de communication. Elle ne figure pas encore, notamment dans le cas de la Guinée, comme une obligation contractuelle des entreprises minières. La directive de la CEDEAO apparait de ce point de vue comme innovante et pertinente en matière de contribution des entreprises minières au développement local. Les questions relatives aux droits de l'homme sont inscrites dans les normes internationales d'encadrement des activités des entreprises, et la directive de la CEDEAO annonce l'obligation pour celles- ci de respecter les droits de l'homme, les droits des femmes, les droits des enfants, les droits des travailleurs en rapport avec les activités minières. La dimension genre et emploi des mineurs dans les opérations minières est justement une question prégnante dans les zones minières en République de Guinée. Les femmes restent fortement sous- employées dans le secteur minier industriel, et fortement présentes dans le secteur artisanal. Elles sont souvent victimes de stigmatisation et sont les premières victimes des éboulements dans les mines artisanales. Les enfants sont fortement présents dans les mines artisanales où ils constituent l'essentiel de la main-d'œuvre. Ils sont exposés à des conditions sécuritaires et hygiéniques dramatiques. De fait les politiques de RSE des entreprises manquent d'obligations contraignantes sur les questions de l'emploi des femmes et des enfants conformément aux normes internationalement admises dans ce domaine. Le rapport de l'initiative pour la transparence

---

[548] Directive C/DIR 3/05/09 en date du 27 mai 2009 portant harmonisation des principes directeurs et des politiques des États de la CEDEAO dans le secteur minier, page 6. Voir http://cndh.info/wp-

dans les industries extractives publié en 2021 estime le pourcentage de femmes travaillant dans le secteur industriel des mines à 6,26% par rapport au nombre total de travailleurs. Ce qui représente en chiffres réels 750 femmes sur les 13 539 personnes travaillant dans le secteur industriel[549]. Ces chiffres soulèvent à la fois la problématique plus générale de la faible employabilité du secteur minier industriel en général, mais aussi de la faible féminisation de l'emploi dans les mines. Cette situation s'explique par des facteurs aussi bien culturels et éducatifs qu'internes aux entreprises minières. Dans les représentations locales, la mine industrielle est souvent associée à une grande technicité qui ferait appel uniquement à une certaine forme de « virilité » pour être capable d'y travailler[550]. Les postes occupés par les femmes dans les entreprises minières se limitent souvent à des fonctions de secrétaires ou d'assistantes administratives, et dans des cas très rares de fonctions de direction ou managériales. En amont, les femmes sont très peu présentes dans les formations liées aux mines au sein des institutions de formation académique et professionnelle[551]. À titre illustratif, le nombre de femme en formation dans les programmes de formation de master en géologie et exploitation minière à l'Institut Supérieur Mines et Géologie de Boké est de 5 sur 24 étudiants pour l'année 2022 et de 3 sur 13 pour l'année 2023[552]. En ce qui concerne la politique interne des entreprises minières, les chiffres publiés dans les rapports de l'ITIE (2018, 2019) illustrent, à certains égards, une forme de discrimination au recrutement des femmes. Au niveau de la SMB, l'une des plus grandes entreprises minières du pays, sur les 1185 travailleurs, les femmes ne sont qu'au nombre de 40. Dans la CBG, l'une des plus vieilles entreprises minières du pays, sur les 1965 travailleurs, les femmes ne sont qu'au nombre de 210. Les explications souvent avancées portent sur des difficultés en lien avec le faible niveau de formation, mais aussi sur une entente non écrite entre le syndicat des travailleurs et l'entreprise portant sur

[549] Rapport ITIE (2018). Ces données sont établies sur la base de la population active estimée à 4 millions de personnes.

[550] Cette conception est, par contre, absente dans le secteur artisanal où les femmes sont très présentes sur plusieurs segments de la chaine de production.

[551] Notamment au sein de l'Institut Mines et Géologie de Boké, les écoles nationales des arts et métiers et le centre de formation professionnelle de Boké.

[552] Ces chiffres ont été obtenus auprès du service des études avancées du Master de l'Institut Supérieur Mines et Géologie de Boké. Ces formations sont indispensables (non obligatoires) pour obtenir des emplois dans les entreprises minières.

l'interdiction de « poster » les femmes à des heures nocturnes, soient entre 22 et 6 heures du matin[553].

Les programmes de RSE doivent également, dans l'esprit de la directive de la CEDEAO, intégrer une approche holistique, en prenant en compte les droits économiques, sociaux et culturels. Les programmes de RSE observés dans la zone minière de Boké se limitent à des actions ponctuelles de construction de points d'eau et de dons à caractère humanitaire. Ils ne prennent pas en compte les défis liés au développement culturel, social et économique dans le cadre d'une planification globale et stratégique du développement. L'article 15 de la directive stipule ceci :

« Les États membres ont l'obligation de prendre les dispositions nécessaires pour la réalisation progressive des droits économiques, sociaux et culturels relatifs aux activités minières et pour renforcer le pouvoir des femmes »[554].

La RSE des entreprises minières participe à la réalisation de ces objectifs de développement des communautés. L'approche exige une consultation des communautés et leur participation à la formulation des projets soutenus par les entreprises minières. La participation dans les processus de formulation et de planification des projets financés par les revenus générés par les entreprises minières constitue un droit que les États sont appelés à matérialiser dans les politiques publiques, notamment en poussant les entreprises minières à l'intégrer dans leurs politiques de RSE. L'article 16 de la directive stipule ceci :

« Les titulaires de droits et titres miniers opérant dans des États membres conduisent leurs activités minières de façon à respecter le droit des populations à participer et contribuer au développement et à leur permettre de jouir du développement économique, social, culturel et politique durable »[555].

---

[553] Entretien avec Mamadou Saliou Diallo, du Syndicat national des travailleurs dans le secteur minier.

[554] Directive C/DIR 3/05/09 en date du 27 mai 2009 portant harmonisation des principes directeurs et des politiques des États de la CEDEAO dans le secteur minier, page 7, article 15. Voir http://cndh.info/wp- content/uploads/2016/03/La-Directive-mini%C3%A8re-de-la-CEDEAO-Demba-SEYDI.pptx.

[555] Directive C/DIR 3/05/09 en date du 27 mai 2009 portant harmonisation des principes directeurs et des politiques des États de la CEDEAO dans le secteur minier,

Les droits fonciers, notamment la possibilité pour les communautés de disposer, d'occuper, de contrôler et d'utiliser leurs terres et les autres ressources naturelles sont proclamés par l'article 16, aliéna 2 de la directive. Plus loin, les droits à la propriété intellectuelle et culturelle sont reconnus par les directives. Dans la zone minière de Boké, les questions touchant aux droits fonciers souffrent d'un déficit de réglementation nationale sur le mode de compensation à utiliser, sachant que la Guinée ne dispose pas encore d'une loi sur la compensation qui encadrerait la pratique et protègerait les droits fonciers des communautés. En matière de réglementation dans le processus d'acquisition des terres, chaque entreprise minière dispose de sa propre matrice de calcul du montant des compensations, de modalité d'identification et de déroulement des inventaires des biens à exproprier, et de cadre de relocalisation et de réinstallation des communautés. L'État ne dispose toujours pas d'une loi qui harmoniserait les pratiques diverses des entreprises minières et protégeant les droits des communautés. Cette situation a ouvert la voie à toutes formes d'abus et de violations des droits humains dans les zones d'exploitation minière. Nous avons pu observer dans les villages de Dioumaya et de Kakoui, près de la ville de Boké, des habitations situées à l'intérieur des concessions minières en activité[556]. Dioumaya est un cas atypique en Guinée de village spatialement situé à l'intérieur d'une concession minière, où la vie des habitants est rythmée par les opérations de dynamitage, de décapage, d'extraction et de transport de la bauxite. L'activité de la mine a commencé sans études d'impact environnemental et social (IEES) ni plans de gestion environnementale (PGES) ou de réinstallation des communautés (PARC), ceci en violation de l'article 142 et suivant du code minier de la Guinée[557].

page 16. Voir http://cndh.info/wp- content/uploads/2016/03/La-Directive-mini%C3%A8re-de-la-CEDEAO-Demba-SEYDI.pptx.

[556] Nous avons pu visiter ces villages et effectuer des entretiens avec le chef secteur de Djoumaya en aout 2020.

[557] L'article 142 stipule : toute demande d'Autorisation ou de Titre d'exploitation minière doit comporter une Étude d'impact environnemental et social conformément au Code de l'Environnement et ses textes d'application ainsi qu'aux standards internationaux admis en la matière. Les exigences de l'Administration sont modulées en fonction de l'ampleur des travaux prévus, allant d'une simple Notice d'Impact environnemental pour un Permis de recherche à une Étude d'impact environnemental et social détaillée, assortie d'un Plan de Gestion Environnementale et Sociale, comprenant un Plan de Dangers, un Plan de Gestion des Risques, un Plan Hygiène Santé et Sécurité, un Plan de Réhabilitation, un Plan de Réinstallation des Populations

« Nous vivons dans ce village depuis nos grands-parents, lorsqu'ils (les entreprises minières) sont arrivés, on pensait qu'ils étaient juste de passage. Après les sondages ils ont commencé les opérations de dynamitage sans nous proposer un plan de délocalisation. Nous vivons ici nuit et jour avec cette poussière et la boue et subissions beaucoup d'accidents, ils nous donnent juste des sacs de riz à chaque trois mois »[558].

Par ailleurs, dans le cadre du développement du projet de mine de fer de Simandou, nous avons vu un village entier, celui de Doudhia dans la commune rurale de Ouré Kaba au sud-ouest du pays, complètement rasé par l'entreprise minière pour faire passer la ligne de chemin de fer, avec l'expulsion des habitants dans la nature[559]. Les rapports de plusieurs organisations internationales font état de violations des droits fonciers des communautés par les entreprises minières[560]. La reconnaissance et l'effectivité des droits culturels et ceux de la propriété intellectuelle promue par la directive de la CEDEAO participent pourtant à la préservation des identités culturelles des communautés riveraines des zones d'exploitation minière. L'exploitation minière engendre souvent une forte explosion démographique et urbaine, et elle transforme fortement les paysages culturels et identitaires des zones d'extraction minière. Le respect de ces droits est inclus dans la mise en application du principe du consentement libre, préalable et éclairé des communautés locales, avant tout démarrage des travaux d'exploitation minière ayant des incidences fortes sur leurs vies.

La promotion d'un fonds de développement socio-économique abondé par les entreprises, l'État et les acteurs du développement contribuerait à financer des projets de reconversion économique des localités minières. Les politiques publiques et les programmes de RSE développés dans les zones minières doivent intégrer l'option, à long

---

Affectées par le projet et les mesures d'atténuation des impacts négatifs et d'optimisation des impacts positifs pour un Permis d'exploitation ou une Concession minière.

[558] Entretien réalisé à Boké avec Mamadou Camara, Chef secteur de Dioumaya en août 2020.

[559] Ces données ont été collecte lors d'une mission de terrain en compagnie d'une ONG de la place.

[560] À ce sujet, on peut citer le rapport de HRW (2018) sur la violation des droits dans les zones minières de Boké, le rapport d'audit communautaire de Natural Justice (2023) dans la zone minière de Boké. Ces rapports des violations massives de droits humains en lien avec les processus d'acquisition des terres.

terme, de l'après-mine. Les ressources minières étant limitées dans le temps, les revenus générés par l'exploitation minière doivent aider les localités minières à soutenir leur développement dans des projets durables et résilients. La dépendance des localités minières aux précaires commodités offertes par les entreprises minières les exposent, juste après l'exploitation minière, à devenir des villes « fantômes ». L'exemple de FRIA en Guinée en est une évidence saisissante, comme nous le verrons dans le dernier chapitre, sous le prisme du concept de « syndrome de Fria », en mettant en lumière l'articulation entre le triple enclavement d'une ville (sur le plan énergétique, économique et social) et le processus d'absence sélective de l'État (Szablowski, 2007) prônée par l'État guinéen à partir des années 1990 sous l'impulsion des institutions financières internationales dans le cadre des processus de réforme du secteur minier[561].

La prise en compte de la dimension « Après-mine », pratiquement absente des politiques de RSE des entreprises minières et de la lettre de politique nationale de la RSE, comme nous le verrons plus loin, suppose un processus de consultation et de diagnostic territorial participatif comme préalable à l'élaboration de toute politique de RSE d'une entreprise minière. La légitimité d'une politique de RSE se mesure à son degré d'inclusivité, notamment par la transparence du processus de concertation qui préside à son élaboration. Une telle approche favorise une meilleure connaissance des potentialités locales ainsi que des effets de l'activité minière sur celles-ci, tout en contribuant à l'obtention de la « licence sociale » nécessaire à la poursuite des opérations minières. Dans ce cadre les directives de la CEDEAO obligent les États à mettre en place des lois sur le libre accès par les citoyens de l'information sur l'exploitation minière. (Article 13, alinéa 2). Le droit à la participation est proclamé par les directives de la CEDEAO en son article 16, alinéa 5 :

« Les États membres, les titulaires de droits et titres miniers et les organisations de la Société civile dans le domaine des activités minières établissent des cadres de concertation comprenant tous les acteurs impliqués dans les activités minières, en vue d'assurer leur collaboration fructueuse et

[561] Ce concept d'absence sélective de l'État ou de délégation du développement sera développé à partir de cas empiriques dans les chapitres 5 et 6. Elle traduit notamment le processus contradictoire de retrait de l'État en matière de prestation des services sociaux de base et de forte militarisation des zones de fortes activités minières.

leur cohabitation pacifique durant la période d'exploitation minière, et de préparer activement les possibilités de conversion de l'après-mine »[562].

La mise en œuvre du processus de participation passe par le déroulement de plusieurs formes de dialogue, notamment les consultations publiques et les cadres de concertation formelle multipartite. Les consultations publiques sont réalisées en amont de l'installation de l'entreprise minière, lors des études d'impact environnemental et social. Le déséquilibre des rapports de pouvoir entre les groupes qui composent la communauté peut biaiser l'orientation des débats et, à la fin, la nature des demandes adressées à l'entreprise minière. Les aspirations des groupes dominants prédominent dans les comptes rendus des consultations, délaissant par conséquent les revendications portées par des groupes marginalisés et vulnérables (femmes, personne en situation de handicap, minorités, enfants). La vision du régime minier africain encourage les États à rendre public le rapport de l'étude d'impact environnemental et social dans une langue et sur un canal de communication accessible aux populations. Avec la possibilité de consulter une copie, tout en indiquant les voies de recours pour des réclamations éventuelles. L'entreprise minière est tenue également d'organiser des audiences publiques pour recueillir les observations des communautés sur le contenu du rapport et rendre accessible toutes les informations sur le projet. Ces droits sont exigés par des prêteurs internationaux comme les politiques de sauvegarde de la Banque Mondiale ou les critères de performances de la SFI. Cette dernière institution exige des sociétés dans lesquelles elle investit de fournir un plan de consultation et d'accès à l'information, comprenant une cartographie des parties prenantes et l'approche de consultation préconisée. Le plan doit comporter un chronogramme d'exécution indiquant les périodes, les indicateurs de performances, les moyens et le budget correspondant[563]. Ce type de processus bien que sommairement prévu par le code minier (Article 142) notamment en matière de réalisation d'impact et du droit à l'information est loin d'être intégralement appliqué par les entreprises minières. Certaines entreprises minières ont commencé des activités d'extraction minière

---

[562] Directive C/DIR 3/05/09 en date du 27 mai 2009 portant harmonisation des principes directeurs et des politiques des États de la CEDEAO dans le secteur minier, page 8. Voir http://cndh.info/wp- content/uploads/2016/03/La-Directive-mini%C3%A8re-de-la-CEDEAO-Demba-SEYDI.pptx.

[563] Rapport du groupe d'étude sur le régime minier de l'Afrique, les ressources minérales et le développement de l'Afrique, UA, CEA, 2011, page 75.

sans au préalable réaliser une étude d'impact. Le droit à l'information inclusif, ouvert et accessible et les voies de recours sont absents dans les pratiques que nous avons pu observer sur le terrain à Boké.

La participation des populations aux décisions qui impactent leurs vies, notamment dans les projets miniers, doit en somme être élargie aux processus d'élaboration des politiques minières, y compris les politiques de régulation de la RSE. L'actuelle politique minière de l'Afrique du Sud et la politique de la RSE du Canada pour les entreprises minières intervenant à l'étranger sont les résultats d'un processus élargi aux populations locales, aux acteurs de la société civile, aux parlementaires et aux experts. L'efficacité d'un tel processus passe aussi par des mécanismes de renforcement des capacités des communautés locales dans la compréhension des enjeux liés à l'exploitation minière. Les pratiques de RSE mises en avant par les entreprises minières en Guinée, nous le verrons dans la section consacrée à la RSE de la CBG et de la SMB, révèlent une reproduction des asymétries dans les relations de pouvoir au sein de la société, notamment quant au processus de choix des projets à financer, à la prise en compte des intérêts des groupes marginaux et à la consolidation des processus démocratiques locaux. Les projets financés reflètent davantage les choix des élites locales et de la notabilité, reproduisant ou réactivant des formes de captation de la rente minière déjà observée au XVIIIe siècle dans la région. A contrario, le Pérou offre des exemples de construction d'espace de relations sociales appropriées entre les différentes parties prenantes, ainsi que des options de prise en charge financière du processus[564]. Il s'agit notamment de la création d'un fonds spécial alimenté par des revenus publics et privés destinés à financer le mécanisme de renforcement des capacités et de participation des communautés aux différentes consultations, avant, pendant et après le projet minier (Laforce, 2012)[565]. Les directives promues par la CEDEAO, bien que prenant davantage en compte les différentes problématiques de développement local et la nécessité d'une meilleure démocratisation de la participation communautaire, se révèlent au total très éloignées des pratiques en cours dans l'exploitation minière en Guinée.

---

[564] Rapport du groupe d'étude sur le régime minier de l'Afrique, les ressources minérales et le développement de l'Afrique, UA, CEA, 2011, page 78

[565] [542] LAFORCE (dir), *Pouvoir et régulation dans le secteur minier, leçon à partir de l'expérience canadienne*, Presse de l'Université de Québec, 2016

Conclusion partielle

Dans ce chapitre, nous avons envisagé les origines anglo-saxonnes de la notion de RSE dans un contexte d'après-guerre marqué par le développement du libéralisme économique. Les grandes entreprises américaines de l'époque ont profité de cette ouverture idéologique pour se repositionner au sein de la société américaine au travers d'actions philanthropiques. Les grandes églises américaines ont participé également à l'éclosion du champ académique de la RSE. Cette démarche de RSE est donc à appréhender suivant une logique d'évolution du type « Bottom up ». La mondialisation économique et l'ouverture des frontières suscitent depuis plusieurs décennies de nouvelles inquiétudes sur la place des entreprises dans le développement des sociétés et les modalités par lesquelles la régulation de leurs activités est possible. Les institutions internationales se sont appropriées le concept de RSE pour réguler les répercussions sociales et environnementales des activités industrielles. Cette démarche de RSE s'inscrit, par contre, suivant une logique du sommet vers la base du type « Top down », un modèle désigné dans la littérature sur la RSE par l'expression de « régulation transnationale ». Il existe de fortes distorsions entre les normes promues par ces cadres internationaux de régulation et reprises par les instruments de politique minière en Guinée, et les pratiques dans les zones d'extraction minière. Le modèle de RSE en œuvre en Guinée est à comprendre à l'intersection de ces deux logiques de développement de la RSE, comme nous le verrons dans le prochain chapitre. On parle alors de « régulation hybride » ou de « RSE à géométrie variable », une RSE dont les contours restent encore flous au niveau de la démarcation de la sphère de responsabilité entre le public et le privé en matière de planification et de conduite du développement dans les zones minières.

CHAPITRE V

UNE RSE AUX MULTIPLES VISAGES : LES ESSAIS DE RÉGULATION DE LA RSE MINIÈRE FACE À LA MULTIPLICATION DES ACTEURS ET AU DÉLITEMENT DES INSTITUTIONS POLITIQUES

La responsabilité des entreprises minières dans le développement des collectivités où elles sont implantées est considérée comme un levier important pour bénéficier des retombées de l'exploitation minière. L'opinion publique des pays riches en ressources naturelles a tendance à associer le développement et la captation de la rente générée par l'exploitation minière. Cette tendance est souvent désignée sous le vocable *d'impératif extractif*[566]. La hausse des prix des matières premières à partir des années 1990 a semblé confirmer cette tendance à l'utilisation accrue des ressources tirées de l'exploitation minière comme levier pour le financement des projets d'infrastructure et comme source de domination politique[567]. Les taux de croissance exceptionnels enregistrés par des pays exportateurs de pétrole et de minerais comme l'Angola, le Nigeria et le Tchad, consécutifs au boom des matières premières et soutenus par l'émergence de la Chine ont offert, en outre, des exemples rassurants[568]. L'installation des entreprises minières dans des localités marquées par un taux de pauvreté très fort et aux institutions politiques fragiles suscite également des attentes que les

---

[566] MURAT Arsel, BARBARA Hogenboom, LORENZO Pellegrini, « L'impératif extractif en Amérique latine », *in Les industries extractives et la société, Elsevier*, novembre 2016.

[567] CARBONNIER, Gilles. « La malédiction des ressources naturelles et ses antidotes », *Revue internationale et stratégique*, 2013/3 (n° 91), p. 38-48. DOI : 10.3917/ris.091.0038. URL : https://www.cairn.info/revue-internationale-et-strategique-2013-3-page-38.htm.

[568] *Ibid.*

entreprises sont appelées à satisfaire[569]. La faiblesse des interventions de l'État en matière de politique publique de développement accentue la pression des communautés sur les entreprises minières. L'analyse de ce processus de repositionnement de l'État dans l'exercice de ses compétences a suscité une floraison de qualificatif ; *décharge, privatisation de l'État, délégation à des intermédiaires privées de ses fonctions régulatrices et régaliennes*[570]. Par ailleurs, le processus de l'exploitation minière, notamment en Guinée, donne à voir un des tendances paradoxales dans l'attribution des titres miniers et la gestion des externalités négatives. D'un côté, l'État apparait comme l'interface unique dans la négociation des contrats miniers en accordant des avantages exorbitants aux sociétés minières, et de l'autre les collectivités, complètement démunies, subissent les conséquences sociales et environnementales de l'exploitation auxquelles elles sont obligées de faire face (Leclerc-Olive, 2013)[571]. L'histoire minière de la Guinée a révélé la complexité des enjeux qui se posent à ce type de processus complexe marqué par une distorsion entre ceux qui font la loi (Law-makers) et ceux qui subissent la loi (Law- takers). Les bouleversements engendrés par ce déséquilibre ont trouvé en partie leurs réponses, du côté des entreprises minières, dans la formulation et la mise en œuvre de politiques de RSE qui visaient essentiellement à protéger la réputation des entreprises et à renforcer leur légitimité. Par ailleurs, ces réponses visaient également à corriger de manière indirecte l'inversion du rôle de l'État, vu de plus en plus comme « un administrateur des ressources publiques et non comme un agent stratégique de développement » (Campbell, 2016)[572]. Ces transformations sont à resituer, selon Campbell, dans un processus plus

[569] WILHELM Cindy, ET ROY Maconachie. « Exploring Local Content in Guinea's Bauxite Sector : Obstacles, Opportunities and Future Trajectories ». *Resources Policy*, décembre, 2020.

[570] HIBOU, Beatrice. Retrait ou redéploiement de l'État ? In : *Critique internationale*, vol. 1. 1998. La privatisation de l'État. pp. 151-168 ; doi : https://doi.org/10.3406/criti.1998.1363 https://www.persee.fr/doc/criti_1290-7839_1998_num_1_1_1363.

[571] LECLERC-OLIVE, Michèle. « Collectivités territoriales, fiscalité et richesses minières », *Techniques Financières et Développement*, 2013/3 (n° 112), p. 97-102. DOI : 10.3917/tfd.112.0097. URL : https://www.cairn.info/revue-techniques-financieres-et-developpement-2013-3-page-97.htm.

[572] CAMPBELL (dir), *La responsabilité sociale des entreprises minières dans le secteur minier, réponse ou obstacle aux enjeux de légitimité et de développement en Afrique*, Presses de l'Université de Québec, page 54.

large de hiérarchisation des valeurs qui ont présidé à l'introduction des vagues néolibérales en Afrique dans les années 1980[573].

En Guinée, les premières formes de RSE des entreprises minières ont reposé sur des logiques complémentaires qui se sont poursuivies sans s'exclure en fonction du contexte politique et des transformations à l'international portées par les mouvements en faveur de la responsabilisation des entreprises multinationales. D'une part, elles ont reposé sur des engagements contractuels (conventions minières) mieux contrôlés par les entreprises, de l'autre elles ont dépendu des initiatives volontaires des entreprises minières. Ces dernières sont opérationnalisées au travers de divers outils relevant aussi bien de pratiques individuelles des entreprises (fonds sociaux) que de cadres communs de responsabilisation élaborés par la corporation des entreprises. La Lettre de politique nationale élaborée en 2017 apparait ainsi comme la matérialisation de cette démarche de responsabilisation des entreprises au travers d'un cadre harmonisé, impulsée par les entreprises minières sous le prisme d'une démarche d'autorégulation. L'analyse de l'expérience de RSE de deux entreprises minières, la CBG et la SMB, aux origines et aux cultures d'entreprises différentes, permet de saisir la complexité des enjeux qui sous-tendent les objectifs et la démarche d'harmonisation assignés aux stratégies et aux pratiques de RSE[574]. Ainsi notre hypothèse est-elle que la RSE en Guinée est le reflet des multiples contradictions entre les stratégies d'affranchissement du politique de la part des acteurs sociaux et économiques, et l'exercice par les pouvoirs publics d'une domination politique par la rente.

Les analyses développées dans ce chapitre s'appuient sur un stage de recherche de deux semaines effectuées du 11 novembre au 24 novembre 2020 au sein du département des relations communautaires de l'entreprise minière CBG et d'un séjour immersif de deux (2) jours du 4 au 5 décembre 2023 au sein de la SMB[575]. Ces données sont mises

[573] Dans l'esprit de ces réformes, le principe d'investmend-led ou du free mining ont principalement guidé les réformes entamées dans le secteur miner et consistait à attirer les investissements étrangers en leur offrant des conditions juridiques, fiscales favorables à leurs activités.

[574] La CBG est une entreprise minière dominée par des intérêts américains (Alcoa) et la SMB est une entreprise essentiellement dominée par des entreprises publiques chinoises (Weiqiao Shandong).

[575] Les entreprises minières sont soumises à une culture du secret qui rende difficile l'obtention de données. Les populations de la région sont souvent amenées à des attitudes de réserves sur des questions en lien avec l'exploitation minière compte tenu des cas d'arrestations arbitraires d'activistes et de leaders communautaires engagées

en dialogue avec celles récoltées entre 2020 et 2021 lors de multiples terrains d'études dans toute la région de Boké, et elles sont par la suite complétées par des données collectées au cours de missions d'activités associatives dans la région. Notre méthode d'enquête s'appuie sur une nouvelle épistémologie de la recherche en « terrain minier ». Elle fait appel à une analyse dialectique à identités multiples, celle du chercheur et celle d'acteur de la société civile. Ceci, afin de permettre de dépasser les biais méthodologiques propres à un terrain minier : notamment l'assignation à une identité ethnographique d'espion et le phénomène de l'encliquage[576]. Lors de notre première phase d'enquête en 2020, il nous a été impossible d'avoir accès à la SMB et de faire des entretiens malgré nos multiples sollicitations. En décembre 2023, lors d'une mission conjointe avec une institution internationale, nous avons pu séjourner pendant deux jours au sein de la société et de récolter de nombreuses données. De la même manière, notre séjour de recherche dans la région de Boké auprès des communautés en 2020 et 2021 a connu des d'obstacles. Par contre, beaucoup d'informations ont pu être récoltées lors de séjours pour le compte d'associations de la société civile.

Section 1.1. Les transformations sémantiques de la RSE en Guinée au détour du redéploiement de l'État et de l'émergence du « contenu local »

Dans cette section, nous allons étudier les multiples expériences de la RSE en Guinée en suivant une lecture chronologique et normative. Nous analyserons l'évolution empirique des stratégies de RSE en Guinée en suivant les trajectoires particulières de deux entreprises minières. Dans les débats sociopolitiques et académiques en Guinée, les termes de RSE et de « contenu local » sont employés de manière indistincte pour désigner les engagements de l'entreprise minière en matière d'emplois locaux, de contribution au développement local et de protection de l'environnement. Cependant, la Lettre de politique nationale de RSE de 2017 place sous le registre de « contenu local » les

---

dans la défense des droits des communautés impactées par l'activité minière. Face à cette double contrainte, notre méthode d'enquête, s'inspirant de la démarche « d'enquête en terrain minier de Martin Cavero Castillo », propose une nouvelle méthode d'enquête dialectique et à identités multiples.

[576] https://www.politika.io/fr/atelier/terrains-miniers-terrains-mines.

questions exclusives d'emplois, de formation et de sous-traitance, et elle désigne sous le terme de RSE la mise en œuvre de projets de développement local à titre volontaire. La RSE englobe donc le contenu local et d'autres obligations environnementales et elle promeut, en plus, des initiatives volontaires de contribution au développement local. Dans ce chapitre, nous allons donc aborder de manière distincte le « contenu local », qui a un caractère obligatoire, et les stratégies volontaires de développement communautaire portées par les entreprises minières qui sont dites, abusivement, RSE des entreprises minières. C'est pourquoi nous utilisons, de manière générale, le terme de RSE pour faire allusion à toutes les formes d'interaction des entreprises minières avec l'écosystème naturel et social, et le terme de « contenu local » (sans guillemet dans la suite de ce chapitre) pour parler des aspects précis d'emploi, de formation et de sous-traitance.

1.1.1. Les dynamiques de construction « par le bas » d'une RSE en Guinée et les défis liés à l'instauration d'un cadre harmonisé, holistique et non contraignant de la RSE

À partir de 2017, une politique nationale d'encadrement des pratiques de développement des entreprises minières inscrites comme de la RSE a été publiée. Elle se réclame des valeurs et des approches mises en avant par la vision minière africaine (VMA) et de celles des directives de la CEDEAO sur l'harmonisation des principes directeurs et politiques du secteur minier, mais sans véritablement répondre de manière exhaustive à toutes les préoccupations existantes en matière de concertation, d'inclusivité et de participation dans la planification et la conduite du développement local. Les problématiques de compensation, de réinstallation et de participation des communautés impactées par les projets miniers sont également absentes de la Lettre de politique nationale de la RSE[577]. Cette réglementation incitative demeure tout de même une approche prometteuse en matière de « régulation publique » pour un développement responsable et durable de l'exploitation minière. L'instrument élaboré propose un équilibre entre

[577] La question de la participation a des implications juridiques que nous ne souhaitons pas aborder ici. En effet, selon le code minier, seul le gouvernement guinéen est habilité à signer une convention minière, les communautés ne bénéficient que du droit d'information. Dans certains pays comme le Canada ou les États-Unis, les communautés ont réussi à obtenir le droit de se déterminer sur la possibilité d'octroi ou non d'une licence minière.

obligations légales et initiatives volontaires des entreprises. La mise en exergue du caractère « hybride de la régulation » en matière de RSE en Guinée s'explique par la coexistence parallèle de plusieurs cadres normatifs et de diverses références juridiques organisant les domaines d'intervention dites de RSE des entreprises. Ces normes vont des engagements conventionnels des entreprises minières aux obligations du code minier, en passant par les orientations non contraignantes de la Lettre de politique de RSE et les projets sociaux volontaires. Il est possible de parler d'un faisceau ou d'une congruence de normes à la fois contraignantes et volontaires, ascendantes et descendantes, fixant le cadre d'intervention des entreprises en matière de contribution au développement local. Ce caractère hybride résulte autant de la manière par laquelle s'est construite la RSE en Guinée que du degré de normativité qu'elle recouvre. La démarche de construction de la RSE en Guinée, nous l'avons déjà dit dans le précédent chapitre, est donc à appréhender à l'intersection de la logique de « Bottom up » mise en lumière dans le contexte américain et de la logique « Top down » portée par les institutions internationales (UE, OCDE, ONU, UA, CEDEAO). C'est une régulation aussi bien par le « bas » que par le « haut », volontaire et contraignante, faisant régulièrement appel à des demandes locales et à des valeurs promues dans les instances internationales (UA, CEDEAO, ONU). C'est à l'intersection de toutes ces logiques qu'il faut appréhender l'approche de RSE en œuvre en Guinée.

L'évolution de la RSE en Guinée est à appréhender en quatre séquences qui répondent chacune à des contextes et à des objectifs différents. Suivant la logique

« Bottom up », la RSE en Guinée a été d'abord impulsée par les premières conventions minières signées avant et après l'indépendance (Fria, CBG, SAG), sous le régime socialiste et centralisé de Sékou Touré. Elle a ensuite été reprise sur des bases volontaires (philanthropiques), par les entreprises minières dans une démarche de conformité à des normes internationales (RSE de conformité) promues dans les instances internationales par les courants écologistes et altermondialistes. Elle a, plus tard, été codifiée de manière contraignante et partielle dans les codes miniers de 1995 et de 2011. Enfin, face à la profusion de pratiques associées à de la RSE et à la multiplication de normes internationales dites de régulation des activités des multinationales, la Chambre des Mines de Guinée (CMG) a initié le développement d'un cadre national de la RSE spécifique et volontaire. L'action de la CMG a visé le double objectif de maintenir sous le contrôle des entreprises minières des domaines d'activités s'inscrivant comme de la RSE, et de délimiter le degré de normativité de la politique nationale de RSE. Ce document, qui s'est définit comme un cadre d'orientation stratégique, élaboré en 2017, veut répondre à des normes internationales promues par la Vision Minière Africaine (VMA) et les principes directeurs de la CEDEAO. Nous allons envisager ci-dessous les dynamiques propres à chacune de ces évolutions de la RSE en Guinée.

La première démarche de construction de la RSE, en Guinée, a historiquement été le fait d'engagements contractuels (conventions minières et conventions de développement local) des entreprises minières. Il faut rappeler à ce titre que les premières conventions minières de la Guinée signées avant et après l'indépendance recouvraient déjà des dimensions qui sont aujourd'hui inscrites comme des domaines relevant de la RSE. Autrement dit, l'idée même d'une RSE des entreprises minières remonte à la période coloniale. La convention d'établissement de la société d'alumine de FRIA adoptée en février 1958 pour développer une usine dans la zone évoquait ainsi la place de ce projet dans l'amélioration des conditions de vie des populations et dans le développement économique de la région, en combinant extraction minière, développement énergétique et aménagement agricole[578]. La MARG sera créée à cet effet pour participer au développement des infrastructures sociales et économiques[579]. Une étude de base sur les sols de Fria et sur leur possibilité de mise en valeur avait même été commandée par la MARG pour déterminer les conditions d'une intégration du projet industriel à un développement de l'agriculture[580].

« Une telle entreprise constitue, pour la région où elle est implantée, un élément d'activité considérable, directe et indirecte, et contribue de façon sensible à l'amélioration de la condition de vie des populations et à leur développement économique ».

---

[578] HENIN, Louis. « L'industrie de l'aluminium en Afrique noire », *Académie royale des Sciences coloniales,* Classe des Sciences techniques, Mémoires in'S". Nouvelle série, Tome VIII, fasc. 1.

[579] Nous avons déjà abordé cette partie dans les chapitres précédents consacrés à la MARG.

[580] Archives de la MARG, Fonds documentaire de 0. R. S. T. O, M, N° : 17616, cote : 8, intitulé : Première étude sur les sols de la région de Fria et leur possibilité de mise en valeur, par Fauck Roger de maitre de recherches 0. R. S. T. O, M.

La ville de FRIA, reconnue ensuite pour ses commodités urbaines (eau, électricité, voiries urbaines, infrastructures sanitaires, culturelles et sportives) les plus développées de la Guinée, est le résultat de cette contribution d'un projet industriel au développement social et économique avec le concours des pouvoirs publics coloniaux[581]. L'expérience de l'approche de la RSE connue à Fria est dite « paternaliste », la société se substituant à l'État dans la fourniture des services sociaux de base (électricité, eau, santé, voirie) pour procurer un meilleur cadre de vie, et de fait de de loin le plus avancé en Guinée à l'époque (Mazalto, 2016)[582]. Dans un contexte économique national marqué par de fréquentes pénuries des produits de première nécessité (lait, sucre, huile, boites de conserve), la société avait même créé un économat (magasin de produits alimentaires) où venait s'approvisionner en produits alimentaires de toutes sortes les cadres de l'entreprise et les hauts commis de l'État[583]. En effet la Guinée avait supprimé depuis 1964 le commerce privé avec l'instauration de la loi-cadre, et le pays connaitra par la suite de fréquentes pénuries des produits de première nécessité, obligeant l'État à instaurer le rationnement. L'entreprise offrait ainsi un cadre unique de ravitaillement en produits alimentaires et en matériels importés convoités au plus haut sommet de l'État[584]. Cette expérience de la RSE pratiquée à Fria reposait sur une approche paternaliste et elle va rapidement se muer en une logique de construction d'enclave minière déconnectée des contraintes socio-économiques du pays. Le projet initial de pôle d'industrialisation à partir d'un complexe électro-aluminerie ne résistera pas aux soubresauts de l'indépendance et à la rupture avec la France[585]. La stratégie d'enclavement adoptée par la

---

[581] SURET-CANALE, Jean. *F. R. I. A. «* Un exemple d'industrialisation africaine *»*. In : *Annales de Géographie,* t. 73, n°396, 1964. pp. 172-188 ; doi : https://doi.org/10.3406/geo.1964.16608.

[582] Rapport du PNUD sur *La Responsabilité sociétale des entreprises (RSE) dans le secteur minier en Guinée. État des lieux et perspectives,* étude de base, 2016.

[583] Rapport du PNUD sur *La Responsabilité sociétale des entreprises (RSE) dans le secteur minier en Guinée. État des lieux et perspectives,* étude de base, 2016.

[584] Lors d'un échange avec C.Y.D, ancien directeur de l'administration à Fria, il nous a été confié les multiples sollicitations des Ministres du régime auprès des responsables de l'usine pour obtenir des voitures neuves et du matériel de construction.

[585] BOUC Alain, BELL G, « Le projet de pôle électrométallurgique de Fria. L'énergie hydroélectrique et le développement *»*. In : *Tiers-Monde,* tome 5, n°19, 1964. Amérique latine - Europe, 1964. p. 611.

société à partir des années 1970 répondra également aux contraintes politiques de l'époque, qui sera marquée par la répression et les purges politiques auxquelles la société Fria n'échappera pas. Plusieurs hauts dirigeants de l'entreprise seront arrêtés dans les années 1970 et certains périront dans les geôles du régime. À ce titre, le processus d'enclavement ou de construction de frontières de déconnexion (Ferguson, 2005) nécessite donc la mobilisation de ressources institutionnelles, matérielles et idéologiques adaptées au contexte d'opération de l'entreprise (Le Meur, 2017)[586]. La RSE mises en œuvre dans ce modèle d'extraction se veut donc être avant tout un instrument de protection pour se prémunir tantôt contre les courroux en provenance du sommet de l'État, tantôt comme un instrument de régulation des frictions avec l'environnement local (Bolay, Knierzinger, 2021).

À Fria, la société fournissait l'essentiel des besoins des travailleurs en commodités urbaines (eau, électricité, services de santé, assainissement) et en produits de première nécessité, quoique en contrepartie soit au renoncement par l'Etat à des revenus fiscaux ou au nom d'une politique de « décharge »[587] menée subtilement par l'État[588]. En effet, les coûts de l'électricité et de l'eau, fournies à la ville par la société de raffinerie d'alumine, étaient prélevés sur les revenus fiscaux, anticipés, dus à l'Etat par l'entreprise minière[589]. En outre, les prestations sociales de la société minière peuvent se révéler comme le résultat d'une stratégie politique de « déchargement », induite par l'Etat, sur les capacités infrastructurelles des entreprises minières en ce qui a trait notamment à la fourniture de l'électricité. Par ailleurs, le cadre contractuel de la RSE consigné dans la convention de base signée en février 1958 couvrait surtout les questions sociales et de formation liées aux travailleurs et connues aujourd'hui sous le nom de contenu

---

586 LE MEUR, P.-Y. "Conflict and agreement: The politics of nickel in thio, New Caledonia". In *Large-scale mines and local-level politics*: Between New Caledonia and Papua New Guinea (pp. 157– 182). Acton : ANU Press, 2017.

587 HIBOU, Béatrice. « La « décharge », nouvel interventionnisme », *Politique africaine*, 1999/1 (N° 73), p. 6-15. DOI : 10.3917/polaf.073.0006. URL : https://www-cairn-info.inshs.bib.cnrs.fr/revue-politique- africaine-1999-1-page-6.htm?

588 BOLAY Matthieu, ET KNIERZINGER Johannes. « Corporate Gift or Political Sacrifice ? State-Sponsored CSR and Electricity Provision in Guinean Extractive Enclaves ». *Political Geography* 84 (janvier), 2021. https://doi.org/10.1016/j.polgeo.2020.102300.

589 Ibid.

local[590]. La formation continue des travailleurs était vue comme l'unique moyen d'assurer la survie même de l'entreprise, dans un contexte de relations politiques tendues entre la France et les autorités politiques. Ainsi la démarche répondait-elle également à un impératif politique et elle revendiquait le titre militant« d'africanisation » complète de tous les travailleurs de l'entreprise à l'horizon de 1975. L'objectif ultime était d'avoir un Directeur général de l'usine Guinéen, au bout de dix ans, entre 1965 et 1975. Un centre de formation professionnelle construit par la société à Fria contribuera effectivement à la qualification des premiers ouvriers guinéens de l'usine et à la formation de milliers de Guinéens, qui exerceront dans plusieurs services et entreprises en Guinée et dans le monde[591]. En plus de la formation, un programme volontaire d'appui au développement d'un tissu industriel local sera initié par les responsables de l'usine en octroyant des contrats de sous-traitance à d'anciens travailleurs. Un projet d'appui à des initiatives économiques portées par les communautés sera été également mis en œuvre grâce aux volontaires du Peace Corps américain qui soutiendront des programmes de développement d'activités génératrices de revenus en faveur des populations[592]. Ce modèle paternaliste de RSE a révélé ses limites avec le retrait de l'entreprise à partir de 2012 de tous ses engagements sociaux, ce qui a plongé la ville dans une crise sociale et économique sans précédent en Guinée[593]. La forte dépendance de la ville de Fria à la rente minière s'inscrit dans le processus plus global décrit par Knierzinger (2018) de domination des pays riches en ressources naturelles par des structures transnationales, au travers d'une dépendance alimentaire et d'un pouvoir infrastructurel très puissant[594].

---

[590] Nous aborderons la notion de contenu local dans la section suivante.

[591] Entretien à Conakry avec LANCEI TRAORE, ancien directeur du département de gestion industrielle de l'usine de Fria, recruté en 1966.

[592] Ces programmes de soutien à des AGR (Activités génératrices de revenus) ont été abordés dans la section consacrée à la MARG dans le chapitre II.

[593] KNIERZINGER, Johannes: *Corporate control in Guinean mining towns : How to jump off a lion. Dissertation.* Leipzig, 2015. Cet aspect sera longuement développé dans le dernier chapitre consacré à la conflictualité et au rapport de pouvoir dans les villes minières de la Guinée. L'objectif ici étant de montrer l'impulsion de la notion de RSE à la fois par le « bas » à travers des actions philanthropiques, mais parallèlement, sa contractualisation dans les premières conventions minières de la Guinée (Fria, CBG, SAG).

[594] BARJOT Dominique, « Bauxite Mining in Africa. Transnational Corporate Governance and Development », *Revue française d'histoire économique*, 2022/1 (N°

Face au retrait de l'État et à l'inversion de son rôle de stratège du développement à celui de promoteur de l'investissement privé, l'entreprise minière est devenue le « principal interlocuteur et investisseur institutionnel » en face des communautés[595]. Autrement dit, l'entreprise est devenue, comme le relèvent Rey et al (2011), l'investisseur unilatéral du développement de la zone minière[596]. Si l'entreprise minière effectue souvent un investissement contraint dans des secteurs (éducation, santé, fourniture d'eau et d'électricité) qui relèvent normalement de la responsabilité régalienne de l'État (Rey et al, 2020), ou des dons sous le registre de la philanthropie, les résultats des travaux de recherche avancent l'idée d'un « sacrifice politique de l'État » par le truchement d'une forme d'avance sur ses revenus fiscaux (Bolay, Knierzinger, 2021)[597]. La stratégie de RSE en œuvre à Fria a relevé de la sorte d'une double logique de régulation contractuelle et philanthropique, en s'inscrivant aussi bien dans une approche par le haut que par le bas. Les engagements contractuels ont touché plutôt les questions de formations et de transferts de compétences sous-tendues par la pensée idéologique et politique du régime, et qui tendaient à la patrimonialisation de l'extraction minière ancrée dans les domaines de souveraineté de l'État[598]. La fourniture des services sociaux de base à la population a relevé, quant à elle, d'une volonté de l'entreprise d'entretenir des relations stables avec son environnement local.

Après l'indépendance, l'expérience de Fria en matière de formation et de développement a été reprise dans la convention de base de la CBG tout en faisant du développement régional intégré l'une des finalités poursuivies. L'article 4 de la convention de base de 1963 a ainsi lié le

---

17), p. 188-194. DOI: 10.3917/rfhe.017.0188. URL: https://www.cairn.info/revue-francaise-d-histoire-economique-2022-1- page-188.htm.

595 REY Pascal, et MAZALTO Marie. « Quelle collaboration public-privé pour l'intégration d'un projet minier à son territoire ? Études de cas en Afrique de l'Ouest ». *OPERA*, n° 26 (décembre) : 55-76, 2019. https://doi.org/10.18601/16578651.n26.05.

596 REY, Pascal ; SAINT SIMON, Franck de. « L'entreprise n'est pas l'état : Réflexion sur le rôle de l'entreprise dans le cadre de la RSE autour d'une étude de cas en Guinée Forestière », In : *La Responsabilité Sociale de l'Entreprise : nouvelle régulation du capitalisme ?* Villeneuve d'Ascq : Presses universitaires du Septentrion.

597 BOLAY Matthieu, et KNIERZINGER Johannes. « Corporate Gift or Political Sacrifice ? State-Sponsored CSR and Electricity Provision in Guinean Extractive Enclaves ». *Political Geography* 84 (janvier), 2021. https://doi.org/10.1016/j.polgeo.2020.102300.

598 TOURE, Sekou, *Valorisation des ressources minières*, discours du13 janvier 1975, Conakry, archives du PDG, 262 BNG.

projet au développement des potentialités agricoles de la région de Boké, avec la mise en perspective de la notion de « *développement régional intégré* » qui alliait l'exploitation minière et les potentialités naturelles de la région, comme antidote à la « malédiction des ressources naturelles » (Carbonnier, 2013)[599].

« Il est évident que l'infrastructure doit être intégrée dans l'économie générale de la Guinée, car elle sera utilisée non seulement pour le transport et le chargement de la bauxite et de ses dérivés, mais aussi pour servir à l'activité économique dans toute la région et pour promouvoir de nouvelles activités économiques dans cette région et celles avoisinantes. La région de Boké, dans son sens le plus large, comprend de nombreuses ressources, minérales ainsi qu'agricoles, qui sont actuellement stérilisées en partie par suite du manque de moyens de transport appropriés. À cet égard, il suffit d'énumérer ici, sur le plan agricole, la production de banane, de café, d'ananas, de riz, d'arachides ainsi que l'élevage de bétail. La construction de l'infrastructure a pour but l'expansion à la fois des marchés locaux et internationaux de ces ressources minières et agricoles, et par conséquent l'exploitation de ces dernières »[600].

Cette manière de concevoir la RSE telle que promue dans la convention minière de la CBG peut être comprise, à la suite de Porter et Kramer (2011), comme répondant à des logiques d'investissements stratégiques. Elle repose avant tout sur une conception de la firme et de la société comme un écosystème et non comme deux entités concurrentes (Campbell, 2016)[601]. Cette vision de la RSE implique l'alignement des investissements de l'entreprise au titre de la RSE sur les priorités du développement local telles que consignées dans les instruments de planification du développement. Elle apparait comme la plus susceptible de contribuer au développement réel des communautés impactées par l'activité minière. Elle permet « d'arrimer les initiatives de RSE aux réalités internes et aux besoins des populations locales »[602]. Cette forme de RSE est aussi analysée par la littérature comme susceptible de porter un regard macro sur l'ensemble des problématiques d'aménagement du territoire dans des environnements

---

599 CARBONNIER, Gilles. « La malédiction des ressources naturelles et ses antidotes », *Revue internationale et stratégique*, 2013/3 (n° 91), p. 38-48. DOI : 10.3917/ris.091.0038. URL : https://www.cairn.info/revue-internationale-et-strategique-2013-3-page-38.htm.

600 Article 4 de la convention de base de la CBG, signée en 1963.

601 CAMPBELL (dir), *La responsabilité sociale des entreprises minières dans le secteur minier, réponse ou obstacle aux enjeux de légitimité et de développement en Afrique*, Presses de l'Université de Québec, page 30.

602 *Ibid.*, page 241.

où interviennent plusieurs projets miniers (Godard, Hommel, 2005)[603]. Ainsi, seul l'État est en mesure de poser ce type de planification stratégique et durable dans laquelle s'insèrent les interventions singulières des entreprises minières.

Les pratiques de RSE développées au fil du temps par la CBG, nous le verrons dans la dernière section de ce chapitre, répondrons néanmoins progressivement à d'autres finalités, telle que la protection de la réputation de l'entreprise et sa légitimation sociale et politique, en rupture avec la vision d'un « développement régional intégré » mise en avant dans la convention de base. L'une des recommandations phares du rapport de la commission économique pour l'Afrique stipule que la stratégie de RSE, pour répondre aux impératifs du développement, doit être en effet intégrée et articulée dans un ensemble plus large de stratégies et de politiques de développement, au niveau national, régional et local (Laforce, 2016)[604].

Par ailleurs, la convention de base de la CBG évoquait la responsabilité de l'entreprise dans le développement d'un processus d'africanisation par la formation et l'emploi du personnel de la société, à travers des formations au sein de l'entreprise et des stages dans des usines à l'étranger, notamment aux États-Unis. Ce processus de formation a permis aujourd'hui d'africaniser plus de 99% du personnel de l'entreprise, quoiqu'avec des résultats très mitigés. Si d'une part, les travailleurs expatriés ne sont plus que 2 ou 3 personnes au total, le management social de certains services qui ont fait l'objet de ce processus d'africanisation a connu beaucoup de difficultés[605]. Les relations sociales entre les hauts cadres de l'entreprise et les travailleurs sont parfois très conflictuelles. Les expatriés étaient souvent impliqués dans des actions sociales (par exemple la rénovation du musée régional de Boké) et de soutien à des familles pauvres. Une nostalgie de cette époque de présence massive des expatriés « blancs » est ainsi perceptible au sein de la population et parmi les travailleurs.

---

603 GODARD Olivier, HOMMEL Thierry, « Les multinationales, un enjeu stratégique pour l'environnement et le développement durable ? », *Revue internationale et stratégique*, 2005/4 (N°60), p. 101-112. DOI : 10.3917/ris.060.0101. URL : https://www-cairn-info.inshs.bib.cnrs.fr/revue-internationale-et-strategique-2005-4-page-101.htm?

604 *Ibid.*

605 Entretien réalisé à Kamsar avec ALSENY CONTE, ancien Secrétaire général du syndicat des travailleurs de la CBG en 2013.

En 2001, un amendement à la convention de base de la CBG a intégré la notion de contenu local et de protection de l'environnement dans les engagements contractuels de l'entreprise[606]. Ces notions relatives à la promotion du développement local, à la préservation du patrimoine culturel et à la protection de l'environnement ne faisaient pas encore l'objet de codification dans les lois nationales. Il s'agissait alors d'une introduction précoce de normes qui forment, de nos jours, les principaux domaines de régulation pour une exploitation minière durable.

« La société s'engage à : mener ses diverses activités dans le respect de l'environnement, et notamment des normes et dispositions législatives et réglementaires telles qu'appliquées sur le plan international. Mener ses activités dans le respect de la santé, de la sécurité et du bien-être de ses employés et de la collectivité. Préserver pendant toute la durée de la convention l'environnement et les infrastructures affectées à son usage. En cas de découverte d'un site archéologique sur le périmètre de l'exploitation, la société ne déplacera pas les objets découverts et informera sans délai les autorités guinéennes »[607].

Dans le sillage des amendements de 2001 de la convention de base de la CBG, on voit ainsi apparaitre dans les obligations de l'entreprise de nouvelles dimensions relatives à la contribution au développement local. Les articles 16 et 17 font notamment référence à la responsabilité de l'entreprise en matière sociale et environnementale. Dans la pratique, la CBG apparait comme un précurseur en Guinée sur les questions de réhabilitation des zones minières exploitées depuis 1973. En 1990, l'entreprise a en effet procédé à la réhabilitation des anciennes mines exploitées de Sangarédi, de Bidikoun, et de Silidara. Lors de notre séjour de terrain, nous avons pu constater la réhabilitation de 3000 hectares dans la zone de Sangarédi, reboisé depuis 1990[608]. En moyenne, chaque année, plus de 200.000 plants sont mis en terre sur des domaines de 200 ha. Mais la question de la rétrocession et de la protection de ces domaines réhabilités se pose encore, face au vide juridique sur la propriété des anciennes mines réhabilitées au terme de

---

[606] Le concept de contenu local ne sera officiellement intégré dans la loi minière qu'en 2011.

[607] Article 4 de l'amendement N°1 à la convention de base de la CBG, signée en 2001.

[608] Entretien réalisé à Kamsar avec le personnel du Service Environnement et Relations Communautaires de la CBG le 6 décembre 2023 lors d'un séjour conjoint avec une institution internationale.

l'exploitation minière. En effet, dans le contexte de l'implantation des projets miniers sous le régime de Sékou Touré, le droit national stipulait que la terre appartenait à l'État tant qu'elle n'était pas immatriculée (Dessertine, 2019)[609]. Sous l'emprise de cette disposition, les terres accordées aux entreprises minières lors de l'attribution des titres miniers relevaient de la propriété de l'État, et les communautés ne pouvaient d'aucune manière immatriculer ces terres. En 1992, à la suite des réformes libérales, le code foncier et domanial a autorisé l'accès privé à la propriété foncière, dégageant ainsi les terres de l'emprise de l'État (Dessertine, 2019)[610]. L'appropriation privée de la terre repose depuis les années 1990 sur deux logiques : soit l'occupation dite « paisible, personnelle, continue et de bonne foi », soit l'acquisition et l'inscription du domaine dans le plan foncier. Il ressort de ces deux modes d'appropriation du foncier que les communautés qui occupaient les zones inscrites dans la concession minière de la CBG étaient doublement lésées. Pour la plupart, elles sont en effet des communautés agricultrices et éleveuses, donc en permanence nomades en fonction des saisons, de la disponibilité de l'eau et des pâturages. Elles ne peuvent donc justifier d'une « occupation paisible, personnelle et de longue durée » de ces espaces. Par ailleurs, la pauvreté et l'analphabétisme compliquent encore la possibilité d'acquérir formellement et d'immatriculer ces domaines dans le plan foncier de l'État. Quoique l'entreprise ne puisse invoquer le manque de documents de priorité pour se soustraire à son obligation de compenser les ayants droits locaux qui occupent ces espaces depuis des siècles[611]. Par ailleurs encore, les zones exploitées par la CBG sans compensation sous le régime de la première République entre 1973 et 1984 et reboisées par la suite à partir des années 1990 sont considérées comme sans

[609] DESSERTINE, Anna, « Une justice foncièrement autre ? Pouvoir et foncier en contexte minier aurifère (Guinée) », *Revue internationale des études du développement*, 2019/2 (N° 238), p. 141-164. DOI : 10.3917/ried.238.0141. URL :https://www.cairn.info/revue-internationale-des-etudes-du- developpement-2019-2-page-141.htm.

[610] L'ordonnance no 92/019 cité par DESSERTINE ANNA, « Une justice foncièrement autre ? Pouvoir et foncier en contexte minier aurifère (Guinée) », *Revue internationale des études du développement*, 2019/2 (N° 238), p. 141-164. DOI : 10.3917/ried.238.0141. URL : https://www.cairn.info/revue-internationale- des-etudes-du-developpement-2019-2-page-141.htm

[611] REY, P. Y MAZALTO, M. Quelle collaboration public-privé pour l'intégration d'un projet minier à son territoire ? Études de cas en Afrique de l'Ouest. *Opera*. 26 (dic. 2019), 55–76, 2019. DOI : https://doi.org/10.18601/16578651.n26.05.

propriétaire juridique désigné et elles tombent de ce fait dans le registre des domaines publics de la commune. Une situation que contestent les héritiers des anciens occupants de ces domaines avant l'arrivée de la CBG en 1963[612]. Par ailleurs, la CBG a entamé depuis 1987 le financement volontaire d'actions de développement social et économique dans la région de Boké. Elle a à ce titre expérimenté plusieurs approches de RSE en fonction de l'évolution du contexte sociopolitique ainsi que des exigences et des intérêts des pays d'origine des actionnaires majoritaires au sein de la CBG[613].

Il ressort des expériences historiques de FRIA et de la CBG que la construction de la RSE en Guinée a été d'abord et de manière concomitante le résultat d'engagements contractuels des entreprises minières dans les conventions de base sous le prisme du patrimonialisme et d'approches philanthropiques d'entreprise, dans une logique de construction d'enclaves sécurisées (Rubbers, 2013) et de protection du risque réputationnel[614]. Cette approche de contractualisation de la RSE s'ancrait dans les stratégies de planification du développement répandue dans la plupart des pays africains indépendants. Ces plans permettaient de prélever le surplus disponible dans les mines et de créer des effets d'entrainement capables d'impulser un développement accéléré et inclusif[615]. Ce type de régulation stratégique des interventions des entreprises minières en matière de développement social et économique est aujourd'hui à nouveau de retour, après la « longue nuit néolibérale », sous la forme de transfert ciblé vers des catégories sociales considérées comme très pauvres et vulnérables[616]. L'accentuation des inégalités sociales comme

---

612 Il est encore possible de voir les traces (manguiers, ruines des maisons) des anciens villages situés dans la concession minière de la CBG, c'est le cas du village de Bidikoun, dont une des mines de la CBG porte le nom.

613 Ces différentes évolutions des stratégies de RSE de la CBG seront abordées dans la prochaine section.

614 Dans l'échelle de ZADEK (Campbell, 2016), ce modèle de RSE correspond au stade défensif de la RSE dont le but principal demeure la protection de la réputation de l'entreprise contre des attaques qui pourraient avoir des conséquences sur la production, la réputation, la vente ou le recrutement de l'entreprise.

615 JACQUEMONT Pierre. « Crise et renouveau de la planification du développement ». In : *Tiers- Monde*, tome 25, n°98, 1984. pp. 245-268 ; doi : https://doi.org/10.3406/tiers.1984.3380 https://www.persee.fr/doc/tiers_0040-7356_1984_num_25_98_3380.

616 593 « Planifier en Afrique », *Politique africaine*, (n° 145), p. 5-26, 2017/1. DOI : 10.3917/polaf.145.0005. URL : https://www.cairn.info/revue-politique-africaine-2017-1-page-5.htm.

conséquence des politiques d'ajustement structurel et les bouleversements socio-environnementaux introduits par le boom minier des années 2000 ont en effet engendré des tensions sociales récurrentes. Les interventions de l'État pour juguler ces crises sociales se sont opérées tantôt par la régulation des programmes de RSE dans les troisièmes générations de loi minière, tantôt en distribuant directement des fonds par le biais d'arrangements institutionnels à des catégories sociales longtemps restées en marge du système productif (Ferguson, 2015)[617]. À partir des années 2010, plusieurs pays miniers ont élaboré des codes miniers qui introduisaient le paiement obligatoire d'une contribution au développement local (CDL). En Guinée, le FODEL et le FNDL sont respectivement consacrés par les articles 130 et 165 du code minier de 2013. Ce sont des fonds redistribués aux communautés impactées ou non par l'activité minière et abondés par les paiements proportionnés aux chiffrés d'affaires réalisés par les entreprises minières.

Les engagements contractuels encadrant les premières formes de RSE des entreprises minières en Guinée ont couvert de manière précoce des domaines qui vont de la formation du personnel sous le registre très militant de « l'africanisation des postes » à la protection de l'environnement à travers le mécanisme de la réhabilitation. Ces engagements sont connus aujourd'hui de manière indistincte sous le nom de RSE et de contenu local, depuis la loi minière de 2011, et ils sont inscrits comme politiques prioritaires dans les agendas des différents gouvernements qui se sont succédé depuis la réforme minière de 2013.

À la fin du régime de Sékou Touré et avec l'avènement du libéralisme économique, la Guinée s'est dotée d'un code minier visant à libéraliser le secteur. Sous l'impulsion de la Banque Mondiale, les réformes préconisées pour la relance du secteur minier demandaient la privatisation des entreprises publiques et la cession totale ou partielle de leurs actifs à des privés, en entrainant ainsi de profondes transformations structurelles dont les dynamiques territoriales actuelles dans les zones minières sont les manifestations les plus évidentes.

«La réforme du secteur minier africain – tel qu'il a été envisagé par la Banque mondiale – ne vise pas tant un retrait de l'État qu'une redéfinition de

---

617 [594]FERGUSON, James, *Give a man a fish, reflections on the new politics of distribution*, Durham, NC, Duke University Press, 2015, ISBN 10 0822358867, ISBN 13 9780822358862 (pbk), 296 pp.

son rôle comme instance régulatrice : il a pour mission de mettre en place un cadre institutionnel et légal à même d'organiser le transfert des ressources minières du domaine public aux investisseurs privés dans le respect des principes de transparence et de concurrence, et d'offrir à ces derniers des conditions favorables pour développer leurs activités »[618].

Rubbers (2013) a souligné comme conséquence des réformes libérales introduites dans les mines africaines au nom de la dépolitisation de la question minière le développement d'un processus inverse de multiplication des acteurs politiques intervenants dans le processus de captation de la rente minière, et la recentralisation du pouvoir de décision autour de « l'espace présidentiel ». L'implantation des investisseurs miniers dans un pays et (ou) une région contribue de manière générale à la consolidation du pouvoir politique, et en l'occurrence de celui de la notabilité sociale et économique (pouvoir notabilaire) qui a dominé l'économie de comptoirs dans la région de Boké au XIXe siècle, ce qui a favorisé, comme effet pervers, la résurgence d'un « discours sur l'autochtonie »[619]. Ce discours de revendication autochtonisée du point de vue des mécanismes de redistribution de la rente minière, très en vogue actuellement dans les zones minières, parasite complètement le sens et la portée de la notion de contenu local. Nous aborderons cet aspect en détail dans la section suivante consacrée au contenu local.

Les transformations structurelles et sémantiques résultant des mesures introduites par les réformes néolibérales ont donc contribué à dessiner les formes, le sens et la portée des stratégies de RSE en œuvre dans les zones minières en Guinée. En effet la libéralisation des économies africaines a été suivie par une fragilisation des capacités institutionnelles et réglementaires des États et entrainé le retrait de celui-ci de « la médiation des relations socio-économiques », en laissant aux entreprises la responsabilité de répondre aux « demandes sociales en provenance des communautés locales »[620]. Ce retrait a parfois été assimilé à un redéploiement s'inscrivant dans une nouvelle forme de gouvernementalité. Les entreprises minières et la société civile auraient

---

[618] « Les sociétés africaines face aux investissements miniers », *Politique africaine*, 2013/3 (N° 131), p. 5-25. DOI : 10.3917/polaf.131.0005. URL : https://www.cairn.info/revue-politique-africaine-2013-3- page-5.htm.

[619] *Ibid.*

[620] CAMPBELL (dir), *La responsabilité sociale des entreprises minières dans le secteur minier, réponse ou obstacle aux enjeux de légitimité et de développement en Afrique*, Presses de l'Université de Québec, page 235.

en ce sens émergé comme de nouveaux acteurs avec lesquels l'État serait contraint de composer et de partager sa souveraineté[621]. Le concept de « décharge » mis en avant par Hibou (1999) propose au contraire une compréhension du retrait ou de l'abandon de l'Etat de ses devoirs régaliens. De manière générale dans la littérature spécialisée, l'analyse de l'État en action sous le poids des politiques d'ajustements structurels renvoie plutôt à une interprétation en termes de privatisation des principales fonctions de développement et de clientélisme (Olivier de Sardan, 2004). Achille Mbembe (1999) parle même d'un processus de « démantèlement progressif » de l'État au nom du gain en efficacité, suivi de la diffusion d'un discours délégitimant son intervention dans le champ social et économique[622].

Par ailleurs, il est important de souligner dans le contexte guinéen le déficit de légitimité auquel les entreprises ont dû faire face dans les années 1980, à cause de l'exclusion des communautés dans le processus d'octroi des titres miniers et de l'absence notoire d'information sur les paiements effectués pour le compte du budget de l'État. Le système hyper centralisé du premier régime ne permettait aucunement l'implication des communautés dans la prise de décision sur l'autorisation de l'extraction minière, et il ne permettait aucune lisibilité sur les montants versés par les entreprises minières. Cette période est par ailleurs révélatrice d'un renouvellement des modes de formulation et d'action de l'État[623]. Le paradigme de l'institutionnalisme qui prévalait à compter de l'indépendance dans les modes opératoires du politique, avait été caractérisé par un État monolithique et agissant selon une « finalité choisie » d'objectifs et de moyens définis vers des cibles entièrement réceptives. Dans les années 1980 au contraire de nouveaux acteurs émergent sur la scène publique, tout en participant au processus de production et d'offres de biens publics. Dans cette

---

621 CAMPBELL (dir), *La responsabilité sociale des entreprises minières dans le secteur minier, réponse ou obstacle aux enjeux de légitimité et de développement en Afrique*, Presses de l'Université de Québec, page 235.

622 MBEMBE, Achille, « Du gouvernement privé indirect », *Politique africaine*, 1999/1 (N° 73), p. 103-121. DOI : 10.3917/polaf.073.0103. URL : https://www.cairn.info/revue-politique-africaine-1999-1-page- 103.htm.

623 ENGUELEGUELE, Maurice, « Jean-François Médard et l'évaluation de l'action publique dans les pays d'Afrique subsaharienne », dans : Dominique Darbon éd., *Le comparatisme à la croisée des chemins. Autour de l'œuvre de Jean-François Médard.* Paris, Karthala, « Hommes et sociétés », 2010, p. 199-217. DOI: 10.3917/kart.darb.2010.01.0199. URL: https://www-cairn-info.inshs.bib.cnrs.fr/le-comparatisme-a-la-croisee-des-chemins--9782811103996-page-199.htm.

nouvelle dynamique, l'expression de « politiques publiques » laisse la place à celle « d'action publique » pour caractériser une nouvelle configuration d'acteurs dans la formulation et la production des normes et des biens publics[624]. C'est la mise en perspective des théories du développement comme une « construction sociale », non pas dans le sens constructionniste ou postmoderniste défendu par Escobar (1995) ou Accosta (2017)[625], mais dans la logique d'une matrice mettant en interaction plusieurs acteurs, plusieurs stratégies et plusieurs intérêts[626]. Ce « réveil du local » revendiquant une plus grande prise en compte de ses besoins et préoccupations marque également un tournant épistémologique majeur comme entrée méthodologique dans l'étude du politique en Afrique et dans l'analyse du champ d'action du politique sur le continent[627].

Les premières expériences de RSE sous le prisme des engagements contractuels des entreprises, qui mettaient en marge les communautés locales, ont été suivies par plusieurs expériences d'harmonisation et de reprise en main par l'État de la question de la contribution au développement local des entreprises minières lors de l'élaboration des différents codes miniers. Le processus répondait alors à deux objectifs : un objectif politique et un objectif économique. Il visait en effet d'abord à renforcer le processus de décentralisation entamé au début des années 1990 avec la mise en marche des premières collectivités décentralisées de la Guinée[628]. Les communautés ont eu ainsi la possibilité d'élaborer des Plans de Développement Locaux (PDL), lesquels devaient traduire, du moins sur le plan formel, les besoins de

---

[624] ENGUELEGUELE, M. « Quelques apports de l'analyse de l'action publique à l'étude du politique en Afrique subsaharienne ». *Politique et Sociétés*, 27(1), 3–28, 2008.

[625] ACOSTA, Alberto, "Post-Extractivism : From Discourse to Practice—Reflections for Action", *International Development Policy Revue internationale de politique de développement* [Online], 9 | 2017, Online since 11 October 2017, connection on 10 March 2024. URL : http://journals.openedition.org/poldev/2356 ; DOI : https://doi.org/10.4000/poldev.2356.

[626] FRED, EBOKO, « Vers une matrice de l'action publique en Afrique ? Approche transsectorielle de l'action publique en Afrique contemporaine », *Questions de recherche*, n° 45, février 2015, 40 p., Paris, CERI, Les Presses de Sciences Po.

[627] BAYART, Jean-François. « Le politique par le bas en Afrique noire. Question de méthode ». In : *Politique africaine*, n°1, 1981. La politique en Afrique noire : le haut et le bas. pp. 53-82 ; doi : https://doi.org/10.3406/polaf.1981.3916 https://www.persee.fr/doc/polaf_0244- 7827_1981_num_1_1_3916.

[628] CONDE, A. *La gouvernance locale en Afrique, expérience de la République de Guinée*, Harmattan, 2019, page 41.

ces communautés dans un instrument de planification qui se voulait uniquement technique. Ensuite, les nouvelles ressources versées à ces collectivités par les entreprises minières ont contribué à renforcer la légitimité de celle-ci auprès des communautés. Dans le contexte actuel, il est à noter une amélioration en termes de transparence dans la publication des paiements effectués par les entreprises minières à travers les rapports ITIE. La participation des communautés au processus d'attribution des contrats est indirectement assurée par la participation de la société civile au sein de la Commission Nationale des Mines (CNM), laquelle est chargée selon la loi minière de donner son avis (favorable ou non) aux gouvernements lors de la signature d'une convention minière.

Ces changements sont à replacer dans un schéma global de « technicisation » mis en avant par les institutions financières internationales dans le cadre des réformes libérales et au nom de la dépolitisation de la gouvernance minière (Laforce, 2012). La dépolitisation de la question du développement a été soutenue par l'arrivée d'un nouvel acteur issu des instances internationales, un acteur revendiquant d'être un intermédiaire neutre entre le politique et le peuple. L'intervention des experts ou des courtiers en développement a été ainsi défendue comme garante de la réussite des politiques économiques et sociales promues dans les instances internationales de développement. Loin d'être des « électrons libres », ces experts vont alors s'inscrire dans la continuité des politiques de développement promues par leurs institutions de rattachement[629]. Au niveau national, les gouvernements sont appelés désormais à se cantonner au rôle de « facilitateur de l'investissement » privé, donc de « régulateur » et de « promoteur » de l'activité minière, et à laisser ainsi au secteur privé le rôle de « propriétaire » et « d'exploitant » de la mine (Campbell, 2016). Cette orientation de la gouvernance minière s'est traduite sur le terrain par le désengagement de l'État des sociétés d'économies mixtes, et par la suppression intégrale dans le code minier 1995 de toute participation gratuite de l'État, laquelle est soumise, par ailleurs, au régime de la négociation[630]. Au niveau local, le

[629] AZIKI, Yasmina, « Experts et gouvernance. Quelles expertises pour quelle autorité ? Introduction », *Les Cahiers Sirice*, 2017/1 (N° 18), p. 5-12. DOI : 10.3917/lcsi.018.0005. URL : https://www.cairn.info/revue-les-cahiers-sirice-2017-1-page-5.htm.

[630] [607] L'article 11 du code minier de 1995 indique que le taux et les modalités de participation sont définies à l'issue des négociations avec l'opérateur minier privé.

développement local a été soumis à des procédures techniques et « démocratiques » de planification et d'appropriation du développement local par le biais des Plans de Développement Locaux (PDL). Par contre, les conditions sociales et politiques d'opérationnalisation de ces nouveaux outils n'ont pas permis l'émergence d'une véritable participation inclusive qui tiendrait compte des relations de pouvoir et des dynamiques au sein des communautés[631]. Les dysfonctionnements structurels ultérieurs du processus de décentralisation, et qui se manifestent notamment par l'attribution optimiste de compétences peu applicables aux collectivités, par un faible niveau de connaissance des textes par les élus, par un manque de transfert de ressources correspondantes aux nouvelles charges, ont rendu impossible l'émergence au niveau local de véritables structures politiques et sociales de pilotage du développement (Rey, Mazalto, 2020)[632]. La dépolitisation de la question du développement en général, suivi d'un décentrement du champ de production des politiques publiques par le biais des politiques de décentralisation, n'a pas autorisé l'émergence de véritables institutions de mobilisation des ressources endogènes pour créer de la richesse. Le processus observé s'est plutôt traduit par ce que Fortier (2014) désigne comme la « désinstitutionalisation de l'espace politique », qui contribue à entretenir le flou autour de la

---

L'article 167 indique que : en raison du niveau d'investissement, l'État ne prend pas de participation gratuite dans le capital d'une société exploitant une substance d'intérêt particulier. Au cas où l'État désirerait entrer dans le capital d'une telle société, les modalités en seront définies avec l'investissement au moment de l'établissement de la Convention minière. Dans tous les cas, la participation de l'État au capital d'une telle société sera limitée à un niveau qui ne gênera pas le contrôle de l'opération par les investissements

[631] L'approche de la participation inclusive a été développée par ZANDVLIET et ANDERSON (2009), deux éminents spécialistes internationaux sur les relations entre les entreprises et les communautés dans l'ouvrage : *obtenir les résultats souhaités : renforcer les relations entre les entreprises et les communautés.* La seconde section de ce chapitre a été consacrée sur l'analyse des stratégies de RSE de deux entreprises minières en mettant en exergue les approches de participation en œuvre dans ces stratégies et qui détermine, par ailleurs, la réussite ou l'échec de ces stratégies.

[632] REY Pascal, MAZALTO Marie, « Quand le développement des territoires miniers brouille les frontières entre les secteurs public et privé. Cas du secteur minier en Afrique de l'Ouest », *Mondes en développement*, 2020/1 (n° 189), p. 81-97. DOI: 10.3917/med.189.0081. URL: https://www.cairn.info/revue-mondes-en-developpement-2020-1-page-81.htm.

démarcation du public et du privé, et des espaces légitimes de réception des revendications sociales (Rey, 2020)[633].

Dans le code minier de 1995, s'il faut noter l'absence textuelle de la notion de contribution des entreprises minières au développement local (CDL), les articles 16, 17, 18, 19 et 20 légifèrent toutefois sur les questions de protection de l'environnement, d'indemnisation, de préférences aux entreprises guinéennes, de préférence à la main-d'œuvre guinéenne et de transfert de compétences sous le prisme de la « guinéisation », une notion nouvelle, du personnel à tous les niveaux[634]. Parallèlement, le Ministre des Ressources Naturelles de l'époque prendra un arrêté instituant le paiement à un taux forfaitaire d'une Contribution au Développement Local (CDL) des zones impactées par l'activité minière[635]. Les communes de Boké, de Kamsar, de Sangaredi et de Kolaboui commencèrent ainsi à recevoir chaque année un montant de 200 millions GNF (20.000

€), réparti au prorata de la démographie de chaque commune[636]. L'institution de la CDL a marqué un tournant politique et social dans la gestion des revenus issus de l'exploitation minière. La forme par laquelle elle a été instaurée, c'est-à-dire par un simple arrêté du Ministre des Ressources Naturelles, ainsi que son omission dans la loi minière de 1995, révèlent le difficile équilibre recherché entre la nécessité d'attirer plus d'investissements étrangers dans le secteur minier et l'exigence d'offrir des réponses aux demandes sociales des communautés impactées par l'industrie minière. La démarche visait, par ailleurs, à corriger le déficit de légitimité auquel les entreprises minières étaient alors en proie dans les communautés eu égard aux conditions politiques de leur établissement. Les ressources mobilisées dans le cadre de la CDL étaient ainsi destinées à financer les projets de

---

[633] FORTIER J.-F. « La déterritorialisation en tant que désinstitutionalisation de l'espace politique. Réflexions sur la gouvernance territoriale et les conditions de possibilité d'une critique sociale », in M. Soulière, K. Gentelet et G. Coman (dir.) *Visages contemporains de la critique sociale, réflexions croisées sur la résistance quotidienne,* Montréal, Éditions ACSALF, 107-126, 2014.

[634] Article 16 : Protection de l'environnement, les opérations minières ou de carrière doivent être conduites de manière à assurer la protection de l'environnement conformément au Code de l'Environnement. Les entreprises doivent prendre les mesures nécessaires à la prévention de la pollution de l'environnement, aux traitements des déchets, émanations et effluents, et à la prévention du patrimoine forestier et des ressources en eaux.

[635] Arrêté N° 2155/MRNE/CAB du 23 octobre 1990.

[636] Archive non classée du service des relations communautaires de la CBG.

développement inscrits dans les instruments de planification des nouvelles collectivités.

L'absence de mesures contraignantes dans le code 1995 en termes de contribution chiffrée des entreprises minières au développement local s'explique aussi par la volonté du gouvernement d'inciter l'investissement minier par le biais des mesures d'exonérations fiscales et douanières que Michèle Leclerc-Olive qualifie de « complaisantes », et qui ne tenaient pas compte des nouvelles contraintes (transfert de compétences sans ressources suffisantes) imposées aux collectivités locales par les processus de décentralisation ni de leur situation d'exposition aux répercussions négatives environnementales et sociales des opérations minières (Leclerc-Olive, 2013)[637]. Les taux effectifs moyens d'imposition de l'époque (TEMI) révèlent des déséquilibres profonds entre une rente minière élevée et un système de prélèvement très bas[638]. La fiscalité appliquée aux entreprises minières a suivi, depuis lors, une tendance toujours régressive, et entrainé une redéfinition des rôles des acteurs en jeu et une asymétrie dans les rapports de pouvoir (GRAMA, 2003)[639]. Selon Lancei Traoré, ancien responsable à l'usine de Fria, et plus tard responsable du projet de réforme du secteur minier guinéen dans les années 1990 avec le soutien de la Banque Mondiale, les entreprises minières et la Banque Mondiale étaient, à l'époque, opposées à toute nouvelle imposition fiscale qui pourrait contribuer à décourager l'investissement minier[640]. L'argument avancé par ces acteurs reposait sur la primauté du maintien des investissements miniers étrangers et sur leur rentabilité plus que sur toute autre considération sociale ou environnementale. Ces contraintes imposées par les acteurs internationaux s'inspiraient du principe du « free mining » ou de « l'investment-led strategies » mis en lumière par Campbell (2012) dans le contexte nord-américain[641]. L'adoption de

---

[637] LECLERC-OLIVE Michèle, « Collectivités territoriales, fiscalité et richesses minières », *Techniques Financières et Développement*, 2013/3 (n° 112), p. 97-102. DOI : 10.3917/tfd.112.0097. URL : https://www.cairn.info/revue-techniques-financieres-et-developpement-2013-3-page-97.htm.

[638] BERTRAND Laporte, CELINE de Quatrebarbes, YANNICK Bouterige. La fiscalité minière en Afrique : un état des lieux du secteur de l'or dans 14 pays de 1980 à 2015. 2016. ffhalshs-01388636f.

[639] GRAMA (Groupe de Recherche sur les Activités Minières en Afrique) (2003) African Mining Codes questioned, Mining Journal, 14 février, 106-109.

[640] Entretien réalisé à Conakry le 14 octobre 2023.

[641] Le principe du free mining trouve ses racines dans la ruée vers l'Or californienne en 1849 où en l'absence de cadres législatifs et d'autorités gouvernementales, les

telles valeurs répondait à la volonté des acteurs (BM, entreprises minières) de créer de la richesse à partir des modes opératoires du libéralisme marqués par une triple dépendance des États « à l'égard du capital, des technologies et de l'expertise issus de l'entrepreneuriat minier privé » (Paquette 1982)[642]. Il a résulté de l'introduction de ces principes du libéralisme renforcé une asymétrie des rapports de pouvoir entre l'État et les entreprises minières, avec comme conséquence l'affaiblissement des ressources et des capacités de régulation de l'État. La fonction de régulation a été en partie transférée soit à l'international (adoption de normes internationales de RSE), soit vers des espaces informels à travers la conclusion « d'ententes ou de convention de développement local entre sociétés minières et communautés concernées » (Laforce, 2012), soit par la renégociation par les communautés de nouvelles formes de captation de la rente par le détournement de sens du concept de contenu local. Dans le contexte guinéen, ces schémas se sont traduits par la négociation et la signature des premières conventions de gestion des fonds de développement locaux entre sociétés minières et collectivités locales[643]. À ce sujet David Szablowski (2007) parle de « redistribution de l'autorité en matière de production de normes entre acteurs publics et privés, nationaux et transnationaux, dans le contexte de la mondialisation »[644].

Pour faire face à cette double contrainte (normative et opérationnelle) traduisant d'une part la nécessité de s'ouvrir aux investissements privés étrangers, et d'autre part de répondre aux demandes sociales locales, la stratégie de l'État guinéen a reposé sur une intervention différenciée à deux niveaux : d'abord l'octroi des droits d'exploitation officielle aux firmes transnationales par le biais d'une loi minière qui détermine le cadre juridique applicable pour l'obtention des titres miniers, ensuite par la « délégation informelle de

---

mineurs ont établi leurs propres lois afin d'organiser leurs activités, favorisant ainsi la mise en place de règles peu contraignantes et bâties sur la rentabilité de l'investissement. Les processus de réforme des régimes miniers observés dans les pays africains à la fin des années 1980 reposaient sur le principe de l'incitation de l'investissement sous le prisme de la priorité à la rentabilité, à travers la dérégulation et l'exonération. Ces principes ont été principalement dictés par des acteurs extérieurs (BM, firmes).

642 Cité par LAFORCE, *Pouvoir et régulation dans le secteur minier, leçon à partir de l'expérience canadienne,* Presse de l'Université du Québec, 2012, page 31.

643 Ces premières ententes ont été signées entre la SAG et les collectivités de Siguiri pour la gestion des fonds de 0,4 % du chiffre d'affaires.

644 Cité par Laforce (2012).

parts d'autorité et de responsabilités en matière de régulation locale aux entreprises transnationales » (Szablowski, 2007)[645]. Le processus de développement des stratégies de RSE observé en Guinée à partir des années 1990 s'est inscrit dans cette logique de transfert informel du public vers le privé des domaines de compétences de l'État en matière de régulation et de développement local. Certains auteurs avancent l'idée d'une « autonomie législative »[646] accordée aux entreprises multinationales par le nouvel ordre économique international. Cette autonomie se révèle être la manifestation d'une régulation corporative se substituant à l'effacement imposé de l'État sur la scène nationale et à l'absence d'un État mondialisé[647]. Dans les zones minières en général, particulièrement dans la zone minière de Boké, le retrait progressif et sélectif de l'État en matière de fourniture de services de base et de régulation en matière de RSE a ainsi été suivi par le développement de mécanismes alternatifs de régulation et de développement communautaire[648]. La CBG a commencé à dérouler à partir de 1987 des mécanismes de contribution au développement économique et social, en suivant une progression à la fois quantitative (augmentation du montant alloué à la RSE) et stratégique (changement dans les approches et la finalité poursuivie)[649].

Le code minier de 2011 a cependant marqué la volonté politique d'un retour de l'État dans le champ régulateur de la RSE. Pour la première fois, une contribution chiffrée au développement local va être imposée aux entreprises minières évoluant dans le secteur des minéraux et des métaux précieux. Ce système de prélèvement va alimenter deux fonds spéciaux (FODEL, FNDL) qui servent à financer le développement des territoires[650]. Un mécanisme complexe de redistribution est institué pour encadrer la ventilation et l'utilisation des

---

[645] *Ibid.*, page 23.

[646] L'expression est de Marie-Ange Moreau (2003), Professeur émérite de droit privé et sciences criminelles, Institut du Travail de Lyon.

[647] [624] GENDRON, C., LAPOINTE, A. & TURCOTTE, M.-F. Responsabilité sociale et régulation de l'entreprise mondialisée. Relations industrielles / Industrial Relations, 59(1), 73–100, 2004. https://doi.org/10.7202/009128ar.

[648] [625] Il faut noter à ce titre qu'à partir de 1992, l'État a signé avec la CBG un accord de concession de toutes les infrastructures (Cité, port, chemin de fer) minières et sociales (hôpitaux, écoles, installations de production hydraulique et électrique, infrastructures de communication, réserves foncières).

[649] Nous aborderons de manière détaillée l'évolution de cette expérience de la CBG dans la prochaine section.

[650] Ces outils innovants ont fait l'objet de sections entières dans le chapitre III.

sommes mobilisées. Ce mécanisme redistributif de la rente minière est désigné dans la littérature par différentes expressions : *retour de l'État, néo-développementisme extractif, néo-extractivisme*[651]. Au-delà de la variété des modes de désignation, ce mécanisme marque un tournant décisif par rapport aux tendances observées à partir des années 1980. L'interventionnisme de l'État dans le champ du développement et de la régulation de la RSE des entreprises minières remplace l'absentéisme prôné par les thèses néolibérales. Cependant, la célébration de ce « retour de l'État » ne doit pas masquer les enjeux de pouvoir et les jeux d'acteurs qui sous- tendent ce redéploiement. Les analyses empiriques effectuées sur le cas du FODEL mettent en lumière l'expression d'une logique de répolitisation de la rente minière et l'instrumentalisation des relations de pouvoirs par des acteurs locaux sur le terrain.

Parallèlement à cette dynamique nationale prônant plus d'encadrement juridique de la RSE, l'émergence au niveau international de mouvements sociaux appelant à plus de responsabilités des entreprises multinationales (Global compact, ISO 26 000, principes directeurs de l'ONU), ont entrainé un mouvement vers une autorégulation corporative de la RSE. Celle-ci apparait au départ comme une démarche d'anticipation et de contournement de la loi minière en faisant passer la RSE de la sphère de la régulation publique à celle du privé. Les marchés financiers, la mondialisation ont bousculé les relations États-entreprises. Le pouvoir régulateur des États a été fortement miné, mettant les entreprises en position de négocier leurs conditions d'opération[652]. Ce déséquilibre est accentué par l'asymétrie dans les rapports de force entre le poids économique des multinationales, la faiblesse du PIB des États, une société civile peu formalisée et une décentralisation paralysée[653]. Dans cette dynamique d'autorégulation corporative, le forum de Davos de 2014 a marqué un

---

651 SVAMPA, Maristella, « Néo- « développementisme » extractiviste, gouvernements et mouvements sociaux en Amérique latine », *Problèmes d'Amérique latine*, 2011/3 (N° 81), p. 101-127. DOI : 10.3917/pal.081.0101. URL : https://www.cairn.info/revue-problemes-d-amerique-latine-2011-3-page- 101.htm.

652 GENDRON, C., LAPOINTE, A. & TURCOTTE, M.-F. Responsabilité sociale et régulation de l'entreprise mondialisée. Relations industrielles / Industrial Relations, 59(1), 73–100, 2004. https://doi.org/10.7202/009128ar.

653 REY, Pascal ; SAINT SIMON, Franck de. « L'entreprise n'est pas l'état : Réflexion sur le rôle de l'entreprise dans le cadre de la RSE autour d'une étude de cas en Guinée Forestière » In : *La Responsabilité Sociale de l'Entreprise : nouvelle régulation du capitalisme ?* Villeneuve d'Ascq : Presses universitaires du Septentrion, 2011, DOI : https://doi.org/10.4000/books.septentrion.9113.

tournant décisif dans l'élaboration du cadre actuel d'orientation en matière de la RSE de la République de Guinée. En effet, lors de ce forum, les multinationales ont entamé un processus d'innovation conceptuelle et stratégique en lien avec les activités qu'elles mènent dans les pays riches en ressources minières. Le concept de « Développement responsable » a remplacé la notion de « développement durable », non sans conséquence sur la manière d'aborder et de concevoir la problématique du développement local dans les zones minières en Guinée[654]. Dans une dimension temporelle, les projets de développements inscrits comme étant de la RSE des entreprises minières seront en effet désormais limités au court terme, dans une logique de protection du risque réputationnel et au détriment de toute stratégie de construction substantielle de projets « durables » qui s'insèreraient de manière cohérente dans les priorités de développement des territoires. Par ailleurs, dans une dimension stratégique, les projets de RSE qui résulteront de ces orientations conceptuelles de Davos serviront davantage à répondre aux exigences politiques des pays d'origine des entreprises minières (Gabriel Goyette-Côté, 2012)[655].

La Lettre de politique nationale de RSE qui représente désormais, en théorie, le cadre de référence et d'alignement des interventions des entreprises minières en Guinée en matière de RSE, a été impulsée de son côté par les entreprises minières. Le processus a été piloté et financé par la Chambre des Mines de Guinée (CMG) et le PNUD, et l'équipe de consultants recrutés pour l'élaboration de la Lettre de politique a été financée et hébergée dans les locaux de la Chambre des Mines de Guinée (CMG)[656]. Le processus d'élaboration de la Lettre de politique de RSE s'est ancré dans l'approche dite de la « théorie des parties prenantes » en répondant à des finalités plus procédurales que substantielles (Gendron et al, 2004). C'est dans cette optique qu'une mission de consultation dans toutes les localités minières de la Guinée a été organisée par les consultants, qui consistait à rencontrer les communautés impactées par l'exploitation minière, les administrations décentralisées et les entreprises minières pour discuter des différentes

[654] Entretien à Conakry avec Dr IBRAHIMA DIALLO, membre de l'équipe d'experts qui a rédigé la politique nationale de la RSE de la Guinée en 2016.

[655] Ces mutations sont particulièrement repérables dans les stratégies de RSE de la CBG que nous étudierons en détail dans la section suivante.

[656] Entretien à Conakry avec Dr IBRAHIMA DIALLO, membre de l'équipe d'experts qui a rédigé la politique nationale de la RSE de la Guinée en 2016

problématiques sociales et environnementales liées à l'exploitation minière. Cette mission de consultation a débouché sur un rapport d'étude qui a été présenté à l'occasion du symposium des mines tenu en 2015 à Conakry. L'étude a permis de faire ressortir non seulement les différentes dimensions de la RSE à déployer, à travers la lecture de diverses expériences à travers le monde, mais aussi la compilation des différents défis qui entravent la cohabitation pacifique entre les communautés et les entreprises minières. Un atelier technique tenu à Conakry en 2016 a ensuite permis d'harmoniser les conceptions des différentes parties prenantes sur la notion de RSE. En février 2017, à l'occasion de la table ronde sur le RMDI (Ressources Minières et Développement industriel), le document de politique a été officiellement validé par l'État et la Chambre des Mines de Guinée[657].

Le processus d'élaboration de la Lettre met en évidence le processus de transferts informels du pouvoir et des capacités en matière de régulation et de développement de l'État vers les entreprises minières. La démarche promue par l'équipe de consultants semblait répondre, du point de vue formel, à un défi d'inclusion et de participation démocratique en ce qui trait à la mobilisation des différents acteurs concernés, à la collecte des données et à la validation. Par contre, il faut signaler à ce niveau que ce type de participation cache souvent des relations de pouvoir asymétrique au sein des communautés, notamment entre les élites locales et les groupes marginalisés, ou entre les hommes et les femmes. Les dynamiques de pouvoir au sein des communautés locales laissent souvent peu de place à une véritable prise en compte des points de vue des groupes marginalisés (Darimani, 2016). Ainsi il ressort de nos entretiens avec l'un des membres de l'équipe d'experts que les consultations se sont limitées au centre urbain des grandes villes minières, et n'ont touché qu'un nombre limité de personnes, généralement choisies en fonction de leur niveau intellectuel ou de leur réseau d'influence. Nous avons également remarqué au cours de nos différentes visites dans les zones minières que cette Lettre de politique de RSE et son contenu sont pratiquement inconnus du grand public[658].

Sur un plan substantiel, les grands axes définis dans la lettre de politique de RSE reflètent davantage les préoccupations portées par les

---

[657] Lettre de Politique nationale de la RSE, 2017, page 9. Voir : https://www.itie-guinee.org/wp- content/uploads/2018/08/Lettre-de-politique-RSE.pdf.

[658] Entretien réalisé à Conakry avec IBRAHIMA DIALLO, membre de l'équipe d'experts.

institutions internationales (ONU, UE, OCDE) et ils visent essentiellement la préservation de l'image des entreprises minières par rapport à des normes internationales de responsabilité. Il faut noter de même un décalage entre les solutions proposées dans la Lettre et reposant sur la définition de huit axes stratégiques d'intervention des entreprises minières dans le cadre du financement du développement local, et les problèmes qu'elles prétendent résoudre et qui sont eux d'ordre structurel[659]. En effet les enjeux de réputation et « d'acceptabilité sociale des projets miniers » que les standards de RSE cherchent à satisfaire sont en réalité les faces apparentes de « problèmes structurels », plus profonds (Campbell, Laforce, 2016), lesquels relèvent beaucoup plus du déficit de projets cohérents de développement autocentré des territoires. Autrement dit ces normes de RSE ne répondent pas aux objectifs d'une approche stratégique de la RSE suivant l'échelle de Zadek (2004), laquelle suppose non seulement l'engagement des entreprises minières dans une véritable relation avec l'ensemble des parties prenantes, mais également l'alignement des stratégies de RSE avec les priorités stratégiques du développement définies, ordonnées et justifiés dans les instruments de planification du développement au niveau local et national[660].

Pour saisir matériellement l'état d'opérationnalisation de la Lettre de politique nationale de la RSE au sein des entreprises minières, le rapport d'étude publiée par le PNUD lors de la table ronde montre que sur quarante-cinq entreprises minières interrogées lors de l'enquête, seules trois déclarent disposer d'un ensemble de documents répondants à des préoccupations relevant de la RSE. Ces trois documents étaient composés d'une stratégie de relation communautaire, d'un système de santé et de sécurité, et d'un plan de gestion environnementale. Ces documents constituent les outils les plus usités par les entreprises dans la gestion des domaines relevant de la RSE en lien avec des exigences

[659] Ces huit axes stratégiques sont : promouvoir le respect des droits humains, la performance environnementale, la performance sociale, la participation active des parties prenantes, l'information et la communication, le droit du travail et le contrôle sur la chaine de valeur, le contenu local, la transparence et la collaboration contre lutte contre la corruption, la reddition de comptes et le reporting RSE.

[660] Le code minier oblige, en effet, les entreprises minières à payer 0,5% de leur chiffre d'affaires au titre de la contribution au développement local, cette contribution doit servir des actions inscrites dans une convention de développement local que l'entreprise signe avec la collectivité locale. Cette convention doit refléter les principaux besoins et priorités du développement local et doit tenir compte des asymétries de pouvoir au sein des communautés.

portées par des acteurs internationaux. Nous avons constaté la même situation au cours du stage de recherche d'un mois que nous avons effectué au sein du département relation communautaire de la CBG. Au cours de ce stage, nous avons pu observer que l'essentiel de la documentation de l'entreprise sur la RSE était constitué des normes de performances sociales et environnementales de la SFI qui est, par ailleurs, un des préteurs de l'entreprise. Les responsables du service des relations communautaires brandissaient avec beaucoup de fierté ces normes internationales auxquelles l'entreprise serait soumise[661]. Autrement dit les activités que l'entreprise désigne sous le terme de RSE manquent de cadres théoriques et conceptuels prédéfinis, et elle ne fait pas non plus mention de la Lettre de politique nationale de RSE, à laquelle elle a participé à l'élaboration, à travers la Chambre des Mines de Guinée (CMG), encore moins aux documents stratégiques de planification du développement local. L'essentiel de la documentation de l'entreprise sur la RSE se résume donc à des rapports d'activités sociales, des comptes rendus de mission, des tableaux dressant la liste des principales réalisations sociales de l'entreprise.

Par ailleurs, nos enquêtes de terrains effectuées dans la région de Boké en 2022 nous ont permis de saisir des pratiques différenciées de RSE des entreprises minières, chaque entreprise minière disposant de sa propre compréhension et de sa propre manière de dérouler des projets qu'elles désignent comme étant de la RSE, indépendamment des axes stratégiques définis dans la Lettre de politique de RSE. L'essentiel des projets répondent davantage à des normes promues par les actionnaires ou les préteurs de l'entreprise. Les motivations qui sous-tendent les financements dans ces projets de RSE se situent ainsi avant tout dans le cadre de la préservation de la réputation de l'entreprise. Cette dernière relègue ainsi au second plan les exigences réglementaires, les besoins des communautés en ce qui a trait à l'amélioration des conditions de vie durables, le développement de la culture et des potentialités locales, la durabilité des projets menés et la vision stratégique dans le cadre d'un projet social cohérent et intégré de développement des territoires[662]. La

[661] Nous avons démontré dans le chapitre I consacrée à la réhabilitation et la compensation que l'entreprise en question ne respectait pas totalement les normes sociales et environnementales de la SFI qu'elle revendiquait. Les aspects pratiques de la RSE de cette entreprise seront abordés plus profondément dans la dernière section de ce chapitre, à partir des expériences de notre stage de recherche.

[662] CHAMBERS ET CONWAYE cité par DARIMANI (2016) « soutiennent qu'on parle de conditions de vie durable lorsqu'il est possible d'absorber des stress et des

quête de « légitimité sociale » est donc la principale motivation des entreprises minières dans la mise en place d'une stratégie de RSE[663].

1.1.2. Le « contenu local » : un couteau à double tranchant aux prises entre le « local » et le « national » ?

Le contenu local est l'un des piliers les plus cités par les parties prenantes comme instrument de contribution du secteur minier au développement économique. C'est la dimension économique de la RSE, englobant des mesures et des stratégies visant à intégrer l'activité minière à l'économie locale et nationale. Il est aujourd'hui mis en œuvre dans plus de 49 pays à travers le monde (Wilhelm, Maconachie, 2023)[664]. Par ailleurs, le contenu local s'inscrit dans un ensemble plus large de politiques visant une « localisation » ayant pour objectifs de protéger l'industrie nationale contre l'extraversion. Il est décrit par certains auteurs comme une forme de nationalisme des ressources du XXIe siècle et comme un antidote à la malédiction des ressources naturelles (Hilson et Ovadia, 2020)[665]. Il est conçu pour permettre le dépassement de la dimension de simple « conformité » de la RSE pour atteindre une dimension « stratégique » en s'insérant dans les dynamiques endogènes du territoire. Sa mise en œuvre est censée faciliter le dépassement d'une « extraction des ressources minières concentrées dans des enclaves spatiales d'exclusion » profitant

---

chocs et de récupérer, de maintenir ou d'augmenter ses capacités et ses actifs, d'offrir des perspectives de conditions de vie durables pour les générations futures et d'envisager des bénéfices nets pour les modes de subsistance de différents groupes en termes de capacités et de ressources, et ce, à l'échelle locale et mondiale ainsi qu'à court et à long terme ».

[663] Nous avons constaté lors de ce stage que le service des relations communautaires accorde une précieuse attention au registre des plaintes que les communautés portent contre elle. Cela en lien, certainement, avec la procédure « judiciaire » que 13 villages de la région de Boké ont entamé contre l'entreprise auprès d'instances internationales pour violations des droits des communautés.

[664] WILHELM, Cindy. « "Local Content is politics": An examination of the origins of local content policies in Guinea's mining sector ». *The Extractive Industries and Society* 13 (mars): 101158, 2023. https://doi.org/10.1016/j.exis.2022.101158.

[665] BIGAIL EFUA HILSON, JESSE SALAH OVADIA, "Local Content in Developing and Middle- Income Countries: Towards a More Holistic Strategy", *The Extractive Industries and Society,* Volume 7, Issue 2, 2020, Pages 253-262, ISSN 2214-790X, https://doi.org/10.1016/j.exis.2020.04.014.

uniquement aux élites (Ferguson, 2006)[666]. Cet instrument est supposé œuvrer au renforcement des compétences des ressources humaines, au transfert de la technologie, et à l'utilisation des biens et services locaux. Le secteur minier doit ainsi servir de levier pour le développement d'autres capacités économiques, notamment dans le domaine des services et la production des biens. Cette partie analyse les formes d'insertion des projets miniers dans le développement des territoires sous le prisme du concept de contenu local, l'évolution historique des pratiques associées à ce concept et les mutations qui le travaillent.

Le positionnement du secteur minier comme instrument de développement local et national a été pensé à la fin du régime colonial lors de la création du projet d'industrialisation de Fria en Guinée française. Les pouvoirs publics français ont conçu à l'époque une structure d'aménagement du territoire qui servirait de pont entre l'investissement minier et le développement des potentialités des territoires (Larrue, 1997)[667]. Paul Masson, un administrateur des colonies, souligne dans un document d'archives datant de 1956 « la nécessité d'accompagner la réussite technique (de ce projet) d'une réussite humaine et d'associer les élus et les élites du pays à notre travail de recherche et de planification et prouver à la population par des réalisations simples, multiples et palpables de l'aménagement rural que cette affaire n'est pas sens unique »[668]. Il ressort de ces lignes les grands axes de ce qui sera un demi-siècle, plus tard, les éléments constitutifs du concept de contenu local, à savoir, la formation des ressources humaines, l'emploi et la sous-traitance locale. Autrement dit, il fixe les moyens par lesquels l'investissement dans un projet minier s'insère dans une perspective plus large de développement des territoires. L'expérience de Fria dans la gestion des problématiques actuelles assez complexes en lien avec le concept de contenu local nous semble donc d'un grand intérêt. Cependant, le concept de contenu local ne sera introduit officiellement et formellement dans la gouvernance minière en Guinée que par le code minier de 2011, bien que les

---

666 FERGUSON, J. Global Shadows: Africa in the Neoliberal World Order. Duke University Press, Durham et Londres, 2006.

667 Archives municipales de Marseille, cote 100 II 157, attribué à PAUL MASSON sous le titre « ensembles industriels de Guinée » rapport introductif, cité par LARRUE, *Fria en Guinée, Première Usine d'alumine en terre d'Afrique,* Karthala, 1997, page 58.

668 PAUL MASSON est né en 1920 à Ussel (Corrèze) et mort en 2009. Formé à l'école nationale de la France d'outre-mer, il entame une carrière de haut fonctionnaire en Afrique de l'Ouest, notamment en Guinée française.

pratiques qui lui sont associées étaient déjà en œuvre lors du projet d'industrialisation de Fria. Le concept est structuré autour de trois axes qui sont censés contribuer à une meilleure contribution de l'investissement minier au développement local, à savoir : l'emploi, la formation et la sous-traitance[669]. Cependant, le cadre juridique encadrant les politiques de contenu local varie selon les pays, car si à Trinité-et-Tobago et aux Philippines, par exemple, le contenu local ne repose sur aucune obligation légale contraignante, dans beaucoup de pays africains comme le Ghana, le Botswana ou la Guinée, il est enchâssé dans les cadres juridiques locaux, notamment les lois minières, et revêt un caractère contraignant (Hilson et Ovadia, 2020).

Dans la pratique, le projet industriel de Fria a été le premier à définir et à mettre en place des instruments qui favorisent une meilleure intégration de l'investissement minier dans la société, à travers une politique de recrutement, de formation et dans une certaine mesure de développement précoce d'une relation de sous-traitance locale et industrielle. Une dizaine de PME créée et gérée par d'anciens ouvriers engagés lors des travaux de construction ont ainsi bénéficié de contrats de sous-traitance avec l'usine durant la phase d'exploitation. Un petit tissu d'entrepreneurs locaux a commencé à se former et à se développer autour des activités industrielles de l'usine[670]. Les autorités politiques obligeront plus tard à mettre fin à ces contrats de sous-traitances et à intégrer les travailleurs sous-traitants au sein du personnel de l'usine. Au début des années 1960, les responsables de l'usine ont également institué des rapports de solidarité entre les travailleurs expatriés et les familles des travailleurs guinéens. L'approche a reposé sur le développement de jardins ouvriers et des ateliers de confection. Les jardins ouvriers ont été bâtis avec l'aide de spécialistes chargés de mission par Pechiney qui offraient des conseils et des soutiens techniques à des ouvriers pour développer des cultures maraichères partout dans la ville de Fria. L'opération a permis d'alimenter en abondance le marché local en fruits, en légumes frais et en produits de basse-cour. Les ateliers de confection prendront également naissance autour de l'usine de Kimbo grâce à l'appui des religieuses de la mission catholique, les machines à coudre étant fournies par l'usine. Ce soutien

---

[669] Les premières expériences de projets industriels en Guinée ont vite révélé que la fiscalité associée aux projets miniers n'apportait pas assez de revenus au pays. L'emploi et la sous-traitance se sont vite imposés comme le meilleur moyen d'appropriation de l'investissement minier.

[670] Entretien avec Lancei Traoré, ancien responsable des relations industrielles à Fria.

a permis aux femmes des travailleurs guinéens, arrêtés lors des purges politiques des années 1970, de vivre et de nourrir leurs familles (Larrue, 1997)[671].

L'une des expériences majeures de Fria en matière de contenu local est également à rechercher dans le processus de recrutement mis en place par Marc-Edmond Morgaut, en charge du recrutement lors de l'implantation de l'usine. Il existait, à l'époque, à Conakry, une importante main-d'œuvre africaine composée de Malgaches, de Sénégalais, d'Ivoiriens et des Européens avec une très bonne qualification, grâce à de riches expériences professionnelles accumulées lors de la construction d'infrastructures similaires dans leurs pays d'origine. À l'usine de Gardanne en France, il existait également beaucoup de candidats à l'expatriation attirés par les meilleures conditions de travail et de salaires offertes par la nouvelle usine de Fria. Le mécanisme mis en place par Marc-Edmond combinait des tests psychotechniques à la prise en compte du principe de la « rencontre des civilisations ». Le mécanisme permettait de sortir aussi bien du piège ethnique, hautement explosif et en vogue dans les zones minières actuelles, que d'une marginalisation des ouvriers africains sur la base du simple critère, très souvent mis en avant par les miniers, de faible qualification technique des populations « autochtones ».

« Il est nécessaire de s'élever jusqu'à des problèmes de compréhension en tenant compte que : les européens envoyés en outre-mer ont une formation de base moins favorable que leurs devanciers à une bonne compréhension des autres cultures. Les contacts ne peuvent être fructueux que s'ils sont prêts de s'imposer comme règle (sic) une grande disponibilité d'esprit ; les autochtones (lire les Guinéens) ont, eux aussi à nous communiquer des valeurs respectables. Il faut les aider à sortir d'une situation de réceptivité très souvent hostile »[672].

Le procédé psychotechnique choisie par Marc-Edmond permettait, en effet, de faire l'évaluation et de prendre en compte les potentialités techniques et les aptitudes psychologiques des candidats, même sans aucune formation professionnelle initiale, en tenant compte de

---

[671] En 1970, la répression s'est abattue sur les travailleurs de l'usine, plusieurs expatriés et des Guinéens sont arrêtés et certains exécutés ou périssent dans les geôles du régime.

[672] Archives de Pechiney 052-44344, note du 25 février 1959 de Marc-Edmond Morgaut à Pierre Jouven, cité par Jacque Larrue (1997).

l'équilibre régional ou ethnique[673]. La mécanique de sélection s'appuyait sur une évaluation en trois étapes ;

- Les références qui consistent à vérifier chez les candidats leur fiabilité à partir des documents d'identités ou des certificats présentés ;
- La reconnaissance des éléments dits les plus significatifs qui consiste à évaluer la maitrise d'une langue véhiculaire et les aptitudes techniques, l'analphabétisme n'étant donc pas un critère d'exclusion[674] ;
- L'instruction technique ou l'apprentissage d'un métier qui demeurait en fin de compte moins déterminant dans la sélection des candidats.

Cette phrase de Jacque Larrue résume le principe de base qui a guidé tout le processus de recrutement à Fria.

« C'est la possibilité d'intégration au groupe, l'habileté manuelle, l'acceptation d'une certaine discipline professionnelle qui constituent les véritables critères de choix pour l'emploi industriel à Fria »[675].

Cette approche apparait dans le contexte actuel de fortes tensions ethniques dans les zones minières quant au recrutement dans les entreprises, très innovante et inspirante. L'analyse du tableau ci-dessous montre un certain équilibre régional dans le recrutement et une dispersion des centres de recrutement, en dehors de la localisation géographique du projet, une approche aujourd'hui complètement absente du mode de recrutement des entreprises minières, qui font de plus en plus face à la pression des communautés, se réclamant « autochtones ». Selon Lancei Traoré, Fria a été un modèle d'industrialisation nationale dont le mode de recrutement a permis de brasser toutes les régions de la Guinée et toutes les communautés. Les agents de la compagnie étaient envoyés dans toutes les villes de la

---

[673] Marc-Edmond Morgaut est auteur du livre *L'Afrique et l'industrie*, 1959, Libraire Arthème Fayard. Il est également auteur d'une thèse soutenue à la Sorbonne en 1985 intitulée : *Une Sociologie de la différenciation*, sous la direction du professeur Balandier. Il a également fait ses preuves dans d'autres expériences industrielles réussies au Cameroun à Edéa, au Sénégal, dans les phosphates de Taïba.

[674] Des cours d'alphabétisation seront par la suite organisés pour ces agents ne sachant ni lire, ni écrire, à raison de trois fois par semaine.

[675] LARRUE, J. *Fria en Guinée, première Usine d'alumine en terre d'Afrique,* Karthala, 1997, page 257.

Guinée pour procéder au recrutement des futurs travailleurs de l'usine[676].

Centres de recrutement	Examinés	Retenus	%
Nzérékoré	41	8	20
Kankan	48	8	17
Kissidougou	38	12	32
Gueckedou	6	2	33
Macenta	36	8	22
Beyla	0	3	

Figure 15/ PLAN DE RECRUTEMENT DE LA MARG

Source : Archives personnelles de Marc-Edmond Morgaut citées par Jacque LARRUE (1997).

La qualification des ouvriers recrutés a également été bâtie sur un programme de formation de quatre ans à partir de 1959 et elle reposait sur trois domaines :

- La formation-usine (formation pratique dans les ateliers pilotes de l'usine) après un passage, pour certaines catégories, au centre de formation professionnelle. Cette formation s'adressait à des apprentis destinés aux métiers d'ajusteurs, de chaudronniers, de mécaniciens auto et engins, d'électriciens, de tourneurs et de fraiseurs. Pour ces catégories ci-dessus, un centre de formation technique fut créé à Fria où ils passaient deux ans. Parallèlement, un centre de formation professionnelle administratif fut créé pour préparer les jeunes filles aux métiers de secrétaire pour une durée de deux ans. Une formation technique en recyclage était également offerte à des agents de l'usine sur la demande des chefs de service et destinée aux meilleurs ouvriers de chaque service pour une durée de 3 à 6 mois.

---

676 653 Entretien réalisé à Conakry avec LANCEI TRAORE, ancien travailleur de l'usine, recruté à Fria au début des années 1960

- Une stratégie de promotion reposant sur des formations spécialisées et destinées à des personnes d'un très bon niveau intellectuel. Ce type de formation avait lieu sous forme de stage dans des services où les personnes étaient, plus tard, appelés à fonctionner. Certains cours de spécialisation ont eu lieu à l'étranger dans les usines de Pechiney[677].
- Enfin l'africanisation de tous les postes à partir d'un processus complexe, et parfois lent, selon les services. Le postulant africain à l'africanisation était pris en charge pour sa formation par l'expatrié qu'il était appelé à remplacer. Ce processus a demandé beaucoup de volonté au niveau des expatriés et d'engagement chez les Guinéens[678].

Il est apparu dès le début du projet que l'enseignement public ne pouvait couvrir que 7 à 8 % des besoins en matière de formation des 790 postes qui devaient être fournis par de la main-d'œuvre guinéenne, sur un effectif total de 1100 emplois ouvriers[679]. Plusieurs agents bénéficièrent également de bourse de formation à l'étranger dans les pays de l'Est[680]. Le résultat de ce processus demeure une expérience réussie en matière de recrutement et de formation en Guinée. Entre 1960 et 1981, ce sont 21 promotions de 30 à 35 agents qui se sont succédées au fil des ans dans ce processus de formation. Ainsi, 500 ouvriers de maintenance, 200 ouvriers de fabrication et 50 exploitants du groupe énergétique ont été formés pour remplacer progressivement les expatriés. Ces derniers passeront, en vingt ans, de plus 500 à quelques

[677] Une bonne partie de cette information a été tirée d'une précieuse documentation conservée à la bibliothèque nationale de Guinée, à partie d'une maitrise de fin d'études supérieures soutenue en 1970 avec le titre : Étude sociologique de la zone industrielle de Fria de BOUBACAR BIRO DIALLO à l'institut polytechnique de Conakry.

[678] La formation usine se fait à l'intérieur de l'usine par le biais des ateliers de formation. La promotion offre l'opportunité aux élèves ouvriers, plus de 800, d'atteindre des conditions de travail et de salaires élevés, au bout du processus, l'africanisation permet de remplacer tous les Européens, avec comme finalité la nomination d'une direction générale de l'usine entièrement guinéenne.

[679] Pendant les travaux de construction, Fria a employé plus de 15 000 personnes 1959, soit plus du total des travailleurs du secteur minier industriel en 2023. Ce chiffre va chuter autour de 1000 après la construction. Une partie de ces anciens travailleurs formera les premières coopératives d'ouvriers qui bénéficieront des contrats de sous-traitance.

[680] Ces formations effectuées en Europe de l'Est sont quelques fois remplacées par des formations au sein du groupe Pechiney à Gardanne. Un pôle formation est institué autour de l'Institut universitaire de technologie de Nancy.

dizaines maintenues seulement dans les postes d'encadrement (Larrue, 1997).

Pour Lancei Traoré, le processus de formation a été suivi par un plan d'africanisation qui, officiellement, a démarré en 1965 avec comme objectif d'aboutir au bout de dix ans, donc en 1975, à la nomination d'un Directeur général de l'usine Guinéen. Le résultat a été atteint deux ans plus tôt, en 1973, avec la nomination de Mamadou Chérif comme Directeur général de l'usine[681]. Il faut également rappeler que Fria a connu la première expérience de développement d'une politique d'utilisation d'entreprises de sous-traitance sous un régime socialiste, dont la plupart appartenaient à d'anciens travailleurs de l'usine. Dès le lancement de l'usine, des coopératives ouvrières avaient en effet été créées dans différents domaines et rattachées au département de gestion des relations industrielles et regroupaient d'anciens ouvriers utilisés pendant les travaux de construction entre 1957 et 1960, remerciés après le lancement de la production de l'usine en 1960. Au début des années 1960, elles comptaient près de 600 agents, mais le gouvernement de Sékou Touré réclamera leur intégration dans le personnel salarié permanent de l'usine qui passera ainsi de 1100 à près de 1800 salariés[682]. Cette expérience de recrutement, de formation et de développement d'une économie de sous- traitance est à replacer dans le cadre d'une démarche d'autorégulation par le bas, au gré d'innovations particulières et audacieuses dans un contexte politique centralisé et répressif.

Au début des années 1970, l'usine va subir les répercussions des purges politiques et sociales du régime, ce qui entrainera le départ de plusieurs expatriés, l'arrestation et l'emprisonnement de hauts cadres de l'usine[683]. Les postes de commande de l'usine sont réinvestis par des cadres appartenant à l'ethnie du Président Sékou Touré, les Malinkés, dont beaucoup avaient obtenu des bourses de formation dans les écoles d'ingénieurs à Moscou et dans les pays de l'Est au début des années 1960. Cette situation connaitra son épilogue en 1991, sous le régime de Lansana Conté, lors de la première crise à caractère ethnique qui secouera aussi bien l'usine que toute la ville de Fria. Cette crise trouve son origine dans un incident, en juillet 1991, impliquant le groupe

---

[681] Entretien réalisé à Conakry en octobre 2023.

[682] Entretien avec LANCEI TOURE, responsable du département relations industrielles à Fria de 1965 à 1984.

[683] Tous les médecins de l'hôpital pour la plupart des anciens militaires sont renvoyés en France, le syndicat de l'entreprise est décimé.

« engins » de l'usine, incident suite auquel le directeur de l'usine, un Malinké, licencie quatre employés et suscite la colère des Soussous qui réclament aussitôt le départ des cadres malinké et Peulh et la nomination de cadres Soussou, l'ethnie du Président Lansana Conté, à la tête de l'usine. Ces événements marquent le début de l'ethnicisation du concept de contenu local en lien avec la question d'autochtonie dans les zones d'exploitation minière.

Ces dernières années, le concept de contenu local est toujours sujet à ces difficultés et manipulations sociopolitiques dont les prémisses ont été observées au début des années 1991 à Fria, avec la vague de contestation de la prédominance des cadres malinkés au sein de la direction de l'usine. Ces difficultés trouvent, en partie, leurs origines dans les politiques d'ajustements structurels imposées par la Banque Mondiale en 1985, dans le cadre de la réforme du régime minier guinéen. Les manifestations les plus perceptibles de ces politiques de réformes ont en effet impliqué une réduction des taxes, « le retrait systématique de l'État des sphères de la production et de la planification, et la redéfinition des rôles de ce dernier en matière de réglementation et de redistribution »[684]. Les recettes de l'État en provenance du secteur minier passent ainsi de 73,7 % en 1986 à 20,2% en 1996 (Campbell, 2010), et se situent aujourd'hui à 26% (ITIE, 2020). De plus le rapport l'Africa Progress Panel, présidé par Kofi Annan et publié en 2013, relevait qu'entre 2008 et 2013 de nombreuses pratiques fiscales opaques et inéquitables auraient fait perdre à l'Afrique plus de 38 milliards de dollars par an (Carbonnier, 2013)[685]. Ces mutations structurelles ont fortement affaibli les capacités de l'État à répondre aux besoins en matière de formation de la main-d'œuvre et d'investissements pour le développement des secteurs d'activités à haute intensité de main-d'œuvre en contexte guinéen (agriculture, élevage, pêche, tourisme, travaux publics). Par ailleurs, les collectivités qui abritent les opérations minières ont été régulièrement en marge de ce processus de transformation du régime minier, avec comme principal effet le transfert vers ces nouvelles structures politiques des problèmes

---

[684] CAMPBELL (dir*), Ressources minières en Afrique, quelle réglementation pour le développement* ? Presses de l'Université du Québec, page 93.

[685] [662] CARBONNIER, Gilles. « La malédiction des ressources naturelles et ses antidotes », *Revue internationale et stratégique*, 2013/3 (n° 91), p. 38-48. DOI : 10.3917/ris.091.0038. URL : https://www.cairn.info/revue-internationale-et-strategique-2013-3-page-38.htm.

sociaux et économiques nés de ces mutations politiques, économiques et juridiques au sommet de l'État (Leclerc-Olive, 2013).

Ce triple affaiblissement de l'État (pouvoir de réglementation ou de régulation, mobilisation des ressources, multiplication des pouvoirs publics à la base) a eu pour effet de fragiliser la capacité d'offrir des opportunités de création d'emplois et du « pouvoir de contrainte » sur les entreprises minières en matière de recrutement, de formation et de reddition des comptes. Cette fragilisation du pouvoir de contrainte de l'État sur les entreprises minières, eu égard au respect du contenu local, s'est notamment manifestée en 2023 par le refus des entreprises minières de recevoir une mission du Ministère des Mines et de la Géologie venue collectée des données sur le niveau d'application des exigences du contenu local en termes de recrutement et de niveau d'utilisation des entreprises de sous-traitance[686].

L'émergence de ce concept dans les économies minières a posé quelques difficultés d'ordre juridique en lien avec les accords sur les mesures concernant les investissements et le commerce. Ces mesures disposent « qu'aucun membre ne doit appliquer des mesures qui entrainent une discrimination à l'encontre de personnes étrangères ou de produits étrangers », c'est-à-dire qui enfreignent le principe du GATT dit du « traitement national ». Les accords du GATT « proscrivent aussi les mesures concernant les investissements qui aboutissent à des restrictions quantitatives (contraires à un autre principe du GATT) »[687]. Ces dispositions de l'OMC stipulent que les mesures prises en rapport avec des politiques dites de contenu local peuvent avoir des effets de restriction et de distorsion sur le commerce entre les États. Face à la revendication des pays en développement pour l'application d'exemptions sur l'engagement concernant l'accès aux marchés et le traitement national, en novembre 2001, des négociations ont été ouvertes à Doha sur ces questions par les ministres des Commerces des pays membres de l'OMC. Entre-temps ces principes de non-discriminations, autrement dit de « traitement national », ont connu des évolutions notoires, certains pays, notamment les pays en voie de développement, ayant décidé d'exclure entièrement ces obligations de non-discrimination de leurs traités pour faciliter leur développement, en obligeant l'utilisation d'une proportion donnée d'intrants d'origine locale, mais aussi en prescrivant l'obligation

686 Entretien à Conakry avec I. T, gérant du cabinet en charge de l'étude sur le contenu local dans les zones minières.

687 http://www.wto.org/.

d'embaucher un nombre ou un pourcentage donné d'employés nationaux[688].

S'il est difficile de donner une définition systématique de la notion de contenu local, puisque le code minier n'en donne aucune, sa mise en œuvre dans le contexte de l'extraction minière fait cependant appel, selon les pratiques courantes, à trois éléments fondamentaux qui permettent de saisir ses contours : la situation géographique, la participation, et le contenu local ou valeur ajoutée[689].

- La situation géographique : renvoie à l'exigence d'immatriculation, de constitution ou d'exercice des activités de l'entreprise dans le pays, la région, la province ou au niveau local-local[690]. Ce dernier sous-entend les communautés à la base touchées par les activités minières. Si pour certains pays comme l'Australie, le Canada, le « local » désigne plus spécifiquement les provinces ou régions, pour des pays comme la Guinée, le Brésil, la Mongolie, le Mozambique, la Sierra Leone, le « local » s'étend géographiquement à tout le territoire national[691].
- La participation tient à ce que le capital de l'entreprise soit détenu majoritairement par des citoyens du pays où se pratique l'extraction minière, à défaut, que les dirigeants et/ou les employés de l'entreprise sont majoritairement des citoyens du pays.
- Le contenu local ou valeur ajoutée exige que les biens, les services soient produits ou fournis dans le pays, à défaut, que des composants fabriqués dans le pays ou provenant de la main-d'œuvre du pays soient utilisés, ou que tout simplement la transformation (valeur ajoutée) soit faite dans le pays[692].

---

[688] Rapport sur les traités d'investissement et leur importance pour le développement durable publié par l'institut international du développement durable intitulé en 2012.

[689] Rapport d'étude intitulé ; guide pratique pour accroitre l'approvisionnement local dans le secteur minier en Afrique de l'Ouest, élaboré par le cabinet KAISER EDP.

[690] Cette expression est désormais employée en Guinée pour désigner le dernier maillon de la chaine des communautés impactées, les plus proches de la zone d'extraction minière. C'est également une manière de distinguer le local qui désigne la Guinée telle que vue par les multinationales à partir de l'espace mondial, des régions de la Guinée désignée par le l'expression locale-locale.

[691] Cette confusion graphique part de l'origine anglophone du concept, le « local content », impulsé par des intuitions internationales et les multinationales pour lesquelles, le local désigne les pays miniers, en opposition à l'espace international.

[692] Rapport d'étude intitulé ; guide pratique pour accroitre l'approvisionnement local dans le secteur minier en Afrique de l'Ouest, élaboré par le cabinet KAISER EDP.

Par ailleurs, dans le sillage des réformes entamées à la fin des années 1980 en Guinée dans le secteur minier, de nouvelles dispositions tendant à davantage intégrer le secteur minier au reste de l'économie nationale ont été introduites, notamment « l'utilisation partagée des infrastructures de communication, afin que celles-ci contribuent au développement régional et local »[693]. L'objectif de ces dispositions du code de 1986 était de faire de l'activité minière un levier de développement des territoires et des populations, et le code rappelle, à ce titre, l'emploi prioritaire des Guinéens aux postes de responsabilité dans les entreprises minières. Ces dispositions constituent le socle de ce que sont aujourd'hui les exigences du contenu local telles qu'instituées par le code minier de 2011[694]. Le code minier de 1995 et celui de 2011 ont introduit de nouvelles dispositions relatives à l'utilisation prioritaire des entreprises guinéennes dans la sous- traitance[695]. Le code minier de 2011 fixe en ces articles 107, 108 et 109 des quotas aux entreprises en matière d'emplois des Guinéens et relativement aux différentes phases des projets miniers[696]. Le concept de contenu local apparait désormais, d'un point de vue conceptuel, avec beaucoup plus de vigueur et d'exigences quantitatives, tout en laissant quelque peu le champ ouvert à des réinterprétations qualitatives lorsqu'il tombe dans le discursif politique.

Cette forme de régulation et d'encadrement du contenu local, dans le cadre d'un nivellement par le haut, concomitamment aux réformes de la loi minière en 2011, a produit moins de résultats en ce qui concerne le recrutement, la formation et l'utilisation de la sous-traitance locale. Du point de vue global, les mines guinéennes pourvoient faiblement en emplois, eu égard à leur poids relatif dans les recettes budgétaires de l'État estimé à 1/3 des recettes publiques. Le rapport ITIE (2020) estime la contribution du secteur minier en matière d'emplois à 6 % de la population active, soit près de 15 000 personnes[697]. L'application des quotas reste encore difficile, car il n'existe actuellement aucun

---

[693] Article 66 du code minier de 1986, cité dans le [670] Rapport du PNUD sur la responsabilité sociétale des entreprises dans le secteur minier en Guinée : état des lieux et perspectives. PNUD, Conakry ; 2016, 153p. Page 82.

[694] En 2023, une nouvelle loi sur le contenu local et qui s'applique à tous les secteurs économiques, publics et privés a été adoptée par les autorités de la transition. Pour le moment, elle n'est toujours pas appliquée.

[695] Articles 126 et 127 codes 1986 et article 18 du code minier de 1995.

[696] Pour ces quotas, voir en annexe le tableau sur l'utilisation de la main-d'œuvre guinéenne.

[697] La population active est estimée dans les rapports ITIE à 4 millions de personnes.

mécanisme de rapport à l'échelle nationale pour vérifier au sein des entreprises l'application des quotas, le seul mécanisme de publication de données brutes en matière d'emplois reposant sur la publication des rapports de l'ITIE. En 2017, grâce au soutien technique et financier de la banque mondiale, le cabinet international KAISER a été mandaté pour procéder à une première évaluation de l'application des dispositions du code minier relatives à l'emploi des Guinéens, à la mise en œuvre des dispositions afférentes au transfert de compétences, et à l'approvisionnement local. Les conclusions du rapport montraient des disparités énormes entre les entreprises minières, indépendamment de leurs origines.

Des entreprises historiques et d'origines anglo-saxonnes comme la CBG ne disposaient ainsi d'aucune politique ni de stratégie, préétablies, en matière de contenu local et pouvant indiquer une politique transparente de recrutement, bien que la CBG puisse revendiquer à son actif le déroulement, relativement réussi, de l'une des meilleures politiques d'africanisation, soit près de 99% des cadres de l'entreprise. L'entreprise se distingue cependant par sa conception nationale du contenu local et affiche fièrement le chiffre de 4100 stagiaires formés depuis 1972, soit en moyenne 100 stagiaires chaque année[698]. Alors que par contraste la société GAC, également sous financement des institutions financières internationales, affiche par contre une politique claire de recrutement au niveau local (régional) en utilisant des « pôles emplois » ou centres de recrutement installés auprès de ce qu'elle appelle PAP (personnes affectées par le projet), c'est-à-dire les communautés. En matière d'achats locaux de biens et de services, le rapport relève en l'occurrence 4,2 millions de $ d'achats de biens et 9 millions de $ annuels de contrats de service, même si le critère utilisé dans la détermination du « local » ait reposé uniquement sur l'immatriculation, ce qui permet à des entreprises à capitaux étrangers d'avoir pu acquérir les contrats. Les entreprises d'origines chinoises comme la SMB affichent des résultats plus sombres, car elles ne disposent de plans ni de recrutement, ni de formation, ni d'approvisionnement local transparents et accessibles, quoiqu'elles publient sur place (au niveau des communes et à la préfecture de Boké) les offres de recrutement des emplois non qualifiés et qualifiés[699]. Le

---

698 Ce sont majoritairement des étudiants de l'Institut des Mines et Géologie de Boké

699 Le recrutement des expatriés est géré à partir de ses bureaux à Singapour. Nous avons également observé lors de notre mission conjointe avec une organisation internationale que la question des travailleurs expatriés échappe complètement à la

rapport indique que l'entreprise est en deçà des quotas prévus par le code minier sur l'emploi des Guinéens au niveau managérial (Direction et Encadrement), c'est-à-dire 50% de Guinéens contre 60% prévus par le code. Les entreprises détenues par des capitaux russes présentent des résultats similaires, avec toutefois des avancées en termes de contribution à la formation des stagiaires, soit 1800 stagiaires formés entre 2010 et 2017[700].

Du point de vue de la disponibilité de la main-d'œuvre, la Guinée dispose de plusieurs centres de formation spécifiquement liés au secteur minier, dont l'Institut Supérieur Mines et Géorgie de Boké (ISMGB), l'École Nationale des Arts et Métiers (ENAM), le Centre de Formation Professionnelle de Boké (CFP) et les Ecoles Régionales des Arts et Métiers (ERAM)[701]. L'engouement pour ces écoles est resté pendant longtemps très faible, à cause notamment de la stagnation des investissements miniers entre 1995 et 2010 et du poids des représentations associant l'orientation dans les formations professionnelles à une forme d'échec dans la poursuite des études académiques[702]. L'Inspecteur général de la Formation Professionnelle nous a affirmé, non sans une certaine tristesse, que la « plupart des apprenants que nous recevons sont des gens qui ont échoué plusieurs fois au Baccalauréat ». Il déplore le manque de dialogue avec les

---

direction des ressources humaines établies à Conakry qui ne dispose d'aucun chiffre ni de contrôle sur ce personnel.

[700] Rapport d'étude KAISER, Évaluation du contenu local dans le secteur minier en Guinée, rapport final, résultats et recommandations, juin 2017.

[701] L'ISMGB est née juste après l'indépendance en 1962 au sein de l'Institut Polytechnique de Conakry, en 1973, il a été délocalisé dans la région de Boké sur le site des bases vie de la CBG. Il compte aujourd'hui quatre départements, tous liés à l'activité minière ; Géologie, mines, traitement industriel, environnement et sécurité industrielle. L'ENAM a été créée avec la CBG grâce à l'appui des USA pour former les futurs ouvriers et techniciens du projet. Il est aujourd'hui l'un des meilleurs du pays. Le CFP de Boké a été créé grâce au soutien de la CBG pour former dans les métiers des mines, il abrite actuellement deux formations pratiquement uniques en Afrique de l'Ouest intitulée ; CAP opérateur minier et BTS mécaniques engins lourds.

[702] Entre le début des années 1990 et 2010, aucune exploitation minière nouvelle n'a démarré en Guinée dans le domaine de la bauxite, bien que les conventions minières des mégas projets (GAC, COBAD) aient été signées au cours de cette période. Le secteur de l'or a enregistré 2 nouveaux projets, la SEMAFO, la SAG. Il existe en Guinée une tendance très répandue pour la poursuite des études dans les universités. Les écoles professionnelles sont souvent réservées à des personnes en difficultés scolaires.

entreprises minières dans la définition des programmes de formation pour leur adaptation aux besoins des entreprises minières[703].

« Nous sommes les fournisseurs de main-d'œuvre des entreprises minières, mais malheureusement elles ne nous ouvrent pas la porte... elles font beaucoup à l'Université de mines et géologie de Boké, mais nous c'est zéro. Les entreprises chinoises ne nous connaissent même pas »[704].

Au début des années 2000, le CFP de Boké recevait en moyenne moins de 200 apprenants, mais depuis le boom minier de 2015 les demandes d'inscription ont explosé, en lien avec l'intensification de l'exploitation minière, et elles se situent en 2023 à 780 apprenants pour une capacité d'accueil de 300 places[705]. L'intensification de l'exploitation minière à partir de 2015 avec l'arrivée des entreprises minières chinoises a suscité chez les populations locales un nouvel engouement pour les formations métiers liées aux mines, dans l'espoir de trouver un emploi dans les entreprises minières[706]. La marginalisation précédente des écoles professionnelles liées aux mines était particulièrement perceptible au sein des populations locales (Landouma, Baga, Nalou, Peulh) et dans la région de Boké, plus portée vers les activités traditionnelles séculaires, notamment l'agriculture, la pêche et l'élevage[707]. Nous avons pu relever auprès de l'Inspection Régionale de l'Education de la région de Boké le taux d'admission le plus faible du pays aux examens du baccalauréat, avec un taux d'admission de 15% en 2019. Les statistiques des services de l'éducation de la région affichent également un taux brut de

---

[703] L'Inspecteur Régional a déploré le refus des entreprises minières de le rencontrer, malgré les multiples courriers qu'il leur a adressés.

[704] Entretien réalisé le 8 juillet 2020 au CFP de Boké avec l'Inspecteur régional de la formation professionnelle, AMARA BOKÉ CAMARA.

[705] Entretien réalisé le 8 juillet 2020 au CFP de Boké avec l'Inspecteur régional de la formation professionnelle, AMARA BOKÉ CAMARA.

[706] Nous avons essayé de trouver, en vain, auprès du CFP des statistiques basées sur l'origine géographique et (ou) communautaire des apprenants. De manière théorique, les responsables du CFP nous ont confié que les populations locales étaient les moins nombreuses parmi les apprenants.

[707] Entretien réalisé en juillet 2020 avec un responsable du CFP de Boké et Dr DAOUDA KEITA, DGA de l'ISMG de Boké. Cette question demeure sensible à Boké, les responsables du CFP reconnaissent que la plupart des apprenants viennent de la région forestière, mais n'avoue pas le faible engagement des populations se réclamant de Boké dans les filières de formation professionnelle au CFP.

scolarisation de 82% pour l'année scolaire 2017-2018, soit un pourcentage élevé grâce notamment à l'arrivée des cantines alimentaires du PAM (programme alimentaire mondiale). Mais par contre le taux d'achèvement du cycle au secondaire est de 48% pour la même année scolaire 2017-2018… Cette baisse spectaculaire du niveau d'achèvement scolaire est associée à plusieurs facteurs, dont la multiplication de la présence des entreprises minières à partir de 2010, qui pousse les élèves vers des petits emplois de surveillants ou de « flagman » dans les mines, l'explosion démographique, qui entraine le développement des activités de transport urbain par moto (taxi-moto) avec une rémunération journalière, la préférence des parents pour les activités traditionnelles (élevage, pêche), jugés plus rentables que les longues études, et les mariages précoces, également indissociables de la présence des mines[708].

Il ressort de ces constats une double observation : un faible intérêt pour les formations professionnelles chez les populations locales avec des implications négatives en matière de facilité d'accès à l'emploi, et une fragilisation du système éducatif local qui compromet, à moyen terme, la constitution d'un réservoir de main-d'œuvre locale. L'une des conséquences les plus pernicieuses de cette situation, et qui s'oppose à l'idée même de nation guinéenne, se révèle dans la transformation sémantique que subit l'article 108 du code qui porte sur l'emploi du personnel guinéen strictement local dans les entreprises minières[709].

« Le titulaire d'un Titre minier ou d'une Autorisation ainsi que les entreprises travaillant pour son compte sont tenues d'employer exclusivement des Guinéens pour tous les emplois ne nécessitant pas de qualification. La direction du titulaire du Titre minier ou de l'Autorisation pourra réserver certains postes ne nécessitant pas de qualification aux ressortissants de la Communauté locale »[710].

Le second pilier du contenu local repose sur l'octroi de contrats de sous-traitance qui faciliterait l'absorption nationale d'une partie des investissements miniers. Sa mise en œuvre dépend de la capacité des PME et des entreprises guinéennes à fournir des biens et des services, à

---

708 Entretien effectué le 8 juillet 2020 avec MORIBA SIDIBE, Inspecteur Régional de l'Education de Boké.

709 Cette situation hautement conflictogène a été traitée dans le dernier chapitré consacré aux dynamiques de conflits dans les zones minières.

710 Article 108 du code minier de la République de Guinée, adopté en 2011.

des prix compétitifs et dans le respect du délai et de la qualité, aux entreprises minières. Les premières formes de développement de coopératives ouvrières remontent on l'a dit à Fria, lorsqu'à la fin des travaux de construction de l'usine Pechiney a cherché à libérer une partie des 15 000 ouvriers engagés dans les travaux de construction. Plus de 600 d'entre eux ont été organisés en coopératives ouvrières pour fournir différents services à l'usine[711]. L'expérience ne fera pas long feu puisque le gouvernement socialiste de l'époque obligera l'usine au début des années 1970 à les intégrer dans le personnel salarié de l'usine, une loi de 1964 ayant interdit l'exercice de toute activité privée[712].

La société Rio Tinto a également à son actif une expérience de développement de contenu local dont les résultats ont soutenu l'idée de mise en œuvre d'une plateforme de mise en relations des sociétés minières avec les entreprises locales. Grâce à l'appui technique et financier de l'IFC, elle s'est lancée avec le soutien de la société minière GAC dans le projet « Guinea Linkages ». Le projet avait comme ambition de réduire le fossé entre les fournisseurs locaux et les sociétés minières par le truchement de cinq domaines d'intervention :

- Accroitre la capacité des fournisseurs locaux à répondre aux besoins des sociétés minières, en garantissant leur accès au financement ;
- Développer les compétences des PME locales dans des domaines clés de la gestion et de la technique de production. À ce titre, l'IFC déroule des programmes de formation des formateurs par le biais d'un programme dénommé « Business Edge » ;
- Développer le programme « Acheter local en Guinée », qui visait à aider Rio Tinto à construire sa propre politique d'approvisionnement local ;
- Constituer une base de données des fournisseurs guinéens accessibles à toutes les sociétés minières, ce qui aboutira à la création d'une bourse de sous-traitance locale et de partenariat (BST/P) en 2018.

En 2012, les résultats de cette politique ont été relativement encourageants, dans la perspective du développement d'une chaine

---

711 LANCEI TRAORE, ancien chef de département de gestion des relations industrielles qui s'occupait justement de cette question.

712 COURNANEL, ALAIN. « Le capitalisme d'État en Afrique : le cas Guinéen ». *Revue française d'études politiques africaines,* 11 (123) : 18-51, 1976.

locale d'approvisionnement qui contribuerait à intégrer le secteur minier à l'économie nationale. Dans le sillage de ce programme, la valeur de 9,1 millions de dollars de contrats a été passée entre des sociétés minières et des fournisseurs locaux. Cela a permis la création par les entreprises locales de 700 emplois grâce à leur intégration dans la chaine d'approvisionnement. Les programmes de formation dans le domaine de la gestion déroulés dans le « Business Edge » de l'IFC ont touché également 860 personnes. Du côté des entreprises locales, 200 PME ont pu bénéficier de formations dans le domaine du marketing, de la santé- sécurité, de la gestion financière, du développement d'un plan d'affaire, pour accéder à des financements soutenus par l'IFC et des banques locales comme la BICIGUI (à l'époque filiale de BNP Paribas). Rio Tinto a ouvert, dans le cadre de ce programme, un centre de formation des PME à Beyla, dans le sud-est de la Guinée[713].

Par ailleurs, l'idée de création d'une bourse de sous-traitance locale (BST/P) a été une initiative qui a fait suite aux conclusions tirées de l'expérience précédente de développement d'une chaine d'approvisionnement locale, et elle a été soutenue par les partenaires privés (entreprises minières) et les partenaires multilatéraux (Banque Mondiale) pour faciliter l'échange d'information sur les marchés de services et de biens entre les sociétés minières et les entreprises locales. La bourse de sous-traitance est une organisation à but non lucratif créée en 2018 et qui regroupe les entreprises minières, le Ministère des Mines et de la Géologie, la Chambre des Mines, l'autorité de régulation des marchés publics, la Banque Mondiale, la SFI et les fournisseurs locaux. Pour adhérer à la plateforme d'information, les acteurs membres payent une cotisation dont le coût varie selon la capacité financière des acteurs[714]. Les entreprises minières membres de la plateforme ont l'obligation de publier sur la plateforme de la bourse de sous- traitance les appels d'offre de services et de fourniture de biens[715]. Les PME guinéennes membres de la BST/P peuvent ainsi bénéficier des opportunités de marché si elles répondent aux conditions de qualité, de

[713] Rapport d'étude intitulé ; guide pratique pour accroitre l'approvisionnement local dans le secteur minier en Afrique de l'Ouest, élaboré par le cabinet KAISER EDP.

[714] Les PME locales payent un million GNF (100$) par an pour adhérer, s'enregistrer et accéder à la plateforme d'information et pouvoir recevoir également des opportunités de formation. Les grandes entreprises payent 300 à 350 millions GNF (entre 30 et 35 mille dollars) comme frais d'adhésion, soit l'équivalent de 7 à 8% de leurs chiffres d'affaires.

[715] L'adhésion d'une entreprise minière à la bourse se fait à travers un décret du Président de la République.

délais, de prix, de santé et de sécurité[716]. La BST/P accompagne les PME, à travers des sessions de formation, pour les aider à atteindre les normes de performance exigées par les entreprises minières[717]. À ce titre, elle a fourni des formations à 1412 entrepreneurs locaux, dont 422 femmes. Les formations s'appuient sur les lacunes identifiées par les PME comme étant des obstacles à leur qualification pour l'obtention des marchés auprès des entreprises minières. Plus de 74 milliards GNF (7 millions €) en valeurs de contrats ont été passés sur la plateforme de la BSTP et 7 milliards de prêts ont été accordés à des PME à travers des banques partenaires à un taux préférentiel[718]. Selon les données de la BST/P, l'entreprise minière émiratie GAC arrive en tête en termes d'octroi de marchés de services et de biens à des entrepreneurs locaux avec plus de 50 millions de dollars en 2022[719].

Ces chiffres sur les achats locaux de biens et services contrastent avec les opinions des entrepreneurs dans la région de Boké. La divergence porte autant sur la dimension territoriale que recouvre le concept de contenu local, que sur le sentiment d'être abandonné par l'État dans la répartition des retombés de l'exploitation. Lors d'un entretien avec le Président des entrepreneurs de Boké, celui-ci a porté de sérieuses critiques sur la BST/P, accusée de « rançonner » les entrepreneurs locaux en leur demandant le paiement de 1 million GNF (100$) pour s'enregistrer dans la plateforme de mise en relation avec les entreprises minières, sans en retour véritablement bénéficier d'opportunités de marchés avec les entreprises minières. Il a reconnu tout de même le faible niveau d'équipement des entrepreneurs locaux de Boké, qui les rend moins compétitifs.[720]

« Le contenu local n'est pas respecté à Boké, la seule entreprise qui le respecte un peu, c'est la SMB. Cette dernière nous donne des contrats dans le BTP. On est répertoire régional de 150 PME. On est parti vers les sociétés, on

---

[716] Informations recueillies à la bourse de sous-traitance et de partenariat, lors d'une journée d'information le 16 septembre 2020.

[717] À ce titre, la BSTP organise des rencontres B to B entre les PME et les services achats des entreprises minières en vue d'une appropriation des normes et des procédures de soumission aux marchés.

[718] La BSTP a facilité l'accès à ces crédits à des PME qui ont des contrats avec les entreprises minières.

[719] Ce chiffre ne compare pas toutes les entreprises minières en Guinée, elle ne tient compte que des entreprises minières enregistrées à la BSTP.

[720] Il nous explique, par exemple, qu'une bétonnière coûte 30 millions GNF (plus de 3000$) et qu'un entrepreneur local aura du mal à avoir.

a écrit à GAC une manifestation d'intérêts, n'y a pas eu de suite, le contenu local n'est pas du tout respecté, il travaille avec des entrepreneurs venus d'ailleurs (il faut lire d'autres régions de la Guinée), on a suivi toutes sortes de formations dans tous les domaines. On a donc toutes les capacités. Mais c'est d'autres personnes qui bénéficient des contrats. Nous avons même au Président, lui il est de Boké, et à chaque fois qu'il vient ici, il parle du contenu local à Boké »[721].

En 2017, les entreprises minières ont initié, sous le leadership de la Chambre des Mines de Guinée, l'élaboration d'une politique nationale de contenu local et de RSE qui rassemble des normes issues des standards internationaux et qui servirait de cadre d'action pour les entreprises minières en matière de contenu local et de financement de la RSE. La conduite d'une telle démarche de régulation, bien que volontaire, entre en concurrence avec les dispositions de la loi minière et traduit une volonté persistante des entreprises à se soustraire à toute régulation de l'État dans des domaines tels que la RSE et le contenu local. Initier, piloter et *in fine* associer l'État à une politique nationale de contenu local et de RSE reflète, à bien des égards, la volonté continue des entreprises minières de réinvestir le champ d'action du social et de rétrécir l'espace d'exercice du pouvoir de l'État (Amilhat Szary, 2010)[722].

Le contenu local, bien que conçu dans l'esprit de la loi minière de 2011 comme un outil de captation d'une partie des investissements miniers à travers l'achat de biens et services produits localement, et de transfert de compétence aux Guinéens, est soumis à un processus de réappropriation par les entreprises minières et les communautés. La RSE et le contenu se distinguent ainsi comme étant des espaces où s'exercent des rivalités de pouvoir entre différents acteurs participants au jeu de la gouvernance territoriale et aux stratégies d'influence.

---

[721] Entretien avec SIDIBOUYA MANE, Président des entrepreneurs de Boké, le 6 juillet 2020.

[722] AMILHAT SZARY, Anne-Laure. « Les entreprises minières dans la gouvernance territoriale - entre négociations de pouvoir et rivalités territoriales, qui portent le développement aux habitants ? », *Revue géographique de l'Est*. URL : http://journals.openedition.org/rge/3132 ; DOI : https://doi.org/10.4000/rge. 3132.

Section 1.2. La RSE des entreprises minières à l'aune des rivalités géoéconomiques : une lecture comparée des approches anglo-saxonnes (CBG) et chinoises (SMB) de la RSE

Cette section est consacrée à l'analyse empirique de deux expériences de RSE, à partir de la trajectoire de deux entreprises minières. La première, la CBG, est l'une des plus anciennes entreprises minières de la Guinée, dont la particularité est d'abriter encore la plus grande participation de l'État dans une entreprise minière, à hauteur de 49% des actions. La seconde, la SMB, bien qu'arrivée plus récemment dans le secteur minier, se révèle être aujourd'hui la plus grande entreprise minière du pays en ce qui concerne la capacité de production[723]. Par ailleurs, ces deux entreprises minières symbolisent également la fracture géopolitique du monde entre les États-Unis et la Chine, sous l'angle des luttes d'influences pour le contrôle des ressources du monde. Le mode opérationnel des stratégies de RSE de ces deux entreprises minières révèle des enjeux politiques, et des dynamiques de pouvoir et de couverture contre le risque réputationnel. Notre hypothèse est que la RSE de ces deux entreprises apparait davantage comme un outil de légitimation et de protection d'une image « d'entreprises responsables », bien plus que comme une stratégie de développement endogène des collectivités minières.

Les données utilisées dans cette section ont été collectées grâce à une approche dialectique à identités multiples propres à un terrain minier. Les données relatives à la CBG ont été collectées durant un stage de recherche du 11 au 24 novembre 2020 au sein de la direction RSE de l'entreprise minière. Nous avons pu au cours du stage avoir accès à des archives inédites de l'entreprise et conduire plusieurs entretiens avec le personnel du service de la RSE. Les données relatives à la SMB ont été essentiellement obtenues au cours d'une mission de monitoring effectuée au compte d'une organisation internationale de défense des droits humains du 3 au 4 décembre 2023. Ce changement d'identité dans la recherche en terrain minier permet de sortir des biais de méfiance des entreprises minières, tout en profitant de l'ouverture qu'offrent les organisations onusiennes.

---

[723] La capacité de production de la CBG, entrée en production en 1973, se situe autour de 19 millions de tonnes en 2022. Alors que la SMB créée en 2015 dépasse déjà la barre des 40 millions de tonnes en 2023.

1.2.2. La RSE de la Compagnie des Bauxites de Guinée (CBG) : déplacement des frontières du politique et délégation des fonctions de l'État

La CBG est actuellement l'une des plus anciennes entreprises minières en activité dans le secteur de la bauxite en Guinée. Elle est née en octobre 1963 à la suite d'une convention signée entre la Guinée et une société américaine de l'État du Delaware, Harvey Aluminium Company. Dans le contexte de la guerre froide, la création de la CBG, grâce à un investissement de près de 400 millions de dollars[724], s'inscrivait avant tout dans une logique d'endiguement de l'influence soviétique en Afrique de l'Ouest. En effet, grâce au soutien diplomatique des États-Unis, le gouvernement socialiste de la Guinée avait obtenu de la Banque Mondiale, en 1962, les soutiens financiers nécessaires pour la construction des infrastructures sociales, ferroviaires et portuaires du projet. C'est un investissement de près de 100 millions de dollars qui a ainsi permis au gouvernement guinéen de construire la cité, le port et un chemin de fer de 135 km entre la mine de Sangaredi et le port de Kamsar[725]. La CBG a été un projet atypique mêlant dans une même aventure industrielle des intérêts capitalistes et un gouvernement socialiste. Elle est surtout révélatrice du rôle de rente diplomatique et stratégique que revêtait la bauxite de la Guinée dans le contexte de la guerre froide. La forte implication du gouvernement américain pour soutenir le projet après la crise des missiles de Cuba en 1962, alors que deux ans plus tôt, en 1959, le même gouvernement avait catégoriquement refusé tout soutien au projet, est également révélatrice de l'évolution des représentations et des intérêts américains en Guinée entre 1959 et 1962[726].

---

[724] TOURE, Sekou, *Valorisation des ressources minières*, Conakry, 13 janvier 1976, imprimerie du gouvernement.

[725] Entretien réalisé à Conakry en octobre 2023 avec IBRAHIMA SYLLA, premier cadre de l'OFAB et ancien Ministre du Plan sous le régime de Lansana Conté.

[726] Ce projet avait démarré en 1954 pendant la période coloniale avec la société canadienne Alcan à travers sa filiale française Bauxite du Midi. À l'indépendance de la Guinée et suite à la rupture entre Bauxite du Midi et l'État guinéen, la société américaine Alcoa avait demandé en vain, en 1959, le soutien du gouvernement américain pour le développement du même projet dans la région de Boké. Après la crise de 1962 à Cuba et la crainte éventuelle de voir les soviétiques s'implanter militairement en Guinée, le gouvernement américain s'est engagé, cette fois-ci, dans le projet avec la société Harvey aluminium de Delaware. L'ancien Ministre du Plan et ancien fonctionnaire de l'OFAB, Ibrahima Sylla, soutient que Harvey a été envoyé

La réflexion sur le rôle et la place de la CBG en matière de contribution au développement local reflète l'évolution des débats théoriques sur le rapport entre les entreprises industrielles et la société au sein de laquelle elles évoluent[727]. En effet les hypothèses qui guident notre réflexion dans cette section s'ancrent à la fois dans les mutations opérées au sein des interventions de l'entreprise dans la région de Boké, et également dans la survivance de forme particulière de rapports de pouvoir dans l'appropriation de la rente minière au nom et sous le registre de la RSE de la CBG.

L'observation des différentes dynamiques de contribution au développement local opérées dans le cadre des activités minières de la CBG témoigne de formes d'interventions en perpétuelle mutation de 1963 à nos jours. Ces changements sont corrélatifs aux évolutions du cadre politique et institutionnel, ainsi qu'aux exigences et intérêts des acteurs étrangers présents dans le capital de l'entreprise. L'entreprise fait ainsi échos aux mouvements de frontières entre le politique et le social, le privé et le public tout au long de la période. Par ailleurs, ses stratégies de contribution au développement local ignorent les relations de pouvoir au sein des communautés et participent à la perpétuation d'un pouvoir notabilaire présent sur le long terme mais remodelé par les vagues de démocratisation et de décentralisation des années 1990.

La première forme d'intervention en matière de développement local dans le cadre du projet minier de la CBG a été opérée par le biais de l'administration publique sous le prisme de l'État providence. En effet l'orientation socialiste du premier régime a renvoyé, dès l'indépendance du pays en 1958, dans la sphère publique et au nom de l'État providence la question de la responsabilité en matière de développement économique et social. Lors de la création de la CBG en 1963, la problématique du développement de la région de Boké a été traitée sous le paradigme de l'intégration régionale et de l'aménagement du territoire en lien avec les politiques de planification[728]. Dans cette

---

en « éclaireur » par les multinationales, puisqu'elles reviendront toutes en 1966 dans le projet.

[727] Ces débats ont été longtemps dominés par le schéma binaire entre la théorie de MILTON FRIEDMAN dominé par le modèle du Sharehorlder ou la finalité de profits pour les actionnaires assignées à l'entreprise et la théorie de Stakeholder de Edward R. FREEMAN dominée par la responsabilité de l'entreprise à l'égard de ses parties prenantes internes et externes.

[728] CAMARA, Sylvain Soriba. « Le Parti Démocratique de Guinée et la politique des investissements privés étrangers ». *Revue française d'études politiques africaines* 11 (123) : 52-73, 1976.

optique, l'exploitation des ressources minières de la région devrait conduire à une intégration économique régionale en favorisant le développement des potentialités locales (agriculture, élevage, tourisme) tout en ouvrant les infrastructures auxiliaires aux mines (chemin de fer, port) à d'autres utilisations sociales et économiques[729]. L'expérience très remarquée de la MARG dans le développement du projet industriel de Fria a servi de cadre d'orientation pour la création d'une structure d'aménagement identique dans la région de Boké, qui portera le nom d'OFAB (Office d'Aménagement de Boké)[730]. Pour les dirigeants de l'époque, la réussite d'un projet minier se mesure à sa capacité à s'insérer dans une dynamique plus large de développement d'infrastructures sociales (routes, chemin de fer, écoles, hôpitaux, formation, emplois) et économiques, et à la création de liens interindustriels. L'office était l'organisme qui participait au nom de l'État au développement de la région de Boké, sachant que le système centralisé de la première République excluait toute possibilité d'intervention volontaire des entreprises minières en matière de développement local, l'État demeurant le principal et seul acteur du développement[731]. La perception des autorités politiques d'alors sur la manière par laquelle la CBG allait contribuer au développement local s'appuyait avant tout sur l'effet d'entrainement des infrastructures minières (cité, chemin de fer, port en eau profonde) et connexes (hôpital, ouvrages de production hydraulique et agronomique) sur l'économie de la région[732]. L'OFAB en tant que structure publique

---

729 BAH, Mouctar. *Le projet minier Boké-Sangaredi et les mesures d'intégration régionale, mémoire de diplôme de fin d'études supérieures, Institut polytechnique de Conakry*, 1970. Information extraite de la riche collection de la Bibliothèque Nationale de Guinée des mémoires de fin d'étude supérieure conservée entre 1962 et 1984.

730 SOUMAH, Ibrahima. *Avenir de l'industrie minière en Guinée,* 2012, Harmattan.

731 708 Le régime dénonçait régulièrement un complot international des pays capitalistes visant à faire tomber le régime. Nourrissant ainsi une sombre méfiance à l'égard des cadres qui ont eu des rapports très poussés avec les entreprises minières lors de la négociation des conventions minières, c'est le cas notamment de Karim Bangoura et de Karim Fofana fortement engagés dans la création de la CBG au début des années 1960 et qui ont péri dans les geôles du régime, ou de brillants cadres qui travaillaient dans ces entreprises, c'est le cas de Emile Kantara qui a passé plusieurs années dans le sinistre Camp Boiro.

732 DENIS, Paul Yves. « Réalisations récentes et perspectives de développement en Guinée ». In : *Cahiers d'outre-mer.* N° 116 - 29e année, octobre-décembre 1976. pp. 321-347 ; doi :

devait s'assurer que les infrastructures du projet minier servent aussi bien au transport du minerai qu'au transport des personnes, de leurs biens et au désenclavement des localités traversées par la ligne de chemin de fer[733]. Cette vision intégrée des infrastructures minières s'insérait dans la logique des plans de développement du pays pensé et rédigé dans les instances du parti unique, avec le concours d'économistes de gauche[734]. Le système de planification économique conçu au début des années 1960, sous la conduite du professeur Charles Bettelheim, avait prévu notamment une connexion entre développement des infrastructures, désenclavement des territoires et mise en valeur des potentialités naturelles[735]. Cet objectif de développement national assigné aux activités ainsi qu'aux infrastructures de la CBG est particulièrement martelé dans le discours du Président Sékou Touré lors du Conseil d'Administration de la CBG ténu en octobre 1976 à Conakry[736]. Le renvoi de la question du développement local sur le champ de la responsabilité du public en fait également un instrument politique de gouvernance. La gestion centralisée de la rente minière qui en résulte permet de subvenir aux besoins du régime, et d'entretenir un réseau d'acteurs qui jurent ainsi fidélité aux autorités en place (Cournanel, 2013)[737]. Le Président Sékou Touré est ainsi informé du moindre incident local qui touche la CBG, qu'il concerne ou non la gestion publique[738].

---

https://doi.org/10.3406/caoum.1976.2792https://www.persee.fr/doc/caoum_0373-5834_1976_num_29_116_2792.

733 Article 4 de la convention de base de la CBG signée en octobre 1962.

734 TOURE, Ahmed Sekou, et Parti démocratique de Guinée. 1960. *Conférence nationale (de planification économique) : Kankan, les 2, 3, 4 et 5 avril 1960 ; rapport d'orientation du Bureau Politique National.* Conakry, France : Impr. nationale. Les différentes conférences économiques des cadres du Parti ainsi que les Congrès se terminaient par des communications sur l'orientation de la politique économique à suivre.

735 BETTELHEIM, Charles. *« Planification en Afrique noire ». Cahiers internationaux*, n° 116 : 63-75, 1961.

736 Horoya N° 2253 du 25 décembre 1976 trouvé aux archives nationales de Guinée à Conakry.

737 COURNANEL, Alain. *L'économie politique de la Guinée, des dictatures contre le développement, Etudes africaines,* Harmattan 2013.

738 Entretien réalisé à Conakry avec IBRAHIMA SYLLA, ancien cadre de l'OFAB présent à Boké au début des travaux de construction de la CBG. Il nous a confié que des incidents techniques touchant l'entreprise sont aussitôt remontés en priorité et en premier ordre au Président de la République.

Après la mise en service des infrastructures en 1973, l'exécution des opérations minières (transport et évacuation de la bauxite) a rapidement pris le pas sur tout autre type d'utilisation des infrastructures. Le développement des potentialités locales (agriculture et élevage) a été progressivement abandonné au profit uniquement des activités minières. L'activité minière a participé, par ailleurs, à un rétrécissement de l'espace de développement des autres activités traditionnelles de la région. Sa frontière s'est élargie au fil des années et a débordé sur l'espace socio-économique, non sans conséquence sur les revendications et les obligations qui seront par la suite inscrites dans le champ d'action de l'entreprise minière. La frontière entre la mine et le social a été bousculée, et s'est trouvée posée la question « d'accessibilité » aux moyens d'existence des communautés préétablies dans les zones agricoles de Kamsar et les savanes pastorales de Sangaredi[739]. Les notions de frontière et d'espaces, dans ce cadre, sont devenues essentielles pour appréhender les rivalités de pouvoir entre les entreprises minières et les communautés (Sarro, 2023)[740]. Elles permettent en effet de saisir le déplacement et l'imbrication des territoires (minier et social) et les implications dans la construction des revendications portées auprès de la CBG. Elles renvoient également au brouillage des responsabilités entre le public et le privé dans le cadre de l'exercice des activités dites de RSE, suite au rétrécissement de l'espace socio-économique des communautés[741]. Le fait est notoire dans la disparition progressive des activités d'élevage à Sangaredi et dans les activités agricoles à Kamsar que nous traiterons dans le dernier chapitre.

Par ailleurs, l'OFAB en tant que structure publique autonome chargée de développer les infrastructures du projet s'est occupée également des questions de recrutement, de formation, de santé, d'environnement, agissant ainsi comme un organisme de conception et

---

739 LEYLE, David. « *Bien-être et inégalités en Guinée Maritime : une question d'accès. Un système d'information pour le développement »,* Thèse de doctorat, Bordeaux 3, 2010.

740 SARRO, Ramon. « The Inversion of Tradition : Generational Transformations on a Mining Frontier ».
Politique africaine, no 169 : 79-98, 2023.

741 REY Pascal, MAZALTO Marie, « Quand le développement des territoires miniers brouille les frontières entre les secteurs public et privé. Cas du secteur minier en Afrique de l'Ouest », *Mondes en développement*, 2020/1 (n° 189), p. 81-97. DOI : 10.3917/med.189.0081. URL : https://www.cairn.info/revue-mondes-en-developpement-2020-1-page-81.htm.

d'exécution de questions qui relèvent aujourd'hui de la RSE des entreprises minières[742]. L'office a ainsi conçu et développé grâce au soutien financier technique de l'USAID un centre de formation professionnelle, l'ENAM (École Natioanle des Arts et Métiers), qui reste encore l'un des plus prestigieux dans l'histoire de la Guinée (Soumah, 2012)[743]. Ce soutien financier de l'agence de coopération américaine a permis de faire venir de la Suisse des formateurs qui aideront à la construction des programmes de formation, et qui dispenseront les premières formations métiers liées au projet[744]. Ainsi, lors du lancement des travaux de construction des infrastructures de la CBG, la Guinée disposait d'un vivier important de main-d'œuvre qualifiée qui se chiffrait, pendant la phase de construction, à plus de 7000 travailleurs, dont 600 expatriés aptes à travailler dans tous les chantiers de construction[745].

Pour l'ancien Ministre du Plan Ibrahima Sylla, un des premiers responsables de l'OFAB présent sur les chantiers de construction en 1968, l'office représentait l'État sur le terrain, s'occupait de tout ce qui concernait le développement communautaire, et coordonnait l'intervention technique de l'État dans le projet, notamment en matière de formation, de recrutement et de supervision technique des travaux[746]. Lors du Conseil d'Administration de la CBG en 1967, le Président Sekou Touré a décliné la vision de l'État sur le développement de Boké, qui reposait sur l'articulation entre développement minier et développement agricole et qui s'emboitait dans un schéma global de développement de la nation suivant les plans nationaux.

« Le Projet de Boké, aussi important soit-il sur le plan international, n'a de signification que s'il constitue un pôle de développement régional s'insérant à son tour dans le processus de développement économique global de la Nation »[747].

---

742 SOUMAH, Ibrahima. *Avenir de l'industrie minière en Guinée, Harmattan*, 2012.

743 L'USAID a accordé un prêt non remboursable de 25 millions de dollars à la Guinée pour financer la création de ce centre de formation.

744 Entretien tenu à Conakry avec l'ancien directeur de l'OFAB, IBRAHIMA SYLLA.

745 Publication Guinée-Festival Édition de la Commission culturelle du Comité central su PDG, Imprimerie P. Lumumba. Conakry. 1983. 85 p.

746 Entretien à Conakry avec I 'ancien Ministre Ibrahima Sylla, également ancien dirigeant de l'OFAB.

747 Publication Guinée-Festival Édition de la Commission culturelle du Comité central su PDG, Imprimerie P. Lumumba. Conakry. 1983. 85 p.

La question du développement local de la zone minière ne peut être dissociée des plans globaux de développement conçu dans le cadre de l'économie socialiste planifiée, dont la finalité principale participait à la consolidation de l'idée même de la nation guinéenne. Dans sa contribution à l'intégration économique nationale entre activités minières et activités économiques locales, l'OFAB a procédé au développement d'une ferme agro-industrielle moderne à Kolaboui. Ce projet agricole s'insérait dans la vision intégratrice assignée au développement minier à partir de laquelle le développement des potentialités locales serait impulsé. Grâce au concours de la société américaine FMC (Food Machinery Corporation) le projet « avait prévu la production sur place à des coûts compétitifs de 12.000 tonnes de riz, 2.000 tonnes de légumes et 6.000 tonnes de haricots verts pour garantir l'approvisionnement suffisant et correct des travailleurs du complexe industriel OFAB/CBG et d'intervenir dans l'approvisionnement des populations »[748]. Le fonctionnement de cette ferme a été interrompu dans les années 1990 et la CBG s'est orientée dans l'importation des besoins alimentaires des travailleurs, notamment du riz en provenance de Caroline, aux États-Unis. Les ruines des installations de la ferme sont encore visibles à Kolaboui et suscitent nostalgie et déception chez les populations. La localité de la Kolaboui est la zone de Boké la plus propice au développement agricole à cause de ses terres fertiles et de nombreux bas-fonds inondés.

Figure 16: ruines de l'ancienne plantation de palmiers de l'OFAB, englouti par l'urbanisation. Ces domaines sont actuellement lotis et occupés par des habitations.

Source : Oumar BARRY

[748] Ibid.

Au total, près de 40% de la Préfecture de Boké ont des sols de fertilité moyenne ou haute[749]. Le choix du site d'implantation du projet, la commune de Kolaboui, illustre la lecture spatialisée de la distribution des infrastructures minières et celles connexes du projet qui a prévalu en 1968, au début des travaux de construction. La distribution des infrastructures coïncide également avec la configuration des potentialités naturelles de la région. La mine est implantée dans la zone propice à l'élevage de Sangaredi, le port dans la zone de pêche de Kamsar, et la ferme dans les terres fertiles de Kolaboui. Cette disposition a accru le pouvoir infrastructurel de l'entreprise et créé une situation de forte dépendance des communautés à l'entreprise.

Il résulte de cette configuration spatiale une relation de pouvoir fortement asymétrique entre l'entreprise minière et les communautés. Les installations minières et industrielles de l'entreprise sont prioritairement implantées dans les espaces indispensables à la survie des communautés. La politique de contrôle de l'espace et des ressources afférentes offrait des leviers à l'État pour s'assurer du maintien des populations sous la domination de la rente minière comme instrument politique de gouvernance. Cette lecture spatialisée des relations de pouvoir en lien avec la distribution des infrastructures dénote le potentiel de domination politique que recouvre la rente minière et le lien de causalité, depuis longtemps établie dans la littérature, entre institution politique et extractivisme (Bebbington, 2013)[750]. Les infrastructures minières et celles annexes sont des sources de pouvoir importantes pour ceux qui les contrôlent, et les observations empiriques montrent une corrélation entre le pouvoir infrastructurel et les relations de pouvoir entre acteurs sur le terrain. La perte de ce pouvoir infrastructurel s'accompagne d'une perte de la domination sociale et politique et de la légitimité exercée sur la population (Bolay, 2021)[751]. Ainsi, nous pouvons constater que la commune de Kolaboui

---

[749] Rapport d'étude commandée par le PAGSEM : *Stratégie pour un développement durable de la Préfecture de Boké*, juin 2019, réalisé par le cabinet Dobbin international et Ergo Strategy Group.

[750] BEBBINGTON, Anthony, L'extraction des ressources naturelles et les possibilités d'un développement inclusif : la politique à travers l'espace et le temps (1er juin 2013). Document de travail n°21 de l'ESID, disponible au SSRN : https://ssrn.com/abstract=2386711 ou http://dx.doi.org/10.2139/ssrn.2386711.

[751] BOLAY, Matthieu, et KNIERZINGER Johannes. « Corporate Gift or Political Sacrifice ? State- Sponsored CSR and Electricity Provision in Guinean Extractive Enclaves ». *Political Geography* 84 (janvier), 2021. https://doi.org/10.1016/j.polgeo.2020.102300.

connait depuis 2010 le plus grand nombre de révoltes sociales dans la zone de Boké. Elle est située à mi-chemin entre la ville portuaire de Kamsar (port de CBG) et la ville minière de CBG (mines de CBG). Nos observations et les entretiens que nous avons effectués sur le terrain, et que nous aborderons dans le dernier chapitre, montrent que la commune de Kolaboui a subi au fil du temps une relégation totale dans la redistribution des revenus miniers, ce qui a contribué à créer une situation sociale hautement explosive.

Il est intéressant de rappeler à ce sujet le refus catégorique en 1968 des cadres du parti unique au pouvoir de laisser bénéficier du projet de relocalisation complète initié par l'OFAB les familles chassées des domaines de Kamsar lors de la construction des installations de l'entreprise, en arguant la crainte d'inégalités sociales au sein des populations[752]. Ce refus brandi au nom de l'équité sociale cache en réalité une volonté de domination politique, et des pratiques de prédation. Il symbolise la perpétuation d'une forme particulière de domination par la rente, et un pouvoir notabilaire connu dans la région dès le XIXe siècle. Une frontière rigide est ainsi maintenue entre les populations locales qui doivent vivre sous le régime de la dépendance à l'État providence, sans aucune possibilité de s'en affranchir, et les nouvelles classes sociales et politiques nourries par la rente minière[753]. La relégation de la question du développement local sous le registre politique, doublée d'une inscription spatialisée des infrastructures, apparaît de ce fait comme un mode de contrôle politique des territoires par un groupe social et politique dominant (pouvoir notabilaire).

---

[752] BAH, Mouctar. *Le projet minier Boké-Sangaredi et les mesures d'intégration régionale, mémoire de diplôme de fin d'études supérieures, Institut polytechnique de Conakry*, 1970.

[753] COURNANEL, Alain. « Idéologie et développement en Guinée ». *Africa Development / Afrique et Développement* 2 (1) : 63-87, 1977.

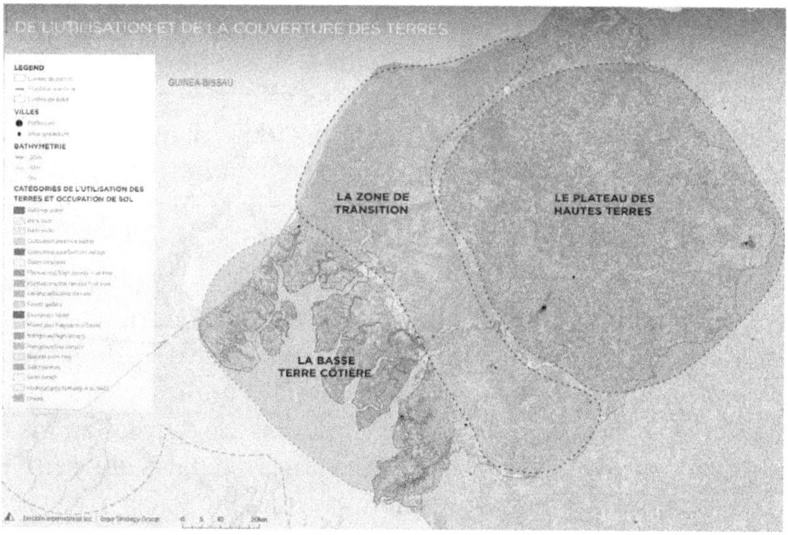

Figure 17: géographie des terres de Boké

Source : Rapport d'étude du PAGSEM.

L'OFAB s'est également lancée, avec cependant peu de résultats, dans le développement d'infrastructures hydrauliques et d'électricité. L'office a investi dans le développement de la station de production hydraulique de Batafong, dans les environs de la ville de Boké, pour fournir l'usine et la cité de Kamsar en eau propre. Elle avait dans ce cadre déployé deux groupes électrogènes à la station de Batafong afin d'accroitre la puissance de production. Parallèlement, elle avait construit une ligne de transport électrique de haute tension de 30 KVA entre la station de Batafong et la ville de Boké, au poste de départ actuel d'Électricité de Guinée (EDG), pour accroitre la capacité de production de la station hydraulique. Cela a permis d'alimenter une partie de la ville de Boké en courant électrique (Sambaya, Géo-mine) et de desservir la ville en eau potable. À travers un accord signé entre l'OFAB et la CBG, l'office s'était engagé à mener des études et réaliser l'électrification de la région de Boké. Il était mentionné dans cette perspective une coopération entre ENELGUI (ancien nom de EDG) et l'OFAB pour la réalisation d'un barrage hydroélectrique sur le fleuve Cogon, qui permettait l'électrification de toute la région de Boké. Ce dernier projet ne verra jamais le jour et la problématique de la desserte en courant électrique sera au cœur de toutes les revendications sociales dans la région de Boké du début des années 2000 à 2023[754].

L'OFAB était ainsi pourvu de la mission de réinvestir une partie des revenus miniers dans le développement régional en cohérence avec les plans nationaux de développement et dans une perspective nationale d'intégration. Cette intervention dans le développement local d'une entreprise minière à travers une structure technique de l'État dégage deux grandes observations. D'abord, la création de l'office a été avant tout une demande des partenaires privés étrangers qui, s'inspirant du modèle de Fria et conscient des difficultés de toutes natures relatives au développement d'un projet minier, ont souhaité collaborer avec une structure technique et apolitique qui prendrait en charge les réponses à apporter. Le mode opératoire de l'office est également révélateur des luttes de classe qui travaillaient le système de gouvernance et la fonction politique associée à la distribution spatiale des infrastructures et à la rente minière. Cette première forme d'intervention a laissé la place, après la fin du premier régime, à une délégation informelle des capacités de réponse et du pouvoir de régulation de l'État vers les entreprises minières.

Après le premier régime en 1984, suivi de l'avènement du libéralisme économique, les approches de la CBG en matière de développement communautaire ont connu en effet des changements profonds. Sur le terrain l'entreprise a commencé à subir une pression sociale de plus en plus forte, avec des populations désormais sensibles au vent du libéralisme politique et économique qui soufflait dans le pays depuis 1985[755]. L'effondrement du système d'État providentiel, instauré depuis 1958, a laissé émerger de nouveaux questionnements sur la légitimité de la présence d'entreprises minières et sur la part d'équité que recouvraient les politiques de redistribution centralisée des revenus miniers mises en œuvre depuis le début des années 1970. Ce changement de paradigme et de perception est à replacer dans un contexte de mutation stratégique, politique et juridique

---

754 Archives non classées du service des relations communautaires de la CBG à Kamsar intitulé : *Manuel du processus et la procédure des relations entre la CB, les communautés, les organismes et les institutions*, consultées lors d'un stage de recherche en 2020.

755 GAULME, François. « La Guinée à l'heure Des Réformes ». *Marchés Tropicaux et Méditerranéens*, 13 juin 1986.

avec l'introduction d'un nouveau régime minier, et avec la mise en application des politiques d'ajustements structurels sous l'impulsion de la Banque mondiale[756], des politiques qui se voulait plus incitatives pour l'investissement minier[757]. L'une des manifestations encore persistantes de ces mutations politiques et juridiques est à voir dans « la redéfinition des sphères de responsabilité et d'autorité publiques et privées, impliquant un transfert vers des acteurs privés de fonctions qui auparavant relevaient des responsabilités de l'État »[758].

À partir de 1987, la CBG a commencé à faire face à un double défi lié à la fois aux enjeux de légitimité de ses activités aux yeux des communautés et à l'absence programmée de l'État sur le terrain suite aux réformes néolibérales introduites en 1985. Pour répondre à ces défis, la CBG va entamer les premiers programmes formels de contribution au développement local sous forme de versement direct de fonds aux communautés[759]. Ces premières contributions au développement local se sont déroulées de 1987 à 1990, sous forme de financement philanthropique de projets sociaux. Le processus voulait être une réponse financière à la montée de la pression sociale contre l'inflation, suite à l'application des programmes d'ajustements structurels[760].

Parallèlement à ces premiers versements de l'entreprise, le gouvernement va ordonner à la CBG, par une lettre datée du 23 octobre 1990, le paiement direct d'une taxe sur le chiffre d'affaires (TCA) à la Préfecture de Boké, à la Sous-Prefecture de Kamsar, à la Sous-Prefecture de Sangaredi et à la Sous-Préfecture de Kolaboui[761]. Il faut

---

[756] GILLES, L. « Les institutions de Bretton Woods en République de Guinée ». *Politique africaine*, n° 36 : 13, 1989.

[757] En 1986, soit deux ans après la fin du premier régime, un premier code minier (loi minière) a été adopté.

[758] HARVEY, cité par CAMPBELL (dir), *La responsabilité sociale des entreprises dans le secteur minier, Réponse ou obstacle aux enjeux de légitimité et de développement en Afrique* ? Page 4, 2016.

[759] Un budget dit des projets sociaux est désormais intégré chaque année à l'OPEX de l'entreprise. Nous savons à travers nos enquêtes de terrain que le musée régional de Boké a été rénové dans les années 1970 grâce à la contribution d'un couple, Jules Vernier, d'expatrié canadien.

[760] SCHWARTZ, Jacques. « L'ajustement au quotidien ». *Politique africaine*, n° 36 : 84-96, 1989.

[761] La lettre porte le numéro N° 2155/MRNE/CAB/ du 23 octobre 1990 et signée du colonel Mohamed Lamine Traoré, Ministre des ressources naturelles en 1990. Ces références ont été retrouvées dans les archives du service des relations communautaires de la CBG à Kamsar.

rappeler que l'introduction de cette taxe non encore prévue par la loi minière à travers un arrêté du Ministre des Ressources Naturelles répondait à un double impératif : d'une part la volonté du gouvernement de contrer le déficit de légitimité auquel les entreprises minières faisaient face auprès des communautés, et de l'autre la tentative d'instituer les bases d'un mécanisme de redistribution des revenus miniers au bénéfice des communautés impactées par l'activité minière[762]. La fixation du montant de la taxe était forfaitaire et la répartition entre les Sous-Préfectures reposait sur le critère démographique, les localités les plus peuplées bénéficient des plus grands montants[763]. Cependant, l'observation des chiffres démontre que ce critère démographique n'a pas été respecté dans la répartition des montants. Le centre de Boké, siège de l'administration avec une population inférieure de moitié à celle de Kamsar, a bénéficié des montants les plus importants, bien que ne subissant aucun impact direct de l'activité minière[764]. Une étude de la GIZ sur la gouvernance minière a souligné également l'iniquité de la répartition et de la gestion du montant entre les différentes administrations locales. La préfecture de Boké, chef-lieu de la région s'attribuait la part la plus importante du montant (entre 40 à 47% en moyenne des fonds versés), alors qu'aucune mine n'était en activité dans sa zone. Ces montants n'ont pas été non plus investis dans des infrastructures collectives, et les collectivités directement impactées par les opérations minières (Kamsar et Sangaredi) ont reçu les parts les plus faibles[765]. Ceci dénote des pratiques de prédation de la rente minière qu'exercent les pouvoirs politiques sur les ressources normalement destinées aux populations les plus impactées par l'activité minière (Mbembe, 1999)[766].

---

[762] Cette taxe sera plus tard reprise de manière formelle dans le code minier de 2011 sous le nom de FODEL.

[763] Entretien réalisé à Sangaredi avec MAMADOU ALPHA TOUNKARA, Secrétaire général des collectivités de Sangarédi en 2013. Bien que le processus de mise en place eût été entamé à cette date, les circonscriptions administratives bénéficiaires des montants versés étaient encore des Sous-Préfectures.

[764] Kamsar est peuplée de près de 500.000 habitants en 2016, Boké abrite près de 100.000 personnes (2017).

[765] DIALLO MAMADOU CHERIF, AHMEDOU TALL, ET LANCEÏ TRAORE. « Les enjeux de la gouvernance du secteur minier en Guinée ». Coopération Guinée-Allemagne, 2011.

[766] MBEMBE, Achille. « Du gouvernement privé indirect », *Politique africaine*, 1999/1 (N° 73), p. 103-121. DOI : 10.3917/polaf.073.0103. URL : https://www.cairn.info/revue-politique-africaine-1999-1-page- 103.htm.

Localité Redistribution	Boké	Kamsar	Sangaredi	Kolaboui
Versement par trimestre en GNF	22.500.000	12 500 000	8 750 000	6 250 000
Montant total par S/P en GNF	90 000 000	50 000 000	35 000 0000	25 000 0000
Montant Total de la TCA en GNF	200.000.000 GNF par an			

Figure 18: matrice de compensation de l'OFAB

Source : A partir des données des archives du département des relations communautaires de la CBG.

En 1991, au moment de la mise en place des premières collectivités décentralisées en Guinée, proclamées dans le discours-programme du Président Lansana Conté le 22 décembre 1985, les nouvelles compétences transférées aux collectivités locales ont provoqué des bouleversements institutionnels et fonctionnels qui ne correspondaient pas aux ressources réellement disponibles[767]. Le processus de décentralisation répondait à deux objectifs assignés aux nouvelles collectivités : le renforcement de la démocratie locale et le développement économique et social de leur territoire[768]. L'observation de l'évolution ultérieure des collectivités de la région de Boké démontre des trajectoires fortement contrastées avec les ambitions initiales. La question de la démocratie locale, et donc de la mise en place de bonnes conditions sociopolitiques de gouvernance, a été délibérément occultée au profit d'une gouvernance locale par le pouvoir des notables (sociaux et politiques), sans possibilité de transformation profonde des relations de pouvoirs au sein de la société. Le maire-député de la commune urbaine de Boké, en 2020, est ainsi un arrière-petit-fils des familles Tawel de Sogoboli qui ont dominé pendant des siècles l'économie de rente dans le bas Nunez. De 1992 à 2014, le Maire de Sangaredi était originaire d'une des familles fondatrices du village de Boullèrè, chef-lieu de la localité.

767 CONDE Alhassane. *La gouvernance locale en Afrique, expérience de la République de Guinée*, Harmattan, 2019

768 LECLERC-OLIVE, Michèle. « Collectivités territoriales, fiscalité et richesses minières », *Techniques Financières et Développement*, 2013/3 (n° 112), p. 97-102. DOI : 10.3917/tfd.112.0097. URL : https://www.cairn.info/revue-techniques-financieres-et-developpement-2013-3-page-97.htm.

Le développement économique et social des territoires a, par ailleurs, simplement obéi à la logique de la dépendance à la rente minière sous le prisme d'une délégation informelle des capacités de développement du public vers le privé (Rey, Franck, 2011)[769]. Les nouvelles collectivités, selon le principe du transfert des ressources publiques dans l'expérimentation de la décentralisation, étaient invitées à choisir des projets qui devraient répondre aux besoins exprimés par leurs communautés et les faire financer par les versements de la TCA de l'entreprise minière[770]. L'entreprise minière était appelée à payer les travaux effectivement réalisés. Il est pratiquement impossible d'identifier, à ce jour, les infrastructures réalisées au cours de cette période avec ce type de financement. Certains documents internes de la CBG laissent tout simplement à penser qu'aucune trace de ces investissements n'est visible ni lisible.

« Suivant l'avancement des travaux et à la demande de l'autorité préfectorale et sous- préfectorale, la CBG payera à l'entrepreneur après vérifications des travaux réalisés, les demandes de paiements et les reçus correspondants constitueront la preuve de paiement par la CBG de la ristourne sur la TCA »[771].

Il est donc difficile de chiffrer les montants décaissés au cours de cette période, les enveloppes ayant évolué suivant les années en fonction des disponibilités financières et les pressions sociales[772]. Cependant, l'augmentation des demandes sociales dans un contexte de fragilisation des capacités de l'État a contraint la CBG à mettre en place une nouvelle enveloppe financière en faveur des populations impactées

[769] REY Pascal, SAINT SIMON Franck de. « L'entreprise n'est pas l'état : Réflexion sur le rôle de l'entreprise dans le cadre de la RSE autour d'une étude de cas en Guinée Forestière » In : *La Responsabilité Sociale de l'Entreprise : nouvelle régulation du capitalisme* ? Villeneuve d'Ascq : Presses universitaires du Septentrion, 2011.

[770] Lettre N° 105/mb/MRNE/CAB du Ministre des Ressources Naturelles à son collègue ministre de la Décentralisation et de l'Intérieur expliquant l'utilisation qui devrait être faite de cette somme tout en définissant la procédure à suivre pour bénéficier des décaissements. Archives non classées du service des relations communautaires de la CBG à Kamsar intitulé : *Manuel du processus et la procédure des relations entre la CB, les communautés, les organismes et les institutions.*

[771] Par lettre 2155/CAB/MRNE du 23/10/1990, le MRNE, du Colonel Mohamed Lamine Traoré, trouvé dans les archives du service des relations communautaires de l'entreprise.

[772] Entretien avec le responsable du département des relations communautaires de la CBG, ALPHA KEITA, lors d'une de visite en 2013.

par ses activités minières. Un budget social de 500.000 $ a été instauré en faveur des communes de Kamsar, de Kolaboui et de Sangaredi, et le nombre de localités bénéficiaires est passé de 3 dans les années 1990 à 14 en 2020, une évolution qui tient également compte de l'augmentation des capacités de production, de l'ouverture de nouvelles mines, et parfois de la demande des autorités préfectorales.

Le 1er avril 1993, suivant la politique N° 48/72/01, la CBG va instaurer une nouvelle politique de gestion des projets sociaux qui tenait compte des évolutions démographiques et sociales dans sa zone d'opération[773]. La nouvelle démarche mettait en place une politique générale de co-gestion des programmes de développement communautaire, de la planification à l'exécution en passant par la gestion opérationnelle. Les projets financés étaient désormais soumis à des critères de sélection prédéfinis[774]. Pour permettre une application efficace de cette politique générale de développement communautaire, un organe participatif de gestion des projets est mis en place, présidé par le DG adjoint de la CBG et comprenant le Préfet de Boké, le Maire de la commune de Boké, les Sous-préfets, les Maires des communes rurales et le syndicat de la CBG. Ce comité représentait l'instance supérieure de sélection des projets financés par la CBG, décidait des montants de financement, assurait l'inauguration des réalisations et transférait aux bénéficiaires les infrastructures réalisées[775]. Si la mise en place de cet organe participatif regroupant des organes déconcentrés et décentralisés peut apparaitre comme un effort de démocratisation de la demande sociale des communautés par la création d'un espace d'interaction d'acteurs locaux, elle ne tient en réalité pas compte des dynamiques de pouvoir au sein des communautés locales et entre les acteurs en jeu. Pour Darimani (2016), « la création de tels espaces demande de s'assurer que la stratégie de RSE de l'entreprise reconnait et incorpore les différentes mentalités, les pratiques

---

[773] Références trouvées dans les archives du département des relations communautaires de la CBG à Kamsar.

[774] 1-un cahier de charge du projet, 2-plans de construction approuvés par le bénéficiaire, 3-Devis estimatif complet du projet approuvé par le maire de la Commune rurale, 4-contrat plus le planning d'exécution des travaux, 5-planning de paiement, 6-caution bancaire égale à 10% du projet, 7-facture de la première tranche incluant le P.V d'inspection de chantier pour 40% de préfinancement des travaux, 8-attestation de gage des biens dans la région de Boké (agrément), 9-lettre de transmission aux bénéficiaires par le président de la commission technique conjointe, 10- lettre de transmission du bénéficiaire au DGA/CBG.

[775] Archives des relations communautaires de la CBG (non classées).

culturelles, normes sociales et relations de production des acteurs qui ne jouent pas un rôle prédominant dans la société »[776].

En 1999, à la suite de la restructuration juridique de la CBG, qui est passée d'une société mixte à une société anonyme, l'organe participatif qui pilotait depuis 1993 les projets sociaux a été supprimé et remplacé par des structures éclatées entre la CBG et la Préfecture de Boké, la CBG et la Préfecture de Télémélé, la CBG et les Sous-Préfets et Présidents des CRD[777]. L'organe participatif de gestion des projets siégeant au niveau de la Préfecture s'était vite révélé éloigné en effet des réalités vécues par les populations et ne permettait pas le choix de projets qui reflétaient les réelles préoccupations des communautés[778]. La création de ces micro-organes de cogestion éclatés et plus proches des communautés ambitionnait donc le rapprochement des projets avec le vécu des communautés afin de cibler des projets correspondants à leurs besoins. Mais, d'une part, si cette gestion éclatée des projets sociaux correspondait bien aux institutions politiques de pilotage du développement local (les communes) promues par la décentralisation, de l'autre, elle contribuait paradoxalement à la perpétuation de la logique d'appropriation des projets par des groupes de pouvoirs locaux (élus, leaders d'opinion, chefs d'entreprises). Ces derniers sélectionnaient des projets répondants davantage à leurs intérêts et permettant la prédation[779]. Une école construite, à ce titre, à Bhoundou Wadé dans la localité de Sangaredi, n'a jamais été fonctionnelle puisqu'elle ne correspondait ni à la carte scolaire du Ministère de l'Education Nationale, ni aux besoins en termes de scolarisation des populations concernées[780].

En mars 2002, la CBG a demandé à une ONG américaine, AGC (Associate for Global Change), de réaliser une étude d'évaluation des investissements sociocommunautaires réalisés dans toute sa zone

---

[776] DARIMANI, *Contribution de la responsabilité sociale des entreprises minières au développement des communautés locales au Ghana, in, La responsabilité sociale des entreprises dans le secteur minier, Réponse ou obstacle aux enjeux de légitimité et de développement en Afrique ?* 2016.

[777] Les CRD ou communauté rurale de développement sont les actuelles communes rurales de la Guinée.

[778] Archives des relations communautaires de la CBG (non classées).

[779] Ces projets permettaient essentiellement à des entrepreneurs locaux et des notables politiques et sociaux d'exécuter des marchés de construction.

[780] Entretien réalisé à Sangaredi avec un directeur des opérations de l'entreprise lors d'une visite dans la mine.

d'opération. L'objet de l'étude était d'établir la situation exacte des problèmes et besoins qui préoccupent les communautés, et à partir de ces problèmes et besoins, d'identifier au moins deux projets finançables suivant les critères de la fondation ALCOA (actionnaire majoritaire de la CBG). Il s'agissait aussi, dans le cadre de cette évaluation, de définir le mécanisme à mettre en œuvre pour pouvoir accéder à ces fonds. Les résultats de l'étude ont permis à la CBG de tirer les leçons de la faiblesse de gestion des projets sociaux par le tandem CBG/autorités administratives locales. Les leçons apprises de cette évaluation, ainsi que d'autres expériences de développement en Guinée, notamment l'expérience de la SAG à Siguiri et les meilleures pratiques internationales en relations communautaires, ont permis de formuler une nouvelle approche plus efficace de développement communautaire pour la CBG en Guinée. Cette évaluation a, par ailleurs, permis d'intégrer le mécanisme du PACV (Le Programme des Communautés Villageoises) dans la gestion des projets financés par la CBG. Ce programme, démarré en 2000 avec l'appui de la Banque Mondiale et visant à soutenir le processus de décentralisation, est considéré comme le plus abouti en Guinée en matière d'accompagnement en faveur du développement local[781]. Entre 2000 et 2018, il a financé 60 millions de dollars essentiellement dans le renforcement des capacités des collectivités en matière de diagnostic territorial, de planification du développement et d'élaboration d'outils programmatiques (PDL, PAI), de mobilisation des ressources locales. Le PACV a notamment soutenu la formation et le déploiement des agents de développement locaux (ADL) dans toutes les collectivités du pays pour servir comme ingénieur-conseil du développement local[782].

---

[781] Archives des relations communautaires de la CBG (non classées).

[782] Entretien à Conakry avec N'FANSOU SYLLA, chargé du suivi-évaluation à l'ANAFIC et ancien travailleur du PACV. L'NAFIC a sur le plan institutionnel succédé au PACV.

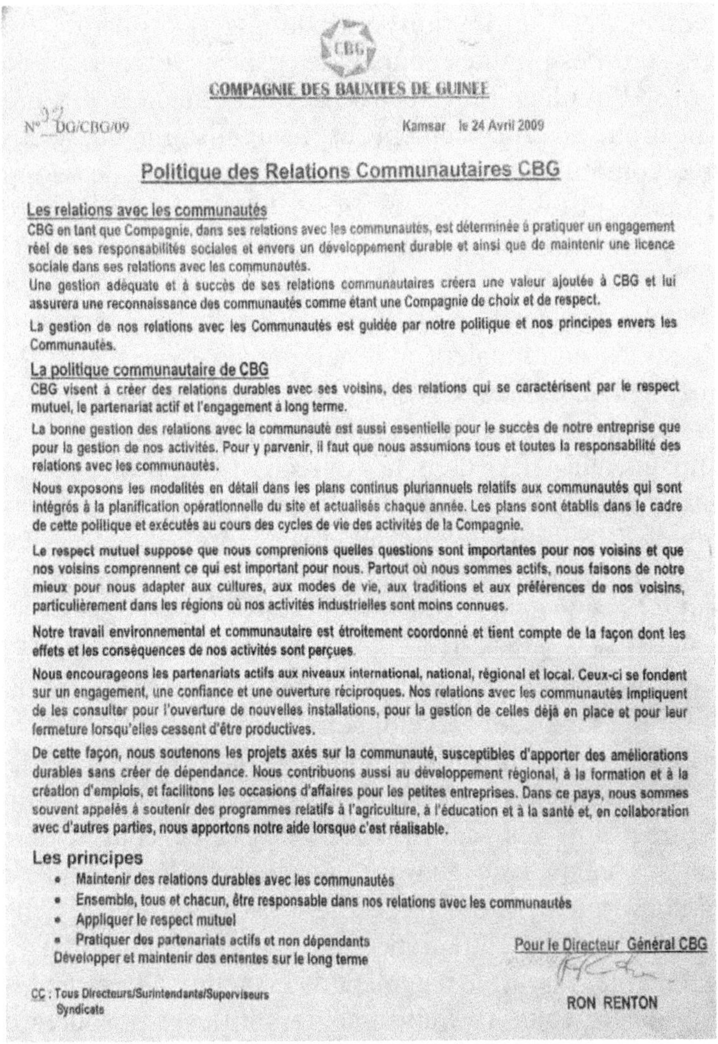

COMPAGNIE DES BAUXITES DE GUINEE

N° 92 DG/CBG/09 — Kamsar le 24 Avril 2009

Politique des Relations Communautaires CBG

Les relations avec les communautés

CBG en tant que Compagnie, dans ses relations avec les communautés, est déterminée à pratiquer un engagement réel de ses responsabilités sociales et envers un développement durable et ainsi que de maintenir une licence sociale dans ses relations avec les communautés.

Une gestion adéquate et à succès de ses relations communautaires créera une valeur ajoutée à CBG et lui assurera une reconnaissance des communautés comme étant une Compagnie de choix et de respect.

La gestion de nos relations avec les Communautés est guidée par notre politique et nos principes envers les Communautés.

La politique communautaire de CBG

CBG visent à créer des relations durables avec ses voisins, des relations qui se caractérisent par le respect mutuel, le partenariat actif et l'engagement à long terme.

La bonne gestion des relations avec la communauté est aussi essentielle pour le succès de notre entreprise que pour la gestion de nos activités. Pour y parvenir, il faut que nous assumions tous et toutes la responsabilité des relations avec les communautés.

Nous exposons les modalités en détail dans les plans continus pluriannuels relatifs aux communautés qui sont intégrés à la planification opérationnelle du site et actualisés chaque année. Les plans sont établis dans le cadre de cette politique et exécutés au cours des cycles de vie des activités de la Compagnie.

Le respect mutuel suppose que nous comprenions quelles questions sont importantes pour nos voisins et que nos voisins comprennent ce qui est important pour nous. Partout où nous sommes actifs, nous faisons de notre mieux pour nous adapter aux cultures, aux modes de vie, aux traditions et aux préférences de nos voisins, particulièrement dans les régions où nos activités industrielles sont moins connues.

Notre travail environnemental et communautaire est étroitement coordonné et tient compte de la façon dont les effets et les conséquences de nos activités sont perçues.

Nous encourageons les partenariats actifs aux niveaux international, national, régional et local. Ceux-ci se fondent sur un engagement, une confiance et une ouverture réciproques. Nos relations avec les communautés impliquent de les consulter pour l'ouverture de nouvelles installations, pour la gestion de celles déjà en place et pour leur fermeture lorsqu'elles cessent d'être productives.

De cette façon, nous soutenons les projets axés sur la communauté, susceptibles d'apporter des améliorations durables sans créer de dépendance. Nous contribuons aussi au développement régional, à la formation et à la création d'emplois, et facilitons les occasions d'affaires pour les petites entreprises. Dans ce pays, nous sommes souvent appelés à soutenir des programmes relatifs à l'agriculture, à l'éducation et à la santé et, en collaboration avec d'autres parties, nous apportons notre aide lorsque c'est réalisable.

Les principes

- Maintenir des relations durables avec les communautés
- Ensemble, tous et chacun, être responsable dans nos relations avec les communautés
- Appliquer le respect mutuel
- Pratiquer des partenariats actifs et non dépendants

Développer et maintenir des ententes sur le long terme

Pour le Directeur Général CBG

RON RENTON

CC : Tous Directeurs/Surintendants/Superviseurs
Syndicats

Figure 19: Politique de relations communautaires de la CBG

Source : Archives département RSE de la CBG.

En décembre 2002, quelques mois après l'étude menée par ACG, le Conseil d'Administration de la CBG a appuyé et recommandé l'idée d'un partenariat entre la CBG et le PACV, avec l'appui de la Banque Mondiale. L'une des principales conclusions de l'étude révélait que les projets de RSE financés par la CBG ne répondaient pas totalement « aux demandes formulées par les communautés », et étaient soumis à l'influence des groupes de pouvoir locaux (élus, leaders communautaires), notamment dans le choix des projets, de leur emplacement, et l'attribution des contrats (Darimani, 2016). C'est pourquoi l'une des finalités poursuivies par ce partenariat a été d'abord de favoriser l'implication effective des bénéficiaires des projets dans l'identification, le financement et la réalisation de ceux-ci. Des structures communautaires de gestion des projets, développés par le PACV, ont été mises en place, et en avril 2003 un premier contrat a été signé pour implémenter le nouveau mécanisme dans trois (3) localités pilotes : Bintimodia dans la Préfecture de Boké, Missira et Daramagnaki dans celle de Télémele. Pendant ce temps, quatre (4) autres localités continuaient à bénéficier de l'assistance de la CBG conformément au tandem CBG/ autorité administrative locales[783].

Dans ce partenariat le PACV avait pour mission essentielle d'accompagner la CBG dans la confection des outils de gestion des projets, à savoir PDL (Programme de Développement Local) et PAI (Programme d'Investissement Annuel), à partir desquels les besoins des communautés sont identifiés à travers des missions de diagnostic territorial. Les projets sont ainsi sélectionnés par les conseils communaux des localités riveraines des activités de la CBG. Les projets retenus par les conseils délibérants de ces collectivités sont transmis au Conseil Préfectoral de Développement de Boké (CPD)[784] qui les approuve au prorata des disponibilités financières (accordées par la CBG) et au nom du contrôle administratif qu'exerce l'administration déconcentrée sur les collectivités[785]. Les exécutifs communaux élaborent les cahiers de charges, assurent le lancement des appels d'offres conformément aux procédures de passation des marchés du PACV, recrutent un entrepreneur et passent les contrats. La CBG assure en dernier ressort le paiement de la facture à l'entrepreneur après exécution des travaux[786]. Cette intégration des procédures du PACV pour la détermination de la demande est supposée permettre l'implication des bénéficiaires dans tout le processus du projet

[783] Archives des relations communautaires de la CBG (non classées).

[784] Consultation préfectorale qui réunit les services déconcentrés, la société civile et les élus locaux. Avant la mise en place du CPD de Boké, c'était le conseil administratif préfectoral, un autre organe de délibération qui statuait sur les projets proposés par les collectivités.

[785] L'enveloppe était composée du Budget des projets sociaux de 500.000 $ à répartir entre 14 localités et la TCA de 200.000.000 GNF à repartir entre 4 collectivités à savoir ; Boké, Kamsar, Kolaboui, Sangaredi.

[786] Les communautés devaient participer à la réalisation des projets à hauteur de 15% d'apport en nature (agrégats, sable, graviers, blocs de pierre, main-d'œuvre non qualifiée) et à hauteur de 5% en espèces (FIV, Fonds d'Investissement Villageois).

(identification, planification, mobilisation des ressources, mise en œuvre, suivi et évaluation), et cette démarche doit permettre aux communautés de la zone d'extraction d'améliorer leur condition de vie à travers des projets bien ciblés.

Il ressort des observations de terrain que cette procédure officielle de ciblage et de validation des projets financés par les fonds sociaux de la CBG, bien qu'officiellement alignée sur les mécanismes participatifs déroulés à travers le mécanisme du PACV, prend peu ou pas en considération les relations de pouvoir au sein des communautés et ne tient pas compte des dynamiques d'aménagement et des contraintes structurelles qui entravent le développement des territoires (cohérence stratégique)[787]. En effet, le choix des projets à financer par la CBG s'appuie sur les besoins exprimés dans les outils programmatiques du développement local (PDL, PAI) et implémenté par le PACV[788]. Cependant les besoins exprimés dans ces outils sont loin de traduire les aspirations profondes de toutes les composantes de la société. Les conditions sociopolitiques locales résultant des processus de décentralisation introduite depuis les 1990 n'ont pas pu favoriser une large démocratisation des processus de consultations locales. Il est à noter une forme de perpétuation de rapports de domination au sein des communautés qui mettent en marge des franges importantes de la communauté dans le processus de redistribution des revenus miniers. Parmi ces groupes nous pouvons citer les éleveurs nomades de la zone de Sangaredi, les pêcheurs de la zone de Kamsar, et les milliers de jeunes desœuvrés dans la zone de Kolaboui. Ces groupes sont les plus actifs dans les manifestations violentes récurrentes dans la zone de Boké[789]. L'expression « *nous sommes ignorés* » prononcée devant nous par un leader de jeunes à Kolaboui résume le sentiment d'exclusion qui travaille les mouvements de colère des jeunes.

« Kolaboui est pointé du doigt comme étant la plus grande zone de violence à Boké, alors que c'est plutôt la zone de sous-développement. Ces dernières années la population de Kolaboui a doublé. La violence qu'il y a Kolaboui s'explique. Nos bas- fonds ont tari et nos maisons sont rouillées par la

---

787 Le concept de cohérence stratégique a été emprunté à ABDULAI DARIMANI développé dans le chapitre d'un ouvrage collectif et intitulé ; contribution de la responsabilité des entreprises minières au développement des communautés locales au Ghana sous la direction de Bonnie Campbell (2016).

788 Entretien avec le Vice Maire de la commune de Kamsar, octobre 2023.

789 Entretiens à Kolaboui avec Wotem Somparé, et Mohamed Touré, leaders de jeunes très actifs dans les violences enregistrés à Kolaboui en 2020. Entretien également avec les jeunes pêcheurs du port artisanal de Salamouya à Kamsar en décembre 2020.

poussière. Nous ne cultivons pas la violence, mais nous sommes ignorés alors que nous sommes la plus grande sous- préfecture de Boké. Nous sommes ignorés par l'État dans nos droits régaliens. Les entreprises ne doivent pas faire le droit régalien de l'État. Nous avons un cimetière de groupes électrogènes de 1400 KVA non opérationnels. Nous n'avons même pas de cimetière public. Donc on nous pousse vers la violence ».[790]

La plupart des projets financés sous le registre du PACV ont concerné essentiellement la construction d'infrastructures éducatives et culturelles, et ont été principalement localisés dans les grands centres de pouvoir (Boké, Kamsar, Sangaredi). Ce processus a complètement ignoré la création d'un espace d'expression qui, pour les groupes marginalisés, « reconnaisse et incorpore les différentes mentalités, les pratiques culturelles, normes sociales et relations de production des acteurs » (Darimani, 2016). L'approche dite de « participation appropriée et représentative » développée par Zandvliet et Anderson (2016), qui suppose la consultation de groupes spécifiques (femmes, jeunes, marginaux) et dans des formats adaptés (forum, consultation publique), n'est pas appliquée par la CBG. Les espaces de concertation des collectivités locales (Conseil Communal), qui symbolisent par ailleurs l'échec des politiques de démocratisation locale, sont les seules instances qui identifient, sélectionnent et gèrent les projets financés.

Par ailleurs, la problématique de l'incohérence stratégique mise en exergue dans la littérature sur la RSE par Darimani (2016) retrouve toute sa pertinence empirique lorsqu'elle est appliquée à l'analyse de la RSE des entreprises minières dans la région de Boké. La compréhension du lien entre les pratiques de RSE de la CBG et les dynamiques d'aménagement des territoires donne en effet à voir la perpétuation d'une dépendance accrue des territoires à l'entreprise minière sur la question de l'électrification et du développement des opportunités d'affaires (Campbel, Laforce, 2016). L'insertion des pratiques de RSE des entreprises minières dans les dynamiques d'aménagement des territoires est donc incontournable pour résoudre les problèmes structurels, sans lesquels le développement des potentialités minières ou non de la région de Boké est entravé. À ce titre, nous avons assisté progressivement à Boké à une « délégation informelle » de la question de l'électrification de la région à la responsabilité de l'entreprise minière, à partir de la vague de

---

[790] Entretiens réalisés à Kolaboui avec un groupe de jeunes dirigés par Mohamed Touré et Wotem Somparé en décembre 2020

libéralisation des années 1990. La CBG produit et distribue gratuitement le courant à plus de 700.000 personnes à Kamsar et à Sangardi. En 2007, la CBG a financé à hauteur de 3,5 millions de dollars la construction d'une centrale thermique (4 mégawatts composés de 5 groupes électrogènes de 800 KVA chacun et un réseau MT/BT) à Filima, dans la localité de Kamsar, pour couvrir les besoins électriques de Kamsar-village[791]. Une autre centrale d'une capacité avoisinante a été construite à Sangaredi pour alimenter la ville en courant électrique. Une convention de fourniture d'électricité, d'exploitation et de commercialisation de la centrale de Filima d'une durée de 36 mois a été signée, en 2010, entre la CBG et le groupe privé SMS-KPE. Ce groupe a pris en charge dans le cadre de ce partenariat la production, la distribution et la commercialisation du courant, et il fournissait ainsi du courant aux clients pour une durée de 12h par jour (19h-7h). La CBG a fourni un soutien au démarrage au groupe privé à hauteur de 500.000 $ par an et mit régulièrement à la disposition du groupe un lot de matériel. Une série de campagnes de sensibilisation des populations a été déployée pour le paiement des factures selon l'arrêté conjoint A/94/2378/MREE/MPF/SCG/ fixant les tarifs de fourniture d'électricité à 1700 GNF/ KWH (1,7 €)[792].

Ce cadre de partenariat entre CBG et le groupe SMS-KPE a mis fin, pour un temps limité, à la gratuité de la consommation de courant pour les 21 230 consommateurs recencés, codifié et non liés à la CBG dans les villes de Kamsar et Sangaredi et dans la commune urbaine de Boké. En ce qui concerne la CU de Boké, la CBG s'était engagée dans le cadre du même partenariat à produire et à vendre le courant à EDG pour une puissance de 1MW pendant 12h, entre 19h et 7 h du matin. Le coût de production à partir de la centrale électrique de Batafong a été fixé à 0,87$ par KW, moins 5% sous forme de remise par rapport au tarif convenu. La CBG s'occupait également de l'entretien de la centrale de production de Batafong et du réseau de transport jusqu'au poste transformateur de Koulifanya, situé dans le centre-ville de Boké. L'entreprise publique, EDG, opérait dans la distribution et la commercialisation de l'électricité à ses clients tout en assurant l'entretien et la réparation des équipements et des installations de Koulifnaya. Par ailleurs, l'État s'est engagé également dans le cadre de ce partenariat à supporter le démarrage du groupe SMS-KPE en lui

---

791 Archives des relations communautaires de la CBG (non classées).

792 Archives du service des relations communautaires de la CBG à Kamsar

octroyant une subvention d'équilibre transitoire de 1,6 million de dollars, ainsi que des avantages fiscaux pendant trois mois (détaxé à 100%)[793]. De plus le groupe a reçu 800.000 litres de carburant accordé par l'État en guise de soutien. Dans le cadre du même accord, et concernant le volet production en eau potable, la CBG a produit et livré à la SEG au niveau du PK 56 un volume de 1000 m^3 d'eau pour alimenter en eau potable la ville de Boké pendant 9h au maximum. Ce volume a été facturé conformément aux tarifs homologués en vigueur fixés par l'État guinéen, soit 900 GNF/ m^3 (9 €). La CBG s'occupait de l'entretien, de la réparation et du remplacement des installations et équipements de production jusqu'au PK 56, la SEG opérait dans la distribution, le relevé des compteurs et la facturation des consommateurs.

La maitrise de la question de l'électricité fonctionne on le voit à la fois comme une contrainte et comme une source de pouvoir pour l'entreprise minière. Il est possible de percevoir dans les villes l'influence écrasante des directeurs généraux de l'entreprise sur les autorités locales[794]. La forte dépendance des villes minières à l'entreprise sur la desserte en électricité a contribué à délégitimer l'autorité de l'État au point qu'il est fréquent d'entendre des personnes protester et affirmer que « *pour nous l'État, c'est l'entreprise minière* »[795]. En 2017, des violences ont éclaté dans toute la zone minière de Boké et entrainé des destructions matérielles et des pertes en vie humaines. Les questions de l'électrification et de l'emploi étaient au cœur de toutes les revendications[796]. L'absence prolongée de l'État dans la fourniture du courant électrique a en effet entravé la possibilité de développement d'un tissu industriel local de PME comme alternative à l'après-mine. Et la précarité dans l'accès à l'emploi a été souvent exploitée par l'entreprise minière comme un levier de domination sociale dans sa zone d'implantation. Le poste de Directeur général de

---

[793] Lettre 3370 MMHE, PV de la mission conjointe MMEH et MECOFI du 12/09/09, archives du service des relations communautaires de la CBG. La mobilisation de cette subvention dépendait de l'engagement des autres partenaires économiques présents dans la zone.

[794] À Sangaredi, l'ancien Directeur de la mine, BACHIR DIALLO, était pratiquement une autorité concurrente, puisqu'il s'occupait également de l'hygiène et de la propreté de la ville de Sangaredi.

[795] Propos recueillis auprès d'une association de jeunes à Sangaredi lors de notre visite en novembre 2023.

[796] Cet aspect spécifique des conflits dans la zone de Boké a été traité dans le dernier chapitre.

la CBG est en somme passé d'une simple fonction managériale à une véritable fonction politique et sociale du fait de l'omniprésence de l'entreprise dans la vie de ces localités.

En 2010, le Directeur général de la CBG a initié un projet d'appui au développement de l'entrepreneuriat des jeunes et des femmes. Un montant de 200.000 $ a été engagé pour financer le développement de TPE (très petites entreprises) composée d'anciens travailleurs et de jeunes. Ces TPE contractent des contrats de sous-traitance avec l'entreprise dans des domaines ne nécessitant pas de haute qualification (le domaine de l'entretien, de la sécurité, de la maintenance, de l'alimentation et du nettoyage). Cette initiative a permis à dix TPE de démarrer en générant près de 800 emplois. Elles sont composées de jeunes (70%), de femmes (20%), et d'anciens travailleurs de la CBG (10%). L'initiative a l'avantage de favoriser le développement d'un tissu local de PME qui participent au côté de la CBG à la création de la valeur ajoutée, sur la chaine de l'exploitation minière.

Ces TPE sont implantés dans tous les domaines d'activités susceptibles d'être économiquement rentables et ayant une utilité sociale pour la CBG. La société prête à chaque TPE créée un montant initial, sans intérêts, nécessaire pour sa création et le démarrage de ses activités. Le remboursement s'étale sur 3 ans à compter de la fin d'un moratoire de 12 mois accordé à la TPE avant le début de tout remboursement. Le montant remboursé est versé dans un compte de la CBG pour permettre la création d'autres TPE. Toute TPE en tant qu'entreprise privée est totalement indépendante de la CBG dans sa gestion et dans ses choix de management. Elle entretient uniquement avec la CBG des relations réciproques de client-fournisseur. Dans l'acquisition des marchés, la TPE est soumise aux mêmes règles que les autres entreprises concurrentes. Cependant l'entreprise exige de la TPE des obligations de citoyenneté, notamment un salaire minimum de 700 000 francs guinéens, une déclaration sociale et fiscale de l'entreprise, le respect des conditions de santé, sécurité, environnement, et du code de l'éthique et des affaires de la CBG. Pour bénéficier du prêt, la TPE présente à l'entreprise, en collaboration avec les autorités locales, une liste des associés avec leurs profils et compétences, les statuts de la micro-organisation, l'agrément de création et le capital social des associés. La Direction Générale de la CBG signe avec le gérant de la TPE un contrat de prêt d'argent suivi d'un engagement par la TPE de non-recours contre la CBG, et si besoin d'un contrat avec la CBG pour la logistique, la location des biens immobiliers, la fourniture d'eau et d'électricité.[797]

Les TPE ont éveillé la conscience professionnelle d'une partie des jeunes, qui s'associent pour former des sociétés pour la prise en compte de certaines activités non liées à la production de la bauxite. Ces micro-entreprises participent à la recherche de l'excellence dans le travail par l'instauration d'un esprit d'émulation, mais aussi par la mise en commun de leur compétence technique dans l'exécution des travaux. Elles ont, en outre, permis le développement d'une culture d'entreprise entre les associés et les employés en réduisant la précarité des emplois à travers des contrats à durée déterminée (CDD). La prise en charge de la couverture sanitaire, la sécurité sociale et l'instauration de l'épargne au niveau des jeunes sont, de même, des avantages sociaux associés à l'existence de ces TPE[798].

Cependant, le développement de ces TPE a été fortement entravé par la rareté des contrats, dont la CBG est presque l'unique pourvoyeuse. À cela s'ajoute la concurrence déloyale de certaines PME ou sociétés financièrement et techniquement plus solides que les TPE. Ce qui rend difficile leur possibilité d'extension et d'évolution et les relègue dans leur domaine initial de compétence. Les conflits et relations personnelles difficiles entre les membres d'une même TPE compliquent parfois en outre la gestion et le management, dans un environnement fortement concurrentiel et aux opportunités d'affaires restreintes[799].

[797] Archives non classées du service des relations communautaire de la CBG.

[798] Archives non classées du service des relations communautaire de la CBG

[799] Entretien réalisé à Kamsar avec Mohamed Jibone Soumah, membre d'un TPE.

Société	Description	Emplois créés	Avance de démarrage (millions GNF)	Apport opérateur (millions GNF	Contrat en exécution (millions GNF)
SOCOREM	Constructions et rénovations de maisons	57	60,00	5,70	1300,00
SOCANE	Assainissement et nettoyage	102	60,00	10,20	288,00
SOREMINE	Reboisement des carrières	20	60,00	2,00	87,50
SONECI	Curage de caniveaux industriels	44	60,00	4,40	73,70
SOLABAAL	Assainissement cité	30	18,90	3,00	En cours de préparation
SORECOM	Rénovations et constructions de maisons	20	21,30	2,00	En cours de préparation
SOFRULEG	Fabrique de confitures	10	60,00	1,00	
	Total	283	340,20	28,30	1749,20

Figure 20: liste des TPE/CBG créer en 2010

Source : Tableau sur la situation des TPE extrait des archives de la direction des projets communautaires de CBG à Kamsar.

En 2017, la CBG a décidé d'augmenter le budget de ses projets sociaux de 500.000 $ à 2.500.000 $. La même année, l'État a publié le décret d'opérationnalisation du FODEL. La convention de CBG de 1963 est antérieure aux dispositions du code minier de 2011 instituant le FODEL. Et da fait la CBG a été l'une des rares entreprises minières à refuser le paiement du fonds FODEL, sous prétexte d'incompatibilité juridique entre cette exigence du code minier et les dispositions singulières de sa convention de base. L'augmentation du budget des projets sociaux de l'entreprise s'est révélée être ainsi une stratégie de contournement des exigences de la loi minière et les décrets instituant le FODEL. La solution trouvée par la CBG à ce conflit juridique entre sa convention de base et les exigences de la loi minière a été d'externaliser sa politique de développement communautaire en contractualisant la gestion du fonds avec l'ONG canadienne CECI (Centre d'Étude et de Coopération Économique). Une convention de développement local a été signée en 2017, entre CECI, la CBG et le CPD de Boké[800].

La convention a prévu le financement d'activités génératrices de revenus portées par des groupements et des projets d'infrastructures prélevés dans les plans de développement des communes. Les projets d'activités génératrices de revenus sont destinés à des jeunes et à des femmes pour leur permettre le développement des sources alternatives de revenus. Ces GIE (Groupements d'Intérêts Économiques) sont au nombre de 48 et exercent dans différents domaines d'activités, notamment le maraichage, l'agriculture, l'élevage. Ils emploient plus de 1037 personnes, dont 65% de femmes et 80% de jeunes. En outre, 799 personnes, dont 549 femmes et 322 jeunes, ont bénéficié de prêts sans intérêts, remboursables sur une période de 3 ans. Les GIE ont également bénéficié de 101 micro-projets d'infrastructures et d'équipements de production et de commercialisation[801]. Le rapport d'évaluation du projet évoque ainsi 130 ha de terres aménagées pour la production maraichère des groupements sélectionnés. Les conditions de recrutement des 48 GIE et les mécanismes qui ont prévalu à l'octroi des prêts sont cependant sévèrement critiqués par les élus locaux. Aucune procédure transparente et accessible à tous n'est disponible sur les

[800] Entretien réalisé à Boké en juillet 2020 avec MAMADOU KOUMBASSA, Président du CPD de Boké. Le CPD de Boké a signé au nom des collectivités locales (Communes) de Boké.

[801] Rapports de projet CECI-Guinée, novembre 2023.

conditions entourant le choix des GIE[802]. L'octroi du prêt a été géré de manière scandaleuse avec une institution de microfinance appelée RAFOC, qui a soudainement disparu avec une partie des fonds domiciliés dans ses comptes.[803] Lors de notre visite de terrain, nous avons pu remarquer qu'une dizaine de groupements sont à l'arrêt. Une partie des équipements des personnes qui ont bénéficié des prêts, en incapacité de rembourser, sont confisqués et déposés dans les locaux de l'administration locale à Kamsar. Les raisons évoquées à ces défaillances multiples vont de la faiblesse des mécanismes d'accompagnement des groupements institués par CECI à l'inexpérience des personnes membres de ces entités. La gestion de ces fonds sociaux par le canal d'une ONG internationale est de plus contestée par les élus locaux qui la perçoivent comme une forme d'entrave au principe du pilotage du développement économique et social des territoires par les collectivités locales[804].

Il apparait au fil de ses lignes que le modèle de RSE promu et mis en œuvre par la CBG a constamment subi des mutations au gré de l'évolution du contexte politique et de son environnement local. S'il faut noter un volume d'investissement certain consenti par l'entreprise en valeur monétaire, l'efficacité de ses investissements dans l'amélioration des conditions de vie des populations a été très limitée. L'essentiel des projets financés répondait davantage à la volonté des groupes dominants et portait peu d'attention aux relations de pouvoir à l'intérieur de la communauté. La distribution spatialisée des infrastructures minières et sociales de la CBG reflète également des enjeux de domination politique et a participé, au fil des ans, au renforcement du pouvoir infrastructurel de l'entreprise et à la délégitimation de l'État. Les violences enregistrées dans la zone de Boké entre 2017 et 2020 traduisent le sentiment d'exclusion dans la distribution de la rente qui travaille les relations entre les acteurs sur le terrain, d'autant plus que l'extension des activités minières s'est opérée au détriment des communautés. Ces dernières, assistant de manière impuissante à la destruction de leurs moyens de subsistance, abandonnées par l'État, se sont sentis plus que jamais dépendantes de l'entreprise minière.

---

[802] Entretien réalisé à Boké avec MAMADOU COUMBASSA, Président du CPD de Boké.
[803803] Entretien réalisé à Conakry avec un ancien agent de CECI-Canada.
[804] Entretien réalisé à Kamsar avec un des Vice Maire de la Commune.

réalisés dans les localités situées dans la zone d'influence de CBG, Prefecure, Commune Urbaine, Sous-Prefectures et CRD *Kamsar-Kolaboui-Bintimodia-Tanéné- Dabis-Kanfarande-Malapouya-Boké-Sangarèdi-Missira-Daramagnaki et l'Université GèoMine Boké*

Années	Salles de classes	Centre Sante	Routes (Sus)	Résidence & bâtim Admin	Adduction Eau potable	Electrici (Sus)	Stade + C Cultt	Marché (Sus)	Centre Feminin	Diverses (Sus)	Créat + Démarr TPE/So	Institut GéoMin Boké (Sus)	Total (Sus)
1987	29 000	0	17 000	0	0	0	0	0	0	385 000		100 000	531 000
1988	0	0	42 000	0	0	0	115 000	0	0	134 000		80 000	371 000
1989	960 000	179 000	18 000	0	631 000	505 000	15 000	0	0	83 000		70 000	2 461 000
1990	0	3 360	52 800	0	0	0	0	101 000	14 800	548 000		40 000	759 960
1991	72 000	48 000	368 000	0	166 000	0	0	0	0	189 000		40 000	883 000
1992	30 000	45 000	34 000	0	15 000	0	0	28 000	0	81 000		40 000	274 000
1993	202 000	0	142 000	6 000	15 000	0	0	35 000	3 500	239 000		40 000	682 500
1994	100 000	20 000	0	20 000	0	0	0	0	0	100 000		40 000	280 000
1995	187 462	30 000	47 653	96 328	140 000	333 000	0	0	0	52 950		40 000	927 393
1996	192 184	29 460	261 510	63 320	110 000	130 000	0	0	0	57 224		40 000	883 698
1997	334 588	0	26 580	73 687	0	0	5 817	175 000	30 000			40 000	685 672
1998	221 000	0	100 000	164 000	10 000	0	223 500	57 000	30 000	30 000		40 000	875 500
1999	187 607	7 752	78 119	174 950	10 147	0	15 000	91 433	23 000	21 929		40 000	649 937
2000	162 301	11 978	126 345	105 988	7 433	30 000	0	20 958	0	8 323		40 000	513 327
2001	182 840	0	66 209	82 751	9 792	3 500			40 092	22 613		40 000	447 797
2002	230 105	49 190	52 605	54 972	0	7 538			49 111	9 462		80 000	532 983
2003	205 000	40 000	200 000	0	0	0	0	0	0	0		30 000	555 000
2004	0	0	0	58 727	0	390 359	0	0		0		30 000	479 086
EMSKPE					54 164								54 164
SGE						570 959							506 000
2005	75 000				375 000	1 800 000						40 000	2 290 000
2006	76 000			199 000	578 000							80 000	933 000
2007	61 475	62 959	40 000	304 086		850 000				0		80 000	1 398 520
2008	52 788	140 124	35 552	244 187		500 000				27 349		80 000	1 080 000
2009	52 778	140 124	35 658	254 324		174 000				17 106		80 000	754 000
2010	164 286	117 261			7 000	500 000	107 400	39 430		64 623	50 000	60 000	1 110 000
2011											100 000	0	100 000
2012		209 219	28 571	1 200 000								30 000	1 467 790
Eau+ Elect						19 800 000							19 800 000
Donation (des 12ans)										981 818			981 815
Total	3 858 414	604 864	1 772 613	3 102 320	2 128 536	25 594 356	431 717	547 821	190 503	3 052 397	150 000	1 320 000	42 803 542

NB Sus 1 650 000/an de Frais et de subvention à fourniture de l'Eau+Electricité des 12 dernières années à Boke-Kamsar-Sangaredi + Sus 4,5 MK pour la construction de la nouvelle centrale electrique 4 Mva de Filma à Kamsar-Village 22 S/S du MT/BT soit + 60 % des besoins + 5300 compteurs prépayés posés + 32 Km d'adduction d'eau potable, + 22 BF + 120 Km de route ouverte/reprofilées + 7 RPE + 2 So pour 744

Figure 21: réalisations RSE de la CBG

Source : Archives du département RSE de la CBG.

1.2.3. La RSE d'une entreprise minière chinoise sous le prisme des « nouvelles routes de la soie ». Un retour vers des modèles paternalistes de développement

En 2003, la Chine a publié sa politique d'approvisionnement en matières premières minérales qui décline les grands principes organisant le comportement de l'État chinois et de ses entreprises dans la conquête des ressources minières. Cette politique part du principe propre aux États communistes instaurant le monopole de l'État sur les entreprises minières et métallurgiques considérées comme des secteurs stratégiques de l'économie et facteurs de projection de puissance à l'international. Les grandes entreprises minières chinoises sont des entreprises d'État dotées de moyens financiers et techniques importants. Ces entreprises ont à leur disposition, comme leviers d'action à l'étranger, l'ensemble des ressources administratives et diplomatiques de la Chine. L'État chinois participe, par ailleurs, aux financements des investissements des entreprises publiques à l'étranger à des conditions compétitives, peu transparentes, dans des pays fragiles, peu démocratiques et pauvres. Les opérations des entreprises minières chinoises à l'étranger sont soutenues par des projets d'aide au développement accordés aux États hôtes ou des prêts sans conditionnalités politiques. En arrière-plan, les énormes importations chinoises en matières premières s'expliquent par la volonté des autorités chinoises de constituer des réserves stratégiques de minéraux et métaux (aluminium, cuivre, fer, manganèse)[805]. Ces réserves sont gérées par le Bureau de l'Administration des Réserves Nationales et des Matériaux (BARNM) et sont distribuées sur différents endroits du territoire chinois. Dans la politique chinoise figure en bonne place une stratégie de protection des ressources nationales à travers des mesures de restriction des exportations de matières premières (quotas et taxes à l'exportation), et des interdictions d'investissements étrangers dans des secteurs jugés stratégiques par l'État chinois[806].

Cette politique chinoise des matières premières trouve toute sa pertinence empirique dans les stratégies mises en œuvre par la Chine et ses entreprises en Guinée, notamment dans la région de Boké. La

---

[805] PHILIPPE Bihouix, BENOIT de Guillebon, *Quel futur pour les métaux ? Raréfaction des métaux : un nouveau défi pour la société*, EDP Sciences, 2010.

[806] CHRITSMANN Patrice, BRUNO Martel-Jantin, *la gestion stratégique des ressources minérales par les états et les compagnies minières : vers un développement des oligopoles ? 2010*, page 6.

société SMB en activité dans la zone de Boké est en effet codétenue par le géant mondial de l'aluminium Shandong Weiqiao, le groupe singapourien Winning Shipping Ltd, très proche de l'État chinois, le groupe Yantai Port, la société de logistique UMS et l'État guinéen. Elle apparait comme un outil de projection de la puissance commerciale chinoise à l'étranger : la Go Out Policy. Dans la stratégie chinoise, les entreprises publiques et privées concourent à la réalisation des objectifs politiques défendus par l'État chinois. Le groupe Yantai Port est d'ailleurs une entreprise publique chinoise qui œuvre dans la matérialisation du projet des « nouvelles routes de la soie », (Boland et al, 2022). Cela met en lumière l'imbrication entre la politique étrangère de l'État chinois et les actions des entreprises chinoises à l'étranger.

« Les divulgations de prêts gouvernementaux, les documents diplomatiques et les communiqués de presse des entreprises montrent que les entreprises publiques chinoises ont bénéficié directement du financement de l'État, et de nombreuses entreprises chinoises impliquées dans le secteur de la bauxite ont à leur tour cherché à souligner leur propre rôle dans la mise en œuvre des initiatives politiques chinoises »[807].

Il faut rappeler à ce titre que les relations entre la Guinée et la Chine sont historiques. La Guinée a été le premier État africain du sud du Sahara à établir des relations diplomatiques avec la Chine, et cela dès juin 1959. La Chine a offert à la Guinée, en 1959, 5000 tonnes de riz pour juguler la fin des aides économiques françaises après l'indépendance. Elle s'est engagée également au fil du temps dans des travaux de construction d'infrastructures sociales, économiques et énergétiques en faveur de la Guinée dont entre autres : la construction du palais du peuple, la construction d'une usine de tabac et d'allumettes à Conakry, la construction des barrages hydroélectriques de Tinkisso et Kinkon, la construction en 2006 de l'actuel siège de la RTG, la construction en 2010 d'un hôpital moderne dénommé hôpital de l'amitié sino-guinéen (Diawara, 2022). Les relations entre les 2 pays ont connu une forte intensification sous le régime de Alpha Condé, lorsque la Chine a entamé des investissements dans le secteur de la bauxite dans la région de Boké. En 2017, la Banque Industrielle et Commerciale de Chine (BICC) a signé avec la Guinée un accord sur

[807] BOLAND Briana, MARANTO Laurent, JUDE Blanchette, CCP Inc. in West Africa: How Chinese Party State Actors Secured Critical Minerals in Guinea, A Report of the CSIS Freeman Chair in China Studies, Center for Strategic and International Studies, June 2022 page 4

des intentions de prêt d'un montant de 20 milliards de dollars, sous forme de troc des infrastructures contre les ressources minières, notamment de la bauxite. Elle a même réussi à obtenir en 2018 un contrat pour l'exploitation du plus grand gisement de fer non encore exploité au monde, dans la région du Simandou, un contrat qui demande 14 milliards de dollars d'investissement et générerait plus de 35 000 emplois directs et indirects[808]. Les intérêts économiques de la Chine en Guinée sont devenus si importants que le 5 septembre 2021, lorsqu'un putsch militaire a renversé le Président Alpha Condé, la Chine, par la voix de son ministre des affaires étrangères Wan Wenbin, n'a pas hésité à violer son principe de neutralité politique en condamnant le coup d'État et en exigeant la libération du Président Alpha Condé[809]. Il faut rappeler également que la diplomatie chinoise en Guinée s'appuie sur un soft power appelé « Ruan Shili », qui s'est matérialisé par la construction en 2017 d'un Institut Confucius dans l'enceinte de l'Université Gamal Abdel Nasser de Conakry[810]. C'est un instrument de promotion de la langue et de la culture chinoise à travers le monde, en soutien au projet des nouvelles routes de la soie.

Dans le cadre des entreprises évoluant dans le secteur minier, les entreprises chinoises font régulièrement l'objet de rapports portant sur des violations des droits humains[811]. Ce risque réputationnel est pris très au sérieux par l'État chinois. En 2005, le gouvernement a décidé, lors d'une session parlementaire, d'inclure la RSE dans la stratégie managériale des entreprises chinoises. Cette vision a été matérialisée par le concept de « rêve de Chine » présenté en novembre 2012 par le président Xi Jinping : « la prospérité d'État, la revitalisation nationale

---

[808] Rencontre d'échange avec de hauts responsables de WCS à Conakry, le 02 aout 2023, à la suite de la publication d'un rapport de monitoring environnemental et social par l'ONG Action Mines Guinée.

[809] Ministère des Affaires étrangères de Chine, le porte-parole du Ministère des Affaires étrangères Wang Wenbin a tenu une conférence de presse régulière le 6 septembre 2021. Cité par DIAWARA Dramane, les dynamiques géoéconomiques sur le territoire guinéen à l'aune des responsabilités sociétales (RSE) de la Compagnie des Bauxites de Guinée (CBG) et de la Société Minière de Boké (SMB-Winning), IFG, Paris, 2022, page 56.

[810] CATON Marguerite, du « soft power » au « Ruan Shili » : la diplomatie culturelle selon Pékin |Chine : la grande expansion, Épisode 4/4, Émission podcast sur France culture, 16 novembre 2017, 58 minutes.

[811] Rapport sur l'audit communautaire de la SMB réalisé par Natural Justice en mars 2023. Rapport de HRW publié en 2022 sur le respect des droits humains par les entreprises minières dans la région de Boké.

et le sentiment du bonheur du peuple dans l'intérêt de la population »[812]. La mise en pratique de la politique chinoise de RSE relève du Ministère du Commerce. Ce dernier a introduit en 2002 la loi sur la sécurité au travail, suivi de plusieurs autres lois sur la sécurité des produits, le processus de production, l'impact environnemental, la consommation d'énergie, ou la contribution des entreprises au développement local. La lutte contre la corruption, l'éthique, et la double responsabilité sociale et économique sont les principales préoccupations prises en charge par les lois sur la RSE en Chine. Pour les entreprises d'État chinoises exerçant à l'étranger, un organisme issu du Conseil d'État, la SASAC - The State-owned Assets Supervision and Administration Commission of the State Council -, édicte des lignes directrices destinées à orienter le cadre de la RSE. Une loi de 2006 oblige également les entreprises chinoises cotées à la bourse de Shenzhen (SSE Shenzhen Stock Exchange) à rendre publics leurs rapports de RSE. Par ailleurs, les entreprises cotées en bourse sont appelées à respecter depuis 2008 une note de responsabilité en matière sociale et environnementale (Shanghai CSR Notice). Ces lois représentent des avancées significatives en matière d'encadrement de la RSE, dans le contexte de la forte croissance chinoise. Il est très difficile en ce qui concerne les entreprises minières chinoises évoluant en Guinée d'évaluer le niveau de respect de ces obligations édictées en Chine[813].

Pour forger une image d'entreprises responsables participant au développement local, les entreprises minières chinoises multiplient les initiatives d'aides et de soutien à des actions humanitaires. En septembre 2020, la SMB a signé avec le lycée français de Conakry une convention de financement de 500 000 € sur 4 ans, afin d'étendre les capacités de l'école et développer des projets culturels et pédagogiques[814]. Toutefois cette collaboration est, pour le moins,

---

[812] La missive de gestion attentive, N.59, septembre 2014, Rêve de Chine et responsabilité sociale, page 5. Un édito d'information sur la RSE édité par Marie-Noëlle Auberger de l'Association de gestion attentive à l'occasion de l'Université de Printemps et le forum international de Pékin.

[813] La missive de gestion attentive, N.°59 septembre 2014, Rêve de Chine et responsabilité sociale, page 5.

[814] COMMUNIQUE DE PRESSE, La Fondation SMB-Winning signe avec le Lycée français Albert Camus de Conakry un partenariat pour un financement de 500 000 €, SMB-Winning, 16 septembre 2020 [consulté le 26 juillet 2022, cité par DIAWARA Dramane, les dynamiques géoéconomiques sur le territoire guinéen à l'aune des responsabilités sociétales (RSE) de la Compagnie des Bauxites de Guinée (CBG) et de la Société Minière de Boké (SMB-Winning), IFG, Paris, 2022, page 88.

curieuse, entre un établissement public français et une entreprise minière accusée par des organisations internationales de défense des droits humains de participer, de par ses activités minières, à la violation des droits humains dans la région de Boké[815].

En outre, la SMB procède, dans le cadre de ce qu'elle appelle de la RSE, à la distribution d'argents et de vivres en faveur des populations les plus actives dans les contestations contre les activités de l'entreprise dans la région de Boké[816]. Elle procède à des distributions de vivres composés d'un sac de riz et un bidon d'huile d'arachide aux familles vivant près des zones d'exploitation de la SMB. Cette politique est désignée par les responsables de l'entreprise comme étant la « prime de développement pacifique »[817]. Les travailleurs de l'entreprise reçoivent, par ailleurs, chaque 6 mois, une prime de 600 000 (60 €) comme supplément de salaire, mais dont l'obtention est adossée au renoncement du droit à la grève[818]. La condition adossée à l'obtention des vivres est liée à l'abstention de tout mouvement de contestation (barricade des routes et attaques contre les installations de l'entreprise)[819].

« Chaque fin de mois, ils envoient ici les sacs de riz pour toutes les familles qui vivent dans le secteur. C'est une récompense pour ceux qui ne se révoltent pas »[820].

Dans le village de Kaboe, où se trouve la première mine de bauxite, la distribution des sacs de riz sous forme de « prime de paix » est très connue et attendue par les communautés.

---

[815] En 2018, HRW a publié un rapport accablant contre les entreprises chinoises en matière de violation des droits de l'homme dans la région minière de Boké. En mars 2023, l'ONG sud-africaine Natural Justice publie un rapport d'audit communautaire sur les impacts sociaux et environnementaux de la SMB dans la région de Boké.

[816] Jeune Afrique avec AFP, Guinée : *plusieurs blessés lors de manifestations dans l'ouest du pays, sur fond de colère sociale*, le 27 avril 2017 [consulté le 15 mai 2022.

[817] Ce montant est payé aux familles qui s'abstiennent de barricader la route minière.

[818] Entretien avec des travailleurs de l'entreprise qui ont préféré garder l'anonymat. Le paiement de cette prime a été confirmé par des responsables des ressources humaines de l'entreprise lors d'un échange de travail en décembre 2023, mais ils nient toute conditionnalité liée au renoncement au droit de la grève. Elle est plutôt désignée comme étant une prime d'encouragement.

[819] Entretien réalisé au siège de la SMB à Kaboe, en décembre 2023, avec le responsable du département des relations communautaires de l'entreprise.

[820] Entretien avec MAMADOU KALISSA, chef secteur Lansanaya, quartier de Dioumaya dans la CU de Boké, le 18/07/2020.

« Ils nous donnent du riz à chaque trois mois, chaque personne a droit à un 5 kilos de riz pour chaque trois mois, mais à condition de ne pas barricader la route minière »[821].

Ces informations sont confirmées par un entretien que nous avons eu avec un ancien responsable du service des relations communautaire de la SMB[822]. L'instauration de cette politique de distribution de sacs de riz et de bidons d'huile a suscité des débats intenses au sein du département des relations communautaires. Plusieurs agents avaient exprimé leur opposition à une telle pratique dont les conséquences, à long terme, peuvent être difficiles à maitriser. L'idée d'instaurer cette pratique a fait suite à la multiplication des barricades contre les opérations minières de la SMB dans toute la région minière de Boké, entre 2015 et 2017, période durant laquelle l'entreprise a enregistré plus de 35 mouvements de révolte des communautés contre ses opérations minières[823]. Les premières distributions de sacs de riz ont commencé avec la formule « un sac de riz et un bidon d'huile d'arachide par ménage chaque trois mois ». L'entreprise a fini par réduire cette quantité à un sac de riz pour trois ménages, avec la condition supplémentaire de s'abstenir de barricader les opérations minières de l'entreprise[824]. La distribution de sacs de riz aux communautés sous le registre de la contribution au développement local contraint les communautés à s'abstenir de toute forme de revendication au risque de perdre la dotation. Plusieurs voix au sein de la communauté dénoncent ce système de distribution de sac de riz dont la finalité principale est de faire taire toute forme de contestation sociale contre les dérives des opérations minières de l'entreprise.

En volume d'investissement, l'entreprise déclare avoir versé, depuis 2015, plus de 100 millions de dollars dans le développement communautaire[825]. L'entreprise participe ainsi au financement des

[821] [798] Entretien à Koboe le 15 juillet 2020 avec ALY CAMARA, chef secteur de Kaboe âgé de 60 ans, Batourou Diallo âgé de 75 ans, MOHAMED BAYO vice-président de la jeunesse âgé de 40 ans.

[822] Entretien réalisé le 11 juillet 2020 à Boké au domicile de l'intéressé.

[823] Entretien à Boké, le 20 juillet 2020 avec un ancien agent du service des relations communautaire de la SMB qui a préféré garder l'anonymat.

[824] Entretien réalisé à Kaboe le en juillet 2020 avec 5 membres de la communauté.

[825] Entretien réalisé le 6 décembre à Kaboe au siégé de l'entreprise avec Monsieur MAMADI KOUROUMA chef du département des relations communautaires de l'entreprise.

cérémonies religieuses, culturelles, au nom de sa contribution au développement local. En 2017, elle a offert à ce titre 181 bœufs et 261 moutons aux communautés pour aide à des rituels de cultes. Les projets de développement local et les actions communautaires de la SMB représentent un montant de 28 800 945 152 francs guinéens (3 millions €). Le montant total des compensations communautaires s'élève lui à 107 093 101 092 francs guinéens (11 millions €). Les cotisations de la SMB versées en mars 2019 au Fonds de Développement Économique Local (FODEL) s'élèvent enfin à 37 351 377 351 francs guinéens (4 millions €). Notre enquête dans la région de Boké nous a permis de saisir et de constater la matérialité de certains de ces investissements, comme la construction et le pavage d'une route de 17 km qui relie le centre-ville de Boké au village de Kaboe, le paiement de 107 093 101 092 GNF (11 millions €) aux familles dont les terres ont été expropriées pour développer les opérations minières de l'entreprise, la construction de 162 forages et de quelques infrastructures sociales (un centre de santé à Katougouma). L'entreprise a construit en outre 8 plateformes multifonctionnelles, 8 écoles, 5 hangars de marchés, et distribué 18 pirogues motorisées, 54 machines à coudre, 2868 kits scolaires et aménagé un hectare et demi de plaines agricoles[826]. La faiblesse de la structure de l'économie locale et l'enclavement laisse peu de possibilité d'expansion à ces dons et financements. Les groupes visés (les jeunes et les femmes) restent majoritairement peu scolarisés et peu intégrés à la chaine de valeur de l'économie minière. Ces financements accentuent, paradoxalement, la dépendance de ces groupes à la rente minière.

La SMB est reconnue par ailleurs comme étant la première entreprise a avoir entamé dans la région de Boké la compensation financière des communautés dont les domaines agricoles ont été impactés par les opérations minières. Cette pratique de la compensation financière est à l'origine de transformations sociales profondes dans toute la région. L'entreprise paye en moyenne la somme de 500 000 GNF (50€) pour chaque plant d'anacarde inventoriée lors de l'opération d'évaluation

[826] Entretien réalisé le 6 décembre à Kaboe au siégé de l'entreprise avec Monsieur MAMADI KOUROUMA chef du département des relations communautaires de l'entreprise. L'entreprise affirme également avoir reprofilé 280 km de pistes rurales et 193 ha de terres réhabilitées après l'exploitation minière en 2022.

des biens impactés[827]. La compensation prend également en compte la valeur vénale du domaine et un montant forfaitaire pour la reconstitution du domaine agricole après le déplacement. Au terme du processus d'évaluation, les personnes impactées reçoivent des montants qui se chiffrent entre 100 millions GNE (10 000 €) et 500 millions NGF (50 000 €). Plusieurs familles ont ainsi pu, à travers ces versements, construire des maisons en dur, développer une petite activité génératrice de revenus (commerce) ou faire voyager des enfants à l'étranger[828]. Mais du fait de l'absence d'un mécanisme d'accompagnement dans la gestion efficace de ces versements plusieurs familles sont retombées dans une pauvreté extrême au bout de quelques années de vie relativement opulente. Après avoir perdu leurs terres et faute d'une gestion efficace des montants reçus, ces familles sont les plus actives dans les mouvements de contestation contre les activités de l'entreprise. Autrement dit une rivalité sociale s'installe entre ceux qui ont bénéficié des compensations et ceux qui ont été exclus ou ont mal profité de ces mécanismes[829]. L'introduction de ces versements monétaires dans la vie de ces communautés a, en outre, réveillé la complexe question de la propriété foncière. À Kolaboui, il est ainsi à noter de fortes tensions entre les communautés Landouma se revendiquant autochtones, et les propriétaires fonciers et les communautés dont l'arrivée dans la zone est postérieure aux Landouma, notamment les Peuls. Les Landouma réclament la paternité foncière de Kolaboui et revendiquent par conséquent une partie des versements octroyés aux nouveaux occupants[830]. Des tensions apparaissent également à l'intérieur d'une même famille ou d'un même groupe social sur la manière de partager les montants reçus. À Tanéné, la gestion de la compensation communautaire a ainsi fortement opposé des familles proches avant d'être transférée devant la justice à Boké. Les femmes qui exploitent les terres, objet de ces compensations, sont généralement exclues du mécanisme de partage à cause des pesanteurs culturelles qui les privent du droit à la propriété foncière.

---

[827] Informations recueillies auprès du directeur préfectorale de l'Agriculture à Boké, membre des commissions d'inventaire des biens impactés.

[828] Entretien avec MAMADOU KALISSA, chef secteur Lansanaya, quartier de Dioumaya dans la CU de Boké, le 18/07/2020.

[829] La compensation ne touche que ceux dont les domaines ont été impactés par les opérations minières.

[830] Les Peuls sont majoritaires dans le district de Kataba où ils sont installés depuis plus d'un siècle.

Nous avons constaté sur le terrain que les investissements sociaux déclarés par l'entreprise minière ont peu d'impact dans le développement de projets économiques structurants et qui s'inscriraient dans une vision stratégique du développement local. La planification stratégique du développement local s'appuie sur un processus participatif de diagnostic des besoins des communautés dont la programmation s'arrime avec les politiques sectorielles (éducation, santé, environnement). Mais les domaines ciblés par les investissements de l'entreprise visent davantage à préserver sa réputation et à juguler les mouvements de contestation (versement d'argent en espèces à des personnes pour éviter des soulèvements, construction de forages, financement d'activités culturelles et cultuelles), sans aucun lien avec les objectifs indiqués dans les instruments stratégiques de développement local. Les investissements visant à structurer l'économie locale, à créer une petite PME locale intégrée à la chaine de valeur des activités minières ou au développement d'une économie verte et résiliente pour l'après-mine, sont absents de ces financements sociaux. La SMB est plus que toute autre entreprise minière fortement enclavée par rapport à l'écosystème économique local. Le type de RSE mis en avant par l'entreprise apparait davantage comme un outil de relation publique et de management du risque réputationnel qu'un véritable instrument de développement local. Le sentiment de désenchantement des populations quant au bénéfice de l'exploitation minière trouve ces racines dans la désarticulation entre la démarche de RSE de l'entreprise minière et les instruments stratégiques de planification du développement.

CONCLUSION PARTIELLE

Le processus de développement de la RSE en Guinée reflète un processus évolutif dominé par une volonté des entreprises de s'affranchir d'une régulation politique contraignante. Les premières expériences de mise en œuvre de pratiques dites aujourd'hui de RSE remontent aux sociétés nées dans les premières années de l'indépendance. Les questions associées à la RSE dont le recrutement, la formation et l'intégration économique, répondaient à des engagements contractuels inscrits au sein même des conventions de base. La vague de libéralisation impulsée par les institutions internationales a sérieusement affaibli les capacités de régulation et les pouvoirs de réponse de l'État en la matière. Les premières manifestations de cette mutation dans les fonctions de l'État se sont révélées dans les stratégies « d'absence sélective » privilégiées par l'État dans les zones d'extraction minière. L'émergence du concept de contenu local dans le sillage des réformes de la loi minière, entendu comme un instrument de légitimation des entreprises minières, a été entravée par la stratégie de réappropriation du concept par les communautés fortement ébranlées par des décennies d'exploitation. L'observation des pratiques et trajectoires de RSE de deux entreprises aux expériences distinctes permet de relever la perpétuation de pratiques préétablies de captation de la rente par des pouvoirs notabilaires anciens et nouveaux, et l'inscription des financements sociaux dans une logique de conservation de la licence sociale. Les différentes approches de contribution au développement local sont également indissociables des enjeux des relations de pouvoirs et de domination. Il faut noter également la distorsion entre les investissements inscrits comme étant de la RSE et les orientations des instruments stratégiques de développement local. Les projets de RSE se révèlent déconnectés des besoins des groupes dominés et ils perpétuent davantage l'asymétrie des rapports de pouvoir et la dépendance des communautés à la rente minière.

CHAPITRES VI

LES TRANSFORMATIONS SOCIÉTALES DANS LA ZONE MINIÈRE DE BOKÉ ET LES DYNAMIQUES SOCIALES DANS LES VILLES MINIÈRES : ABSENCE SÉLECTIVE DE L'ÉTAT, MULTIPLICATION DES CONFLITS ET RELATIONS DE POUVOIR

Les villes minières de la Guinée sont nées de l'implantation d'une industrie minière basée essentiellement sur l'extraction et l'exportation de matières premières brutes. Les premières villes minières ont été bâties après la Seconde Guerre mondiale au large de Conakry dans l'île de Kassa lorsque la société Bauxite du Midi a mis en exploitation les premières mines de bauxite. Les villes de Fria, Kamsar, Sangaredi, Banankoro, Kolaboui, Kintinian et Banankoro sont nées après l'indépendance autour des implantations minières de Bauxite, d'alumine, d'or et de diamant. L'arrivée d'une entreprise minière est porteuse de mutations profondes qui touchent aussi bien les rapports de pouvoir entre les groupes sociaux que la manière par laquelle le pouvoir de l'État s'exerce sur ces territoires. La venue d'une entreprise entraine la modification des rapports au territoire et des rapports à l'État, avec l'explosion des conflits et la forte dépendance de ces villes à la rente minière[831]. L'introduction du concept de contenu local par la loi minière de 2011, bien que les pratiques qui y soient associées soient antérieures, a laissé émerger dans les territoires miniers la complexe question de l'autochtonie. Cette interrogation bouleverse et met en doute les fondements de la Nation et de l'État. Ce chapitre donne une lecture empirique des mutations sociales qui travaillent de ce point de vue le quotidien de ces villes minières. En outre, il met en évidence les modes

---

[831] KNIERZINGER, Johannes. « The Socio-Political Implications of Bauxite Mining in Guinea: A Commodity Chain Perspective ». *The Extractive Industries and Society* 1 (1) : 20-27, 2014.

d'appropriation du contenu local et les relations conflictuelles entre les différents acteurs sur le terrain. Les données de ce chapitre ont été collectées au cours de plusieurs séjours immersif dans la région de Boké, notamment à Kamsar, à Sangaredi et à Kolaboui entre 2016 et 2023. Les situations vécues de près, les rencontres avec les communautés, l'implication dans des activités associatives, les missions d'études, ont notamment permis d'amasser des données riches et variées. Ces données empiriques sont confortées par des réflexions tirées de la littérature sur le contenu local, l'autochtonie et les relations de pouvoir.

Section 1.1. Transformations, spatialités et relations de pouvoir dans les villes de Kamsar et de Sangaredi. La construction d'une nouvelle « démocratie de la bauxite »

La ville de Kamsar était, à l'origine, un petit village de pécheurs principalement habité par les communautés Baga. L'installation de la société minière, en 1968, a profondément bouleversé le cadre de vie et les rapports sociaux sur le territoire. La puissance économique de l'entreprise l'a transformée ensuite en une source de pouvoir et un objet de contestations sociales. Cette section analyse ces différentes mutations et interroge les rapports de pouvoir entre l'État, les entreprises minières et les communautés. Elle permet d'observer les rapports entre spatialité et construction identitaire, et comment la manière dont ces rapports structurent les revendications sociales à Kamsar.

1.1.1. Transformations sociospatiales et construction identitaire dans la ville industrielle de Kamsar

La Sous-Préfecture de Kamsar est située dans la préfecture de Boké à environ trois cents kilomètres de Conakry. Elle couvre une superficie de 472 km^2 et abrite une population de 360 000 habitants selon les données de 2016 de l'IND[832]. En 1940, le village de Kamsar comptait déjà 217 citoyens imposables et était divisé en six (6) hameaux : Tassigbely, Kamsar Sossotayi, Kassongoni, Kalehire, Filima, Lintagna. Elle compte aujourd'hui quatorze districts : Kamsar cité, Kamsar centre,

[832] Institut National de la Démographie.

Kassongoni, Filima, Kamakouloun, Madina Mabof, Missira, Kantongoni, Kakineussi, Kawas, Taigbé, Koufen, Binari, M'botine[833]. Selon la chronique locale, le terme Kamsar proviendrait de l'expression Baga « *Akem Sarè* » qui se traduirait par « *Qu'avez-vous sur la tête ?* »[834]. Les Baga, premiers habitants de la localité, y sont arrivés au XIe siècle après de longues marches qui les font partir des montagnes du Fouta Djallon, au centre de la Guinée. Ils pratiquent essentiellement la riziculture dans les bas-fonds inondés couvrant la majeure partie de la superficie de Kamsar. Ils pratiquent également en alternance la pêche artisanale le long des côtes et dans les îles avoisinantes. Ce peuple du riz et du vin a longtemps vécu en autarcie, libéral, isolé des autres communautés du Rio Nuñez, sans véritable autorité politique centralisée. La communauté Baga reste néanmoins majoritairement attachée à l'autorité religieuse du Simo, le culte sacré de la communauté. Le ministre de la forêt sacrée, le Kakilombé, joue un rôle d'encadrement et d'éducation de premier ordre. Ce cadre socioculturel authentique a été profondément bouleversé par le développement de l'industrie minière au début des années 1970. Le culte du Kakilombé a pratiquement disparu et les prêtres Baga initiés avant l'indépendance au Simo ne sont plus que 3 ou 4 survivants (Sarró, 2023)[835].

L'arrivée de la CBG et le début des travaux de construction des installations en 1968 ont attiré les populations venues de toutes les régions naturelles de la Guinée. Selon Mohamed Lamine Keita, la population avait déjà atteint 730 habitants en 1968[836]. Au fil des années la ville s'agrandit et elle compte de nos jours plus de 360.000 habitants (INS, 2016). La cité industrielle, construite au début pour 6000 habitants, se retrouve aujourd'hui asphyxiée avec plus de 44.000 habitants et huit secteurs (Amacef, CBG, OFAB, Port, Camp Balanta, Yamoussokoro, Minel, Bafond). La ville de Kamsar est complètement étouffée par l'explosion démographique, Kamsar étant une presqu'île balafrée à plusieurs endroits par des estuaires inondés par la mer. Ce

---

[833] Entretien réalisé à Kamsar avec SAMA KABA, Sous-Préfet Kamsar.

[834] Entretien réalisé à Kamsar avec Salifou SYLLA, chef traditionnel du village de Bagata lors d'une mission d'étude en 2014.

[835] SARRO, Ramon. « The Inversion of Tradition : Generational Transformations on a Mining Frontier », *Politique africaine*, 2023/1 (n° 169), p. 79-98. DOI : 10.3917/polaf.169.0079. URL : https://www-cairn-info.inshs.bib.cnrs.fr/revue-politique-africaine-2023-1-page-79.htm.

[836] Directeur National de la Statistique, il a publié en 2014 une étude sur les migrations dans la zone de Kamsar.

qui explique d'ailleurs l'allongement à l'infini de la ville tout le long de la route nationale Kolaboui- Kamsar sur une distance de plus de 30 km. Kamsar est le prototype des villes minières de la Guinée, et l'objet d'intenses spéculations foncières en lien avec l'ouverture économique qu'offre la mine. Profitant de la fourniture de l'électricité par l'entreprise, de quelques commodités urbaines et de la présence des expatriés (routes bitumées, hôpital moderne, centre de loisirs), la classe moyenne des autres grandes villes de la Guinée s'est ruée en effet vers Kamsar pour acheter des domaines et construire des maisons. À défaut d'y habiter, la mise en location s'est révélée fructueuse. Les anciens travailleurs de la mine finissent en effet toujours par s'y installer à la fin de leurs contrats, en continuant de profiter de leurs réseaux de relations sociales et économiques bâties au fil des années. Le développement du commerce, ainsi que de petites activités économiques liées à la mine, attirent par ailleurs de nombreuses personnes venues de l'ensemble de la Guinée et des pays voisins.

Depuis 2015, suite au développement des projets miniers de GAC et de la SMB, le taux de croissance démographique est passé à 100 % dans certaines zones[837]. À Kamsar, tout comme à Sangaredi, la présence des expatriés ou des travailleurs venus d'autres régions a donné naissance à une grande diversité culturelle. Les nombreux couples mixtes, les métissages et les brassages culturels témoignent de l'intensité des relations sociales et culturelles en œuvre. Se marier à un travailleur ou une travailleuse de la CBG est un souvent perçu comme un signe d'ascension sociale très convoité. Kamsar, comme toutes les villes minières de la Guinée, attire du monde en provenance de toutes les catégories sociales et de tous les pays voisins[838]. Si la notion d'étranger sert habituellement à distinguer un Guinéen du ressortissant d'un pays tiers, dans les zones minières la frontière de délimitation de la notion d'étranger est très flottante, puisqu'elle peut y inclure des Guinéens et servir de distinction entre eux (Bolay, 2014)[839].

En marge de l'intensité des relations sociales et culturelles se développent également des stratégies de survie des premiers occupants

[837] Rapport d'étude du PAGSEM, stratégie pour un développement durable de la préfecture de Boké, 2019.

[838] Les villes minières attirent beaucoup d'étrangers venus des pays voisins : Sierra Leone, Liberia, Mali, Burkina.

[839] BOLAY, Matthieu. « When Miners Become "Foreigners": Competing Categorizations within Gold Mining Spaces in Guinea ». *Resources Policy* 40 (juin) : 117-27, 2014.

sur fond de luttes pour la reconnaissance d'un statut d'autochtonie dans la répartition des dividendes miniers. Dans la ville de Kamsar, les Baga ont de la sorte réussie à conserver un quartier appelé Bagataye, socialement et géographiquement homogène. Cette spatialité au cœur d'une ville industrielle signifie un pouvoir social face à la force démographique des migrants. Ce qui donne à Bagataye à la fois une identité, un pouvoir social et une symbolique mystique[840]. Les Baga restent par ailleurs très présents dans les institutions locales et ils constituent une force sociale revendiquant une place privilégiée dans la répartition des rentes minières[841]. Pour nourrir l'identité Baga, la notabilité invoque la douloureuse mémoire des expulsions/déguerpissements forcés de 1968 lors de l'implantation des installations industrielles. En effet, pour construire la cité et l'usine de séchage de la bauxite à Kamsar, plusieurs dizaines d'hectares de rizières et de plantations ont été détruits, et les espaces ont été aménagés pour abriter les installations portuaires, l'usine de broyage et la ville portuaire. Selon le témoignage de Elhadj Salifou Sylla, habitant de la zone en 1969, et petit-fils du dernier chef coutumier de Kamsar à la fin du régime colonial : « *On mettait du feu aux plantations et aux rizières* ». Un contentieux domanial, quoique peu médiatisé, existe encore entre l'entreprise et les communautés Baga sur les véritables limites de la concession accordée à la CBG. La CBG bénéficie d'un droit de superficie, donc d'un droit d'usage pour ses opérations minières, sur des terres accordées par l'État à travers un accord de concession. Cette concession est octroyée au nom de l'État par l'ANAIM (Agence Nationale des Infrastructures minières) pour une durée équivalente, dans les faits, à la durée de la convention minière de la CBG[842]. Il est important de noter à cet effet qu'au centre de la cité de Kamsar, une famille Baga conserve un domaine agricole qu'elle exploite et protège

840 Le manque de courant à Kamsar a longtemps été associé aux forces mystiques des Baga dans ce quartier.

841 Les Baga conservent depuis la fin des années 1990 la tête de l'exécutif communal. Les jeunes issus de la communauté réclament désormais la primauté dans les recrutements à la CBG. Un groupe de jeunes que nous avons rencontré en avril 2022 à Kamsar accuse la CBG, au nom d'une certaine priorité liée au statut d'autochtone, de les exclure dans les recrutements.

842 Le droit de superficie est lié à la durée de l'accord de concession des infrastructures minières concédées à la CBG par l'ANAIM. Cet accord de concession s'étend sur 20 ans et pratiquement renouvelable.

jalousement au milieu des installations industrielles[843]. La question de l'indemnisation des populations qui occupaient ces espaces avant 1963 fait l'objet de polémique sur fond d'interprétation du cadre juridique et politique qui prévalait.

« … Ma famille a reçu 200 feuilles de tôles et un peu d'argent dont j'ignore le montant… il y a eu des dédommagements maigres pour les maisons et non les arbres fruitiers… »[844].

La question de l'indemnisation des populations occupant les domaines agricoles avant le début des travaux a été traitée dans un contexte politique marqué par une forte centralisation administrative et une révolution au nom de laquelle les communautés Baga subirent une intense répression culturelle. En 1957, la jeunesse du RDA, le parti panafricain de gauche anticolonial, procède à la destruction des objets rituels et les buissons sacrés, violente les spécialistes du rituel Simo et incendie les maisons des chefs de villages[845]. Cette violence iconoclaste impulsée par la révolution guinéenne de Sékou Touré a porté un sérieux coup aux fondements de l'autorité coutumière des Baga, et elle a ouvert la voie aux expropriations forcées consécutives à l'implantation de la CBG dans la zone de Kamsar. La convention de base de la CBG signée en octobre 1963 prévoyait sommairement une indemnisation des arbres fruitiers situés sur les terrains concédés à la CBG, sans grande précision sur le mode opératoire et la valeur vénale des domaines agricoles.

« …Si des terrains mis en valeur, des immeubles, du bois de construction, des carrières, ou d'autres sources de matériaux, des routes, des voies d'eau ou d'autres moyens matériels, sont ou deviennent nécessaires à une exploitation normale et rentable par la société, le gouvernement, sur demande de la société, engagera la procédure nécessaire pour les faire mettre à la disposition de la société. Celle-ci aura à charge d'indemniser les intéresser conformément aux textes et règlements en vigueur en matière domaniale… ».

843 Entretien réalisé à Kamsar le 5 décembre 2023 avec MAMADOU SALIOU DIALLO, secrétaire général
du syndicat des travailleurs de la CBG.

844 Témoignage d'un vieux Baga, ELHADJ SALIFOU SYLLA, fils d'un ancien coutumier de Kamsar et revendiquant la propriété des domaines sur lesquels ont été bâtis l'usine et la cité de Kamsar.

845 SARRO, Ramon. « l'inversion de la tradition : transformations générationnelles sur une frontière minière », *Politique africaine* n° 169 - 2023/1 - p. 79-98.

Les services techniques de l'État soutiennent aujourd'hui encore, par contre, que ces terrains appartenaient à l'État selon les textes juridiques de l'époque qui consacraient la propriété exclusive des terres à l'État, et que les populations n'avaient que le droit d'usage[846].

« ...Aucun cadre formel et légal n'existe concernant le règlement définitif des terrains occupés par les installations de la CBG au départ, la question de l'indemnisation a été gérée de façon informelle, de petits arrangements entre les coutumiers et l'État... »[847].

En 1970, un recensement a identifié 93 familles dans le village de Katchibéli et celui de Kassongoni. Ce recensement a été conduit par une commission nationale dirigée par le Bureau Fédéral du parti unique d'alors à Boké, le PDG-RDA[848]. Sur la base des fiches individuelles établies pour chaque chef de ménage, 270 constructions ont été détruites dont 243 à Kamsar et 27 à Kassongoni. Les domaines abritant les arbres fruitiers estimés à 14 562 pieds et 48 780 hectares de rizières ont été occupés pour construire les installations, soit 32% des rizières du village. Cette superficie correspond à une production de 72,7 tonnes de riz paddy. Le recensement de la commission nationale du parti estime que 34,1% de la population du village a été expulsée. Il avait été envisagé initialement de construire un nouveau village de relocalisation à côté de la cité industrielle et les coûts de l'opération étaient estimés par l'OFAB à 400 millions de F.G. D'importants désaccords sont survenus entre l'OFAB qui penchait pour cette solution et le Bureau Fédéral du parti unique. Ce dernier percevait cette solution de la relocalisation comme une potentielle source de frustration et de déséquilibre social, et cela au nom des idéaux égalisateurs de la révolution socialiste. La solution adoptée a privilégié par la suite l'indemnisation financière en lieu et place d'un replacement sur un site[849]. Le coût de l'indemnisation a été d'environ 63 595 680 FG[850], largement en dessous des 400 millions de FG comme prévu selon les

[846] Ce débat politico-juridique n'est toujours pas résolu en Guinée.

[847] Entretien avec DEMBA TOURE, ancien coordonnateur de l'ANAIM à Kamsar que nous avons rencontré lors d'un séjour en 2014.

[848] La section locale du bureau politique du PDG-RDA.

[849] Les termes utilisés à l'époque ont été remplacés par compensation pour celui d'indemnisation et réinstallation pour le recasement.

[850] FG (franc guinéen) désigne la monnaie nationale de la Guinée à l'époque, différent de GNF appliqué à la monnaie actuelle de la Guinée.

évaluations techniques et économiques de l'OFAB[851]. Par ailleurs, l'étude de BAH (1970) met en lumière les soutiens matériels accordés aux communautés en matériels de construction, notamment du ciment (395 tonnes) et des tôles (11 600 pièces de tôles)[852].

Villages	Maisons		Case s	Arbres fruitiers				Cultures vivrières (ha)
	Tôle s	Paille s		Bananie rs	Colatie rs	Oranger s	Cocotie r	
Kamsar	25	78	140	8021	2471	502	2686	
Kassongoni		10	17					
Total	25	88	157	14562 (pieds)				48782

Figure 22: inventaire des biens et plantes à compenser

Source : A partir des données de l'étude de BAH Mouctar (1970).

La plus importante partie de cette population chassée/déguerpie de Katchibéli en 1968 s'est retrouvée dans le quartier de Bagataye, où elle entretient cette douloureuse mémoire sur l'expropriation de ses terres. Ainsi s'établit une invisible frontière entre un monde ancien, celui des Baga à la fois agriculteurs et pêcheurs, attachés au culte du sacré, et la nouvelle ville minière, celle des industriels, des blancs et des migrants. Cette « nouvelle frontière » entre le monde de la mangrove, des rizières et du culte du Simo appelée « *Dabaka* » par les Baga et la ville

[851] Ce montant couvrait l'indemnisation pour la construction à 31 568 870, les arbres fruitiers pour 16 325 891, les cultures vivrières pour 5 093 340 et des imprévus pour 10 607 580. Cette solution était davantage celle du bureau politique fédéral, puisqu'elle permettait à ces cadres une certaine prédation des maigres ressources accordées aux communautés.

[852] BAH, Mouctar. *Le projet minier Boké-Sangaredi et les mesures d'intégration régionale*, IPGAN, 1970.

industrielle apparait comme un espace d'incertitude et de mécontentement[853]. Cette fracture sépare la nouvelle génération et les anciens quant à la manière de percevoir l'intégration du projet industriel dans l'espace socioculturel Baga. Elle nourrit la colère sociale et cristallise les revendications des Baga pour un meilleur partage de la rente minière en matière d'emplois et de dividendes. Le quartier symbolise l'identité et la mystique Baga, il matérialise la résistance pacifique contre un nouveau monde imposant et différent, celui de la mine qu'ils convoitent pour sa rente autant qu'ils la craignent à cause de son poids écrasant. Le quartier a longtemps entretenu le mythe d'une irrecevabilité du modernisme et de l'électrification pour les véritables Baga, en marquant de ce fait le rejet de l'un des principaux apports de l'entreprise au développement local qu'est l'électricité. Le manque de courant dans le quartier Bagataye a trouvé son fondement explicatif dans l'incompatibilité entre les esprits tutélaires des Baga et le « courant électrique des blancs »[854]. Bagataye n'en est pas moins aujourd'hui un vivier électoral où se recrutent les grands personnages de la scène politique locale, plusieurs élus, Maires et leaders locaux proviennent de ce quartier et de ses extensions. Ce mélange entre la mémoire de l'expropriation, la symbolique d'une résistance à la modernité, et la réalité d'un centre d'animation sociale et politique participe à la rigidification de la frontière qui sépare deux orientations du monde à première vue incompatibles : l'extraversion minière et l'endogénéité du développement.

« Les Baga éprouvent de plus en plus de mécontentement et de ressentiment, souvent à l'égard de leurs propres ancêtres, qui n'ont pas su tirer parti du déploiement de la CBG à Kamsar et sur les terres Baga environnantes au début des années 1970. Comme me l'a dit l'une des personnes interrogées, "nos ancêtres étaient des lâches. Ils craignaient la sorcellerie de leurs proches s'ils allaient travailler pour la CBG, mais aujourd'hui nous n'avons plus peur »[855].

Par ailleurs, la ville de Kamsar était il y a un demi-siècle une zone d'agriculture et de pêche par excellence. Les produits de l'agriculture

---

[853] Cette expression de nouvelle frontière est empruntée à RAMON SARRO dans un article publié par politique africaine en octobre 2023 et intitulé : l'inversion de la tradition : transformations générationnelles sur une frontière minière.

[854] Entretien réalisé à Kassongoni avec le vieux Bailo Bah, centenaire en 2014.

[855] SARRO, Ramon. *L'inversion de la tradition : transformations générationnelles sur une frontière minière*, Politique africaine n° 169 - 2023/1 - p. 79-98.

étaient divers : riz, manioc, arachide, fonio, maïs, taros, igname, patate douce, légumes. Selon le chef de service d'agriculture en place ;« ... 25% de la superficie de Kamsar est propice à l'agriculture, dont 10% favorables à la culture du riz, nourriture par excellence des populations autochtones... »[856].

Cette énorme potentialité agricole de Kamsar a été en partie paralysée par l'arrivée de la CBG dans la localité. Il y a eu démobilisation des jeunes et les districts insulaires ont été désertés, explique le chef service de l'agriculture à Kamsar[857]. Le secteur agricole reste aujourd'hui confronté à d'énormes difficultés, notamment la gestion des derniers domaines agricoles exploitables qui appartiennent encore à des familles dominantes. La nature marécageuse de ces espaces agricoles nécessite des motoculteurs pour assurer leur exploitation. Le transfert de ces espaces à des tiers, sans intervention des techniciens de l'agriculture, crée souvent des conflits de propriété. Et la disparition progressive des domaines agricoles au profit de l'urbanisation incontrôlée et de l'industrie minière participe à l'accentuation de la dépendance accrue de la ville à l'entreprise minière. C'est à la fois la perte d'une identité qui a longtemps associé le Baga à la production du riz qui se joue, mais aussi la perte d'une alternative de développement économique en dehors de l'industrie minière.

La nouvelle ville est devenue un véritable centre économique où s'orientent toutes les structures économiques. Plus de 169 groupements socio-économiques exercent dans différents secteurs d'activités et plus de 122 débarcadères longent les différents estuaires de la Sous-Préfecture de Kamsar[858]. Ces débarcadères constituent des points de décharge de poissons et des points de vente du *« Kinsi »*[859]. Ils représentent des sources de revenus importantes pour les populations.[860] Cependant les autorités ont du mal à contrôler leur nombre et leur développement anarchique le long des côtes de Kamsar. Ils causent d'énormes dégâts à l'environnement par la coupe abusive de la mangrove. Le secteur de la pêche s'est imposé au fil du temps comme

[856] Entretien avec le chef de service agriculture de Kamsar.

[857] Entretien avec le chef de service eaux et forêts de Kamsar.

[858] Entretien réalisé à Kamsar avec le chef de service commerce, industrie et PME.

[859] Le Kinsi est le nom en langue locale de la mangrove, ce sont des arbres qui poussent le long des côtes et où se développe une importante biodiversité. Les bois de mangroves servent également comme combustible pour la cuisine, très recherché par les femmes.

[860] Le Kinsi désigne en langue locale le bois de la mangrove utilisé comme combustible.

le second secteur d'activités économiques de la ville de Kamsar, après l'activité industrielle de la CBG, sachant que les travailleurs de la CBG constituent un marché de consommation très florissant du poisson. La pêche artisanale se pratique à bord de pirogues monoxyles[861] et de pirogues motorisées[862].

En 1991, la mise en place d'un projet de pêche a permis aux femmes mareyeuses de s'organiser en tontine et en groupement solidaire afin d'obtenir des crédits de fonctionnement et d'investissement. Leurs activités portent essentiellement sur la transformation, le glaçage et le mareyage des produits de la pêche. La technique de transformation la plus répandue au port de Kamsar est le fumage consistant à laver et à étaler sur des fumoirs de poissons à trois degrés différents, en fonction de la distance de commercialisation. La cueillette des crevettes et des carpes ainsi que la fabrication du sel de cuisine sont des activités parallèles très importantes des femmes au port de pêche. La ville de Kamsar dispose aujourd'hui du 2e port de pêche artisanale après celui de Boulbinet à Conakry, et du port d'attache le plus important de la Guinée puisqu'il s'ouvre sur les îles voisines du Sénégal, de la Gambie et de la Guinée-Bissau. Pour l'année 2012, les services de pêche annoncent le chiffre de 14 millions 136 mille kilogrammes de poissons[863]. Selon plusieurs observateurs, la pêche pourrait être une activité économique capable d'absorber les centaines de chômeurs attirés dans la ville de Kamsar par la présence de l'entreprise minière. Chaque jour, ce sont des centaines de personnes qui convergent très tôt le matin vers le port de pêche de Kamsar où ils exercent plusieurs activités économiques connexes : vente d'aliments, de friperies, de chaussures, taxis-motos, transporteurs de bagage, femmes tresseuses, vente d'eau minérale. Un véritable « centre commercial » à ciel ouvert existe accrocher à l'activité de la pêche. Une phrase populaire à Kamsar dit en substance que *« lorsque tu n'as rien à faire le matin comme travail, rends-toi au port, tu auras au moins de quoi manger »*.[864]

La ville industrielle est également un espace de mutations sociales au gré de l'intensification de l'exploitation minière. La zone de Kamsar est régulièrement le théâtre de manifestations très violentes de jeunes et

[861] Une pirogue monoxyle est une embarcation construite dans une unique pièce de bois taillée dans un tronc d'arbre.
[862] Entretien réalisé avec le chef service de la Pêche à Kamsar.
[863] Entretien avec MAMADOU CAMARA, Directeur Préfectoral du Plan de Boké.
[864] Dicton recueilli lors d'un entretien avec les jeunes du quartier de Kassongoni.

de femmes réclamant tantôt de l'emploi, tantôt la fourniture régulière en courant électrique. Le manque d'emplois, la pauvreté grandissante, l'exclusion sociale, les nécessités de survie poussent des personnes à exercer des activités réprimées par la loi. La ville de Kamsar a enregistré, pour l'année 2013, près de 7 attaques à mains armées. Les données fournies par la police de Kamsar font état d'un policier pour 500 habitants contre 1 sur 50 ou 60 selon les normes standard sécuritaires[865]. La CBG quant à elle dispose en matière de sécurité d'une unité d'intervention mixte et de sociétés privées de surveillance de ses installations. Une unité de gendarmerie et un attaché militaire sont également détachés auprès de la compagnie. Le problème de l'électricité est l'épine dorsale des tensions sociales qui frappent tout le corridor de transport de la bauxite (Bolay et al, 2021)[866]. À Kamsar, plusieurs manifestations et troubles ont secoué la ville depuis le début des années 2000. Le 21 janvier 2004, des émeutes ont paralysé les opérations minières de la CBG pendant plus de quatre (4) jours, et entrainé la destruction d'édifices administratifs (bloc administratif de la sous-préfecture de Kamsar, centrale électrique, certaines installations de la CBG) et des menaces sur les employés de la CBG. En novembre-décembre 2006, « la marée rouge » ou la révolte des femmes de Kamsar a paralysé pendant plus de deux semaines les opérations minières de la CBG et menacé la sécurité des travailleurs de la CBG. Les mouvements sociaux de janvier- février 2007, suivi de l'état de siège, avaient aussi fortement ralenti les opérations minières de la CBG. Ces émeutes ont contraint la CBG à reporter le financement des projets sociaux dans les autres localités pour s'occuper en priorité de la fourniture de l'électricité pour la ville de Kamsar. Successivement en 2017, 2020, 2021 des scènes de violences permanentes ont secoué la ville portuaire et entrainé des pertes en vies humaines[867]. Ces violences reflètent par ailleurs le fossé croissant entre la population locale, revendiquant un meilleur accès à l'emploi et à l'électricité et les travailleurs des entreprises minières vivant relativement dans l'opulence dans la cité industrielle, où ils ont accès à l'eau, à l'électricité et à certaines commodités urbaines.

---

[865] Entretien avec le commissaire adjoint de police de Kamsar.

[866] BOLAY Matthieu, et KNIERZINGER Johannes. « Corporate Gift or Political Sacrifice ? State- Sponsored CSR and Electricity Provision in Guinean Extractive Enclaves ». *Political Geography* 84 (janvier), 2021. https://doi.org/10.1016/j.polgeo.2020.102300.

[867] Archives non classées du département des relations communautaires de la CBG.

« Nous savons qu'il y a beaucoup d'entreprises minières en phase d'exploitation, mais les jeunes souffrent d'un manque de formation pour leur permettre d'avoir accès à l'emploi. La présence de l'électricité a un impact négatif sur le niveau des élèves. La communauté réclame désormais le courant, notamment ceux de la banlieue, la cité n'a pas les problèmes, nous nous sentons ignorés, les gens se demandent pourquoi la cité a le courant et nous on n'a pas ? Ou bien nous ne sommes pas des gens de Kamsar ? »[868].

Le potentiel transformateur de la venue d'une entreprise minière a été souvent perçu sous le prisme de l'emploi et du versement des redevances aux structures publiques. Les dynamiques spatiales et identitaires et la toile de fond des conflits qui opposent les communautés et les sociétés minières ont été sous-estimé ou ignoré. La trajectoire d'évolution de la ville de Kamsar permet d'observer le douloureux passage d'un monde ancien à un nouveau monde à l'intérieur duquel une frange importante de la population ne se reconnait pas. Les conflits opposant l'entreprise aux communautés sont donc à lire comme des luttes de survie pour une identité, une lutte pour la reconnaissance d'un monde ancien, de ses hommes et de ses terres.

1.1.2. Transformations sociales et reconfiguration des espaces économiques : les relations de pouvoir entre acteurs locaux face à la plus grande mine de bauxite au monde

La Sous-Préfecture de Sangaredi, quant à elle, est située à 70 km à l'Est de Boké, et elle couvre une superficie de 2837 km^2 pour une population de 81 736 habitants (2016). C'est un espace de transition entre les contreforts du Fouta Djallon et les plaines de la basse côte. C'est une Sous-Préfecture à vocation agropastorale repartie en 11 districts : Balandougou, Bappasergent, Boullèrè, Guildhè, Kourawel, Lavage, Silidara, Souckaya, Tyankounaye, Wossou[869].

La zone abrite toutes les mines en exploitation de la CBG qui s'étendent sur 90 plateaux bauxitiques dont 12 seulement sont exploités

[868] Entretien réalisé à Kamsar en décembre 2020 avec Fatou Compo, membre de la société civile locale et natif de Kamsar.

[869] Entretien réalisé à Sangaredi avec FARA NESTOR LENO, chef de service de développement rural.

depuis 1973[870]. Dans la zone minière de Sangaredi, l'arrivée de la CBG en 1968 a entrainé de fortes mutations socio- économiques et la transformation des rapports de pouvoir entre les acteurs en jeu. Avant le démarrage des travaux de construction des infrastructures de la CBG en 1968, toute l'administration publique se trouvait dans l'arrondissement de Boullérè à 17 km de l'actuelle Commune rurale de Sangaredi. La première école de l'arrondissement a été construite à l'époque coloniale et comptait, en 1969, l'effectif de 37 élèves et 2 enseignants. En 1973 /1974, l'effectif est monté à 56 élèves avec 4 enseignants. Après l'installation de la CBG dans la zone et le début de l'exploitation minière, toute l'administration a été transférée près de la cité des travailleurs construite sur le plateau de Sangaredi. La principale école construite dans la cité, en même temps que les installations de la mine, a bénéficié en 1997 d'un concours de dessin organisé par l'UNESCO et porte depuis lors le nom de lycée UNESCO[871]. Elle fait partie d'une des nombreuses écoles associées à l'organisation internationale en Guinée. Facteur de prestige, d'opportunité et d'ouverture, l'inscription dans la liste des écoles associées avait fait de cette école une référence dans l'éducation locale[872]. Le désengagement progressif de l'entreprise dans le soutien matériel et la fourniture d'équipement a plongé l'établissement dans un délabrement poussé. Il en résulte une pléthore des effectifs scolaires et une déscolarisation massive. Les élèves sont assis à 6 par banc, ce qui pousse beaucoup de jeunes dans la rue ou dans les « petits » métiers[873].

La ville de Sangaredi ne dispose d'aucun centre de formation et d'insertion socioprofessionnelle. L'entreprise minière est l'unique structure économique en activité dans la zone, et la mine est l'unique employeur en dehors de l'administration publique, et la principale source de revenus de l'administration locale[874]. Les conséquences d'une éventuelle fermeture de l'entreprise sur la vie sociale et économique sont sources de grandes d'inquiétudes au sein de la

---

[870] Entretien réalisé dans le site technique avec le directeur des exploitations de la CBG le 6 décembre 2023.

[871] Entretien réalisé à Sangaredi avec Monsieur Mouctar Diallo, ancien proviseur du lycée UNESCO.

[872] Elle bénéficiait dans le cadre de cette association des programmes spécifiques de l'UNESCO et a enregistré de grands succès aux examens nationaux.

[873] Entretien réalisé à Sangaredi avec MONSIEUR MOUCTAR DIALLO, ancien proviseur du lycée.

[874] Entretien réalisé à Sangaredi en juillet 2020 avec le Maire de la commune, MAMADOU HOUDY BAH.

population. L'absence d'une alternative à la mine, de perspectives économiques en dehors de la rente minière, concentre l'attention et la pression sociale sur la mine. La ville de Sangaredi vit essentiellement de la mine et de ses activités annexes (petit commerce, transport, restauration).

L'emprise spatiale de la mine sur les ressources économiques locales (principalement l'élevage) accentue la dépendance de la zone à l'activité minière. Les savanes herbeuses du « Bowal de Sangaredi » étaient avant l'arrivée de la CBG, en 1968, des zones d'élevage par excellence. Les hautes herbes des plateaux bauxitiques et les cours d'eau environnants comme le Kogon, le Thiankounaye, recouvraient de verdures les pâturages dans la zone. Les éleveurs quittaient des zones éloignées comme Missira dans Télemélé pour venir séjourner dans les « Bowés de Sangaredi » pendant la saison sèche.

D'ailleurs le nom du plus grand district de la commune rurale de Sangaredi, « Thiankounaye », signifie littéralement en langue poular, la plus pratiquée dans la zone, « *le marigot des bœufs* ». L'arrivée de la CBG dans la zone, l'explosion démographique qui s'en est suivie, l'ouverture des mines, le chemin de fer et le train minéralier sont des facteurs qui ont contribué grandement à déstabiliser la pratique de l'élevage.

Le chemin de fer en particulier s'est transformé au fil des années en une véritable machine à tuer des animaux domestiques des communautés éleveurs, notamment les bovins. Sangaredi est peuplée par une majorité de Peuls, qui y pratiquent un élevage transhumant entre les derniers contreforts montagneux du Fouta et les plaines arrosées de la Basse Guinée. La fédération des éleveurs de Boké estime, dans une lettre adressée à la Direction générale de la CBG, le nombre de bovins tués par les trains minéraliers entre 80 et 100 têtes par an[875]. La même lettre indique qu'entre 2000 et 2005, ce sont 530 bovins qui ont été tués par les trains minéraliers de la CBG. L'indemnisation des propriétaires de bovins tués par les trains est sujette à plusieurs versions. La Direction préfectorale de l'élevage soutient, lors de notre entretien, que tout bovin tué par les trains minéraliers et pour lequel le service est saisi est indemnisé au prix de 4 millions GNF (400 €) par tête[876]. Les membres de la Fédération des Éleveurs affirment, en revanche, que les éleveurs sont confrontés à d'énormes contraintes administratives et

875 Lettre de la Fédération régionale des Éleveurs de Boké datée du 12 juillet 2006, en annexe.

876 Entretien avec BANGOURA ALPHA SORY à Boké, le 9 novembre 2020.

économiques (capacité et accès) dans la saisine des autorités locales ou de l'entreprise afin d'obtenir une juste réparation[877]. La question de la capacité d'ester en justice renvoie à l'analphabétisme de la majorité des éleveurs qui se retrouvent, par conséquent, dans l'impossibilité de rédiger une plainte ou une réclamation. La question d'accès est liée à aussi à l'enclavement des zones de pâturages et à leur éloignement des centres administratifs, les éleveurs habitant généralement dans les hautes montagnes d'où ils descendent vers les vallées fertiles pour faire paître les troupeaux. Le rapport joint à la lettre indique qu'en 2006 le nombre de familles d'éleveurs et agroéleveurs dans la région de Boké s'élevait à 5.565, soit le double des employés de la CBG[878]. Ce nombre est en constante régression depuis 2015, avec la multiplication du nombre de sociétés minières et l'intensification des activités d'extraction[879]. Les éleveurs ne seraient plus qu'une centaine à errer avec leurs troupeaux dans les rares espaces humides encore non exploités de la zone de Sangaredi et ses environs (Télémélé et Gaoual)[880].

[877] Entretien avec ABDOUL GADIRI DIALLO, membre de la Coordination préfectorale des Éleveurs de Boké, le 10 décembre 2020 à Conakry.

[878] Lettre de la Fédération régionale des Éleveurs de Boké datée du 12 juillet 2006. Nous avons mis en annexe l'intégralité de la lettre qui contient un tableau sur l'effectif des animaux déclarés tués par les trains entre Sangaredi et Kamsar.

[879] À partir de 2015, le nombre de sociétés minières en activités dans la région est passé de 1 à 12 et la quantité de bauxite produite est passée de 20 à 100 millions de tonnes de bauxite.

[880] Entretien avec ABDOUL GADIRI DIALLO, membre de la Coordination préfectorale des Éleveurs de Boké, le 10 décembre 2020 à Conakry. La concession minière de la CBG s'étend sur 3000 km^2 entre les Préfectures de Boké, Télemélé et Gaoual. Elle compte 90 plateaux de bauxite dont 12 seulement sont exploités depuis 1973. Ce qui permet de saisir l'emprise spatiale de l'entreprise sur les ressources des communautés locales.

Figure 23: inventaires des animaux tués par le terrain entre Sangaredi et Kamsar

ANNEXE

EFFECTIF ANIMAUX DECLARES TUES PAR LES TRAINS
ENTRE SANGAREDI ET KAMSAR

Eleveurs victimes	2000	2001	2002	2003	2004	2005	TOTAL
Mamadou Oury DIALLO	2	0	0	3	4	1	10
Abdoulaye DIALLO	5	20	0	10	5	4	44
Elh Lamarana DIALLO	3	2	3	0	0	0	8
Mamadou Mouctar DIALLO	0	0	0	3	10	4	17
Elh Mamadou Dian BAH	0	8	0	0	0	0	8
Sadio BAH	0	0	0	0	0	27	27
Chef Malal Parawol	70	0	0	0	0	0	70
Milimono Sâa TOKO	0	0	16	5	3	0	24
Mariama SOW	0	0	0	0	0	2	2
Alpha Ousmane CAMARA	0	0	0	0	2	3	5
Aliou BAH	0	0	0	0	0	8	8
Thierno Souleymane DIALLO	0	0	5	1	2	3	11
Boubacar Damba BICIGUI	0	0	0	0	0	2	2
Maoudho BOULA	38	0	0	2	5	0	45
Elh Ibrahima Sory BOBO	0	2	3	2	10	10	17
Modi Diouldé SALL	5	5	0	0	0	0	10
Amadou Tossokoun DIALLO	0	0	5	8	7	0	20
Modi Tanou Wantanmagoro	9	0	0	0	0	0	9
Amara KOUMBASSA	5	7	3	5	0	0	20
Malal DIOP	0	3	27	0	0	0	30
Alpha Oumar Holladé	0	7	0	0	0	0	7
Elh CISSOKO	6	5	5	6	4	7	33
Baly SOW	0	0	0	0	14	0	14
Djibi BAH	10	0	7	6	0	0	23
Elh Garankè SALL	0	20	0	0	0	0	20
Hotha SALL	7	0	0	0	0	0	7
Elh Mouctar DIALLO	0	0	3	0	0	5	8
Yero Baré TOURE	0	2	0	0	0	0	2
Ibou SOW	0	0	0	0	0	19	19
Amadou BAH	0	0	0	11	0	0	11
TOTAL	160	81	77	62	66	84	530

Source : Lettre de la fédération des éleveurs de Boké.

Ces chiffres mettent en lumière l'échec relatif des politiques d'intégration économique qui ont sous-tendu le paradigme du développement local et autocentré porté par l'OFAB sous le premier régime[881]. Les infrastructures minières ont largement contribué à l'amenuisement des activités agropastorales et à la fuite des éleveurs vers les pays voisins comme la Guinée Bissau. Une bonne partie des éleveurs s'est reconvertie dans le petit commerce à défaut de trouver un emploi dans l'entreprise minière comme agent de nettoyage ou comme agent de sécurité[882]. Certains de ces petits commerçants, que nous avons rencontrés dans la ville de Sangaredi, nous ont expliqué comment ils gagnaient de l'argent en fournissant, à crédit, des produits importés

[881] *Economic Seminar on Guinea*. Conakry, R.P.R.G. : Bureau de presse de la présidence de la République Populaire Révolutionnaire de Guinée, archives de la Présidence de la République disponible en version papier sous le titre : Publication Guinée-Festival Édition de la Commission culturelle du Comité central du PDG, Imprimerie P. Lumumba. Conakry. 1983. 85 p.

[882] Entretien avec DIALLO MAMADOU SAIDOU, 27 ans, commerçant au Marché de Limaniya à Sangaredi, le 10 septembre 2020.

(boites de conserve, vivres, vêtements, téléphones, etc.) aux travailleurs de la CBG. Ces commerçants sont fiers de montrer le petit « *cahier de dettes* » où sont inscrits les noms des travailleurs de la CBG qui viennent s'approvisionner en vivres et en vêtements dans leurs boutiques. Cet esprit de résilience des anciens éleveurs puise ses racines dans la tradition du nomadisme des éleveurs Peulh où ils ont appris à vivre dans des milieux hostiles et dans des conditions précaires en se déplaçant constamment avec leurs troupeaux.

« L'activité minière impacte beaucoup notre petit commerce, la crise politique liée aux 3e mandats et à la crise sanitaire nous affecte beaucoup. Il y a des travailleurs dont les salaires sont très faibles. Je connais des travailleurs de CBG qui ont fait 30 ans sans une maison. Les travailleurs viennent acheter une partie ici et le reste ils prennent en crédit. Les travailleurs ont envie de vivre notre vie, nous on est libre, eux ils ont des contraintes de temps. Moi je préfère la vie de commerçant que de travailler dans une entreprise minière. Je peux gagner entre 2 à 3 millions GNF par jours, alors qu'il y a des travailleurs qui n'ont pas 2 millions GNF par mois. J'ai un cahier où se trouve la liste de tous les travailleurs qui me doivent de l'argent, j'attends la fin du mois pour qu'ils me payent »[883].

La dépendance accrue de ces villes-entreprises à la rente minière est le reflet du relatif échec des politiques d'intégration entre l'activité minière et le développement des potentialités locales promues dans la convention minière. L'effet centrifuge de la mine sur les perceptions des communautés et le rétrécissement progressif des autres possibilités économiques ont eu pour principale conséquence la redéfinition des responsabilités et des relations de pouvoir entre l'État, l'entreprise minière et les acteurs locaux. Le petit éleveur, hier chassé de ses pâturages par la mine, devient le petit commerçant en ville de qui les travailleurs de la mine dépendent pour s'approvisionner. L'entreprise minière, par ailleurs, se réapproprie un puissant pouvoir social dans la ville en contrôlant la fourniture gratuite de l'électricité et de l'eau. Le Directeur de la mine cumule ainsi une fonction technique et une fonction sociale concurrente à celle de l'autorité locale. Le contrôle de la question de l'électricité, de l'eau et de l'emploi est générateur d'une autorité sociale qui permet au Directeur de la mine de négocier avec des mouvements de jeunes lors des contestations sociales dans la ville. La maitrise des infrastructures énergétiques et minières confère un pouvoir infrastructurel à l'entreprise qui conserve la main sur le potentiel

[883] Entretien réalisé à Sangaredi le 12 septembre 2020 avec Mamadou Saidou Diallo, commerçant depuis 15 ans à Sangaredi.

redistributeur, sur le débat démocratique local et sur les relations de pouvoirs entre la mine, les anciens éleveurs et l'autorité politique, laquelle est reléguée aux uniques fonctions de défense et de sécurité[884].

Section 1.2. Conflictualité et dynamiques des pouvoirs locaux

Cette section porte sur une analyse de la reconfiguration des rapports de pouvoirs entre les différents acteurs sur le terrain, ainsi que sur les dynamiques de conflits. Elle s'efforce d'établir la réalité de la perpétuation d'une forme particulière d'exercice de pouvoir et de prédation de la rente en œuvre dans le Rio Nunez des siècles précédents jusqu'à nos jours.

1.2.1. Congruence entre mouvement de retrait de l'État, stratégie d'influence des entreprises minières et délégation de la question du développement local

Les zones minières sont connues pour le caractère étonnement élevé du train de vie des cadres et dirigeants des entreprises minières : logés dans des cités bien fleuries, dotées en vivres de qualité, en véhicules de fonction, en eau et en électricité fournies régulièrement, entretenant l'idée même « d'enclave minière » (Ferguson, 2006)[885]. Ces îlots de prospérité baignent souvent dans un environnement social de grande précarité et ils suscitent convoitise et admiration des populations environnantes qui, elles, croupissent dans des bidonvilles rampants autour de la cité des travailleurs (Kamsar, Sangaredi à Boké pour la CBG, Toron à Siguiri pour la SAG, Léfa à Dinguiraye pour la SMD, Débélé à Kindia pour la CBK).

Dans la zone de Fria où se trouve la première usine d'alumine d'Afrique, l'implantation de l'usine s'est progressivement muée en une d'enclave géographique et sociale où se développent de nouvelles formes de « gouvernementalité ». L'État se résigne à l'exercice de l'administration publique, donc du pouvoir politique dont la matérialité se limite essentiellement à la présence des forces de défense et de sécurité. L'entreprise minière se réapproprie le pouvoir de prestation de

[884] TIMOTHY, Mitchell. *Carbon Democracy, le pouvoir politique à l'ère du pétrole*, La Découverte, 2017.
[885] FERGUSON, J. «Global Shadows: Africa» in *the Neoliberal World Order*. Duke University Press, Durham et Londres, 2006.

service (pouvoir économique), donc la capacité à répondre aux demandes sociales. Entre ces modes d'exercice de pouvoir, il se perpétue un pouvoir notabilaire principalement exercé, à l'époque contemporaine, par les autorités locales (Maires et Chefs coutumiers), mais autrefois détenu par de puissants chefs de tribus. Il est significatif de constater dans ces zones minières le rôle prégnant des autorités coutumières (Kountigui, héritier d'anciennes grandes familles) en matière de médiation dans les conflits. Les violences qu'a connues la zone de Boké en 2017 ont ainsi nécessité l'intervention de « l'autorité morale » de la Basse Guinée, Elhadj Sekhouna Soumah. La délégation du gouvernement dépêché sur place a au contraire échappé de justesse au lynchage par les jeunes en colère. L'exercice simultané et parfois concurrent de ces formes d'autorités aboutit, dans la plupart des cas, à une délégitimation du pouvoir politique. Les entreprises minières sont de plus en plus amenées à composer avec des autorités morales ou des élus locaux qui sont aussi issus de puissantes familles pour discuter des questions de stabilité et de développement des opérations minières[886]. Les services de relations communautaires des entreprises minières ont désormais l'obligation d'obtenir un « permis social » avant le démarrage de toute opération d'extraction de minerai. Ce permis est délivré aussi bien au niveau des communautés, à l'issue d'une réunion assortie d'un PV, qu'au niveau des autorités locales où une demande de « permis de perturbation du sol » est introduite par l'entreprise minière[887]. La lutte entre ces institutions porte à la fois en germe des facteurs de conflictualités et un potentiel régulateur inexploité[888]. Le pouvoir infrastructurel s'impose certes de plus en plus sur le pouvoir politique, et il est fréquent de constater que le Directeur général de l'entreprise a tendance à effacer l'autorité locale auprès de l'opinion publique locale. Le mérite de la propreté de la ville de Sangaredi est de la sorte attribuée aux compétences managériales de

[886] Le Maire de la Commune rurale de Kolaboui, également héritier d'une des puissantes familles du Rio Nunez, nous a confié lors d'un entretien, en juillet 2020, que pour avoir la paix dans l'enclave de Kolaboui, les entreprises lui fournier un véhicule, des vivres et une petite rémunération.

[887] Entretien réalisé en décembre 2023 avec le département des relations communautaires de GAC lors d'une mission conjointe avec une organisation internationale.

[888] VESPERINI Giulio. Gaxie (D.) dir., « Luttes d'institutions - Enjeux et contradictions de l'administration territoriale », Paris, Harmattan, 1997. In : *Revue française d'administration publique,* N°86, 1998. Les fonctionnaires et la politique dans les pays de l'Union européenne. pp. 347-348.

l'ancien Directeur de la mine, Bachir Diallo, bien que cette compétence relève des pouvoirs transférés aux autorités locales par les textes de la décentralisation[889]. Il tout aussi surprenant d'entendre dire, auprès des jeunes, que le Directeur général de la CBG est plus « écouté » par les jeunes que le Maire ou le Sous-Préfet[890].

L'enclavement territorial et social des villes minières a introduit de nouvelles formes de gouvernance sociale et spatiale, dont la durabilité reste cependant limitée. La qualité des infrastructures sociales développées à Fria (hôpital Pechiney, piscine olympique, économat, infrastructures culturelles et sportives, centre de formation) a transformé la ville en un micro territoire autonome, déconnecté du reste de l'écosystème économique et social du pays et soutenu par une petite colonie d'expatriés fortement engagée dans les activités sociales et culturelles de la ville. Cela traduit ce que Dessertine (2019) appelle la capacité des entreprises à se construire une « gouvernance spatiale propre », dans l'esprit de la notion « d'enclave » développée par Ferguson (2006) et Magrin (2013)[891]. La plupart des entreprises minières disposent de leurs propres services de sécurités, de leurs propres systèmes de recensement, de leurs structures de santé, de leur centralité électrique, de leurs restaurants, hôtels, bref de l'essentiel des attributs de la souveraineté de l'État. Ces îlots de prospérité aux frontières tantôt rigides, tantôt mouvantes, ne donnent pas accès de manière équitable et pérenne aux ressources de la mine à l'ensemble des acteurs présents sur le terrain : travailleurs, familles et communautés avoisinantes. L'insularité stratégique des enclaves minières et le pouvoir infrastructurel qui en découle génèrent donc autant de promesses et de contraintes que de frustrations sur les communautés. La récurrence des tensions sociales réclamant une plus grande inclusivité dans le partage de la rente minière a par ailleurs entrainé une forte militarisation des zones d'exploitation minière. Les violences enregistrées dans les villes de Kamsar, Kolaboui et Sangaredi prennent leurs racines dans des revendications pour l'extension de

---

[889] Entretien réalisé en septembre 2020 à Sangaredi avec TMB, jeune natif de Sangaredi et ancien membre du conseil local des jeunes.

[890] Le terme « écouté » a ici le sens de médiateur, d'autorité morale et de bienfaiteur.

[891] DESSERTINE, Anna. « Une justice foncièrement autre ? Pouvoir et foncier en contexte minier aurifère (Guinée) », *Revue internationale des études du développement*, 2019/2 (N° 238), p. 141-164. DOI : 10.3917/ried.238.0141. URL : https://www.cairn.info/revue-internationale-des-etudes-du- developpement-2019-2-page-141.htm.

l'accès gratuit à l'électricité et à l'eau potable pour les communautés riveraines de la mine. Mais elles se muent parfois en revendications politiques et autochtonistes. En 2020, en pleine crise politique en lien avec la modification constitutionnelle de l'ancien Président Alpha Condé, les jets de pierres et les barricades des manifestants ciblaient le train minéralier de la CBG. C'est un levier de pression puissant contre l'État dont l'essentiel des revenus, soit près d'un tiers, est tiré de l'exploitation minière.

Par ailleurs, les travailleurs des entreprises minières qui vivent relativement bien au moment où ils sont en activité, retombent rapidement ensuite dans une pauvreté extrême. Une étude de la Fédération syndicale professionnelle des mines, carrières, industries chimiques et assimilés estime que 200 des 1320 travailleurs de la CBG partis à la retraite entre 1996 et 2005 sont décédés dans des conditions d'extrême pauvreté[892]. La population de la ville de Fria qui, autrefois, appelait jalousement leur ville « Petit Paris » à cause des commodités urbaines, connait depuis 2012 des moments très difficiles. La fourniture d'électricité et de l'eau s'est brusquement arrêtée, les services de ramassage des ordures et d'assainissement ont disparu[893]. Les services de l'hôpital Pechiney, un des plus performants de la Guinée jadis, ont été maintenus au minium. La piscine olympique a été abandonnée et toutes les installations ont été vandalisées[894]. Il faut rappeler qu'en 2002 la société Rusal avait racheté l'usine après de multiples de crises sociales et économiques dont le début remonte à 1989, lorsque la société française Pechiney a cédé l'usine à la Guinée au franc symbolique. La crise sociale et économique qu'a connu et que connait encore la ville de Fria a inspiré les artistes et a choqué l'opinion nationale, la presse guinéenne ayant relayé des cas de morts, dans des conditions tragiques, d'anciens travailleurs de l'usine qui n'arrivaient plus à subvenir aux besoins de leurs familles. La mobilisation d'un groupe d'artistes et d'anciens résidents de Fria a été particulièrement remarquée. Une

[892] KNIERZINGER, Johannes. *Thèse de doctorat en Global Studies/ Géographie Corporate control in Guinean bauxite towns : How to jump off a lion, Thèse en cotutelle entre l'Université de Leipzig et l'Université Paris 1 Panthéon-Sorbonne,* 2015, page 302.

[893] Visite à Fria en octobre 2023.

[894] L'histoire de cette piscine a été particulièrement remarquable, elle a formé plusieurs générations d'athlètes qui ont représenté la Guinée aux grandes compétitions olympiques internationales.

musique entonnant le retour espéré des « blancs » à Fria « Foté fafé » a même été produite par un groupe d'artistes[895].

En 2019, après des négociations difficiles, la société Rusal a accepté de reprendre l'usine non sans soumettre l'État guinéen à ses propres exigences, notamment l'arrêt de la fourniture des services sociaux de base aux populations (électricité, eau, subvention accordée à l'hôpital de la ville, diminution drastique des salaires). En contrepartie, pour maintenir sa réputation et la préservation d'une certaine légitimité sociale, la société Rusal a accepté de payer une somme de 940 millions GNF (95 000 €) par an à la Commune urbaine et à la Préfecture de Fria[896]. Elle participe également à des projets d'adduction d'eau dans les villages avoisinants l'usine. Les villages de Tabossi 1 et 2 et celui de Kondogouré recevraient également des fonds en guise de contribution au développement local dont le montant exact n'est pas officiellement connu[897]. Il n'existe cependant aucun cadre formel de coopération entre la commune et l'entreprise minière. Les investissements consentis par l'entreprise au titre de ce qu'elle appelle RSE s'inscrivent comme une forme de protection contre le risque réputationnel d'entreprise prédatrice des ressources naturelles du pays sans aucun bénéfice pour la population. L'absence de cadre de collaboration qui inscrirait les financements de l'entreprise dans un cadre cohérent de développement qui tiendrait compte aussi bien des attentes des communautés que des plans d'aménagement des territoires révèle une « incohérence stratégique » affectant l'efficacité et l'efficience des financements[898].

Cette dépendance totale de la ville aux liens économiques induits par la présence de l'usine est assez illustrative d'un phénomène de « désétatisation » et de développement de « villes-entreprises » observable dans toutes les zones minières de la Guinée. L'implantation d'une entreprise minière bouscule également les frontières entre le monde rural et le monde urbain. Des zones inaccessibles il y a quelques

---

[895] Cette chanson a été chanté par l'artiste comédien Fougnan, mais aussi par Abdoul Zabbar et les Banlieusards.

[896] Dont 240 millions GNF à la commune.

[897] Entretien réalisé à Fria en octobre 2023 avec ABDOULAYE DIALLO, élu local et conseiller à la commune urbaine de Fria.

[898] Le terme de cohérence stratégique est développé par BONNIE CAMPBELL ET MYRIAM LAFORCE dans l'ouvrage collectif ; CAMPBELL (dir), *La responsabilité sociale des entreprises minières dans le secteur minier, réponse ou obstacle aux enjeux de légitimité et de développement en Afrique*, Presses de l'Université de Québec.

années voient désormais surgir des immeubles et font l'objet d'intenses spéculations foncières qui échappent à toute forme d'allocation démographique régulée. Autrement dit, le développement des villes minières ne s'accompagne pas d'une politique de répartition équitable de la population sur le territoire (Courmont, 2015)[899]. Ce contraste spatial et politique résulte d'une combinaison de facteurs politiques, socio-économiques et des conditions de formulation et de mise en œuvre des investissements sociaux des entreprises minières.

En effet, pour pérenniser son pouvoir infrastructurel, l'usine de Fria avait mis en place un système de fourniture de la ville en courant électrique complètement intégré au système de production d'alumine. La fourniture en courant électrique dépendait d'un système intégré à la vapeur produite par l'usine lors de la phase de l'attaque de la bauxite par la soude pour la fabrication de l'aluminate de sodium. Cette vapeur produite dans des chaudières géantes est convertie en électricité et distribuée à la fois aux installations industrielles et à la ville[900]. La distribution en eau dépendait également d'un système de pompage, de traitement et de distribution entièrement contrôlé par l'usine. L'hôpital de la ville, appelé hôpital Pechiney en référence à la société industrielle française qui exploitait l'usine, était l'un des meilleurs de la Guinée avec des appareils modernes identiques à ceux qu'on trouve dans les pays développés. Le centre de formation professionnelle, également propriété de l'usine, était également l'un des meilleurs du pays. Le service de l'économat (supermarché) où les travailleurs et les officiels pouvaient s'approvisionner en produits de toutes sortes directement venues de la France fut, dans un contexte de pénurie généralisé partout en Guinée, celui qui a donné à Fria sa notoriété de « Petit Paris »[901].

Le paradigme de « l'absence sélective » de l'État porté par Szablowski (2007) permet de saisir dans le cas des villes minières de la Guinée la complexité des enjeux en présence dans la gouvernance de tels territoires. Celle-ci résulte d'abord des choix politique, et en l'occurrence de la volonté du premier régime de créer un « espace de

---

[899] COURMONT, Barthélemy. « Le difficile contrôle des exploitations minières en Indonésie », *Géoéconomie*, 2015/3 (N° 75), p. 93-108. DOI : 10.3917/geoec.075.0093. URL : https://www.cairn.info/revue-geoeconomie-2015-3-page-93.htm.

[900] Entretien avec LANCEI TRAORE, ingénieur à la retraite, responsable des relations industrielles à l'usine de Fria recruté en 1964.

[901] Entretien avec le doyen LANCEI TRAORE à son bureau à Conakry en octobre 2023.

liberté » dans ces zones dans un contexte politique national marqué par une répression sanglante, par le contrôle systématique des opinions et par la restriction totale des libertés. Après 1984, la perpétuation de ce mode de retrait politique des zones minières, dans le contexte des politiques d'ajustements structurels, apparait cette fois comme la conséquence de la fragilisation des capacités de l'État suite aux mesures imposées par le « Consensus de Washington »[902]. L'État se retrouve ainsi contraint, face à l'amenuisement des revenus tirés de l'exploitation minière, de déléguer de manière informelle ou formelle la question du développement des infrastructures stratégiques (eau, électricité, voirie urbaine, approvisionnement) à la responsabilité des entreprises minières[903].

Les villes de Kamsar, de Kolaboui et de Sangaredi ont subi les mêmes processus combinés de retrait progressif de l'État comme acteur stratégique du développement des infrastructures, puis de militarisation intense pour contrer les révoltes des populations. Les capacités de production du courant électrique et de l'eau potable restent ainsi par exemple sous la responsabilité exclusive de la CBG, et en 2010 la société a investi 2 millions de dollars pour la construction d'une centrale thermique de 4 MW dans le quartier Kassopo pour alimenter en électricité une ville de près de 500 000 habitants. Elle dispose parallèlement de deux autres centrales thermiques, une pour la cité des travailleurs et l'autre pour l'usine de séchage de la bauxite. L'eau potable distribuée à la ville de Kamsar et à la cité des travailleurs est produite à partir d'un centre de pompage et de traitement situé à Batafong, un fleuve qui coule près de Boké, et exploitée par l'entreprise. Dans la ville de Sangaredi, la société dispose d'une centrale thermique de 6 MW qui fournit la ville et la cité en courant électrique, et d'une centrale de production et de traitement d'eau potable à partir du fleuve Cogon, non loin de la mine de Sangaredi. Le centre administratif de Boké, où siège les institutions publiques de la région a été également le théâtre de violences sociales entre 2017 et 2020. La ville est alimentée en courant électrique par un ensemble de

[902] CISSOKHO, Sidy. « Retour sur le « Consensus de Washington ». Le tournant libre-échangiste des projets d'infrastructures de transport de la Banque mondiale », *Politix*, 2019/4 (n° 128), p. 179-205. DOI : 10.3917/pox.128.0179. URL : https://www.cairn.info/revue-politix-2019-4-page-179.htm

[903] Les revenus miniers de la Guinée sont passés de 73,7% en 1986 à 20,2 % en 1995 des recettes publiques (BONNIE CAMPBELL, 2010).

groupes thermiques qui totalisent 4 MW pour un besoin exprimé de 7 MW[904]. Dans toutes ces zones, notamment à Kamsar, à Sangaredi et à Kolaboui, il est à noter l'inexistence des deux entreprises publiques nationales de gestion de l'électricité et de l'eau potable (SEG, EDG).

Figure 27: Centrale thermique de l'usine de la CBG à Kamsar. Elle représente le symbole du pouvoir énergétique de la CBG. Elle alimente l'usine de séchage de la bauxite et la cité des travailleurs.

Source : Oumar BARRY, centrale thermique de l'usine de la CBG à Kamsar.

La zone de Kolaboui située à mi-chemin entre la mine de Sangaredi et l'usine de Kamsar est passée en quelques années d'une simple zone de passage du train minéralier qui part de la mine de Sangaredi pour le port de Kamsar, à une zone de fortes tensions sociales et soumise à une forte militarisation. Dans les années 1970, au début de la mise en marche de la Compagnie des Bauxites de Guinée, l'OFAB avait entrepris nous l'avons dit le développement à Kolaboui d'un projet de ferme agricole de grande envergure qui fournirait aux travailleurs et à la population les fruits, les légumes et du riz. Le projet aurait permis de désenclaver la zone de Kolaboui et aurait pu faciliter son intégration aux activités minières. L'échec de ce projet a été suivi d'un processus de relégation sociale et économique de Kolaboui marqué, notamment, par le manque total de courant électrique jusqu'en 2009, le manque d'eau potable, le manque de plan d'aménagement de la zone et

[904] Entretien avec MONSIEUR DIALLO, Directeur régional d'Électricité de Guinée à Boké.

l'absence de perspective d'emploi pour les jeunes. Lors de nos entretiens avec Hafia Balde, élu local, il nous a confié que jusqu'en 2008 la ville de Kolaboui n'avait pas connu l'électricité, et qu'il a fallu attendre 2009 pour qu'un jeune aie l'initiative d'installer un groupe électrogène à titre privé. Il distribuait ainsi le courant aux habitations moyennant une somme de 40.000 GNF (4€) par ampoule. L'État ne reprendra la fourniture du courant qu'en 2020, à la suite de violentes émeutes sociales. En 2017 et en 2020, une révolte a éclaté dans la zone autour de la fourniture du courant électrique et de l'emploi des jeunes, entrainant la destruction de tous les bâtiments administratifs (Mairie, Sous-Préfecture, Gendarmerie, Police, Écoles) par des manifestants en colère[905]. Le train minéralier de la CBG a été arrêté durant des jours avec des pertes chiffrées à 1 million de dollars par jour[906].

Figure 29: Traces des violences sociales à Kolaboui, destruction des bâtiments administratifs

Source : Oumar BARRY ; traces de violences à Kolaboui, les archives des services de l'éducation de 1970 à 2020 parties en fumée.

Le drame de Kolaboui a attiré l'attention des autorités politiques nationales sur la question de la sécurisation des opérations minières et

---

[905] Entretien avec ANSOUMANE CAMARA, Maire de la commune rurale de Kolaboui, le 14 juillet 2020 à son bureau. Suite à d'autres révoltes sociales en 2023, le conseil communal a été dissout et remplacé par une délégation spéciale.

[906] Entretien avec GUILLAMOT BERTRAND le 6 décembre 2023, Directeur groupe RH et Administration de la CBG lors d'un séjour en mission conjointe avec une institution internationale.

sur la manière par laquelle une réponse doit être offerte aux demandes des populations. La réponse de l'État s'est plutôt inscrite dans une stratégie combinée de militarisation de la zone et de perpétuation de la délégation de la question du développement local. Nous avons constaté lors de notre récent séjour la présence de six (6) unités de l'armée et de la sécurité dans un territoire de moins de 80.000 habitants. Ces unités sont constituées d'un groupement des forces spéciales de l'armée, d'une unité d'élite antiterroriste de l'armée, d'un groupement de l'armée nationale, d'un groupement de la BAC 18 chargée de la lutte contre la grande criminalité, d'un CMIS représentant les unités d'intervention rapide de la police, d'une unité de la gendarmerie nationale et d'une unité de la police nationale. Ces forces de défense et de sécurité quadrillent la ville de Kolaboui et étouffent toute tentative de soulèvement des populations. Les mêmes dispositifs sécuritaires sont également observables, bien que dans une moindre mesure, dans les villes de Kamsar, de Sangaredi et dans toutes les zones d'activités minières dans la zone de Boké. Ces unités de l'armée, de la gendarmerie et de la police sèment la peur parmi la population et dissuadent toute forme de contestation sociale.

Le problème de la fourniture de l'électricité a été traité à travers un contrat de délégation signé entre l'État et un opérateur privé, le groupe GEK.[907] Ce groupe exploite des groupes électrogènes appartenant à un citoyen de la localité et bénéficie, dans ce cadre, d'un soutien technique et financier de l'ANAIM (Agence Nationale des Infrastructures Minières). Le rôle de l'ANAIM dans ce contrat de délégation de la fourniture du courant consiste à financer l'alimentation en combustible de la centrale thermique à hauteur de 1000 litres de gasoil par jour. L'entreprise privée GEK assure l'exploitation, l'entretien et la distribution gratuite du courant aux populations[908]. Plusieurs voix au sein des jeunes dénoncent des pratiques visant à entretenir un système de corruption à travers la surfacturation du carburant destiné à la centrale. Les 1000 litres de gasoil sont en effet jugés exorbitants par rapport à la capacité de la centrale. Le refus de la société nationale d'Électricité De Guinée (EDG) de s'installer dans la zone fortifie cette

[907] Nous avons pu voir le contrat auprès de l'opérateur, il n'a pas voulu le mettre à notre disposition puisqu'il est en contentieux avec l'État autour d'un paiement de 3 milliards GNF (300 000 €).

[908] Entretien à Kolaboui avec MBD, Directeur de l'entreprise GEK, opérateur des groupes thermiques.

thèse d'une alliance, à des fins de corruption, entre des jeunes privés et des intérêts publics[909]. Autrement dit l'implication de l'ANAIM en tant qu'entreprise publique dans cette question d'électrification au titre d'une contribution au développement communautaire est une violation de ses statuts et missions. Les prestations de l'ANAIM sont en effet normalement facturées et sa vocation principale est le développement des infrastructures indispensables au développement des opérations minières (Chemin de fer, port, cité).

Figure 31; Centrale Thermique de Kolaboui. Elle a été offerte par l'ANAIM pour alimenter la commune rurale de Kolaboui en électricité. La précarité des installations dénote de la faible prise en compte de la question de la fourniture de l'électricité par l'Etat et explique la récurrence des tensions sociales autour de la question de l'électricité.

Source : Oumar BARRY ; la centrale thermique de Kolaboui.

La stratégie « d'absence sélective » prônée par l'État dans les villes de Kamsar, de Sangaredi et de Kolaboui dans le développement d'infrastructures a laissé la place à des stratégies de réappropriation des instruments de redistribution de la rente minière institués par la loi minière de 2011. L'émergence de la question de l'autochtonie, sur fond de manipulation du concept de contenu local, sert aujourd'hui de registre de revendication lors des tensions communautaires qui apparaissent dans toutes les zones minières. Cette notion émerge lorsque s'intensifie la compétition pour l'accès à l'emploi dans les

[909] Entretien réalisé à Kolaboui avec Mohamed Touré, leaders de jeunes.

mines et s'opposent, d'une part des populations se revendiquant « autochtones », et de l'autre des Guinéens venus d'autres régions. Dans l'esprit des populations dites « autochtones », le contenu local désigne l'accès prioritaire à l'emploi et aux revenus miniers que leur confèrerait la loi minière pour compenser les effets négatifs qu'elles subissent. La distinction entre autochtones et étrangers est également présente dans la rhétorique de certaines entreprises minières, notamment pour délégitimer la présence des orpailleurs clandestins sur les concessions aurifères et dans le but de se déresponsabiliser de toute forme d'assistance[910]. Bien que le code minier distingue le droit minier (droit sur les ressources du sous-sol) du droit de propriété (droit de surface), le contournement sémantique du contenu local sert ainsi d'espace de réappropriation par les communautés du droit qu'elles ont perdu sur les ressources du sous-sol. L'origine de ce glissement de sens est à rechercher aussi bien dans la faillite du système éducatif local que dans l'instrumentalisation politique de la question de l'autochtonie. Comme le soulignait Benjamin Rubbers (2013), « l'implantation des investisseurs miniers peut ainsi contribuer à la consolidation du pouvoir des chefs et, plus largement, à la résurgence du discours de l'autochtonie »[911]. Sur un plan strictement juridique, la Guinée ne reconnait pas le statut d'autochtone à un groupe social. Les revendications d'autochtonie associée à la question du contenu local s'appuient donc sur une lecture nouvelle de la distribution géographique des communautés en Guinée et de la sociohistoire de la mise en place des populations dans les différentes régions du pays[912]. En Basse Guinée, les Soussous et les populations assimilées (Landouma, Baga) sont considérés, d'un point de vue démographique, comme majoritaires, mais ils sont aussi reconnus comme les plus anciens dans le processus historique d'occupation du territoire. Ils sont à ce titre considérés comme « autochtones » et de ce fait revendiquent des privilèges dans le processus de recrutement des entreprises minières

---

[910] BOLAY, Matthieu. « *When Miners Become "Foreigners": Competing Categorizations within Gold Mining Spaces in Guinea* ». *Resources Policy 40 (juin):* 117-27, 2014.

[911] « Les sociétés africaines face aux investissements miniers », *Politique africaine*, 2013/3 (N° 131), p. 5-25. DOI : 10.3917/polaf.131.0005. URL : https://www.cairn.info/revue-politique-africaine-2013-3- page-5.htm.

[912] Voir à ce titre l'excellente contribution du Pr ALPHA AMADOU BANO BARRY dans le lynx n° 1156-1157 du 16 juin 2014.

implantées dans la région de Boké[913]. Ces répartitions sociospatiales font échos à une logique très répandue de partition arbitraire de la Guinée en 4 régions naturelles qui correspondraient à 4 grands groupes ethniques[914]. La thèse de Fatoumata Kaba soutenue à l'Université de Laval intitulée *Le Droit minier et le Droit au développement des communautés autochtones, l'exemple de la Guinée*, nous apparait ainsi très simpliste dans la catégorisation des communautés désignées comme autochtones[915]. La transposition de l'approche canadienne de l'autochtonie réglée dans le cadre d'accords politiques entre les populations des Territoires du Nord et le gouvernement fédéral au contexte guinéen, où l'État a toujours cherché à effacer, en recourant parfois à la violence, toute volonté d'affirmation de l'identité ethnique au détriment d'une (idyllique) nation guinéenne, nous parait inadaptée.

Ces considérations d'ordre sociologique et historique sur la question de l'autochtonie et ses incidences en matière d'accès prioritaire à l'emploi auprès des compagnies minières ont été aggravées par les discours attribués au Président Alpha Condé, selon lesquels le contenu local favoriserait l'emploi prioritaire dans les entreprises minières des personnes les plus proches de la zone d'implantation de l'entreprise, ou qui historiquement seraient considérées comme les « autochtones » de la zone.

« Je ne suis pas content de Winning consortium, au lieu de recruter les gens d'ici, ils vont à Conakry pour recruter, or on a dit qu'il faut favoriser la population locale, ça, il faut qu'on rectifie, que le contenu local c'est d'abord ici, c'est vous qui souffrez des conséquences de l'exploitation minière »[916].

---

913 La thèse de FATOUMATA KABA soutenue à l'Université de Laval intitulée ; *le Droit minier et le Droit au développement des communautés autochtones, l'exemple de la Guinée*, nous apparaissent très simplistes dans la catégorisation des communautés désignées comme autochtones. La transposition de l'approche canadienne de l'autochtonie réglée dans le cadre d'accords politiques entre les populations des Territoire du Nord et le gouvernement fédéral, au contexte guinéen ou l'État a toujours cherché à effacer, en recourant parfois à la violence, toute volonté d'affirmation de l'identité ethnique au détriment d'une idyllique nation guinéenne est inadaptée.

914 GOERG, Odile. Couper la Guinée en quatre ou comment la colonisation a imaginé l'Afrique. Vingtième Siècle. Revue d'histoire, 2011/3 n° 111, p.73-88. DOI : 10.3917/vin.111.0073. URL : https://shs.cairn.info/revue-vingtieme-siecle-revue-d-histoire-2011-3-page-73?lang=fr.

915 KABA, Fatoumata. 2022. *Droit minier et le droit au développement des communautés autochtones : l'exemple de la Guinée* Paris : Éditions Harmattan.

916 Discours du Président ALPHA CONDE à Boké le 16 juin 2021.

S'appuyant sur ce substrat de « légitimité sociologique et historique » ainsi que sur les écarts de du discours politique, les populations des zones minières ont réussi, et cela en violation des dispositions du Code minier et du Code du travail, à transformer le concept de contenu local en un cadre de revendication identitaire et de mobilisation sociale pour exiger plus de retombées de l'exploitation minière. À Boké, à Siguiri, à Mandiana, dans toutes ces zones minières de la Guinée, des « acteurs locaux réunis en collectifs cherchent à défendre leur territoire et à proposer » des formes de développement et de redistribution autocentrés (Mathilde, 2021)[917]. À l'inverse des mobilisations paysannes en Amérique latine, mises en lumière par Mathilde Alain, les mobilisations des communautés des zones minières en Guinée, sous le prisme du contenu local, ne visent pas à lutter contre l'extractivisme ou à modifier le statut politique des territoires, mais elles cherchent à se réapproprier un droit sur la rente minière par le détour d'une transformation sémantique voulue et autorisée par le politique, mais ceci dans le maintien de l'exploitation minière[918]. Ces transformations font échos à des processus observés au XIXe dans les pays riches en ressources énergétiques et qui ont entrainé la construction de nouvelles relations politiques à partir de la distribution des infrastructures de production énergétique (Mitchell, 2017).

« Les forces qui ont lutté pour la démocratie sont issues des mines, des usines et de la vie urbaine moderne. Mais ces forces sont habituellement considérées comme de simples 'mouvements sociaux' : en se réunissant sur leur lieu de travail, dans des syndicats, dans des clubs politiques, les travailleurs se seraient forgé une conscience politique, et c'est ainsi qu'ils auraient pu lutter pour vie collective plus égalitaire et plus démocratique »[919].

La gestion des ressources minières apparait désormais comme une combinaison du pouvoir politique et du pouvoir social, bousculant ainsi une conception longtemps dominante dans la gouvernance des ressources naturelles, du moins depuis les années 1990, selon laquelle

---

[917] MATHILDE, Allain, MAILLET Antoine, « Les mobilisations autour de l'extractivisme. Circulation et potentiel heuristique d'un concept en voie de globalisation », *Revue internationale de politique comparée*, 2021/3-4 (Vol. 28), p. 7-29. DOI : 10.3917/ripc.283.0007. URL : https://www.cairn.info/revue-internationale-de-politique-comparee-2021-3-page-7.htm.

[918] En Argentine, sept provinces ont promulgué des lois interdisant l'exploitation minière à grande échelle.

[919] MITCHELL, *Carbon democracy, le pouvoir politique à l'ère du pétrole, la découverte*, 2017, page 17.

la politique de gestion de ces ressources dépendrait d'une minorité élitiste dominée par des acteurs étrangers, indépendamment des intérêts des forces locales. La combinaison de la puissance juridique et relationnelle de l'entrepreneur (société minière) et des compétences juridiques de l'autorité publique (octroi du titre minier) se révèle insuffisante pour parvenir aux objectifs de développement socio-économique que ces acteurs prétendent atteindre. Le réveil de forces locales agissant au nom d'un développementalisme spatialisé et situé remet sur le devant de la scène le rôle et la place du chef traditionnel, de l'élu local, du notable et du citoyens (Constantin, 2000)[920].

« Après une longue période au cours de laquelle les problèmes de gestion des ressources naturelles ont été traités en termes d'exercice du pouvoir d'injonction, on commence à reconnaitre qu'en définitive, ce n'est pas tellement le manque de savoir- faire technique et/ou une soi-disant résistance acharnée des paysans à l'innovation qui sont les causes des échecs, mais plutôt le manque d'implication de ceux-ci dans la définition et la gestion des ressources naturelles, autrement dit le manque de participation populaire »[921].

Dans le contexte guinéen, l'une des manifestations les plus saisissantes de ce réveil du « local » en matière de prise de décision dans la gouvernance minière est à voir dans les tensions qui ont prévalu à la nomination, en juin 2020, sous la pression communautaire, d'un natif de la localité de Siguiri comme Directeur général de la société aurifère SAG dans le nord-est du pays. Cette nomination fait suite à de violentes tensions en 2019 entre la société aurifère et la population de la localité de Fatoya dans la Préfecture de Siguiri, localité où la société tire une bonne partie de ces ressources. Cet acte de nomination peut apparaitre, d'un point de vue juridique, comme le résultat d'une simple application des dispositions du code minier sur l'emploi qui reposent sur des critères technico-managériaux. En réalité, elle est révélatrice d'une forme de régulation informelle de la gouvernance minière par le bas et d'une réappropriation de la notion de contenu local par les communautés. Les témoignages que nous avons eu des journalistes, à l'époque très introduits dans le secteur minier, révèlent que la nomination de ce DG a reposé uniquement sur son appartenance à une famille de chefs coutumiers locaux, qui voyaient en cette promotion un moyen de davantage bénéficier des retombées de l'exploitation minière,

[920] CONSTANTIN, *Administrer l'environnement en Afrique*, Karthala, 2000, page 57.
[921] *Ibid.*, page 70.

justifié par le prisme de leur représentation de ce qu'est le contenu local. Ce directeur partira de la société une année plus tard, sous le sceau d'une séparation à l'amiable. En juin 2022, la même société a procédé à un recrutement de jeunes Guinéens diplômés des institutions d'enseignements supérieurs pour anticiper sur des retraites programmées de certains travailleurs. La communauté locale s'est insurgée contre le recrutement et a brandi une liste de 100 jeunes natifs de la localité que la société devrait obligatoirement recruter au nom du respect du contenu local. Cette liste élaborée au nom de leur compréhension de ce qu'est le contenu local ne retiendrait que des personnes natives de la localité de Siguiri et excluait ainsi tout autre Guinéen. Dans la zone de Boké, des tensions identiques ont été enregistrées à Kamsar à la suite du recrutement par la CBG de 19 jeunes Guinéens issus des établissements d'enseignement supérieur au titre de stagiaire, en prévision également de futurs départs à la retraite. Les jeunes de Kamsar se sont soulevés contre le recrutement et ont accusé les responsables de l'entreprise de violation des règles du contenu local[922]. Lors d'un entretien en avril 2022 à Kamsar avec des responsables de la CBG, ces derniers nous ont expliqué que le recrutement de ces stagiaires s'était appuyé uniquement sur leur mérite scolaire, avec le choix des 10 meilleurs étudiants des options génies mécaniques et génies industrielles de l'année 2021 de l'Université de Conakry. En octobre 2023, dans la zone aurifère de Kouroussa au nord-est du pays, les jeunes de la ville ont exigé le limogeage du DRH de l'entreprise et de certains travailleurs, tous guinéens, pour favoriser disent-ils leur remplacement par des jeunes natifs de la ville, également au nom du contenu local[923]. En septembre 2022, un conflit violent sur les questions d'emplois entre une entreprise minière et les communautés dans la préfecture de Mandiana au sud-est de la Guinée a provoqué 4 morts et des dizaines de blessés. Les communautés de cette Préfecture reprochaient à la société aurifère le non-respect du contenu local en ne recrutant pas assez au sein de la communauté villageoise pour les emplois ne nécessitant pas de qualification, comme prévu par le code minier guinéen. Les reproches de la communauté portaient également sur des pratiques de pollutions de cours d'eau. Ce sentiment d'être les exclus des retombés de l'exploitation minière se manifeste partout en Guinée à travers une réappropriation du concept

[922] Entretiens avec des jeunes en avril 2022 à la commune de Kamsar.

[923] https://mines.gov.gn/mandiana-vandalisme-dans-les-installations-de-la-smm-le-ministre- profondement-attriste-par-lampleur-des-degats-enregistres-sur-le-terrain/.

de contenu local au nom d'une certaine « autochtonie », et il questionne ainsi la réalité de la nation guinéenne.

La convocation de la question ethnique dans la redistribution minière remonte dans le monde péruvien, en Amérique latine, au XVIe siècle, sous le registre du paiement d'obligations (paiement de tribut) par les populations indiennes ou indigènes en contrepartie du droit d'accès au foncier. Si pendant longtemps l'identification à cette catégorie « indigène » ou « indienne » renvoyait à des préjugés et des stigmates du système colonial, aujourd'hui sa convocation est associée à la revendication de droits liés à l'exploitation minière. (Salazar-Soler, 2017)[924]. En Guinée, la résurgence de la question de l'autochtonie en lien avec une réinterprétation du concept de contenu local se révèle être l'une des nombreuses conséquences de la stratégie « d'absence sélective » choisie par l'État dans les zones d'exploitation minière depuis les années 1990, dans le sillage des réformes libérales. Le phénomène met également en lumière le poids du régime discursif politique et technologique et de la transformation terminologique dans l'appropriation en lien avec les retombées de l'exploitation minière[925]. Ainsi si l'expérience industrielle de Fria dans l'exercice de ce que recouvre aujourd'hui le contenu local (emplois, développement économique local) s'est opérée en s'insérant dans une dynamique de construction nationale, les réformes successives du régime de l'exploitation minière ont créé des dysfonctionnent structurels qui ont contribué, au fil du temps, à la relégation du droit des communautés à participer à la gestion des ressources minières. Cette gestion étant historiquement et « par nature un problème de pouvoir social, mais aussi un problème de pouvoir politique »[926].

---

[924] CARMEN, Salazar-Soler, « La place de l'ethnicité dans les conflits miniers socio-environnementaux dans les Andes du Pérou : XXème-XXIème siècles », *IdeAs* [En ligne], 8 | 2016, mis en ligne le 21 décembre 2016, consulté le 23 octobre 2023. URL : http://journals.openedition.org/ideas/1785 ; DOI : https://doi.org/10.4000/ideas.1785.

[925] BOLAY Matthieu, CALVÃO Filipe, « Labour, Incorporated : Dependent Contracting and Wageless Work in Africa's "Responsible" Mines », *Cahiers d'études africaines*, 2022/1-2 (n° 245-246),
p. 123-151. DOI : 10.4000/etudesafricaines.36190. URL : https://www.cairn.info/revue-cahiers-d-etudes- africaines-2022-1-page-123.htm.
L'emploi de régime discursif et technologique fait notamment allusion au procédé déployé par des acteurs multiples en RDC pour assurer une exploitation minière responsable.

[926] Ces deux expressions que nous empruntons à FRANÇOIS CONSTANTIN (2000) renvoient à l'idée du droit à la participation des communautés à la gouvernance,

1.2.1. Multiplication des conflits miniers et réappropriation de l'espace par des acteurs multiples

L'activité minière possède la particularité d'aggraver des conflits préexistants, de déclencher de nouveaux conflits et de servir de spectre pour des mobilisations sociales et politiques. Plusieurs études démontrent en effet une forte corrélation entre l'exploitation minière et l'occurrence de conflits dans les zones concernées. Un rapport du CECIDE/PNUD (2015) présentait de la sorte un bilan de 96 conflits recensés dans 17 localités minières de la Guinée où d'intenses projets miniers sont en activité[927]. Une enquête effectuée en 2020 dans la zone minière de Boké, dans le cadre d'une étude scientifique sur le rapport entre conflictualité et exploitation des ressources minières, montrait également une forte corrélation entre l'ouverture des mines et l'occurrence des conflits toutes catégories confondues (conflits miniers, sociaux, domaniaux, etc.)[928]. Entre 2015 et 2018, une entreprise minière présente dans la même région a connu 35 révoltes des communautés contre ses activités[929]. La persistance et l'aggravation de ces conflits dans les zones d'exploitation minière font l'objet de peu d'études approfondies. Celles qui ont été menées se bornent à compiler comme facteur explicatif une multitude de griefs portés par les communautés contre les entreprises minières. Une approche plus holistique appellerait à dépasser ce type de schémas explicatif pour prendre en compte la superposition de plusieurs enjeux, la profondeur sociologique et l'interaction entre des acteurs aux intérêts différenciés.

En effet la zone de Boké possède la particularité d'être le théâtre d'une historicité violente entre le XVe et le XIXe siècle en lien avec la traite négrière et l'économie de traite. Cette période de violence prémoderne a profondément bouleversé les structures sociales de la région. Boké était l'une des rares villes minières de la Guinée qui,

---

à toutes les étapes de la chaine de l'exploitation minière et à la définition des approches d'utilisation des revenus générés par cette exploitation.

[927] Étude Search for Common Ground sur *l'analyse des conflits miniers en Haute Guinée* publiée en 2016.

[928] Nous avons participé à cette enquête qui aboutit à la publication d'un article scientifique sur les conflits dans les zones minières : CAMARA (I.), BARRY (O.), « Bauxite Mining Conflicts in Guinea : Causes Identification, Analysis, and Countermeasures », in *International Journal of Mineral Processing and Extractive Metallurgy*, (2021).

[929] Entretien réalisé à Boké en juillet 2020 avec OB, ancien responsable des relations communautaires de l'entreprise.

jusqu'en 2012, n'avait pas encore une autorité coutumière acceptée et reconnues par toutes les composantes sociales. Les conflits violents dans le Rio Nunez entre le XVe et le XIXe ont laissé en héritage l'éclatement et la dispersion des communautés vivant dans la région, des communautés qui continuent encore à se livrer à des rivalités dans la captation des rentes issues de l'exploitation minière. La composition sociale de la région de Boké se révèle fragmentée entre une dizaine de groupes ethniques qui, en fonction des intérêts en jeu, convoquent la mémoire douloureuse de la région et revendiquent des avantages particuliers dans la répartition des rentes minières. Les Landouma se considèrent ainsi comme un groupe communautaire à privilégier dans la distribution des emplois, dans la reconnaissance de la propriété foncière lors des processus de compensation et dans les mécanismes de redistribution de la rente minière[930]. Nous avons particulièrement remarqué ces rivalités lors de la désignation du président du comité de gestion des fonds FODEL. La communauté Landouma, l'une des plus nombreuses dans la région, avait mis en avant la question d'autochtonie pour revendiquer et obtenir la présidence du comité, et l'on peut penser à cet égard à une résurgence des luttes de prédation auxquelles se livraient des groupes de tributs dans le Rio Nunez pour le contrôle des rentes générées par l'économie de traite. Les Landouma ont jusqu'à présent réussi à occuper la direction de toutes les institutions locales associées aux mécanismes de redistribution de la rente minière : Présidence du CPD ayant en charge de présider l'instance de concertation sur le système de péréquation des fonds sociaux versés par la CBG, Présidence du FODEL qui supervise l'utilisation des fonds de développement versés par les entreprises minières.

Par ailleurs, on peut distinguer dans les causes des conflits une superposition de plusieurs enjeux, dont ceux intrinsèquement liés à l'activité minière (pollution, accident, emplois) et des facteurs déclencheurs qui, eux, existent en dehors du champ d'activité des mines. À cet effet, il est possible de distinguer les conflits déclenchés par exemple par un délestage d'électricité (facteur déclencheur) sans, de prime abord, de lien avec des griefs portés contre les activités d'une entreprise minière. Ce type de conflit se mue rapidement ensuite en revendications sociales pour plus de retombées positives de l'exploitation minière (emplois, revenus, etc.). L'activité minière

[930] Entretien réalisé à Kolaboui en juillet 2020 avec WOTEM COUMBASSA, leaders des jeunes Landouma de Kolaboui.

fonctionne en effet comme un miroir où se reflètent toutes les formes de revendications sociales et politiques. En 2020, lors des luttes politiques contre le 3e mandat du Président Alpha Condé, les jeunes s'attaquaient aux installations des entreprises minières pour atteindre des objectifs politiques. La mine et ses installations sont des cibles privilégiées pour toutes les formes de revendications (sociales, politiques, économiques, intracommunautaires). Par ailleurs, la présence de la mine participe à une multiplication des attentes des communautés qui vivent près ou autour des sites miniers[931]. Le désenchantement des communautés au terme de quelques années d'exploitation se transforme également en une colère qui s'exprime violemment lors des manifestations sur la voie publique et par des scènes de vandalisme contre les installations des entreprises minières. Les violences contre les installations de ces entreprises entrainent des dégâts matériels qui se chiffrent en millions de dollars américains ainsi que des pertes en vies humaines.

En outre, une étude du PNUD publiée en 2015 permet de saisir le poids relatif des différents facteurs dans le déclenchement des conflits.

« L'absence manifeste de bénéfices visibles en compensation des effets pervers ainsi que des impacts environnementaux à proprement parler sont des causes majeures des conflits. Ainsi, la problématique de l'emploi génère 37% de conflits tandis que l'absence d'infrastructures et services sociaux de base est à l'origine de plus de 10% des conflits enregistrés. Avec 34% des cas de conflits, les impacts environnementaux se profilent comme la seconde cause des conflits après l'emploi »[932].

Dans l'analyse des dynamiques de pouvoir dans les conflits, en rapport avec les ressources minières, la dimension des représentations ou « perceptions » est un facteur clé qui permet de comprendre les enjeux et les logiques d'acteurs. Ces perceptions participent en effet à la formulation des attentes des parties prenantes et à la nature des réponses à fournir par les entreprises minières. En 2016, le programme

---

[931] REY, Pascal, SAINT SIMON Franck de. « L'entreprise n'est pas l'état : Réflexion sur le rôle de l'entreprise dans le cadre de la RSE autour d'une étude de cas en Guinée Forestière » In : *La Responsabilité Sociale de l'Entreprise : nouvelle régulation du capitalisme* ? Villeneuve d'Ascq : Presses universitaires du Septentrion, 2011. DOI : https://doi.org/10.4000/books.septentrion.9113.

[932] MAZALTO, Marie et al, la responsabilité sociétale des entreprises dans le secteur minier en Guinée : état des lieux et perspectives. PNUD, Conakry ; 2016.

des Nations Unies pour le Développement a financé une enquête pour étudier les enjeux qui travaillent les perceptions des acteurs dans le secteur minier en Guinée. L'enquête a couvert 194 personnes issues de l'État (19%), des sociétés minières (15%), des chefs communautaires (47%), de la société civile (23,7%), les exploitants artisanaux (2,5%). Les résultats de l'enquête ont montré que les communautés et la société civile ont une perception très faible des retombées positives de l'exploitation minière. Les entreprises minières ont elles une perception globalement positive ou acceptable des retombées de l'exploitation en lien avec les revenus, l'emploi, les infrastructures, l'environnement, le contenu local et le développement local[933]. La perception des représentants de l'État oscille entre un regard négatif sur les questions de revenus, d'emplois, d'environnement et de transformation des ressources, et une appréhension plus positive des retombées sur les questions de développement local et les infrastructures. Les communautés ont une lecture globalement négative de l'exploitation minière. Ces perceptions conditionnent de fait les logiques d'acteurs en œuvre dans les zones, leur degré d'implication et elles déterminent leurs stratégies de terrain. Ainsi ces conflits opposent-ils majoritairement les communautés aux sociétés minières, soient 77% des conflits, suivis des conflits opposant les entreprises à leurs employés, les communautés à l'État et les conflits intercommunautaires, soient 23%[934]. La forte implication des communautés dans ces conflits est à également à lire comme la réponse à un processus historique d'exclusion de ces dernières dans la détermination des conditions d'implantation des entreprise et la définition de la nature des bénéfices attendus. Cette réponse violente des communautés demande également de repenser le champ de construction de l'action publique en Afrique. À ce titre, l'anthropologie du développement offre des ressources à la fois théoriques et méthodologiques pour interpréter les différents modes d'interaction entre l'État et ses composantes dans la définition de ses modes opératoires (olivier de Sardan, 2007)[935]. La prise en compte des

---

933 GODARD Olivier, HOMMEL Thierry, « Les multinationales, un enjeu stratégique pour l'environnement et le développement durable ? », *Revue internationale et stratégique*, 2005/4 (N°60), p. 101-112. DOI : 10.3917/ris.060.0101. URL : https://www.cairn.info/revue-internationale-et-strategique-2005-4-page-101.htm.

934 911 *Ibid.*

935 OLIVIER DE SARDAN Jean-Pierre, « De la nouvelle anthropologie du développement à la socio anthropologie des espaces publics africains », *Revue Tiers*

attentes des acteurs locaux dans le processus d'attribution des contrats miniers offrirait la possibilité d'une meilleure canalisation des espoirs et une meilleure délimitation des rôles. Les attentes des communautés sont le résultat d'un construit social qui fait appel à plusieurs acteurs et à des imaginaires multiples (Palier, Surel, 2005)[936]. Ces acteurs sont représentés par les chefs locaux, par les associations de ressortissants, par les élus politiques, par les médias sociaux et par l'entreprise minière[937]. En Guinée, les demandes des communautés aux entreprises minières sont encore souvent dictées par la croyance selon laquelle la venue d'une entreprise minière est associée à une baraka (une bénédiction) pour les communautés, qui ouvrirait la porte à toutes les richesses...

CONFLITS	**INDICATEURS**	**Facteurs**
Domaniaux intrafamiliaux	Implantation société, compensation, extension du périmètre,	Mines
Latents	Compensation, pollution, licenciement arbitraire, violation du contenu local, gestion des fonds d'indemnisation, relocalisation,	Mines et environnement
De valeur	Destruction de site culturel	Culture sociale
Autochtonie	Implantation, compensation, extension du permis, relocalisation …	Sociétal et Mine
Environnementaux	Pollutions, destruction des aires agricoles ou d'élevage, forêt, déforestation, dégradation du couvert végétal	Environnement

Monde, 2007/3 (n° 191), p. 543-552. DOI : 10.3917/rtm.191.0543. URL : https://www.cairn.info/revue-tiers-monde-2007-3-page-543.htm.

[936] PALIER Bruno, SUREL Yves, « Les « trois I » et l'analyse de l'État en action », *Revue française de science politique*, 2005/1 (Vol. 55), p. 7-32. DOI : 10.3917/rfsp.551.0007. URL : https://www.cairn.info/revue-francaise-de-science-politique-2005-1-page-7.htm.

[937] Les associations de ressortissants ont une forte implication dans la détermination des demandes des communautés à l'entreprise minière.

Sociaux	Emploi jeune, bonne gouvernance, gestion des services publics, crime, accidents, violation, contenu local, services sociaux de base, violation des engagements, pollution.	Social, Gouvernance et Gestion publique,
Miniers	Implantation, exploitation, environnement, contenu local, accidents,	Mines

Figure 32: variables des conflits dans la région de Boké

Source : BARRY et CAMARA (2021).

L'analyse de la conflictualité de la zone minière implique, dans une démarche holistique, la prise en compte de la multiplication des acteurs miniers sur le terrain en lien avec les stratégies de sécurisation des sources d'approvisionnement impulsée par les politiques de transition énergétique[938]. Cette poussée extractiviste est connue en Amérique latine sous le vocable de « reprimarisation [939]» des économies au tournant des années 2000 grâce notamment à la forte demande de l'industrie chinoise émergente. Ce retour intensif au modèle extractiviste bouscule les frontières sociales et environnementales et redéfinie les politiques publiques en ce qui a trait à la place des ressources minières dans le développement social et économique du pays. D'un côté, il est à noter la multiplication des mouvements communautaires de contestation des politiques extractivistes à outrance, de l'autre, la volonté des États de mettre en place des politiques redistributives et stratégiques pour concilier extractivisme et développement économique[940]. Le caractère stratégique de ces ressources tient d'abord à leur nature indispensable aux possibilités de

[938] En mars 2023, l'Union européenne a publié un règlement sur le *Critical Raw Material Act,* « CRM Act » faisant état d'une liste de 34 matières, dont la bauxite, jugée critique eu égard à la dépendance de l'approvisionnement par rapport à des pays tiers et le contrôle des chaines de valeurs (DG GROW, Commission européenne, 2023).

[939] Augmentation considérable de la part des matières premières brutes dans les recettes publiques.

[940] résistances paysannes dans l'agroécologie au Brésil », *Revue internationale des études du développement* [En ligne], 255 | 2024, mis en ligne le 02 juillet 2024, consulté le 02 août 2024. URL : http://journals.openedition.org/ried/23052; DOI : https://doi.org/10.4000/11zhi.

développement des sociétés modernes[941]. La mise en valeur des ressources minières est un processus dynamique qui tient compte des conditions de développement et des besoins de consommation[942]. Il est ainsi frappant de constater dans la zone de Boké une multiplication des acteurs miniers venus de divers horizons politiques et culturels : USA, Chine, Russie, Inde, Australie, Émirats, Angleterre, France. Il en résulte une forte pression sur les ressources locales et des stratégies concurrentes en ce qui concerne la manière de nouer des rapports avec les communautés. Les ressources minières ont une dimension fortement stratégique qui explique les tensions autour de leur exploitation et de leur commercialisation, lesquelles se manifestent notamment dans les rapports de pouvoir entre entreprises concurrentes[943]. Les entreprises minières se livrent ainsi à une guerre de conquête de l'opinion et à des stratégies de *« Name and Shame »* des concurrents. La forte rivalité entre ces acteurs se manifeste particulièrement lors des rencontres avec des membres de la société civile ou des chercheurs. Les responsables des entreprises minières venues des pays occidentaux portent notamment de sérieuses critiques contre les entreprises chinoises et russes qu'elles accusent de non-respect des normes environnementales et sociales, ou de cohabitation déloyale. La mine de la CBG est par exemple voisine des mines de Rusal. Lors des discussions avec des responsables de la mine de la CBG en décembre 2023, il est intéressant de constater la comparaison qu'ils établissent entre les infrastructures de production des deux mines et les normes applicables. Les « *Russes ne respectent rien et personne* » nous confiait-on ainsi lors d'une visite à l'intérieur de la mine le 6 décembre 2023. Les responsables des entreprises chinoises quant à eux dressent des critiques contre les entreprises occidentales qu'ils accusent de manipuler l'opinion contre leurs concurrents. Les responsables que nous avons rencontrés à Kaboe le 5 décembre 2023 brandissaient notamment fièrement les 100 millions d'investissement communautaire réalisé par la société depuis 2015 et dénonçaient le fait d'être victimes « d'infox ».

---

[941] MOTTET, Eric, et al., *Géopolitique des ressources minières en Asie du Sud-Est, trajectoires plurielles et incertaines, Indonésie, Laos et Viet Nam*, Presses de l'Université du Québec, 2015, Canada, page 11.

[942] *Idem*, page 12.

[943] ALEX Bastien, MATELLY Sylvie, « Pourquoi les matières premières sont-elles stratégiques ? », *Revue internationale et stratégique*, 2011/4 (n° 84), p. 53-60. DOI : 10.3917/ris.084.0053. URL : https://www.cairn.info/revue-internationale-et-strategique-2011-4-page- 53.htm.

La production, la distribution, la commercialisation, la consommation des matières premières impliquent une multitude d'acteurs travaillés par des intérêts différents. Il s'agit des États, des entreprises privées, des OIG, des multinationales et des organisations de la société civile. Les puissances classiques, en tête, les États-Unis et les pays européens, sont aujourd'hui concurrencées par les pays émergents, notamment la Chine. Cela amplifie la course aux matières premières. Les stratégies déployées par les États pour contrôler ou pour sécuriser leur approvisionnement sont multiples, des prises de participation dans les entreprises minières aux pressions diplomatiques, en passant par des contraintes juridiques ou fiscales[944]. La zone de Boké est de plus en plus un espace de compétition diplomatique et de luttes d'influence entre les grandes puissances. En témoignent les visites régulières dans la zone des ambassadeurs des grandes puissances en compagnie des services techniques de l'ambassade (chargé d'affaires, attachés militaires, renseignement). Nous avons par exemple rencontré en octobre 2021 à Sangaredi une forte équipe de l'ambassade des États-Unis à Conakry en tournée dans la région.

L'ambassadeur d'Allemagne à Conakry porte quant à lui, dans ce cadre, une attention particulière aux activités de la CBG[945]. Les missions diplomatiques des grandes puissances sont fortement impliquées dans le financement de projets de sensibilisation et de soutien aux groupements de femmes exerçant dans la zone d'opération de leurs entreprises minières[946].

La rareté de certaines matières premières et la hausse de la demande mondiale, tirée par les marchés asiatiques, contraint les entreprises minières à explorer des territoires jusque-là ignorés. En Asie du Sud-Est, la lutte pour la découverte de nouveaux gisements pousse les entreprises dans des territoires de plus en plus éloignés, dans les profondeurs des forêts des Philippines ou d'Indonésie, restructurant des

---

944 MOTTET, Éric, et al., *Géopolitique des ressources minières en Asie du Sud-Est, trajectoires plurielles et incertaines, Indonésie, Laos et Viet Nam*, Presses de l'Université du Québec, 2015, Canada, 250p.

945 Un des actionnaires de la CBG est l'allemand DADCO (10%).

946 Entretien avec AMADOU BAH, directeur exécutif de l'ONG Action Mines qui a bénéficié d'un financement de l'ambassade de Grande-Bretagne dans la zone d'opération de Alufer Mining, une entreprise minière anglaise. Le projet visait à soutenir les groupements économiques des femmes à sensibiliser sur la prévention et la gestion des conflits dans la zone d'opération de Alufer à Boffa.

territoires, reconfigurant des rapports de pouvoirs et mobilisant des acteurs publics, privés, sociaux et transnationaux[947]. Cette mondialisation des matières premières contribue donc à faire émerger des rapports de pouvoirs à l'échelle locale, nationale, régionale et internationale[948]. La géopolitique des ressources naturelles permet de saisir, à travers ce spectre, la dynamique des conflits qui travaillent les régions d'extraction des ressources minières à travers le monde. La course pour l'extraction de la bauxite, elle, a bousculé les frontières des mines dans les régions les plus reculées de la Guinée. Les permis d'exploitation de la bauxite sont aujourd'hui attribués à des entreprises jusque dans les contreforts, jusque-là, infranchissables du Fouta Djallon. Les territoires humides et riches en biodiversité du Rio Nunez, relativement protégés des agressions capitalistes depuis la fin de l'économie de comptoirs à la fin du XIXe siècle, sont désormais entièrement investis par des ports minéraliers et des barges transportant des milliers de tonnes de bauxite[949]. Dans la zone de Boffa, les permis miniers d'Alufer, une entreprise minière détenue par des capitaux anglais, sont entrés en conflit avec les permis miniers de CHALCO et de SPIC, deux puissantes entreprises minières chinoises. Le contentieux a été réglé par la Direction Nationale des Mines, après une menace d'arrêt des activités brandies par la société Alufer. Les investissements sociaux des entreprises minières tiennent compte de cette logique concurrentielle entre mines voisines exploitées par des entreprises aux références culturelles fondamentalement opposées. Les territoires miniers sont des micro-espaces où les entreprises minières se livrent à une lutte d'influence pour la conquête de l'opinion et pour la promotion des valeurs culturelles de leurs pays d'origine. Chaque entreprise affiche fièrement, sur tous les sites miniers et à côté des couleurs de la Guinée, les drapeaux de leurs pays d'origine. Les sites miniers sont des espaces de diffusion et de consommation de productions culturelles, gastronomiques, de manière de faire et de vivre. Les produits industriels américains ont été largement connus et consommés en Guinée à travers

---

947 COURMONT Barthélemy. « Le difficile contrôle des exploitations minières en Indonésie », *Géoéconomie*, 2015/3 (N° 75), p. 93-108. DOI : 10.3917/geoec.075.0093. URL : https://www.cairn.info/revue-geoeconomie-2015-3-page-93.htm.

948 *Idem*, page 16.

949 La zone abrite deux zones Ramsar classées selon le droit international comme étant des espaces les plus humides et de grandes biodiversités. Elle abrite également des îles inhabitées, d'Alcatraz, mais hébergeant des variétés d'oiseaux et de reptiles.

la CBG. De même le siège de la puissante entreprise minière SMB ressemble à une petite cité chinoise de Pékin au cœur de Boké, reflétant l'architecture, les jardins, l'art et le mobilier de la Chine.

CONCLUSION PARTIELLE

Le développement des projets miniers dans les villes de Kamsar et de Sangaredi au début des années 1970 a entrainé de profondes mutations sociales, économiques et foncières. La frontière de la mine est aussi celle séparant deux mondes : celui en voie de disparition incarné par des hommes, une culture, des terres et des ressources traditionnelles, et le nouveau monde représenté par la mine, les infrastructures et la rente minière. Les changements induits par la mine sont générateurs de relations de pouvoir entre les acteurs en place : l'État, l'entreprise et les communautés. Il est possible d'y lire une concurrence ou une lutte d'institution, sur la même spatialité, entre 3 formes de pouvoir : le pouvoir politique, le pouvoir infrastructurel et le pouvoir notabilaire. Ce jeu d'acteur autour de la mine recouvre indiscutablement une forte dimension de domination et de relations de pouvoir. Le pouvoir infrastructurel confère à l'entreprise des leviers puissants d'ascendance sur les communautés. En sens inverse, nous remarquons également à Sangaredi de nouvelles formes de renversement des rôles, avec des travailleurs des entreprises obligés de s'endetter auprès d'anciens éleveurs chassés des bowés par l'ouverture de la mine. La multiplication des conflits dans les zones minières peut donc être mieux appréhendée à travers une approche holistique qui tient compte de la profondeur sociologique, des relations de pouvoir entre les acteurs en place et des micro-conflits géopolitiques auxquelles se livrent les entreprises minières pour le contrôle de l'opinion. Les territoires miniers sont sujets à des conflits multiples qui trouvent tous leur cristallisation dans les revendications portées contre les entreprises minières. Le réveil de l'autochtonie sous le prisme d'une manipulation du concept de contenu local se révèle être de la sorte la perpétuation, à l'ère des rentes minières, d'un pouvoir social (notabilaire) qui a dominé l'économie de comptoirs dans la région de Boké entre le XVIe et le XIXe siècle.

CONCLUSION GÉNÉRALE

La contribution du secteur minier au développement national peut être saisie sous plusieurs dimensions, allant des contributions chiffrées au travers des indicateurs macro-économiques (PIB, RN, emplois, exportations), aux divers mécanismes de redistribution en faveur du développement local (RSE, CDL), en passant par le respect des normes environnementales et sociales, infrastructures). En effet, les rapports de l'organisation internationale pour la transparence dans les industries extractives (ITIE 2018) estiment la contribution du secteur minier à 30% des revenus de l'État guinéen, à 18% du PIB, à 78% des exportations et à 6,26% de l'emploi national. La tendance longtemps préconisée par les organisations internationales, les chercheurs et les institutions d'évaluation du développement consistait à mesurer l'impact de l'extraction minière sur le développement à l'aune des indicateurs macro-économiques. La politique de communication de l'État sur ses performances en matière de gouvernance minière s'appuyait également sur ces indicateurs macro-économiques, des indicateurs par ailleurs souvent biaisés pour des motifs politiques ou techniques[950]. La volatilité des prix des matières premières a bousculé régulièrement ces chiffres, rendant ainsi difficile la lecture, sur le long terme, de la véritable contribution des entreprises minières au développement d'un pays tel que la Guinée. Le pays est encore classé aujourd'hui parmi les plus pauvres au monde (178e rang sur 189 pays de l'IDH en 2019)[951].

Notre démarche, bien qu'essentiellement empirique, part de perspectives théoriques au croisement de la sociologie politique de l'action publique (Zittoun, 2013)[952] et de l'anthropologie du

---

950 En effet, il existe des écarts non encore élucidés entre les chiffres publiés par l'ITIE et le tableau des opérations financières de l'État.

951 https://hdr.undp.org/sites/default/files/Country-Profiles/fr/GIN.pdf.

952 KESLASSY Éric. « PHILIPPE ZITTOUN, La fabrique politique des politiques publiques. Une approche pragmatique de l'action publique. », Lectures [En ligne], Les comptes rendus, mis en ligne le 02 janvier 2014, consulté le 03 mars 2024. URL :

développement (Olivier de Sardan, 2001)[953], avant de s'ancrer dans une analyse plus contextualisée de l'impact de l'extractivisme sur le développement. Nous soutenons l'idée que l'extractivisme en Guinée est la résultante d'une inscription historique et spatiale d'une double logique de rente et d'extraversion. Les ressorts et les modes de fonctionnement de cette logique ont reposé essentiellement sur l'exploitation des relations de pouvoir et l'institution de rapports de domination entre les acteurs sur le terrain. En partant de l'expérience historique de la région de Boké, notre étude nous a permis, en effet, de saisir empiriquement les stratégies d'acteurs, les enjeux et les défis qui se posent au développement des zones d'extraction minière. En partant de la trajectoire historique, nous avons ainsi pu appréhender les dynamiques rentières qui la travaillent depuis le milieu du XIXe siècle, bien avant le développement des industries extractives. L'économie de traite a posé les fondements des logiques de captation des rentes et qui caractérise encore l'économie et la sociologie de Boké.

L'arrivée des maisons de commerce dans la région de Boké, au XIXe siècle, a accentué l'inscription de la région dans la trajectoire rentière, et elle a introduit les cultures industrielles de traite extraverties (arachides, café, caoutchouc) qui se sont diffusées rapidement au détriment des cultures vivrières (riz, maïs, fonio) introverties. La recherche continuelle de la rente par l'échange des productions agricoles contre des marchandises ou des pièces de monnaie rapportait beaucoup, et la terre devenait également un facteur de rente. Les maisons de commerce louaient les domaines appartenant à des populations autochtones pour installer des factoreries de commerce. Les chefs tribaux prélevaient des taxes de navigation et des redevances coutumières sur les activités des traitants étrangers établis dans tout le Rio Nunez. Ces pratiques préfiguraient les futures redevances superficiaires et autres contributions au développement local payées par les entreprises minières à l'ère moderne. Les modes d'accaparement et de gestion des rentes, celles d'hier et celles de nos jours, convergent en effet à bien des égards. Elles sont payées à des autorités locales qui se les approprient pour consolider leur pouvoir au détriment des

---

http://journals.openedition.org/lectures/13098 ; DOI : https://doi.org/10.4000/lectures.13098.

[953] OLIVIER DE SARDAN, Jean-Pierre. « Les trois approches en anthropologie du développement ». In : *Tiers-Monde*, tome 42, n°168, 2001. Anthropologie du développement, fiscalité, géographie industrielle, éducation... pp. 729-754 ; doi : https://doi.org/10.3406/tiers.2001.154.

populations. Les maisons de commerce exploitaient les rivalités politiques entre les chefs du Nunez pour développer leur commerce sous la bénédiction des puissances coloniales. Français, Anglais et Belges se livraient à des luttes pour le contrôle des territoires du Nunez et pour la navigation sur le fleuve. Ces rivalités de puissance sur des territoires pour la captation de la rente (agricole ou esclavagiste) ont transformé la région en un ensemble de champs de bataille entre des groupes tribaux rivaux (Nalou, Landouma, Mikhiforé, Peulh, Baga, Toubaka). Ces rivalités de pouvoir entre les grandes puissances coloniales laissent transparaitre les rivalités actuelles entre les entreprises minières originaires des pays industriels pour la conquête de l'opinion sous le prisme de la RSE. La configuration des zones d'exploitation minière comme espace de luttes d'influence entre des acteurs privés et comme espace aux multiples usages invite à penser la mine dans une logique de continuité et de rupture.

L'exploitation minière en Guinée et la forte dépendance du pays aux revenus miniers apparaissent de la sorte comme un « construit spatio-temporel » des différents pouvoirs politiques qui se sont succédé dans le pays. L'analyse de l'ancrage historique de l'exploitation aurifère dans la région de la Haute Guinée permet de saisir les relations de pouvoir résultant de la présence de l'or sur ces espaces. La rente comme levier de pouvoir et d'asservissement peut être mieux être appréhendée sous ses dimensions différentes en fonction des possibilités spatiales, socio-économiques de chaque région de la Guinée. Ceci met en lumière un processus d'enrichissement que Magrin appelle la « *rente géographique* »[954]. Cette dernière peut notamment dépendre de la « territorialité » et des configurations physiques de l'espace, et offrir des atouts stratégiques aux détenteurs du pouvoir dans leur politique de captation de la rente. Ces facteurs géopolitiques engendrent un « esprit rentier » basé sur le prélèvement et la vente des ressources naturelles et humaines du territoire (esclaves, produits agricoles, ressources minières). L'économie minière de la Guinée reste fortement dominée par l'exportation de minerai brute sans aucune valeur ajoutée pour le pays. Le prélèvement de la rente sur les produits miniers exportés constitue, jusque-là, l'unique source de revenus tirés de l'extraction des ressources minières. La valorisation du potentiel minier comme levier de transformation sociale et économique passerait notamment par ce

---

[954] Expression empruntée à MAGRIN, désignant « *l'implication de la localisation des lieux, des hommes et des ressources les uns par rapport aux autres, et les relations qui en découlent fournissant des rentes, bénéficiant à une gamme variée d'acteurs* ».

double dépassement de l'extraversion et de la captation de la rente comme unique finalité poursuivie dans l'extractivisme guinéen[955].

Par ailleurs, les logiques de l'extractivisme et de captation de la rente en cours dans la région minière de Boké s'inscrivent dans la perpétuation des pratiques de prédation et de relations de pouvoirs. Les États, les maisons de commerce, les Toubaka, les chefs locaux et les propriétaires terriens sont tenus par des relations de pouvoir dont la finalité essentielle est la captation de la rente et le contrôle de l'espace. La distribution spatiale des entreprises minières dans la région de Boké pose de sérieuses contraintes sur la capacité des communautés locales à vivre de leurs propres ressources. La concurrence des usages sur une même spatialité met en lumière la continuité de pratiques de domination de l'espace comme une forme particulière de captation d'une rente géographique dont les fondements remontent au XIXe siècle, dans les guerres pour le contrôle de la navigation sur le Rio Nunez. Les conséquences sociales et environnementales de l'intensification de l'exploitation minière, à partir de 2015, complexifient la gestion des ressources naturelles (terre, eau, pâturages) et aggravent les tensions sociales dans la région de Boké. Nous avons constaté au long des chapitres que nous avons consacrés à ces aspects que la faiblesse des ressources réglementaires, institutionnelles et techniques de l'État rend encore plus difficiles les processus d'encadrement de l'activité minière et de responsabilisation des entreprises. Les réponses des entreprises se limitent aux compensations financières données aux personnes impactées par les opérations minières. Ces compensations financières contribuent à l'inverse à la désarticulation des relations sociales, développant au passage l'esprit de rente au sein de la population. La captation de l'argent versé par les entreprises minières, au titre de la compensation, est la principale préoccupation des communautés qui vivent dans ces zones minières, instaurant une continuité de pratiques qui trouvent leurs racines dans l'histoire de la région, fortement marquée par la logique de l'extractivisme.

La gestion des externalités environnementales et sociales des opérations minières reste également encore marquée par le « bon vouloir » des sociétés minières. Chaque entreprise dispose d'un département environnement et d'un service de relations

---

[955] Ici l'extraversion désigne aussi le processus historique de dépendance à l'exportation des économies des États et les transformations des modèles de production qui en résultent (privilégie les cultures d'exportation aux cultures vivrières).

communautaires pour gérer les questions environnementales et sociales associées aux opérations minières. Au niveau de l'État, la gestion de ces problématiques est éclatée entre plusieurs départements ministériels, sans véritable coordination des interventions sur le terrain : le Ministère de l'Environnement s'occupe des questions environnementales à travers l'Agence Guinéenne d'Évaluation Environnementale (AGEE), et le développement communautaire est tiraillé entre le Ministère des Mines et celui de l'Administration du Territoire. Le manque de coordination et l'éclatement du cadre institutionnel de gouvernance sont aggravés par le manque de moyens techniques pour véritablement évaluer le respect des normes environnementales et sociales. L'extraction minière dans la région de Boké est fortement marquée par la pollution des ressources hydriques, la dégradation des terres, et les mutations sociales et démographiques. Les réponses techniques de l'État face à ces problématiques sont encore limitées.

La participation de la rente générée par l'extraction minière au financement du développement local en Guinée est un processus évolutif et contextualisé. Les diverses expériences de formulation de stratégies de développement des zones d'extraction minière ont été marquées du sceau de la vision politique des dirigeants et des mutations qui ont travaillé à la fois les zones d'extraction minière et la sphère internationale. La complexité industrielle des premiers projets miniers de la Guinée, entamé à la fin de l'ère coloniale, et les nombreux défis sociaux, infrastructurels et environnementaux ont exigé des réponses qui articulaient aménagement du territoire, extractivisme et intégration économique. La création de fonds spéciaux ou de structures parapubliques d'intervention pour le développement s'est vite imposée comme une alternative adaptée. De manière générale, la création de ces structures répondait à des impératifs politiques et stratégiques : concilier développement minier, aménagement du territoire et désenclavement économique. L'avènement du libéralisme dans les années 1990 a porté un sérieux coups aux capacités institutionnelles et économiques de l'État. Les tensions sociales enregistrés dans les zones minières résultent, en grande partie, de la fragilisation des capacités de l'Etat à concilier extraction minière et transformation sociale et économique des territoires. Le nouvel boom minier qu'a connu la Guinée, à partir de 2015, a le mérite d'avoir insufflé une nouvelle forme d'intervention publique associant asservissement politique et développement des infrastructures sociales et économiques financées par les fonds FODEL et le FNDL. Les pratiques de mauvaise gestion auxquelles ces fonds ont donné lieu invitent à de nouvelles réflexions sur leur mode opératoire.

Le processus de développement de la RSE en Guinée est à lire dans une logique dynamique, dominée par la volonté des entreprises minières de se soustraire de toute forme de régulation contraignante. Cette stratégie constante des acteurs privés tournée vers un modèle d'auto-régulation dans le domaine de la RSE, peut s'ouvrir à des acteurs sociaux locaux dans une perspective de co-régulation. Cette dernière offre l'avantage d'impliquer les communautés et la société civile dans le processus de définition des normes sociales et environnementales encadrant l'activité des entreprises minières. Dans le même sillage, l'émergence du concept de « contenu local » en tant qu'un instrument de légitimation des entreprises minières, a été entravée par la stratégie de réappropriation du concept par des communautés fortement ébranlées par des décennies d'exploitation minière. La réappropriation du concept de contenu local par les communautés offre des clés de lectures sur la capacité des acteurs sociaux à imposer leurs normes et à orienter l'action des entreprises minières.

Par ailleurs, les transformations sociales induits par la mine sont générateurs d'une concurrence, sur la même spatialité, entre 3 formes de pouvoir : le pouvoir politique, le pouvoir économique et le pouvoir notabilaire[956]. La distinction établie entre ces trois formes de pouvoir par Constantin (2000) dans son analyse sur la participation populaire à la gestion des ressources naturelles innove en distinguant le pouvoir politique (central ou même local) du pouvoir des notables, ce dernier renvoyant à la notion de pouvoir social, c'est-à-dire à celui détenu par des notables (religieux, coutumiers), généralement issu de grandes familles dominantes. Ce pouvoir social ou notabilaire s'exerce en dehors des institutions politiques locales ou administratives, et il peut participer à la résolution des conflits miniers, à la gestion de la rente minière et composer, dans certains cas, directement avec les entreprises minières. Cependant, la capacité des communautés à modifier en leur faveur la structure du régime minier en place, se heurte encore à des contraintes légales et institutionnelles. Le pouvoir structurel et infrastructurel des entreprises minières prive les communautés de toute possibilité d'imposer leurs choix en ce qui concerne la possibilité ou

---

[956] COMPAGNON, Daniel (dir), François Constantin, *Administrer l'environnement en Afrique*, Karthala- IFRA, 2000.

non d'autoriser l'exploitation minière (Campbell, 2012) et les formes de retombés attendues de la mine. La mine est ainsi autant un enjeu économique qu'un enjeu de relations de pouvoir entre les différents acteurs. La maitrise par les entreprises minières du pouvoir infrastructurel sert avant tout de levier de domination et transforme les rapports de pouvoir en jeu. La distribution spatiale de ces infrastructures répond autant à des impératifs politiques qu'industriels. La compréhension de la récurrence des conflits dans les zones minières met bien ainsi en lumière une lecture holistique combinant des facteurs sociologiques, historiques, politiques et géopolitiques. Le cas guinéen mis en exergue dans ce travail permet de saisir la faiblesse de l'impact de l'exploitation minière dans l'amélioration des conditions de vie des communautés, dans une combinaison de stratégies qui puisent leurs racines dans les pratiques d'extraversion datant de l'ère coloniale et les logiques de captation de rente mises en avant par l'État post colonial. Ce qui interroge encore sur la pertinence des formes, jusque-là promues, d'extractivisme et des modèles de développement qui en découle.

BIBLIOGRAPHIE

OUVRAGES SIMPLES ET THESES

ACOSTA, A. *La Maldición de la abundancia*, Quito, ed. Abya Yala, 2009.

ARCIN, André, *La Guinée française, race, religion, coutumes*, Paris, Challamen, 1911.

AUTY, Richard M. *Resource-based industrialization : sowing the oil in eight developing countries*, Oxford : Clarendon Press, 1990.

BARBARA, Loyer. *Géopolitique, Méthodes et Concepts*, Armand Colin, 2019.

BARRY, A. Amadou Bano. *Les violences collectives en Afrique : le cas guinéen*. Etudes africaines. Paris : Harmattan, 2000.

BARRY, Mamadou. « Politiques fiscales et douanières en matière d'investissements étrangers en Afrique francophone : le cas du secteur des ressources naturelles extractives ». Rouen : Université de Rouen Normandie, 2019.

BARRY, Oumar Totiya. *La Guinée et la CBG, les enjeux d'un dilemme géopolitique*, Harmattan, 2022.

BAYARD, Jean François. *L'État en Afrique : La politique du ventre*. Fayard, 2006, pp.439.

EDNIK, Anna. *Extractivisme. Lyon : Le Passager Clandestin*, 2019.

BELEM, Gisèle. *La responsabilité sociale des entreprises : une réponse organisationnelle à la problématique du développement durable*, ESG UQAM, 2010.

BETTACHE, Mustapha. *La responsabilité sociale des entreprises, mirage ou réalité*, presse de l'université de Laval, 2015, 102p.

BIHOUIX, Philippe, De GUILLEBON Benoît. *Quel futur pour les métaux, Raréfaction des métaux, un nouveau défi pour la société*, EDP sciences, 2010.

BOUSSAGUET, Laurie. *Les politiques publiques,* Que sais-je, Paris, 2020, p77.

BOUVIER Michel. *« Refonder l'autonomie financière locale. Une question politique », Espace Public,* Note 5, mars 2012.

BRUYLAND, Erik. *Cobalt blues, la sape d'un géant. Congo, 1960-2020*, Racine, Nur, 2021, 320p.

BIHOUIX, P. et B. de GUILLEBON. *Quel futur pour les métaux* ? Raréfaction des métaux, un nouveau défi pour la société, EDP Sciences, Les Ulis, 2010.

CAMARA, Mamadi. *Quarante ans de gestion socialiste et libérale de la monnaie en Guinée (1958-1998)*. Conakry : Éditions Ganndal, 2004.

CAMARA, Mamadi. *Les clés pour le développement de la Guinée*. Paris : Harmattan, 2015.

CAMPBELL Bonnie, Myriam LAFORCE. *La responsabilité sociale des entreprises dans le secteur minier : Réponse ou obstacle aux enjeux de légitimité et de développement en Afrique ?* Presse de l'Université du Québec, 2016.

CAMPBELL, Bonnie. *« Le chiffre comme outil politique »*, Colloque international organisé par le GEMDEV, La mesure du développement, UNESCO, 1-3 février 2012.

CAMPBELL, Bonnie, LAFORCE Myriam. *La responsabilité sociale des entreprises dans le secteur minier, réponse ou obstacle aux enjeux de légitimité et de développement en Afrique* ? Presse de l'Université du Québec, 2016, 253p.

CAMPBELL, Bonnie, (dir). *Ressources minières en Afrique, quelle réglementation pour le développement*, presse de l'Université de Québec sous la direction de, 2010.

CAMPBELL, Bonnie. *Les enjeux de la bauxite, la Guinée face aux multinationales de l'aluminium*, Institut universitaire de hautes études internationales de Genève, 1983.

CHARLES, Bernard. « Cadres guinéens et appartenances ethniques ». Thèse de doctorat de recherche, France, France : Fondation nationale des sciences politiques, 1968.

DEVEY, Muriel. *La Guinée,* Paris, Karthala, 2009, 135p.

DEVIN, Guillaume (dir). *Méthodes de recherche en relations internationales*, Paris, Sciences Po, les presses, 2016, 270p.

DEVIN, Guillaume. *Sociologie des relations internationales*, Paris, La découverte, 2018, 128p. DIABY, Fodé. *Regard sur le secteur minier guinéen*. Paris : Harmattan, 2017.

DIAKHABY, Oumar. *L'ethnicité en Guinée-Conakry : au prisme de l'organisation sociopolitique*. Paris, France : Harmattan, 2017.

DIALLO BAH, Aïssatou. *Coopération sino-guinéenne : de l'aide bilatérale au partenariat public privé*. Paris : Harmattan, 2017.

DIALLO, Akoumba. *Dans l'arène de Simandou, de la diversion politique à la comédie des suspects de la République*, EDILIVRE, 328p, 2020.

DIALLO, El Hadj Mohamed Ramadan. « Ethnicité et processus démocratique en Guinée, de 1990 à 2015 ». Thèse de doctorat, 2015, France : Université de Lyon, 2018.

DIALLO, MOHAMED M. « Guinée - Conakry : l'État, les mines et les problèmes socioéconomiques de développement ». Thèse de 3e cycle, 1970-2019, France : Université Paris Diderot - Paris 7, 1987.

DIALLO, Penda. *Regime Stability, Social Insecurity and Bauxite Mining in Guinea: Developments Since the Mid-Twentieth Century.* Abingdon: Routledge, 2020.

DIOP, Moustapha. *Réformes foncières et gestion des ressources naturelles en Guinée : enjeux de patrimonialité et de propriété dans le Timbi au Fouta Djallon*, Paris, Karthala, 2007.

DIOUBATE, Badara. « Trajectoire économique de la Guinée de 1958 à nos jours : une évolution erratique entre le primat de l'État et celui du marché ». In *La Guinée face à la mondialisation*, édité par Karamo Kaba et Idrissa Barry, 19-92. Paris : Harmattan, 2008.

EMMÉLIA, Blais-Dowdy. *L'extraction minière dans la transition énergétique : accumulation, dépossession et justice environnementale*, mémoire présenté comme exigence partielle de la maîtrise en sociologie, université du Québec à Montréal, 2021.

FERGUSON, James. *Global shadows: Africa in the neoliberal world order*. Durham : Duke University Press, 2006.

FINES, Vanessa. *Politiques comparées de gestion des secteurs de la mine et de l'exploitation gazière et pétrolière en Amérique du Sud et en Afrique*, mémoire de fin d'études, année universitaire 2012/2013, université sorbonne nouvelle Paris III institut des hautes études de l'Amérique latine master 2 professionnel – parcours « métiers de la coopération.

GIRAUD Pierre Noel, TIMOTHEE Olivier. Économie des matières premières, La Découverte, 2015.

GOERG, Odile. *Commerce et colonisation en Guinée*, Paris, Harmattan, 1986.

GUDYNAS, Edouardo. « La primarización exportadora otra vez », Los Tiempos, 30 décembre 2010.

GUILLAUME. Pitron. *La guerre des métaux rares. La face cachée de la transition énergétique*, Les Liens qui libèrent, 296p, 2018.

IMINA-MOUGALA, Antoine-Denis. « Les manifestations de la guerre froide en Afrique centrale (1961-1989) », *Guerres mondiales et conflits contemporains*, vol. 233, no. 1, 2009, pp. 53.

KABA, Fatoumata. *Le Droit minier et le droit au développement des communautés autochtones, l'exemple de la Guinée*, Harmattan, 2022.

KABA, Karamo, et Idrissa Barry, éd. *La Guinée face à la mondialisation*. Paris : Harmattan, 2008.

KALLE, Laye Moussa. *Économie minière de la République de Guinée : comprendre l'étude de faisabilité des projets miniers*. Industries minières et activités connexes. Paris : Harmattan, 2022.

KAMENI, Apoli Bertrand. *Minerais stratégiques, enjeux africains*, le Monde PUF, 2013.

KNIERZINGER, Johannes. *Corporate control in Guinean bauxite towns : How to jump off a lion*, Thèse de doctorat en Global Studies/ Géographie, Thèse en cotutelle entre l'Université de Leipzig et l'Université Paris 1 Panthéon-Sorbonne, soutenue en 2015.

LAFORCE Myriam, CAMPBELL Bonnie, SAVRASIN Bruno. *Pouvoir et régulation dans le secteur minier : leçon à partir de l'expérience canadienne,* presse universitaire de Québec, 2010.

LAFORCE Myriam, (Dir.) et al. Pouvoir et réglementation dans le secteur minier, leçons à partir de l'expérience canadienne presse de l'Université du Québec, 2012, 277p.

LARRUE, Jacque. FRIA en Guinée, première usine d'alumine en terre d'Afrique, Kartala, Paris, 2000, 411p.

LARRUE, Jacques. *Fria en Guinée : première usine d'alumine en terre d'Afrique*.

Hommes et sociétés. Paris : Karthala, 1997.

LASCOUMES Pierre, LE GALES Patrick. *Sociologie de l'action publique,* Armand colin, 2012, 126p.

LE ROY E., *La terre de l'autre. Une anthropologie des régimes d'appropriation foncière*, Paris, Lextenso éditions, 2011.

LEFEVRE, Marine. *Le soutien américain à la francophonie. Enjeux africains, 1960 1970.* Presse de Sciences Po, 2010, 295p.

LIVIAN Yves-Fréderic, LAURINI Robert. *Réussir son mémoire de Master ou sa thèse*, Paris, Éditions Campus ouvert, 2018, 132p.

MAGASSOUBA, Abdoulaye. *Les MINES GUINÉENNES, réalités, défis et perspectives*, Harmattan, Paris, 2021, 242p.

MAGRIN, Géraud. *Voyage en Afrique rentière, une lecture géographique des trajectoires du développement*, Territoire en mouvement, 2013.

MALM, A. *L'anthropocène conte l'Histoire. Le réchauffement climatique à l'ère du capital*. La Découverte, 2018.

MARCOU, Lilly. *La guerre froide, l'engrenage,* collection la mémoire du siècle, éditions complexes, 1987, 288p.

MATHILDE, Allain. *Défendre le territoire : la construction de solidarités internationales par les organisations paysannes colombiennes*. Science politique. Université de Bordeaux, 2016.

MBODJ F. B. *Boom aurifère à l'Est du Sénégal, à l'Ouest du Mali et au Nord-Est de la Guinée : mutations socioéconomiques et spatiales d'anciennes marges économiques et géographiques*, thèse de doctorat en géographie, Paris, université Paris 1 Panthéon- Sorbonne, 2011.

MICHELE, Leclerc-Olive (dir.). *Anthropologie des prédations foncières. Entreprises minières et pouvoirs locaux*, Paris, Éditions des Archives contemporaines, 2017, 167p.

MICHELE, Leclerc-Olive. *Affaires locales. Entre espace communautaire, social et espace public politique* (dir), Karthala, 2006.

MICHELE, Leclerc-Olive. *Décentralisations entre dynamiques locales et mondialisation (avec A. Rochegude)*, Cahiers du GEMDEV, 2001.

MITCHELL, Timothy. *Carbon Democracy, le pouvoir politique à l'ère du pétrole*, la découverte, Paris, 2017, 391p.

MOTTET, Éric et al. *Géopolitique des ressources minières en Asie du Sud-Est, trajectoires plurielles et incertaines, Indonésie, Laos et Viet Nam*, Presses de l'Université du Québec, 2015, Canada, 250p.

N'DIAYE, Ibrahima Sory. *Le scandale géologique guinéen*. Paris, France : Harmattan, 2015.

NADJET, Belghanami Wassila. *La responsabilité sociale de l'entreprise*, Université d'Oran, 2010.

PAYRE, Renaud et POLLET, Gilles. *Sociohistoire de l'action publique*. La découverte, 2013, 128p.

PRE, Roland. *Avenir de la Guinée française*, Conakry, éditions guinéennes, 1951, 280p.

RACHID, Azzouz. *La France de 1870 à 1958,* collection : Que sais-je ? presses universitaires de France, 2000, 128p.

RENE, Lesclous. *Histoire des sites producteurs d'aluminium,* Paris, la presse de l'école des mines, 1999, 73p.

RODIE, Ivana. *Responsabilité sociale des entreprises – le développement d'un cadre européen*, Mémoire présenté pour l'obtention du Diplôme d'études approfondies en études européennes, Genève, 2007.

RUBBERS, Benjamin. *Le Paternalisme en question. Les anciens ouvriers de la Gécamines face à la libéralisation du secteur minier katangais (R.D. Congo*), Paris, Harmattan, Cahiers africains, 2013.

SIMEANT, J. (Eds.). *Guide de l'enquête globale en sciences sociales*. Paris : CNRS, 2015.

SOMPARE, Abdoulaye Wotem. « Mobilité ou reproduction sociales et notabilisation dans les villes minières et ouvrières de Guinée : le travail, l'école, l'apprentissage et les milieux familiaux et sociaux des ouvriers des entreprises de CBG et Fria : une étude socio anthropologique ». Thèse de doctorat, Paris, EHESS, 2006.

SOUARE, Sékou. *Fria : une histoire de réussites et de rendez-vous manqués*. Paris : Harmattan, 2015.

SUBRA, Philippe. *Géopolitique locale, Territoires, acteurs, conflits*, Armand Colin, 2016. SURET CANAL, Jean. *La République de Guinée*, Éditions Sociales, Paris, 1969.

TOURE, Kémoko. *Mes années passées à la tête de la Compagnie des bauxites de Guinée (CBG)*. Paris : Harmattan, 2018.

TOURE, Mohamed Lamine. *Mémoire d'un compagnon de l'indépendance,* Paris, Harmattan, 2009, 154p.

TURCOTTE, Marie-France et al. *Comprendre la Responsabilité sociétale de l'entreprise et AGIR sur les bases de la norme ISO 26000,* Québec, 2011, 184p.

WRIGTH, A.M. *Les énergies renouvelables dans l'espace ouest-africain/Cri de cigogne*. Rééditions dans Badji M., Caille F. *Du soleil pour tous, 2010.*

YVES, Lacoste. *Géopolitique, la longue Histoire d'aujourd'hui*, Larousse, Espagne, 2009, 335p.

YVES, Lacoste. *Géopolitique*, Larousse, 2006.

SOURCES

BAH, Boubacar. *La résistance de Dinah Salifou à l'intrusion française dans le Rio Nunez*, DES, IPGA, Conakry, 1974.

SOW, Oumar. *Le commerce européen sur les côtes de la Guinée*, DES, IPAGN, Conakry, 1977.

SOUMAH, Seydouba. *Rôle et importance des sites historiques dans les rivières du Sud (entre le Rio Nunez et le Rio Pongo)*, DES, Université de Conakry, Conakry, 1989.

BANGOURA, Fodé. *Monographie géographique d'un village Baga ; Taboria*, DES.

BANGOURA, Sana, *Les contradictions entre puissances impérialistes sur les côtes guinéennes pendant la conquête coloniale*, DES, Université de Conakry, 1992.

Bulletin de l'Afrique noire. « Investissements et développements (Guinée) », 10 septembre 1981.

Bulletin de l'Afrique noire. « Tableau du secteur minier guinéen », 24 novembre 1988.

Bulletin de l'Afrique noire. « Tableau du secteur minier guinéen », 24 novembre 1988.

Bulletin de l'Afrique noire. « Investissements et développements - Guinée », 17 mai 1985.

Bulletin de l'Afrique noire. « Investissements et développements - Guinée », 17 mai 1985.

CAIRE, Guy. « Guinée, deuxième gouvernement de la deuxième République, an deux ». *Mondes en développement*, n° 62-63 : 15-33, 1988.

DEMOUGEOT, A (Administrateur des colonies), *Histoire du Rio Nunez* (Bulletin du comité d'études historiques et scientifiques de l'AOF, Volume 21, N^2, avril-juin, 1938.

Revue du développement économique : *énergie : industrie et mines : infrastructure : habitat.*

1964. « Code des Investissements », janvier 1964.

SOMPARE, Aboubacar. *Brève histoire du Rio Nunez, République de Guinée*, Harmattan, 2008.

ARCHIVES NATIONALES ET PRÉFECTORALES DE BOKÉ

1042 : Monographie du cercle du Rio Nunez.

1043 : Rio Pongo (1884-1909) Monographie de Boffa.

2042 : Rio Nunez, Monographie du cercle du Rio Nuñez par J. Figarol, 1912.

Journal officiel de la Guinée française du 29 novembre 1907.

Journal officiel de la Guinée française du 1er janvier 1912.

Monographie de la Préfecture de Boké (archives non classées).

Economic Seminar on Guinea. Conakry, R.P.R.G. : Bureau de presse de la présidence de la République Populaire Révolutionnaire de Guinée, 1982.

RAPPORTS

« Droits de l'Homme et industries extractives en Guinée : cartographie des acteurs, cadres juridiques applicables, dispositifs et enjeux de protection ». 2020. Avocats Sans Frontières France. https://www.avocatssansfrontieres-france.org/media/data/actualites/documents/document1-419.pdf.

« Évaluation du niveau de pollution atmosphérique par les activités de la compagnie RUSAL/FRIGUIA sur l'Environnement et les Communautés riveraines de Fria. » MINISTÈRE D'ÉTAT CHARGE DE L'ENVIRONNEMENT, DES EAUX ET FORÊTS de la République de Guinée, 2019.

Accord de projet, chemin de fer, Guinée-OFAB-C.B. G, 18 septembre 1968. AMINES, Rapport d'Évaluation du premier exercice FODEL, 2021.

Audit communautaire des impacts environnementaux et sociaux de la Société Minière de Boké en Guinée ». 2023. Natural Justice. https://naturaljustice.org/wp- content/uploads/2023/06/Rapport-Final-Fevrier-2023_FR_WEB.pdf.

BAH, Mamadou Dian Maimouna, *rapport de stage à C.B.G,* 31 octobre 2011. BARRY, Alpha Sidoux, La haute route de croissance et de développement, SLD.

BRGM. « Le plan minéral de la Guinée », 1983.

C.B.G, *manuel du processus et procédure des relations entre la C.B.G, les Institutions et les Organes.*

CAMARA, Mamadouba, *géologie de la Guinée*, CU de Boké, 2008-2009.

Commission européenne, initiative « matières premières », répondre à nos besoins fondamentaux pour assurer la croissance et créer des emplois en Europe, 2008.

Commission européenne, la responsabilité sociale des entreprises : une contribution des entreprises au développement durable, 2002.

Commission européenne, mise en œuvre du partenariat pour la croissance et l'emploi : faire de l'Europe un pôle d'excellence en matière de responsabilité sociale des entreprises, 2006.

Commission européenne, promouvoir un cadre européen pour la responsabilité sociale des entreprises, livre vert, 2001.

Commission européenne, Responsabilité sociale des entreprises : une nouvelle stratégie de l'UE pour la période 2011-2014, Bruxelles, 2011.

DIALLO Mamadou Cherif, Tall Ahmedou, Traoré Lancei, *Enjeux de la gouvernance du secteur minier en Guinée,* Conakry, 2011, 135p.

Egis International. « Étude Stratégique Environnementale et Sociale (ESES) de la réforme du secteur minier en République de Guinée ». World Bank, République de Guinée, PAGSEM, 2016.

MAZALTO, Marie et al. *La responsabilité sociétale des entreprises dans le secteur minier en Guinée : état des lieux et perspectives*. PNUD, Conakry ; 2016, 153p.

PAGSEM, Actualisation du Schéma directeur des Infrastructures auxiliaires aux Mines, 2018.

PAGSEM, Amélioration de l'Efficacité de l'Agence Nationale d'Aménagement des Infrastructures minières (ANAIM) et de ses Relations avec ses Concessionnaires, 2018.

PAGSEM, stratégie de développement de la région de Boké, 2018.

L'Affaire Dinah Salifou (Guinée française), rapport de M. Alcide Delmont.

MIHALYI, David, AISHA Adam, et JYHJONG Hwang. « Prêts adossés à des ressources naturelles : pièges et potentiel ». NRGI Guinée, 2020.

MORGAN, George A, David Izon, et Nene Ousmane Sow. *The Mineral Economy of Guinea*. Washington, D.C: United States Department of the Interior, Bureau of Mines, 1992.

MURDOCK, Thomas. « The Mineral Industry of Guinea ». *Minerals Yearbook*, 931-37, 1963.

NORDA STELO. « Étude des impacts cumulatifs des projets miniers dans la région de Boké ». République de Guinée : Ministère des Mines et Géologie, 2019.

OBERMULLER, Alphonse. *Description pétrographique et étude géologique de la région forestière de la Guinée française*. Dakar : Grande imprimerie africaine, 1941.

Rapport spécial pour la restructuration de l'ANAIM, S.L.D.

Guinea Ministère des mines et de la géologie. 1981. *Mines et développement : revue d'information et de formation idéologique et technique. Mines et développement : revue d'information et de formation idéologique et technique*. Conakry : le Ministère.

Human Rights Watch. « Quels bénéfices en tirons-nous ? Impact de l'exploitation de la bauxite sur les droits humains en Guinée ». Human Rights, 2018.

« Les compagnies minières respectent-elles les obligations légales ? 3 ans d'enquête de la société civile sur le respect du code minier guinéen ». 2017. Publiez ce que vous payez & PROJEG.

« L'Etablissement d'un Répertoire National des Aires Protégées menacées par les activités minières en Guinée ». 2018. République de la Guinée, Ministère de l'Environnement, des Eaux et Forêts.

TOURE, Ahmed Sékou. « Discours du président ». *Horoya*, 26 janvier 1975

AFRIQUE INDUSTRIE. « Dossier Guinée », 1 décembre 1983.

ARTICLES

ALDO Madariaga, MATHILDE Allain. Contingent Coalitions in Environmental Policymaking : How Civil Society Organizations Influenced the Chilean Renewable Energy Boom. *Policy Studies Journal*, 2020, 48 (3), pp.672-699.

AMIN, Samir. *Trois expériences africaines de développement : le Mali, la Guinée et le Ghana*. Paris : Presses universitaires de France, 1965.

AUSTIN, Jeffrey L. « Mining Sector Reform in Guinea: An Agenda Forward ». *SSRN Electronic Journal*. https://doi.org/10.2139/ssrn.2151389, 2012.

AVIGNON, Robyn Whitney. « Subterranean Histories: Making 'Artisanal' Miners on the West African Sahel ». Ann Arbor: University of Michigan, 2016.

HIBOU, Beatrice. « Le "capital social" de l'État falsificateur, ou les ruses de l'intelligence économique », in J.-F. Bayart, S. Ellis et B. Hibou, La criminalisation de l'État en Afrique, Bruxelles, Complexe, 1997, p. 105-158.

BALANDIER, Georges. « L'Or de la Guinée Françaises ». *Présence Africaine*, n° 4 : 539-48, 1848.

BARRY, Amadou Oury. « Bilan des plans de développement économique et social de la République de Guinée : 1960-1975, essai d'analyse d'une application de la planification dirigée en économie sous-développée ». Thèse de 3e cycle Econ. du dév., Paris : EHESS, 1977.

BEBBINGTON, A. *The New Extraction: Rewriting the Political Ecology of the Andes ? NACLA Report on the Americas,* 42(5), 12 -20. https://doi.org/ 10.1080/10714839.2009.11722221, 2009.

BEBBINGTON, A. et al. « Contention and Ambiguity: Mining and The Possibilities of Development », Development and Change, vol. 39, n° 6, 2008, p. 887-914.

BEBBINGTON, A. BORNSCHLEGL, T., & JOHNSON, A. *Political économies of extractive industry: From documenting complexity to informing current debates : Introduction to Development and Change Virtual Issue 2. Development and Change,* September, 2013.

BEDNIK, Anna. « Conflits, chocs et résiliences. L'extractivisme questionne-t-il la transition ? », *Mouvements*, 2013/3 (n° 75), p. 44-52. DOI : 10.3917/mouv.075.0044. URL : https://www.cairn.info/revue-mouvements-2013-3-page-44.htm.

BENOT, Yves. « La Guinée à l'heure du plan ». *La Pensée*, n° 94 (décembre) : 3-36, 1960.

BETTELHEIM, Charles. « Planification en Afrique noire ». *Cahiers internationaux*, n° 116 : 63-75, 1961.

BIGOURD, Laure, Valentine Lescot, et Fabrice Traoré. « Spécial Guinée ». *Marchés Tropicaux et Méditerranéens* 61 (3178) : 4-38, 2006.

BLAMANGIN, Olivier, AGNES Faivre, et AKOUMBA Diallo. Les bons comptes offshores du champion de la bauxite guinéenne ». *Afrique XXI*, 10 février 2022 https://afriquexxi.info/article4925.html, 2022.

BODIN, François. « Où en sont les projets industriels de la Guinée ? » *Industries et travaux d'outre-mer*, mai 1959.

BOLAY, M., & KNIERZINGER, J. Corporate Gift or Political Sacrifice? State- Sponsored CSR and Electricity Provision in Guinean Extractive Enclaves. *Political Geography*, 84, 102300. https://doi.org/10.1016/j.polgeo.2020.102300., 2021.

BOLAY, Matthieu. « When Miners Become "Foreigners": Competing Categorizations within Gold Mining Spaces in Guinea ». *Resources Policy* 40 (juin): 117-27. https://doi.org/10.1016/j.resourpol.2014.02.001., 2014.

BOLAY, Mathieu. « Artisanal Gold Miners Encountering Large-Scale Mining in Guinea: Expulsion, Tolerance and Interference ». In *The open cut: mining, transnational corporations and local populations*, édité par Thomas Niederberger, Tobias Haller, Helen Gambon, Madlen Kobi, et Irina Wenk. Action anthropology = Aktionsethnologie, Volume/Band 2. Zürich: Lit Verlag, 2016.

BOLAY, Matthieu et YVAN Schulz. « Les conditions disputées d'un approvisionnement « responsable » en or », *Revue internationale des études du développement*. URL : http://journals.openedition.org/ried/824 ; DOI : https://doi.org/10.4000/ried.824.

BOLAY, Mathieu. « Il faut être là où l'or sort !» De l'itinérance temporaire au maintien d'un mode de vie mobile chez les orpailleurs de Haute Guinée. », 2016b.

BONIS, Charancle, Jean-Martial. « Article par article : Les ONG guinéennes se mobilisent pour encadrer le secteur minier ». PROJEG. https://www.coordinationsud.org/wp-content/uploads/05-PROJEG-CODE- MINIER_250x176_WEB.pdf, 2019.

BONNIE, Campbell, « le secteur de la bauxite en Guinée, ajustement structurel et restructuration internationale de l'industrie de l'aluminium », in *tiers-monde*, Paris, tome 34, N°34, 1993.

BOTTE, Roger. « Guinée : mise au jour du patrimoine ou retour aux sources ». *Journal des Africanistes* 63 (1) : 93-137, 1993.

BOUVET, Céline. *Perspectives guinéennes*. Édité par Roger Chemoul. Paris : Corex.

BRET, Bernard. « Réponse à Pascal Rey : Une iniquité génératrice de durabilité ». *Justice spatiale-Spatial justice* 2 (octobre): http://www.jssj.org/article/reponse-a-pascal-rey-une-iniquite-generatrice-de-durabilite/, 2010.

BRYGO, Julien. « Les Russes et le « petit bijou » de la Guinée ». *Le Monde diplomatique*, octobre 2009.

CAMARA, Issiagha, Jiang Deyi, OUMAR Barry, et Frederick Caille. « Bauxite Mining Conflicts in Guinea : Causes Identification, Analysis, and Countermeasures ». *International Journal of Mineral Processing and Extractive Metallurgy* 6 (3) : 53. https://doi.org/10.11648/j.ijmpem.20210603.13., 2021.

CAMARA, Mamoudou. « Bauxite Mining and Economic Growth in Guinea over the Period 1986–2020 : Empirical Evidence from ARDL and NARDL Approaches ». *Mineral Economics* 36 (1) : 157-79. https://doi.org/10.1007/s13563-022- 00356-w., 2023.

CAMARA, Mohamed. « Évaluation des outils de gouvernance minière dans l'exploitation responsable des ressources minières : étude de cas portant sur le réseau environnement et bauxite (REB) de Guinée ». M.E.S. : Université de Moncton (Canada). http://www.proquest.com/docview/2637462915/abstract/5 DE2CA1F41BC4D BDPQ/1, 2021.

CAMARA, Sylvain-Soriba. « La Guinée et la coopération économique en Afrique de l'Ouest ». *Cultures et développement* 8 (3) : 517-32, 1976a.

CAMARA, Sylvain-Soriba. « Le Parti Démocratique de Guinée et la politique des investissements privés étrangers ». *Revue française d'études politiques africaines,* 11
(123): 52-73, 1976b.

CAMPBELL, Bonnie K. « Bauxite Bargaining : The Consequences for a Bauxite Producing Country of the Renegotiation of the Bauxite Levy : The Example of Guinea ». Vienna : United Nations Industrial Development Organization, 1986.

CAMPBELL, Bonnie, éd. *Mining in Africa : Regulation and Development*. London : Pluto Press, 2009b.

CAMPBELL, Bonnie. *Les enjeux de la bauxite : La Guinée face aux multinationales de l'aluminium*. Geneva : Institut universitaire de hautes études internationales de Genève, 1983.

CAMPBELL, Bonnie. « Le secteur de la bauxite en République de Guinée : ajustement structurel et restructuration internationale de l'industrie de l'aluminium ». *Revue tiers monde* 34 (133) : 187-208. https://doi.org/10.3406/tiers.1993.4833., 1993.

CAMPBELL, Bonnie. « The Impact of the Restructuring of the Aluminum Industry in the 1980s on Productive Activities in Guinea ». In *States, Firms, and Raw Materials : The World Economy and Ecology of Aluminum*, édité par Brad Barham, Stephen G. Bunker, et Denis O'Hearn, 179-214. Madison : University of Wisconsin Press, 1994.

CAMPBELL, Bonnie. « Guinea and Bauxite-Aluminium : The Challenges of Development and Poverty Reduction ». In *Mining in Africa : Regulation and Development*, édité par Bonnie Campbell, 66-118. London : Pluto Press, 2009a.

CAMPBELL, Bonnie. « Chapitre 2 Bauxite, alumine et aluminium : les défis du développement et de la réduction de la pauvreté en Guinée ». In *Ressources minières en Afrique : Quelle réglementation pour le développement ?* Édité par Bonnie Campbell, 67-114. Québec : Presses de l'Université du Québec, 2010a.

CHEVRILLON-GUIBERT, Raphaëlle. « Le boom de l'or au Soudan. Enjeux pour les acteurs nationaux », International Development Policy, 7-1.

CHEVRILLON-GUIBERT, Raphaëlle. Gagnol, Laurent. Magrin, Géraud. Les ruées vers l'or au Sahara et au nord du Sahel. Ferment de crise ou stabilisateur ? *Hérodote*, N°172, 2019.

CISSE, Kabinet, Aboubacar Akoumba Diallo, Fanta Mamady Condé, Ibrahima Kalil Bamba, et Mamadou Taran Diallo. « Évaluation du suivi des Obligations Sociales du Projet SIMFER RIO TINTO ». Conakry : Publiez ce que vous payez, 2014.

COLLIER, Paul. « Épargner les revenus tirés des ressources naturelles dans les pays en développement : principes et règles de politiques », *Revue d'économie du développement*, 2013/4 (Vol. 21), p. 59-96. DOI: 10.3917/edd.274.0059. URL: https://www.cairn.info/revue-d-economie-du-developpement-2013-4-page-59.htm.

COLLIER, P., & Goderis, B. Prix des matières premières, croissance et malédiction des ressources naturelles : résoudre une énigme, 2007.

COLLIER, Paul, RICK VAN der Ploeg, MICHAEL Spence & ANTHONY J Venables, "Managing Resource revenues in Developing Economies", OxCarre Research Paper 15, University of Oxford, 2009.

CONDE, Alkhaly Mohamed Tahey. *L'ajustement structurel dans les réformes économiques et les politiques de développement*. Conakry : Castel-éditions, 1998.

COURNANEL, Alain. « Planification et investissement privé dans l'expérience guinéenne ». Thèse en sciences économiques, France, 1968.

COURNANEL, Alain. « Le capitalisme d'État en Afrique : le cas Guinéen ». *Revue française d'études politiques africaines,* 11 (123) : 18-51, 1976.

COURNANEL, Alain. « Idéologie et développement en Guinée ». *Africa Development / Afrique et Développement* 2 (1) : 63-87, 1977.

COURNANEL, Alain. « Économie Politique de La Guinée (1958-1981) ». In *Contradictions of Accumulation in Africa: Studies in Economy and State*, édité par Henry Bernstein et Bonnie K. Campbell. Beverly Hills : Sage, 1985a.

COURNANEL, Alain. « F.M.I. en Guinée : Un Programme très contestable ». *Africa Development/Afrique et Développement* 10 (1/2) : 161-68, 1985b.

DABO, Adama. « The Impact of Bauxite Mining on the Health of Women and Children in Sangaredi (Guinea-West Africa) ». M.A., United States Indiana :Indiana University. http://www.proquest.com/docview/1758704831/abstract/988AB8507 B2144 CBPQ/1, 2015.

DARE, William's, et Alpha Ba. *Justice environnementale dans les espaces ruraux en Afrique*. Éditions Quae. https://doi.org/10.35690/978-2-7592-3588-9., 2023.

DELASNERIE, Sébastien, et AKOUMBA Diallo. « Guinea: Transforming a Geological Scandal into an Economic Miracle ? » *Aluminium international Today*, décembre 2004.

DEMANGEON Albert. L'industrie de l'aluminium. In : *Annales de Géographie*, t. 37, n°208, 1928. pp. 373-374.

DENEAULT, Alain. *Noir Canada*, 2008.

DENIS, Paul Yves. « Réalisations récentes et perspectives de développement en Guinée ». *Les Cahiers d'Outre-Mer* 29 (116) : 321-47. https://doi.org/10.3406/caoum.1976.2792., 1976.

DESSERTINE, Anna. « From Pickaxes to Metal Detectors : Gold Mining Mobility and Space in Upper Guinea, Guinea Conakry ». *The Extractive Industries and Society* 3 (2) : 435-41. https://doi.org/10.1016/j.exis.2016.02.010., 2016.

DESSERTINE, Anna. « From Pickaxes to Metal Detectors: Gold Mining Mobility and Space in Upper Guinea, Guinea Conakry ». *The Extractive Industries and Society* 3 (2): 435-41. https://doi.org/10.1016/j.exis.2016.02.010., 2016.

DESSERTINE, Anna. « Une justice foncièrement autre ? » *Revue internationale des études du développement*, n° 238 (mai) : 141-64, 2019.

DESSERTINE, Anna. « Fonder des limites : appropriation des terres en contexte minier aurifère en Haute-Guinée (République de Guinée) », dans Gervais-Lambony P., Hurlet P., Rivoal I. (dir.), (Re)Fonder. Les modalités du (re)commencement dans le temps et dans l'espace, Paris, Éditions de Boccard, p. 217-228, 2017.

DIALLO, Alpha Mamoudou, AHMED Amara Konaté, FASSIDY Oularé, et Muhammad Zaheer. 2022. « Vulnerability of groundwater to pollution at the Dabiss bauxite mining area, Boké Prefecture, Republic of Guinea ». *Geology, Ecology, and Landscapes* 0 (0) : 1-20. https://doi.org/10.1080/24749508.2022.2138012., 2022.

DIALLO, Penda. « Social Insecurity, Stability and the Politics in West Africa : A Case Study of Artisanal and Small-Scale Diamond Mining in Guinea, 1958–2008 ». *The Extractive Industries and Society* 4 (3) : 489-96. https://doi.org/10.1016/j.exis.2017.04.003., 2017.

DIALLO, Thierno Amadou. « Beyond the Resource Curse : Mineral Resources and Development in Guinea-Conakry ». Master thesis, Cambridge : MIT, 2015.

DIAW, Mody. « Les enjeux de justice environnementale liés au travail de la bauxite en Guinée ». In *Justice environnementale dans les espaces ruraux en Afrique*, édité par William's Daré et Alpha Ba. Éditions Quae. https://doi.org/10.35690/978-2-7592-3588- 9., 2023.

DIOP, Moustapha, et Moriké Sidibé. « Traditions orales autour des anciennes forges de Konia (Mont Simandou) ». Paris, 2011.

DOMINIQUE Barjot, PHILIPPE Petitpas. « Alcan et Pechiney : une comparaison des processus d'internationalisation de deux multinationales du secteur de l'aluminium durant les années 1950 et 1960. Premiers résultats », *Cahiers d'histoire de l'aluminium* 2014/1 (n° 52-53), p. 106-139.

DORE, Ansoumane. *Économie et société en République de Guinée, 1958-1984 et perspectives.* Chenove : Bayardère, 1986.

FAIVRE, Agnès, et OUMAR Totiya Barry. « Guinée : « Derrière chaque société, il y a unestratégie d'influence » ». *Le Point*, 18 aout 2021. https://www.lepoint.fr/afrique/guinee-derriere-chaque-societe-il-y-a-une-strategie-d-influence-18-08-2021-2439336_3826.php, 2021.

FAIVRE, Agnès, OLIVIER Blamangin, et AKOUMBA Diallo. « En Guinée, le filon d'une start-up minière française pour éviter l'impôt ». *Libération*, 11 octobre 2020, sect. International. https://www.liberation.fr/planete/2020/10/11/en-guinee-le-filon-d-une- start-up-miniere-francaise-pour-eviter-l-impot_1802061/, 2020.

FAIVRE, Agnès. « Guinée : la bauxite peut-elle tenir toutes ses promesses ? » *Le Point*, 25 octobre 2018.

FORGET, M., & CARRIZO, S.C. *Co-constructions territoriales face à l'émergence de l'activité minière dans le Nord-Ouest argentin.* Cahiers des Amériques latines, 82, 31-8. En ligne : https://doi.org/10.4000/cal.4331, 2016.

FOURNIS, Y., & FORTIN, M.J. *Les régimes de ressources au Canada : les trois crises de l'extractivisme.* Vertigo, la revue électronique en sciences de l'environnement, 2015.

FERGUSON, J. Global Shadows. Africa in the Neoliberal World Order, Durham/Londres, Duke University Press, 2006, chap. 8.

GUDYNAS, Edouardo. « Diez tesis urgentes sobre el nuevo extractivismo », dans Extractivismo, Política y Sociedad, Quito, coéd. CAAP et CLAES, novembre 2009b, pp. 187-225.

GAULME, François. « La Guinée à l'heure Des Réformes ». *Marchés Tropicaux et Méditerranéens*, 13 juin 1986.

GERAUD, Magrin. L'Afrique entre « Malédiction des ressources » et « émergences » une bifurcation ? Revue française de Socio-Economie, 2015/2 Hors-séries, pp. 105-120.

GEZE, François. La bataille des matières premières minérales : multinationales contre pays producteurs. In : *Tiers-Monde*, tome 17, n°66, 1976. Avant l'IVe CNUCED. Les produits de base et la politique internationale. pp. 289-306.

GOYETTE, G. *Les transformations de l'aide canadienne ; Quelle efficacité pour quel développement ? Techniques financières et développement*, 105, 71-85, 2011.

GUDYNAS, E. *Diez tesis urgentes sobre el nuevo extractivismo. Contextos y demandas bajo el progresismo sudamericano actual. Extractivismo, Política y Sociedad*, 187-225, 2009.

HILSON, G. et B. Murck. « Sustainable Development in the Mining Industry : Clarifying the Corporate Perspective », Resources Policy, vol. 26, n° 4, 2000, p. 227-238.

HILSON, G. « An Overview of Land Use Conflicts in Mining Communities », Land Use Policy, vol. 19, n° 1, Janvier 2002, p.65-73.

HACHEZ-LEROY, Florence. Le marché de l'aluminium en Afrique. In : *Outre-mer*, tome 89, n°334-335, 1er semestre 2002. L'électrification outre-mer de la fin du XIXe siècle aux premières décolonisations. pp.147-161.

HARVEY, D. *The "new" imperialism : accumulation by dispossession, Socialist Register*, 40, 63-87, 2004.

JOHANNES, Knierzinger. « Après le boom : la laborieuse mise en œuvre de nouvelles régulations dans le secteur minier guinéen », *Echo Géo*, URL : http://journals.openedition.org/echogeo/14758 ; DOI : https://doi.org/10.4000/echogeo.14758.

KNIERZINGER, Johannes. « The Socio-Political Implications of Bauxite Mining in Guinea: A Commodity Chain Perspective ». *The Extractive Industries and Society* 1 (1): 20-27. https://doi.org/10.1016/j.exis.2014.01.005, 2014.

KNIERZINGER, Johannes. *Bauxite Mining in Africa : Transnational Corporate Governance and Development*. Basingstoke : Palgrave Macmillan, 2018.

KOUROUMA, Yakouba. « Impact des régimes miniers sur les revenus fiscaux dans le secteur minier en Guinée : l'approche du modèle FARI ». Montréal : Université du Québec à Montréal, 2019.

LECLERC-OLIVE, Michele. « L'eau de l'or, à l'heure des éthiques de l'environnement », Revue internationale des études du développement, 249, 2022, p. 121-146, sur : journals. Openedition. Org/ried/973.

LADO, Hervé, Christophe Vadot, et Ibrahim Amani. « La Renégociation des Contrats Miniers en Afrique Cas du Niger et de la Guinée ». Centre d'Excellence pour la Gouvernance des Industries Extractives en Afrique Francophone, 2017.

LADO, Hervé, et Sun-Min Kim. « Les mécanismes d'appui au développement local dans la législation minière guinéenne ». Conakry : NRGI, 2019.

LADO, Hervé, Mohammed Cissé, et Mamady Diango. « Soutenir Les Citoyens Guinéens dans Le Suivi des Impacts des Projets Miniers ». *Natural Resource Governance Institute* (blog). 1 juin 2022 https://resourcegovernance.org/blog/soutenir- les-citoyens-guineens-dans-le-suivi-des-impacts-des-projets-miniers., 2022.

LAMBERT, Agnès. « Les hommes d'affaires guinéens ». *Cahiers d'Études africaines* 31 (124) : 487-508, 1991.

LANZANO, Cristiano. « Gold Digging and the Politics of Time : Changing Timescapes of Artisanal Mining in West Africa ». *The Extractive Industries and Society* 5 (2) : 253-59. https://doi.org/10.1016/j.exis.2018.02.006., 2018.

LAOURATOU, Diallo. « Industrie Minière : Enjeux et perspectives de développement durable en Afrique subsaharienne : cas de la République de Guinée ». Setat : Université Hassan 1er, 2012.

LATREMOLIERE, Jacques. « La Guinée, pays minier : réalités et perspectives ». *Afrique contemporaine* 14 (81) : 9-12, 1975.

LE BERRE, S., & CHAILLEUX, S. *La relance minière en France et en Europe à l'épreuve des critiques. Revue Gouvernance, 18*(2), 1. En ligne : https://doi. Org/10.7202/1082499AR, 2021.

LE GOUILL, C. *Imaginaires miniers et conflits sociaux en Bolivie : une approche multiniveau du conflit de Mallku Khota*. Cahiers des

Amériques latines, 82, 49–69. En ligne : https://doi.org/10.4000/cal.4337, 2016.

LE GOUILL, C., BOYER A.L. *L'extractivisme minier depuis le Nord. Exploitations & régulations et oppositions dans le Copper State d'Arizona. Écologie & politique,* 59(2), 41-56, 2019.

LERAT, Serge. Bauxite et aluminium dans le monde. (Deuxième partie). In : *Cahiers d'outre- mer.* N° 45 - 12e année, janvier-mars 1959. pp. 64-100.

LERAT, Serge. Bauxite et aluminium dans le monde. In : *Cahiers d'outre-mer.* N° 44 - 11e année, octobre-décembre 1958. pp. 389-425.

MATHILDE Allain, ANTOINE Maillet. Les mobilisations autour de l'extractivisme. Circulation et potentiel heuristique d'un concept en voie de globalisation. *Revue internationale de politique comparée*, 2022, Vol. 28 (3), pp.7-29.

MAX Corden et J. PETER NEARY**.** Secteur en plein essor et désindustrialisation dans une petite économie ouverte**, l**a revue économique Vol. 92, n° 368 (décembre 1982), p. 825-848 (24 pages).

MIGANIA, Guia. « Sékou Touré et la contestation de l'ordre colonial en Afrique subsaharienne, 1958-1963 », *Monde(s)*, vol. 2, no. 2, 2012, pp. 257-273.

MONANGE, B., & FLIPO, F. *Extractivisme : lutter contre le déni. Écologie & politique*, 59, https://doi.org/10.3917/ecopo1.059.0015, 2019.

O'FAIRCHEALLAIGH, C. *Negotiating cultural heritage? Aboriginal–mining company agreements in Australia. Development and Change*, 39(1), 25-51, 2008.

PETITPAS, Philippe. « Les filiales françaises dans la stratégie internationale d'Alcan », pouvoirs locaux et stratégies des miniers en Guinée ».

PREVERAULT, Rejean. « santé-sécurité-environnement », in bulletin info.

PRYSTHON, Walter. « Anna Bednik, EXTRACTIVISME. Exploitation industrielle de la nature : logiques, conséquences, résistances. Le passager clandestin, 2016, 370 p., 18

€ », Revue Projet, 2016/4 (N° 353), p. 93b-94. DOI : 10.3917/pro.353.0094. URL :

https://www-cairn-info.inshs.bib.cnrs.fr/revue-projet-2016-4-page-93b.htm Publié par : Oxford University Press.

ROSSER, A. The Political Economy of the Resource Curse: A Literature Survey, Institute of Development Studies, Working Paper, n° 268, University of Sussex, 2006.

ROSS, M. L. « The Political Economy of the Resource Curse », World Politics, vol. 51, n° 2, 1999, p. 297-322.

REY, Pascal. « Quand le développement des territoires miniers brouille les frontières entre les secteurs public et privé. Cas du secteur minier en Afrique de l'Ouest ». *Mondes en développement* n° 189 (1) : 81-97, 2020.

REY, Pascal, et Marie Mazalto. « Quelle collaboration public-privé pour l'intégration d'un projet minier à son territoire ? Études de cas en Afrique de l'Ouest ». *OPERA*, n° 26 (décembre) : 55-76. https://doi.org/10.18601/16578651.n26.05, 2019.

REY, Pascal. « Une gouvernance locale à l'épreuve du temps. Politiques nationales, RUBBERS, B. (2013). *Les sociétés africaines face aux investissements miniers*. Politique Africaine, 131(3), 5-25, 2016.

SARRO, Ramon. « The Inversion of Tradition : Generational Transformations on a Mining Frontier ». *Politique africaine*, n° 169 : 79-98, 2023.

SOMPARE, Abdoulaye Wotem. « La différenciation ethnique et la construction de l'altérité dans les entreprises minières en Guinée ». In *Discours d'Afrique*, édité par Alpha Ousmane Barry, 111-25. Presses universitaires de Franche-Comté, 2009.

SOMPARE, Abdoulaye Wotem. « Les concepts et les théories sociologiques de classes sociales, mobilité et reproduction sociales à l'épreuve des réalités du terrain africain : l'exemple des villes minières et ouvrières de Guinée ». *Méthod(e)s: African Review of Social Sciences Methodology* 1 (1-2): 59-72. https://doi.org/10.1080/23754745.2015.1017276, 2015.

SURET-CANALE, Jean. « Larrue (Jacques), Fria en Guinée. Première usine d'alumine en terre d'Afrique ». *Revue française d'histoire d'outremer*, 5, 1999.

SVAMPA, M. *Néo- « développementisme » extractiviste, gouvernements et mouvements sociaux en Amérique latine. Problèmes d'Amérique lat*ine, 81(3), 101-27, 2011.

TSING, A. Friction: An Ethnography of Global Connection, Princeton, Princeton University Press, 2004, chap. 2.

TOURE, Ahmed Sékou, et Parti démocratique de Guinée. 1960. *Conférence nationale (de planification économique) : Kankan, les 2, 3,*

4 et 5 avril 1960 ; Rapport d'orientation du Bureau Politique National. Conakry, France : Impr. Nationale, 1960.

TOURE, Ahmed Sékou. *Pour une économie populaire et révolutionnaire*. Conakry : Bureau de presse de la Présidence de la République, 1976.

TOURE, Ismaël. *Le Développement économique de la République de Guinée*. Conakry : Parti Démocratique de Guinée, 1967.

TOURE, Lamine. « Les ressources hydroélectriques de la République de Guinée ». *Recherches africaines*, Études guinéennes (nouvelle série), n° 1 (mars) : 42-50, 1960.

TOURE, Sékou. *Le plan septennal guinéen, 1964-1971*. L'action politique du Parti démocratique de Guinée, XIV. Conakry : Imprimerie du gouvernement, 1967.

TRAORE, Alpha. « Prix de transfert dans le secteur minier guinéen. Par Alpha Traoré, Juriste. » *Village de la Justice* (blog). 18 décembre 2020. https://www.village- justice.com/articles/prix-transfert-dans-secteur-minier-guineen, 37503.html.

VOGT, Jean. Le développement de l'industrie américaine de l'aluminium. In : *L'information géographique*, volume 22, n°5, 1958. p. 221.

WIDDER, Lynnette, Thomas D. Pacioni, et Ousmane Bocoum. « Sustainably Growing Guinea's Bauxite-Aluminum Industry ». In *Regional Development in Africa*, édité par Norbert Edomah. IntechOpen. https://doi.org/10.5772/intechopen.86471., 2020.

WILHELM, Cindy, et ROY Maconachie. « Exploring Local Content in Guinea's Bauxite Sector : Obstacles, Opportunities and Future Trajectories ». *Resources Policy*, décembre. https://doi.org/10.1016/j.resourpol.2020.101935, 2020.

WILHELM, Cindy. « Tax Exemptions for Mining Megaprojects in Sub-Saharan Africa: The Case of Bauxite Mining in Guinea ». University of East Anglia, 2019.

WILHELM, Cindy. « Book Review Regime Stability, Social Insecurity and Bauxite Mining in Guinea, P. Diallo. » *The Extractive Industries and Society* 7 (1): 249-50. https://doi.org/10.1016/j.exis.2019.12.007, 2020.

WILHELM, Cindy. « "Local Content is politics" : An examination of the origins of local content policies in Guinea's mining sector ». *The Extractive Industries and Society* 13 (mars): 101158. https://doi.org/10.1016/j.exis.2022.101158, 2023a.

WILHELM, Cindy. « 'In Guinea, There Are Two Types of Mining Companies': An Analysis of the Diverse Local Content Approaches of the Bauxite Mining Companies in Guinea ». *Resources Policy* 83 (juin) : 103581. https://doi.org/10.1016/j.resourpol.2023.103581, 2023b.

WELKKER, M.A. « 'Corporate Security Begins in the Community' : Mining, the Corporate Social Responsability Industry, and Environmental Advocacy in Indonesia », Cultural Anthropology, vol. 24, n° 1, 2009, p. 142-179.

WILLIAMS, M. « The Gold Standard of Governance : Mining, Decentralization and State Power in Senegal », Politique africaine, n°117, avril 2010, p. 127-148.

SOURCES EN LIGNE

https://www.ft.com/content/97145e86-09df-11df-8b23-00144feabdc0. https://guineenews.org/frederic-bouzigues-dg-de-la-smb-sur-letude-de-human-rights-

watch-nous-esperons-que-le-debat-actuel-permettra-de-faire-emerger-des- solutions-constructives/.

https://www.guineenews.org/dossier-guinee-quel-impact-du-boom-de-la-bauxite-le- mepris-des-recommandations-du-fmi-2eme-partie/.

https://guineenews.org/dossier-guinee-les-reseaux-qui-influencent-la-politique-du- gouvernement-envers-la-bauxite-3eme-partie/.

https://www.guineenews.org/dossier-boom-de-la-bauxite-miracle-economique-ou- mirage-pour-la-guinee-1ere-partie/.

https://www.hrw.org/sites/default/files/report_pdf/guinea1018fr_web.pdf. https://globalarbitrationreview.com/article/panel-rules-in-rusalguinea-dispute. https://doi.org/10.1016/j.exis.2014.01.005.

https://doi.org/10.1016/j.exis.2018.08.010.

https://www.lesechos.fr/2016/05/la-start-up-miniere-qui-fait-chavirer-le-tout-paris- 1111211.

https://doi.org/10.1080/02255189.1982.9670037.

. https://blog.alcircle.com/2017/08/02/guinea-bauxite-considered-best-world/. https://afrique.latribune.fr/think-tank/tribunes/2017-11-01/pour-une-revolution-

responsable-de-la-gestion-des-mines-en-afrique-756417.html.

https://www.umweltbundesamt.de/sites/default/files/medien/378/dokumcnte/umsoress_

fallstudie_bauxit_guinea_finale_version.pdf.

https://guilaw.com/la-legislation-guineenne-sur-le-prix-de-transfert-quelles-sont-les- obligations-a-la-charge-des-entreprises/.https://www.researchgate.net/publication/254407482_The_Natural_Resourc
e_Curse_A_Survey_of_Diagnoses_and_Some_Prescriptions. https://www.liberation.fr/planete/2020/10/11/en-guinee-le-filon-d-une-start-up-miniere- francaise-pour-eviter-l-impot_1802061.

https://www.cairn.info/revue-internationale-et-strategique-2011-4-page-53.htm. https://www.jeuneafrique.com/1101629/economie/corruption-au-simandou-beny- steimetz-devant-la-justice-suisse/.

https://www.lgdj.fr/politiques-fiscales-et-douanieres-en-matiere-d-investissements- etrangers-en-afrique-francophone-9782275074993.html

https://www.liberation.fr/planete/2020/10/11/en-guinee-le-filon-d-une-start-up-miniere- francaise-pour-eviter-l-impot_1802061.

https://journals.openedition.org/geocarrefour/index.html. https://www.cairn.info/revue-internationale-et-strategique-2011-4-page-53.htm. https://www.cairn.info/revue-internationale-de-politique-comparee-2021-3-page-

7.htm?contenu=auteurs.https://www.politika.io/fr/atelier/terrains-miniers-terrains-

mines.https://ieim.uqam.ca/wp-content/uploads/2019/12/appel_a_communications-

3.pdf.

https://actionclimatiqueurbaine.ca/evenement/resistances-transnationales-a-

lextractivisme-espaces-et-discours-a-montreal/.

https://bib.cnrs.fr/api/ebsco/oa?url=http://polaf.hypotheses.org/375#&sid=oa&domaine

=inshs&doi=null.

ENTRETIENS INDIVIDUELS ET FOCUS GROUPS

Abdoul Ghadiri, Association des éleveurs de Boké.

Abdoulaye Kaba, Maire de la Commune rurale de Kanfarandé. Abdoulaye Keita, Journaliste chargé des questions minières à Boké.

Aboubacar Kourouma, Directeur du bureau d'études et de stratégie du Ministère des Mines.

Aly Camara, Chef secteur de Kaboe.

Alya Sombori Camara, Chef de port Salamouya.

Amadou Bah, Directeur Exécutif d'Action Mines Guinée.

Amadou Bah, Directeur Exécutif de l'ONG Actions Mines Guinée. Amadou Laouratou Bah, Conseiller à la Commune rurale de Sangaredi. Amara Boké Camara, Directeur du centre de formation professionnelle. Ansoumane Barry, Agent relation communautaire d'une entreprise minière. Ansoumane Camara, Maire de la Commune rurale de Kolaboui.

Bah Alpha Amadou, Président de la jeunesse de Tomboya. Bangoura Alpha Sory, Directeur Préfectoral de l'Élevage. Bangoura Alsény Mariama, Enseignant à Sangaredi.

Bassa Guirassy, Président de la Jeunesse de Boké.

Camara Abdoulaye, Secrétaire général commun rural de Malapouya.

Camara Alseny, Président de CCLM de Boké.

Camara Ibrahima, Président d'un groupement à Kolaboui (Boké).

Daouda Keita, Chargé de formation à l'Institut Mines et Géologie de Boké. Daouda Keita, Directeur général de l'Institut Mines et Géologie de Boké. Diallo Ibrahima Talibé, Directeur Préfectoral de l'Environnement de Boké. Diallo Mamadou Saidou, commerçant au marché central de Sangaredi.

Diallo Ousmane Chérif, Coordinateur du comité de veille de Boké. Djibril Camara, Directeur Préfectoral de l'Agriculture de Boké.

Docteur Fosten, Directeur Préfectoral de la pêche.

Elhadj Mamadou Moussa, Chauffeur à la société BATIPRO (15 ans d'expérience). Elhadj Souaré, Président des organisations de la société civile de Boké.

Emile Tolono, Agent relation communautaire de la CBG. Entretien avec la communauté du village de Dioumaya. Entretien avec la communauté du village de Kaboé.

Entretien avec le bureau des sages de la ville de Boké.

Entretien avec les membres de la famille de Dinah Salifou à Sogoboli. Entretien avec les membres du secrétariat du CAGF de Dinguiraye.

Entretien avec les membres du secrétariat du CAGF de Siguiri. Entretien avec les sages du village de Wakiria.

Fanta Mady Condé, Responsable projet CECI Guinée. Fatou Compo, société civile de Kamsar.

Fodé Bérété, Directeur National des Mines.

Fodé Marshall Sylla, Agent de relations communautaires d'une entreprise minière.

Fodé Oumar Camara, Journaliste à Boké.

Habib Diallo, Directeur du service des relations communautaires de la CBG. Harouan Tawel Camara, Héritier de la famille de Dina Salifou à Sogoboli.

Ibrahima Sory Soumah, Chef de département relations communautaire au Ministère des Mines et de la Géologie.

Ibrahima Soumah, ancien Ministre des Mines et de la Géologie. Jean Béavogui, Secrétaire général chargé des collectivités de Boké. Madame Jeannette Bangoura, citoyenne de Boké.

Mamadou Alpha Cissé, Imam de la Mosquée de Sangaredi (cité). Mamadou Houdi Bah, Maire de Sangaredi.

Mamadou Houdy Bah, Maire de la commune rurale de Sangaredi. Mamadou Safaye Diallo, Vice Maire de la Commune Urbaine de Boké. Mamadouba Camara, petit-fils du dernier chef de canton de Boké.

Mamadouba Coumbassa, Président du CPD de Boké. Mamadouba Khalissa, Chef de secteur Dioumaya.

Mohamed Camara, enseignant vivant à Boké.

Mohamed Mara, Coordinateur régional WANEP-Guinée.

Mohamed Tafsir Mbaye, membre de la commission de l'Assemblée nationale. Moriba Sidibé, IRE de Boké.

Moussa Maléya Camara, Directeur National du service des relations communautaires du Ministère des Mines et de la Géologie.

NFansou Sylla, Responsable suivi-évaluation de l'ANAFIC. Pascal Camara, Chargé de contrat du CAGF de Boké.

Pascal Camara, membre du CAGF de Boké. Pascal Tinkino, Directeur Exécutif de CECIDE.

Paul Dassima Kourouma, Directeur de AGUIPE Boké.

Sadou Nimaga, Secrétaire Générale du Ministère des Mines et de la Géologie. Seydou Barri Sidibé, Secrétaire général du Ministère de l'Environnement.

Sidoubouya Mané, Président des entrepreneurs de Boké.

Soufiane Mendi, Président d'un groupement agricole à Boké (Malapouya). Sylla Mamadouba, Chef de services Mines et Géologie de Boké.

Sylla, chargé de formation au Ministère de l'Administration du Territoire et de la décentralisation, Direction du développement local.

Toumany Mara, ADL de la CU de Boké.

Touré Fode Djiby, Président de la Jeunesse de Kolaboui. Traoré Amadou Sadio, Inspection du Travail à Boké.

Yaya Koumbassa, Chef de secteur Wakinia.

LISTE DES FIGURES, CARTES ET TABLEAUX

TABLE DES MATIÈRES

Structures éditoriales du groupe L'Harmattan

L'Harmattan Italie
Via degli Artisti, 15
10124 Torino
harmattan.italia@gmail.com

L'Harmattan Hongrie
Kossuth l. u. 14-16.
1053 Budapest
harmattan@harmattan.hu

L'Harmattan Sénégal
10 VDN SICAP AMITIE 3
BP 45034 Dakar-Fann
direction@senharmattan.com

L'Harmattan Cameroun
Tsinga/Derrière polyclinique FECAFOOT
BP 11486 Yaoundé
Jacques.koukam@harmattan.fr

L'Harmattan Burkina Faso
Villa 281, secteur 23 623, rue 14.32
Ouagadougou
zagbie@outlook.fr

L'Harmattan Guinée
Almamya, rue KA 028 OKB Agency
BP 3470 Conakry
harmattanguinee@yahoo.fr

L'Harmattan RDC
185, avenue Nyangwe
Commune de Lingwala – Kinshasa
matangilamusadila@yahoo.fr

L'Harmattan Congo
219, avenue Nelson Mandela
BP 2874 Brazzaville
deunovmikhael@gmail.com

L'Harmattan Mali
Immeuble Mgr Jean Marie Cissé
Aci Hamadallaye
BP 145 Bamako
syllaka@yahoo.fr

L'Harmattan Togo
Djidjole – Maison Amela
face EPP BATOME
02 BP 20680 Lomé
didieramela11@gmail.com

L'Harmattan Côte d'Ivoire
Résidence Karl – Cité des Arts
Abidjan-Cocody
03 BP 1588 Abidjan
harmattan.ivoire@gmail.com

L'Harmattan Bénin
Rue 604, (Immeuble à l'entrée
de la rue UCAO- Cite de Saint-Jean)
Cotonou
stepcorpus@gmail.com

Nos librairies en France

Librairie internationale
16, rue des Écoles
75005 Paris
librairie.internationale@harmattan.fr
01 40 46 79 11
www.librairieharmattan.com

Librairie des savoirs
21, rue des Écoles
75005 Paris
librairie.sh@harmattan.fr
01 46 34 13 71
www.librairieharmattansh.com

www.ingramcontent.com/pod-product-compliance
Lightning Source LLC
LaVergne TN
LVHW021139061026
849535LV00002B/299
9782336535517